아는 만큼 누릴 수 있는

개정판

현대인의 생활과 법률

아는 만큼 누릴 수 있는 **개정판**

현대인의 생활과 법률

배병이

경상국립대학교출판부

개정판 저자의 말

현대인의 생활과 법률은 법률전문가를 양성하기 위한 법학전문서적이기보다는 대학생과 일반인들이 일상생활에서 필요한 기본적인 법적소양 함양을 목적으로 출판된 교양서적이다. 따라서 누구든지 쉽게 이해할 수 있도록 기본이론과 사례 중심으로 구성하여 2013년 출판되었으며 대학생들의 강의 교재와 일반인들의 교양서적으로 활용되고 있다.

이 책이 출판된 이후 관련 법률의 개정 작업이 수차례 이루어져 개정된 부분의 일부를 추록으로 독자들에게 제공하였으나 그동안 개정 부분의 내용들이 축적되어 이를 반영한 개정판의 출판 필요성이 요구되었다. 이에 초판 발행 이후부터 2020년 12월 31일까지의 개정 법률과 판례 등을 반영하여 개정판을 출판하게 되었다.

개정판에서는 다음과 같은 주요 내용들을 반영하였다.

제2편 가정생활과 법률관계에서는 친권의 일시 정지 제도 도입, 친권의 일부 제한 제도 도입(민법 제924조의2 신설), 조부모의 면접교섭권 도입(민법 제837조의2 제2항 신설), 친생부인의 허가 청구(민법 제854조의2 신설), 손해배상청구권의 소멸시효와 관련하여 미성년자가 성폭력·성추행·성희롱 그 밖의 성적 침해를 당한 경우 이로 인한 손해배상청구권이 성년이 될 때까지 진행되지 않도록 하는(민법 제766조의 제3항 신설) 규정 등을 반영하였다.

제3편 경제생활과 법률관계에서는 주택임대차와 관련하여 계약의 갱신 거절 및 계약조건 변경 통지 기간의 변경, 임차인이 계약갱신을 요구할 경우 정당한 사유 없이 거절하지 못하도록 하는 계약갱신요구(주택임대차보호법 제6조의3 신설), 차임증액 상한, 변경된 주택임대차분쟁조정위원회 설치 등을 반영하였다.

제4편 직장생활과 법률관계에서는 통상의 출퇴근 재해보상 제도 도입, 업무상 질병의 인정 기준, 특히 코로나-19 사태와 관련하여 업무 수행 중 감염원에 노출된 경우 업무상 질병 인정 여부, 직장 내 괴롭힘 금지 규정 신설 등을 반영하였다.

이외에도 관련 부분에서 개정된 법률들을 반영하였으며, 최근 변경된 판례 등을 포함하여 일부 사례들을 변경하였다. 본 개정판을 출판하면서 최근 대학생들과 일반인들이 보이스피싱 등 사이버 범죄에 노출되고 있는 사례가 많아 개정판 준비단계에서는 사이버 범죄 부분을 추가하려고 했었다. 그러나 아직 준비가 부족하여 아쉽지만 이 부분은 다음 기회에 보충하고자 한다.

끝으로 본 개정판을 출판할 수 있도록 기회를 주신 경상국립대학교출판부 박현곤 부장님과 김성균 팀장님, 디자인과 편집을 해주신 이희은, 이희성 선생님과 출판부 직원 모두에게 감사드리며 초판부터 자료정리와 교정에 도움을 준 조카 정명에게 고마운 마음을 전한다.

2021년 2월

저자 배명이

초판 저자의 말

현대인은 의식하든 의식하지 못하든 법률과 밀접한 관련을 가지고 생활하고 있다. 그러나 대부분의 사람들은 법은 나와는 무관한 학문이며 법률전문가들을 위한 학문으로 생각하고 있다. 이로 인해 아주 기본적인 법률지식의 부족으로 불측의 피해를 보는 경우들을 우리는 주위에서 흔히 볼 수 있다.

저자도 그동안 대학에서 생활법률을 강의하면서 학생들로부터 임대차보증금반환문제나 아르바이트를 하면서 받는 여러 가지 불이익 등에 대한 상담을 받으면서 계약체결 전에 조금만 주의를 하였다면 충분히 보호받을 수 있었는데 도움을 줄 수 없는 경우들을 보면서 일반인들의 생활법률에 대한 관심과 교육이 절실히 필요함을 느끼고 있었다.

따라서 그동안 대학에서 강의하면서 모아 두었던 자료들을 정리하여 이번에 『현대인의 생활과 법률』이라는 제목의 책을 출간하게 되었다. 이 책은 법률전문가를 양성하기 위한 법학전문서적이 아니라 대학생들과 일반인들의 일상생활에서 필요한 기본적인 법적소양의 함양을 목적으로 하고 있다. 따라서 일반인들이 쉽게 이해할 수 있도록 일상생활에서 흔히 발생하는 법률문제에 대해 기본이론과 함께 사례 중심으로 구성하였으며 이 책에서 인용한 사례의 대부분은 대한법률구조공단, 한국소비자원, 대법원 등에서 실제로 이루어진 상담내용을 인용하여 수록하였다.

본서는 총 7편으로 구성하였다. 제1편 총론에서는 법의 일반이론과 법률구조와 권리구제제도에 대하여 서술하였다.

제2편은 가정생활과 법률관계로 가족과 친족의 범위와 약혼, 혼인, 이혼은 물론 상속 등 가정생활에서 흔히 발생하는 법률문제에 대하여 서술하였다.

제3편 경제생활과 법률관계에서는 물권과 채권에 관하여 간단히 살펴보고 부동산 물권변동의 공시방법인 부동산등기에 대하여 살펴보았다. 또한 소비자 관련법과 지식재산권으로서 저작권에 대해서도 서술하였다.

제4편은 직장생활과 법률관계로 직장생활의 시작인 근로계약체결에서부터 임금, 휴가, 해고, 산업재해보상보험 등에 대하여 서술하였다.

제5편은 일상생활과 범죄로서 형법의 일반이론과 일상생활에서 흔히 발생하는 경범죄 및 교통사고 등에 대하여 살펴보았으며 형벌의 종류, 형의 실효 등에 대하여 서술하였다.

제6편은 절차법으로서 민·형사소송 절차에 대하여 개괄적으로 살펴보았다.

제7편은 부록으로 각종의 서식들과 함께 법학을 처음 공부하는 분들을 위해 본서에서 다룬 부분에 관련된 법률용어를 정리해서 수록하였다.

흔히들 법은 아는 만큼 누릴 수 있다고 한다. 따라서 이 책을 통해 많은 분들이 법은 어렵고 재미없는 학문이라는 편견을 버리고 생활 속의 법률에 관심을 가지는 계기가 되었으면 한다.

끝으로 이 책을 출판할 수 있도록 기회를 만들어 주신 김병두 지도교수님께 감사드리며, 바쁜 중에도 주말을 이용하여 자료 정리에 도움을 준 사랑하는 조카 정용·정명에게 고마운 마음을 전한다. 또한 이 책의 출판을 허락해 주신 경상대학교 출판부 문선옥 출판 부장님과 김종길 편집장님, 출판부 직원 모두에게 감사드린다.

2013년 8월

저자 배명이

차례

제1편 총론

제1장 법의 일반 이론 15

Ⅰ. 법의 본질과 이념 15
1. 법의 개념 / 2. 법의 이념

Ⅱ. 법의 분류 17
1. 성문법과 불문법 / 2. 실체법과 절차법 / 3. 일반법과 특별법 / 4. 국내법과 국제법 / 5. 공법·사법·사회법

Ⅲ. 법의 효력 19
1. 법의 실질적 효력 / 2. 법의 형식적 효력

Ⅳ. 법의 적용과 해석 21
1. 법의 적용 / 2. 법의 해석

Ⅴ. 법의 기본 원리 22
1. 비례의 원칙 / 2. 적법절차 원칙 / 3. 죄형법정주의 / 4. 신의성실의 원칙 / 5. 권리남용금지의 원칙

제2장 법률구조와 권리구제 26

Ⅰ. 서설 26

Ⅱ. 법률구조 제도 26
1. 법률구조관리공단(www.klac.or.kr) / 2. 한국가정법률 상담소(www.lawhome.or.kr)

Ⅲ. 권리구제 제도 31
1. 중앙노동위원회(www.nlrc.go.kr) / 2. 한국소비자보호원(www.kca.go.kr)

제2편 가정생활과 법률관계

제1장 권리일반이론 37

Ⅰ. 서설 37
1. 법률관계와 권리·의무 / 2. 법률관계와 호의관계

Ⅱ. 권리일반 39
1. 의의 / 2. 권리의 종류

Ⅲ. 권리주체 – 자연인 41
1. 서설 / 2. 자연인의 권리능력 / 3. 태아의 권리능력

Ⅳ. 행위능력 47
1. 서설 / 2. 미성년자 / 3. 피성년후견인 / 4. 피한정후견인 / 5. 피특정후견인 / 6. 제한능력자의 상대방 보호

제2장 가족법 일반 이론 60

Ⅰ. 가족법 일반 60
1. 서설 / 2. 가족법 개정 경과와 주요 내용

Ⅱ. 친족법 70
1. 친족 / 2. 가족 / 3. 부모의 자

제3장 혼인과 법률관계 85

Ⅰ. 약혼 85
1. 약혼의 의의 / 2. 약혼의 성립 요건 / 4. 약혼의 해제

Ⅱ. 혼인 91
1. 혼인의 의의 / 2. 혼인의 성립 요건 / 4. 혼인의 취소 5. 혼인의 효력

제4장 이혼과 법률관계 104

Ⅰ. 서설 104

Ⅱ. 협의이혼 104

1. 성립 요건 / 2. 협의이혼의 효과 / 3. 협의이혼의 무효와 취소

Ⅲ. 재판상이혼 108

1. 의의 / 2. 재판상이혼의 사유 / 3. 유책 배우자의 이혼청구 / 4. 재판상이혼의 절차 / 5. 이혼의 효과

Ⅳ. 가사 절차 안내 122

1. 재산명시 제도 / 2. 재산조회 제도 / 3. 양육비 직접지급명령 제도 / 4. 담보제공명령 제도 / 5. 일시금지급명령 제도

제5장 상속과 법률관계 128

Ⅰ. 서설 128

1. 상속의 개념과 상속개시 / 2. 상속에 관한 비용

Ⅱ. 상속인 129

1. 상속인의 자격 / 2. 상속결격 / 3. 상속인의 순위 4. 대습상속

Ⅲ. 상속분 137

1. 의의 / 2. 법정상속분 / 3. 특별수익자의 상속분 / 4. 기여상속인의 상속분

Ⅳ. 상속의 승인과 포기 141

1. 서설 / 2. 단순승인 / 3. 한정승인 / 4. 상속의 포기

Ⅴ. 상속회복청구권 147

1. 의의 / 2. 상속회복청구권의 당사자 / 3. 상속회복청구권의 행사 / 4. 상속회복청구권의 소멸

Ⅵ. 유류분 151

1. 서설 / 2. 유류분 권리자 / 3. 유류분의 범위 4. 유류분의 반환청구권

Ⅶ. 유언 156

1. 의의 / 2. 유언의 방식

제3편 경제생활과 법률관계

제1장 물권과 채권 165

Ⅰ. 물권 일반 이론 165

1. 서설 / 2. 물권의 의의 / 3. 물권의 객체 / 4. 물권의 종류 / 5. 물권의 효력 / 6. 물권의 변동 / 7. 물권의 소멸

Ⅱ. 채권법 일반 이론 174

1. 채권의 의의 / 2. 채권의 발생 / 3. 채권의 소멸

Ⅲ. 계약 일반론 175

1. 의의 / 2. 계약자유의 원칙 / 3. 계약의 종류

Ⅳ. 법률 규정에 의한 법정채권 178

1. 사무 관리 / 2. 부당이득 / 3. 불법 행위

제2장 부동산등기 제도 179

Ⅰ. 서설 179

1. 부동산등기 / 2. 우리나라 부동산등기 제도의 특징 / 3. 등기부

Ⅱ. 등기부등본 보는 방법 184

1. 등기부의 구조 / 2. 실제의 예

제3장 부동산 임대차와 법률관계 188

Ⅰ. 주택임대차 188

1. 임대차 계약 / 2. 임대인의 의무 / 3. 임대차 보증금 돌려받기

Ⅱ. 주택임대차보호법 190

1. 서설 / 2. 주택임차인의 대항력 / 3. 임차인의 우선변제권 / 4. 소액임차인의 최우선변제권 / 5. 임차권등기명령제도 / 6. 임대인 및 임차인의 권리와 의무

Ⅲ. 상가건물 임대차보호법 221

1. 상가건물 임대차보호법의 목적 / 2. 적용 범위 / 3. 임차인의 권리 / 4. 임차권등기명령 / 5. 임대차 기간 등 / 6. 차임증액

제4장 소비자와 법률관계 233

Ⅰ. 서설 233

1. 소비자의 개념 / 2. 소비자기본법의 연혁 / 3. 소비자 법령

Ⅱ. 특수거래 관련 법률 234

1. 방문판매 등에 관한 법률 / 2. 할부거래에 관한 법률 / 3. 통신판매와 법

Ⅲ. 제조물책임법 244

1. 서설 / 2. 제조물책임법상의 결함 / 3. 제조업자가 책임지지 않는 경우 / 4. 제조물책임법의 적용 범위 / 5. 제조물책임법의 소멸시효

Ⅳ. 소비자 피해 구제 방법 및 절차 250

1. 피해 구제 방법 / 2. 소비자 피해 구제 절차

제5장 지식재산권법 256

Ⅰ. 서설 256

1. 지식재산권의 의의 및 구성 / 2. 지식재산권의 체계

Ⅱ. 저작권법 257

1. 서설 / 2. 저작물 / 3. 저작자 / 4. 저작권

Ⅲ. 저작인접권 281

1. 서설 / 2. 보호 대상 / 3. 저작인접권의 내용 / 4. 저작인접권의 제한 및 등록

제4편 직장생활과 법률관계

제1장 근로자와 법률관계 287

Ⅰ. 총설 287

1. 근로기준법의 적용 범위 / 2. 근로기준법상의 근로자와 사용자 / 3. 근로 조건의 기준과 준수

Ⅱ. 근로계약 292

1. 근로계약의 체결 및 근로조건 명시 / 2. 제한되는 근로계약 / 3. 근로 조건의 결정

Ⅲ. 근로 시간과 휴식 299

1. 근로 시간 / 2. 휴일과 휴가

Ⅳ. 임금 307

1. 임금의 개념 / 2. 임금의 분류 / 3. 임금지급원칙
4. 임금채권보장 제도 / 5. 최저임금 제도

Ⅴ. 해고 317

1. 의의 / 2. 해고의 종류 / 3. 해고 시기의 제한 / 4. 해고예고 / 5. 해고의 절차 / 6. 부당해고의 구제 방법

제2장 산업재해보상보험 제도 324

Ⅰ. 서설 324

Ⅱ. 산업재해보상보험 324

1. 의의 / 2. 업무상의 재해의 인정 기준 / 3. 업무 수행 중의 사고 / 4. 산재 보험 급여의 종류 / 5. 업무상 질병의 인정 기준 / 6. 보험급여 산정 기준 / 7. 산재 보상 보험급여와 이의 신청

제3장 직장 내 성희롱 및 직장 내 괴롭힘 금지 334

Ⅰ. 서설 334

1. 의의 / 2. 직장 내 성희롱의 성립 요건 / 3. 직장 내 성희롱의 유형

Ⅱ. 성희롱에 대한 권리 구제 336

1. 회사 내의 기관에 신고 / 2. 고용노동부에 진정 또는 고소·고발 / 3. 국가인권위원회에 진정 / 4. 민사소송 제기

Ⅲ. 사업주의 의무 338

1. 직장 내 성희롱 예방 교육 / 2. 직장 내 성희롱 예방 장치 마련 / 3. 성희롱 행위자에 대한 징계 조치 / 4. 성희롱 피해자에 대한 불이익 조치 금지 / 5. 고객 등에 의한 성희롱 방지 의무

Ⅳ. 직장 내 괴롭힘의 금지 340

1. 의의 / 2. 직장 내 괴롭힘 발생 시 조치

제5편 일상생활과 범죄

제1장 형법 일반론 343

Ⅰ 서설 343

Ⅱ. 죄형법정주의 343

1. 의의 / 2. 파생원칙

Ⅲ. 범죄와 형벌 345

1. 범죄의 의의 / 2. 범죄의 성립 요건

제2장 일상생활과 범죄 351

Ⅰ. 경범죄 351

1. 의의 / 2. 종류 및 처벌 / 3. 범칙금 / 4. 즉결심판

Ⅱ. 형벌의 종류와 집행 357

1. 형벌의 종류 / 2. 형의 선고와 유예 / 3. 형의 집행
4. 형의 시효와 소멸

Ⅲ. 형의 실효 등에 관한 법률 362

1. 목적 / 2. 전과기록

제3장 교통사고와 법률관계 366

Ⅰ. 서설 366

1. 교통사고의 의의 / 2. 교통사고의 범위

Ⅱ. 교통사고의 발생 시 현장 대처 368

1. 서설 / 2. 사고 현장에서의 조치사항 / 3. 피해자의 대처 방법 / 4. 가해자의 현장 대처 방법

Ⅲ. 유형별 사고 373

1. 뺑소니 교통사고 / 2. 음주운전사고
3. 무면허운전 사고

Ⅳ. 교통사고처리특례법 387

1. 의의 / 2. 12대 중과실 교통사고 / 3. 도로교통법 개정 주요 내용(일명 민식이법) / 4. 특정범죄 가중처벌 등에 관한 법률 개정

제6편 민·형사소송 절차

제1장 민사소송 절차 395

Ⅰ. 서설 395

Ⅱ. 판결 절차 397

1. 소장 제출 / 2. 재판 / 3. 판결 / 4. 판결 선고 후의 절차

제2장 간편소송 절차 404

Ⅰ. 소액사건 심판 제도 404

1. 의의 / 2. 소액사건의 재판 절차의 특징 / 3. 이행권고결정 제도

Ⅱ. 지급명령 독촉 절차 405

1. 지급명령의 의의 / 2. 지급명령 독촉 절차의 장점
3. 지급명령의 송달불능과 이에 대한 조치 / 4. 지급명령에 대한 이의

제3장 형사소송 절차 408

Ⅰ. 서설 408

Ⅱ 소송절차 410

1. 기소 전 단계 / 2. 기소 후 단계

Ⅲ. 약식명령 절차 420

1. 약식명령 의의 / 2. 약식명령의 청구 / 3. 약식사건의 처리 / 4. 정식재판청구 / 5. 정식재판청구권회복청구

부록

법률 서식 모음 425

혼인신고서 / 협의서 / 이혼신고서 / 협의이혼의사철회서 / 재산분할 심판청구 / 상속한정승인 심판청구 / 상속재산포기 심판청구 / 임대차계약서 / 내용증명 예시 / 표준근로계약서 / 연소근로자(18세 미만인 자)표준근로계약서 / 친권자(후견인)동의서

법률 용어 정리 439

사례 찾아보기 447

참고문헌 451

제1편

총론

제1장 법의 일반 이론
제2장 법률구조와 권리구제

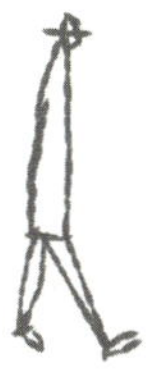

법의 일반 이론

Ⅰ. 법의 본질과 이념

1. 법의 개념

사회가 있는 곳에 법이 있다는 격언이 말해 주듯이 법은 인간의 사회생활에 관한 규범이다. 즉, 사회의 구성원으로서 인간이 해야 할 일과 하지 말아야 할 일을 정하는 규범인 것이다.

인간생활을 규율하는 사회규범에는 종교나 도덕, 관습도 있지만 이러한 사회규범과 달리 법은 국가권력에 의하여 승인되고 강제되는 것이다. 법에서의 강제는 본질적인 것이므로 법은 이를 거부하는 자에게 반드시 제재를 가한다. 그렇지 않으면 국가사회의 질서유지나 형성이 불가능해지기 때문이다. 법은 외면으로 나타나는 사람의 행동을 규율하고 내면적인 생활에는 관여하지 않는다는 점에서 도덕이나 종교규범과 다르다.

2. 법의 이념

법의 이념은 법이 무엇을 위하여 존재하는가, 법이 왜 있는가에 대한 답에서 나온다. 법은 강제를 수반하므로 그 적용을 받는 사람들이 수긍할 수 있는 이념이나 가치를 동반해야 한다. 이에 관해서는 정의 · 합목적성 · 법적 안정성의 3요소를 드는 것이 일반적이다.

가. 정의

정의의 개념을 최초로 이론화한 사람은 아리스토텔레스(Aristoteles, BC 384~322)이다. 그는 정의를 사람이 이행해야 할 최고의 덕으로 단순한 개인적 도덕이 아닌 타인과의 관계에서 실현해야 할 길, 즉 사회적 도덕이라고 보았다. 그는 정의를 다시 절대적 평등, 즉 모든 사람을 똑같이 대우하는 개인주의적 측면의 평균적 정의와 비례적 평등, 즉 각자에게 자신의 것을 주되 배분 과정에서 자의를 배제하고 공평무사해야 한다는 단체주의적 측면의 배분적 정의를 나누고 양측면의 조화를 모색하였다.

이와 같은 정의론, 즉 정의의 본질이 평등에 있다는 것은 오늘날 보편적으로 받아들여지고 있다. 그러나 같은 것을 같게, 다른 것을 다르게 취급한다는 것만으로는 개별적·구체적인 경우에 무엇이 정당한 것인지에 대한 기준이 될 수 없어 두 번째의 이념, 즉 합목적성의 이념이 등장한다.

나. 합목적성

법에서의 합목적성이란 한 국가의 법질서가 제정되고, 실시되는 과정에서 선택하여 근거로 하고 있는 가치관이나 목적에 부합해야 한다는 것이다. 한 국가의 법질서가 선택하는 가치관으로서는 개인주의·단체주의·문화주의가 있다.

개인주의는 인간을 궁극적 가치로 지향하여 개인의 자유와 행복이 최대한 보장되도록 노력하므로 평균적 정의가 강조된다.

단체주의는 단체를 최고의 가치로 신봉하고, 개인의 인격은 단체의 가치를 실현하는 범위 안에서 인정되고 존중된다.

문화주의는 개인도 단체도 아닌 인간이 만든 문화, 즉 수만 명 노예의 목숨보다 피라미드를 최고의 가치로 본다. 오늘날 문화주의를 채택하는 예는 거의 없고, 법의 목적이 사회적 불평등을 제거하는 데에 있다고 보는 사회주의적 세계관과 국가로부터 개인의 자유를 보장하는 것에 있다고 보는 개인주의적 세계관의 대립이 있었다. 그러나 사회주의 체제가 무너져 버린 이제는 그 구별도 무의미하고 또 민주주의 체제 자체가 상대주의적 세계관에 입각하고 있어서 어느 목적 하나만을 절대적인 것으로 보지 않고 있으므로 어떻게 하는 것이 그 사회의 현실에 맞게 조화시키는 것인가의 문제만 있다.

다. 법적 안정성

법의 일차적인 기능이 사회질서를 유지하고 분쟁을 평화롭게 해결하는 데에 있는 이상 법은 안정적으로 존재해야 한다. 법이 자주 변경되면 국민들의 행동지침으로서 역할을 할 수 없고 사회는 혼란에 빠지게 된다. 부정의한 법도 무질서보다는 낫다거나, 악법도 법이라는 말이 있을 수 있는 이유이다. 그래서 법의 제정과 개정은 신중하게 이루어져야 하고, 지켜야 하는 최소한을 내용으로 하여 융통성 있게 적용될 수 있게 함으로써 시대의 변화에 따른 빈번한 개정요구를 차단할 필요가 있다.

Ⅱ. 법의 분류

1. 성문법과 불문법

법은 그 존재 형태에 따라 문서로서 일정한 형식과 절차를 거쳐 공포된 성문법과 문자나 문장의 형식으로 되어 있지 않고 입법 절차를 거치지 않은 불문법으로 나뉜다.

가. 성문법

성문법은 그 존재와 의미가 명확하므로 법적 행동을 함에 그 결과를 예측하고 행동에 들어갈 수 있는 편리함이 있으며, 국가권력의 횡포로부터 국민의 자유와 권리를 보호하는 데 유용한 장점이 있다. 그러나 문언이 고정되어 있기 때문에 변화하는 사회생활에서 현실적인 수요를 따르기 어려운 단점이 있다. 성문법에는 헌법, 법률, 명령, 규칙, 자치법규, 조약 등이 있다. 독일, 프랑스, 한국, 일본 등 대륙법계의 국가들은 성문법을 원칙으로 하고 영국, 미국 등 영미법계 국가들은 불문법을 원칙으로 하나 이들도 헌법이나 상사관련법 등은 성문법으로 하고 있고 점차 그 범위가 넓어지고 있다.

나. 불문법

불문법의 종류에는 관습법, 판례법, 조리가 있다.

관습법은 오랜 관행이 반복하여 행해짐으로써 그 구성원들 사이에서 구속력을 얻어 법적인 효력을 가지는 것으로 확신을 얻은 규범을 말한다. 그 관행이 선량한 풍습이나 사회질서에 반하지 않을 경우에 국가의 승인에 의하여 성립되며, 관습법은 성문법에 대하여 보충적 효력이 있으나, 상사의 경우 상관습은 성문법인 민법에 우선한다.

판례법은 법원의 판결례를 통하여 형성된 법규범이다. 특정 사건에 대한 판례가 유사 사건에 반복적으로 적용되면서 법규범으로 성립된 것이다. 영미법계에서는 판례법을 1차적인 법원으로 삼고 있어서 성문법과 동등한 구속력을 가진다. 대륙법계에서는 최고법원의 법령의 해석이 당해 사건에 관해서만 하급법원을 구속한다.

조리는 사물의 본성, 즉 도리를 말하는 것으로 법에서는 선량한 풍속 기타 사회질서, 신의성실, 사회통념, 공서양속 등으로 표현된다. 민법 제1조는 법률에 규정이 없으면 관습법에 의하고 관습법이 없으면 조리에 의한다고 규정하여 조리의 법원성을 인정하고 있다.

2. 실체법과 절차법

법의 규정 내용에 따른 구별로 실체법은 권리 · 의무의 실체에 관하여 규정한 것으로 민법, 상법, 형법 등이 해당하고, 절차법은 권리 · 의무의 실현 절차에 관하여 규정한 것으로 민사소송법, 형사소송법, 부동산등기법 등이 있다.

3. 일반법과 특별법

법의 효력 범위를 표준으로 한 것으로, 일반법은 법의 효력 및 적용 범위가 한정되지 않는 법으로 헌법, 민법, 형법 등이 있고, 특별법은 법의 효력 및 적용 범위가 사람, 물건, 장소에 의하여 한정된 법이다. 예를 들어 국가공무원법은 국가공무원에게만, 선원법은 선원에게만 적용되는 특별법이며 상법은 민사 중 상사에 관해서만 적용되는 특별법이다. 지방자치법이 전국에 효력을 미치는 일반법임에 비하여 서울특별시조례는 서울시에만 효력을 미치는 특별법이다.

4. 국내법과 국제법

국내법은 한 국가에 의하여 인정되고 그 국가 안에서만 효력이 있는 법을 말한다. 국제법은 둘 이상의 국가의 합의에 의하여 국가 상호간의 관계를 규율하는 법으로서 국제관습법과 같이 묵시적인 것과 조약, 협정 등과 같은 명시적인 것이 있다.

5. 공법 · 사법 · 사회법

공법과 사법의 구별에 관해서는 공익과 사익의 보호를 목적으로 하는 이익설, 일방이 국가나 공법인인 경우와 사인 상호 간의 관계인 경우의 주체설, 국민으로서의 생활관계를 규율하는 법을 공법, 인류로서의 생활관계를 규율하는 법을 사법이라고 하는 생활관계설 등이 있다. 헌법, 행정법은 공법이고 민법은 사법이나, 상법과 같이 처벌 규정을 두고 있어 사법과 공법이 섞여 있는 경우도 있다.

사회법은 사법의 영역에서 경제적인 약자를 보호하기 위하여 공법적인 통제를 가하여 개인의 실질적인 평등을 실현하기 위한 법이다. 노동법(근로기준법, 노동조합법 등), 사회보장법(사회보장기본법, 생활보호법, 산업재해보상보험법 등), 경제법(독점규제 및 공정거래에 관한 법률, 은행법, 자본시장통합법, 소비자보호법 등) 등이 있다.

Ⅲ. 법의 효력

1. 법의 실질적 효력

법이 사회에서 실현되기 위해서는 법적 타당성이 있어야 하고, 이러한 법적 타당성이 인정되기 위해서는 법이 구속력을 가질 수 있는 가치가 있어야 한다. 또한 법이 실효성을 갖기 위해서는 규범이 지켜지지 않을 경우에 국가권력에 의한 강제력을 동원함으로써 그 실현을 보장해야 한다.

2. 법의 형식적 효력

가. 시간적 효력

법은 시행일부터 폐지일까지 효력을 갖는다.

1) 시행과 폐지

법률은 시행에 앞서 공포되어야 하는데 공포는 관보에 게재함으로써 한다. 법률의 구체적인 시행 기일은 부칙에서 정하는데, 부칙에 정함이 없는 경우에는 공포한 날로부터 20일이 경과함으로써 효력이 발생한다.

법의 폐지는 법이 효력을 상실하는 것으로 한시법과 같이 시행 기간을 정한 법은 그 기간이 종료한 때, 특정 사항을 목적으로 한 법은 그 목적 사항이 소멸한 때, 신법이 명문화되어 구법의 전부 또는 일부를 폐지한 때, 동일한 사항에 관하여 모순되는 신법이 제정된 때 구법은 폐지된다.

2) 법률불소급의 원칙

법은 그 시행 기간 중에 발생한 사항에 대해서만 적용되고, 시행일 이전에 발생한 사항에 대해서는 효력을 미치지 않는데 이를 법률불소급의 원칙이라고 한다. 이 원칙은 소급입법에 의한 인권 침해를 방지하기 위하여 형사법에서는 절대적인 원칙이나, 민사법에서는 소급효를 인정하는 것이 일반적인데, 이는 변화하는 사회 현상의 반영이라는 현실적인 요구 및 오히려 형평과 정의에 부합한다는 측면을 고려한 결과이다.

나. 인적 효력

사람에 관한 법의 적용 범위에 관해서는 속인주의와 속지주의가 있다. 한 나라의 국민은 국내외 어디에 있든지 그가 속해 있는 국가의 법에 따라야 한다는 원칙인 속인주의와 한 나라의 영토 안에 있는 모든 사람은 자국민이든 외국인이든 국적에 관계없이 그 나라의 법에 따라야 한다는 원칙인 속지주의가 있다. 우리 현행법은 속지주의를 원칙으로 하고 속인주의로 보충하고 있다.

다. 장소적 효력

법은 그 나라의 영토 · 영해 · 영공의 전반에 걸쳐 그 효력이 미친다. 다만, 자국의 군함이나 선박, 항공기는 타국의 영역에 있더라도 자국의 법이 적용된다. 북한 지역에도 우리나라의 법이 적용되는지 그 여부에 대해 헌법 제3조는 "대한민국의 영토는 한반도와 그 부속도서로 한다"라고 규정하여 우리나라 영역의 범위에 북한 지역도 포함하는 것으로 하고 있다.

Ⅳ. 법의 적용과 해석

1. 법의 적용

법의 적용이란 법의 내용을 사회생활의 구체적 사실에 실현시키는 것을 말한다. 법이 규정하고 있는 내용은 일반적이고 추상적이기 때문에 구체적인 사실에 대하여 법률 효과를 발생시키기 위해서는 사실의 확정과 법의 해석의 두 단계를 거치게 된다.

사실의 확정이란 법의 적용 대상이 되는 구체적 사실이 어떤 것인가를 확정하는 것이고, 법의 해석이란 확정된 사실에 적용될 법을 찾아 그 의미 내용을 확정하는 것을 말한다.

2. 법의 해석

법의 내용은 일반적이고 추상적이기 때문에 이를 구체적인 사실 관계에 적용하기 위해서는 그 의미 내용을 구체적인 사건에 결부할 수 있도록 구체화해야 하는데 이를 법의 해석이라고 한다. 법의 해석은 법에 내재된 이념과 정신을 객관화하는 것이며 이는 형식론적 방법을 넘어서 각 법규가 가지고 있는 객관적인 목적과 그 시대의 사회적인 실정들을 고려해서 목적론적으로 이루어져야 한다.

법의 해석에는 국가기관에 의하여 확정되는 유권해석과 학문적인 견지에서 문리적 또는 논리적으로 행해지는 학리해석이 있다.

가. 유권해석

입법 자체에 의한 해석인 입법해석, 법원의 판결을 통한 해석인 사법해석, 행정청에 의한 해석인 행정해석이 있다.

나. 학리해석

1) 문리해석

법문의 자구에 나타난 의의에 따라서 법규의 의미를 확정하는 해석을 말한다.

문리해석에는 법조문의 용어가 법의 진정한 의도를 충분히 표현하고 있지 못하다고 생각될 경우에 용어의 보통 의미보다 넓게 해석하는 확장해석, 문리해석의 결과가 너무 넓어

법의 진정한 의도를 넘어설 경우에 좁게 해석하는 축소해석, 법문이 규정하는 요건과 반대의 요건이 존재하는 경우에는 반대의 효과를 인정하는 반대해석 등이 있다.

2) 논리적 해석

자구에 구애받지 않고 법 전체의 조직, 법질서 전체의 유기적·논리적 관련성, 입법정신 및 그 연혁, 법 적용의 결과 등을 종합적으로 고려하여 논리적으로 법규의 의미를 확정하는 해석을 말한다.

Ⅴ. 법의 기본 원리

1. 비례의 원칙

오늘날 공법과 사법 전반에 걸쳐 널리 통용되는 법의 일반 원칙으로 비례 원칙을 들 수 있다. 비례 원칙은 두 이해관계가 충돌할 경우에 어느 한쪽에 치우치지 않고 균형 있게 양자를 보장하기 위한 원칙이다. 특히 이는 헌법재판소가 법률의 위헌성 여부를 판단할 때, 당해 법률이 국민의 기본권을 제한하는 정도를 결정하는 기준으로 사용된다. 헌법재판소는 비례 원칙의 내용을 다음과 같이 정하고 있다.

국가가 정책 등의 달성을 위해 국민의 기본권을 법률로 제한할 경우에는 목적이 정당해야 하고, 그 방법이 적절해야 하며, 국민의 피해를 최소화하는 수단을 사용해야 한다. 또한 이러한 요건이 모두 충족된다고 하더라도, 국민의 권리 침해로 인한 마이너스 효과와 정책 달성으로 인한 플러스 효과를 최종적으로 저울질해 보아 국민의 권리 침해의 비중이 더 크다면 이는 비례 원칙에 위배되는 것이다.

사례 군 복무 가산점 제도의 위헌성 여부

Q. 제대군인 지원에 관한 법률 제8조 제1항 등이 헌법에 위배되는지 여부

A. 가산점 제도의 주된 목적은 제대군인이 군 복무를 마치고 빠른 기간 내에 일반 사회로 복귀할 수 있도록 해 주는 제도이다. 이는 입법정책적으로 가능하고, 또 매우 필요하다고 할 수 있다. 그러나 제대군인에 대하여 여러 가지 사회·정책적 지원을 강구할 필요가 있다고 할지라도 그것이 공동체 내의 다른 집단에게 동등하게 보장되어야 할 균등한 기회를 박탈하는 것이어서는 안 된다. 그런데 가산점 제도는 공직 수행 능력과는 아무런 합리적인 관련성을 인정할 수 없는 성별 등을 기준으로 여성과 장애인 등의 사회 진출 기회를 박탈하는 것이므로 정책 수단으로서의 적합성과 합리성을 상실한 것이다. 또한 가산점 제도가 추구하는 공익은 입법정책적 법익에 불과한 반면, 그로 인하여 침해되는 것은 헌법이 강력히 보호하고자 하는 고용상의 남녀평등, 장애인에 대한 차별 금지라는 헌법적 가치이다. 따라서 가산점 제도는 법익균형성을 현저히 상실한 제도이다(헌법재판소 1999. 12. 23. 98헌마363 전원재판부)

2. 적법절차 원칙

적법절차 원칙이란 법령의 내용은 물론 그 집행 절차도 정당하고 합리적이어야 한다는 원칙으로 헌법에 명시되어 있다. 원래 이 원칙은 국가의 형벌권으로부터 국민의 신체 자유를 보장하기 위한 목적에서 출발한 것이지만, 오늘날에는 공권력과 관련된 모든 행위에서 꼭 지켜져야 할 기본 원리로 인정되고 있다.

3. 죄형법정주의

죄형법정주의란 아무리 사회적으로 비난받을 만한 행위라고 할지라도 국회에서 제정한 법률이 그러한 행위를 범죄로 규정하고 있지 않으면 처벌할 수 없고, 범죄에 대해 법률이

규정한 형벌 이외에는 부과할 수 없다는 원칙으로 법치 국가 형법의 기본 원리이다. 이에 따라 국가는 형벌권을 자의적으로 행사할 수 없고, 국민은 자유와 권리를 보호받을 수 있다.

죄형법정주의에 따르면, 법이 만들어지기 이전의 사건을 법이 만들어진 후에 소급하여 처벌할 수 없다. 선고를 할 때에는 피고인에게 기약 없는 수감 조치를 내려서는 안 되며, 반드시 형의 기간을 정해야 한다. 또한 법률에 있는 명확한 내용을 근거로 처벌해야 하며, 비슷한 내용을 유추해서는 안 된다. 다만, 이 원리는 국가에 대해 개인의 인권과 권익을 보장하기 위한 것이므로, 피고인에게 유리한 소급 적용이나 유추는 허용될 수 있다.

4. 신의성실의 원칙

민법은 권리의 행사와 의무의 이행은 신의에 좇아 성실하게 할 것을 규정하고 있다. 예를 들면, 채무자가 채권자를 골탕 먹일 의도로 일부러 수십 개의 동전 자루로 빚을 갚는 경우처럼 일반적인 상식이나 거래 관념에 비추어 납득하기 어려운 행동은 허용할 수 없다는 것이다. 따라서 신의성실의 원칙은 법을 공유하는 법 공동체 구성원들이 가져야 할 공동체 의식을 강조하는 원리라고 할 수 있다.

5. 권리남용금지의 원칙

권리남용금지의 원칙은 겉으로 보기에는 권리를 행사하는 것 같지만 실제로는 타인에게 고통을 주기 위한 행위를 막기 위한 원칙이다. 헌법에서도 권리의 행사는 공공복리에 어긋나지 않도록 해야 한다고 정하고 있다. 이 원칙을 지키지 않는 권리 행사는 법이 보장하지 않으며, 경우에 따라서는 권리 행사 자체를 불법 행위로 보고 상대방에게 손해 배상을 하도록 한다.

사례 주택 소유자의 퇴거 청구가 권리남용이 되는 경우

Q. 저는 현재 처와 병을 앓고 있는 아들, 며느리, 손자와 함께 외국에 거주하는 딸 소유의 주택에 살고 있습니다. 이 주택은 딸이 여러 해 전 구입한 것으로 저도 구입 자금 일부를 보태었고, 구입 후 현재까지 계속 거주해 오고 있는데, 최근 외국에 있는 딸이 집을 비워 달라고 요구하고 있습니다. 저는 현재 나이도 많고 지병이 있어서 경제 능력이 없는데, 집을 비우고 나가야 하는지요?

A. 「민법」에서 권리는 남용하지 못한다고 규정하고 있다(민법 제2조 제2항). 권리 행사가 권리남용에 해당되려면 주관적으로 그 권리 행사의 목적이 오직 상대방에게 고통을 주고 손해를 입히려는 데 있을 뿐 행사하는 사람에게 아무런 이익이 없는 경우여야 하고, 객관적으로는 그 권리 행사가 사회질서에 위반된다고 볼 수 있어야 한다(대법원 2010. 8. 19. 선고 2009다90160, 90177 판결).

그런데 판례를 보면, 외국에 이민을 가 있어 주택에 입주해야 할 급박한 사정이 없는 딸이 고령과 지병으로 고통을 겪고 있는 상태에서 달리 마땅한 거처도 없는 아버지와 그를 부양하면서 동거하고 있는 남동생을 상대로 자기 소유 주택의 명도 등을 청구하는 행위가 인륜에 위반하는 행위로서 권리남용에 해당한다고 하였다(대법원 1998. 6. 12. 선고 96다52670 판결).

따라서 사례의 경우에도 딸이 외국에 이민을 가 있어 스스로 그 주택에 입주해야 할 급박한 사정이 있는 것도 아니고, 특히 부양 의무가 있는 딸이 특별한 사정도 없이 아버지의 주거에 관하여 별다른 조치를 취하지 아니한 채 단지 소유권자임을 내세워 고령과 지병으로 고통을 겪고 있는 상태에서 달리 마땅한 거처도 없는 아버지의 퇴거를 요구하는 것은 부모와 자식 사이의 인륜을 파괴하는 행위로서 권리남용이 될 가능성이 있다고 할 것이다.

법률구조와 권리구제

Ⅰ. 서설

법률구조 제도란 경제적으로 어렵거나 법을 모르기 때문에 법의 보호를 충분히 받지 못하는 사람들에게 법률 상담 및 법률 자문에 관한 각종의 지원을 하는 법률 분야의 사회복지 제도라고 할 수 있다. 현재 법무부에 등록되어 있는 법률구조법인으로 대한법률구조공단, 한국가정법률상담소, 대한가정법률복지원 등이 있다.

한편 권리·의무 관계를 둘러싸고 분쟁이 발생하거나 국민의 보호와 권리를 규정한 법이 지켜지지 않아 권리자가 권리를 침해당하였을 때 상담을 하거나 진정을 접수하고 조사하여 해결하는 기관과 절차로서 권리구제 제도를 두고 있다. 종래에는 권리가 침해되었을 때 법원에 소송을 통해 해결하는 사법적 권리구제 제도가 주로 활용되었다. 그러나 사법적 권리구제는 대체로 시간이나 비용이 많이 들고 절차가 복잡하여 이용에 어려움이 있었다. 따라서 점차 전문 행정기관이 국민의 고충을 신속하고 간편하게 무료로 상담하고 처리하는 행정적 권리구제 제도가 늘어나고 있다. 권리구제 제도로는 노동위원회, 소비자분쟁조정위원회, 국민권익위원회, 시민고충처리위원회 등이 있다.

Ⅱ. 법률구조 제도

1. 대한법률구조공단(www.klac.or.kr)

대한법률구조공단은 법률구조 사업을 효율적으로 추진하기 위하여 1987년 9월 1일 법률구조법에 의하여 설립되어 국가 예산으로 운영되는 공공기관으로, 법률구조 사업을 통한 국민의 기본권 옹호와 법률 복지의 증진을 위해 힘쓰고 있으며 그 밖에도 법률구조 제도에 관한 조사 · 연구, 준법정신의 양양을 위한 계몽 사업 등을 하고 있다. 서울특별시에 본부를 두고, 그 아래 18개의 지부와 41개의 출장소, 74개 지소를 전국의 법원, 검찰청에 대응하여 설치하고 있다.

가. 구조 대상 사건

1) 민사 · 가사 사건

2) 국가를 상대로 하는 소송 중 국가배상법에 의한 손해배상 사건

3) 개인회생 및 파산 · 면책 사건

4) 형사 사건

5) 행정심판 사건과 행정소송 사건(단, 행정심판 사건은 국무총리실 및 각 시 · 도 행정심판위원회 사건에 한정)

6) 헌법소원 사건

나. 구조 대상자

1) 민사 · 가사 사건, 행정심판 · 행정소송 사건, 헌법소원 사건의 경우

① 기준 중위 소득 125% 이하인 국민 또는 국내 거주 외국인

② 위관급 장교 이하의 군인

③ 국가 보훈 대상자 및 5.18민주 유공자, 참전 유공자

④ 물품의 사용 및 용역의 이용으로 인한 피해를 입은 소비자

⑤ 헌법재판소가 공단 소속 변호사 또는 공익 법무관을 국선 대리인으로 선정한 사건의 청구인

⑥ 법원으로부터 소송구조결정(개인회생, 파산 사건 포함)을 받은 사람-인시내 등 소송비용에 대해서만 소송구조결정을 받은 사람은 제외

⑦ 가정폭력 · 성폭력으로 인한 피해자(국내 거주 외국인 여성 포함)

⑧ 농업인(축산인 포함), 어업인, 수산업법에 따른 어획물운반업 종사자, 장애인, 생활보장 수급자, 기초노령연금수급자, 영세 담배 소매인, 체불임금근로자, 범죄 피해자, 소상공인과 같이 특별한 지원이 필요하여 무료 법률구조 대상자로 지정된 사람

⑨ 한부모 가족
⑩ 요보호 아동
⑪ 소년 소녀 가장
⑫ 의사자 유족 · 의상자와 그 가족, 중장기 복무 제대군인
⑬ 가족 관계 미등록자
⑭ 다문화 가족(결혼 이민자와 귀화 허가를 받은 자)
⑮ 학교 폭력 피해 학생 등

2) 형사 사건의 경우
① 기준 중위 소득 125% 이하인 국민 또는 국내거주 외국인
② 국가 보훈 대상자 및 5·18민주 유공자, 참전 유공자
③ 가정폭력·성폭력과 관련된 형사 사건의 구속 피의자 또는 피고인(국내 거주 외국인 여성 포함)
④ 국선변호 사건(법원이 소속 변호사나 공익 법무관을 국선 변호인으로 선정한 사건)의 피의자 또는 피고인
⑤ 국내 거주 북한 이탈 주민
⑥ 농업인(축산인 포함), 어업인, 수산업법에 따른 어획물운반업 종사자, 의사자 유족 · 의상자와 그 가족, 중장기 복무 제대군인, 장애인, 생활보장수급자, 기초노령연금수급자, 영세 담배 소매인 등 무료 법률구조 대상자로 지정된 사람
⑦ 한부모 가족
⑧ 요보호 아동
⑨ 소년 소녀 가장
⑩ 가족 관계 미등록자
⑪ 다문화 가족(결혼 이민자와 귀화 허가를 받은 자)
⑫「아동·청소년의 성보호에 관한 법률」 제2조 제2호에 따른 아동·청소년 대상 성범죄 피해자
⑬「성폭력방지 및 피해자보호 등에 관한 법률」 제2조에 따른 성폭력 피해자(국내 거주 외국인 여성 포함)
⑭ 기타 생활이 어렵고 법을 몰라 스스로 법적 수단을 강구하지 못하는 국민

다. 무료 법률구조

• 공단은 농·수협과 농·어업인 무료 법률구조 사업 협약을 체결하고 농협 등이 공단에 출연한 적립금을 재원으로 하여 1996. 7. 1.부터 농업인, 어업인, 축산인에 대한 무료 법률구조 사업을 실시하고 있다.

• 1997. 10. 1. 조흥은행(현 신한은행)과 도시영세민들에 대하여, 1999. 2. 1. KT&G와 담배 소매인들에 대하여, 2003. 12. 23. 여성가족부와 가정폭력 등으로 인한 피해를 입은 여성들에 대하여 각각 무료법률구조사업협약을 체결하였다.

• 2005. 7. 1. 노동부(현 고용노동부)와의 협약을 통해 임금 및 퇴직금 체불로 인한 피해 근로자, 2005. 9. 1. 중소기업청과의 협약으로 소상공자영업자, 2007. 2. 1. 여성가족부와의 협약을 통해 한부모 가족에 대하여 무료 법률구조 사업을 실시하였고, 2008. 1. 1. 한국선원복지고용센터와의 협약을 통해 선원법상의 임금·퇴직금 체불 및 재해보상 사고와 관련된 피해 선원에 대한 무료 법률구조를 실시하고, 공탁금관리위원회의 지원으로 2008. 8. 1.부터 개인회생 및 파산·면책 신청 사건에 대한 무료 법률구조 사업과 2008. 9. 1.부터 법률 보호 취약 계층에 대한 무료 법률구조 사업을 실시하고 있다.

• 2009. 1. 1. 복권위원회와의 협약으로 개인회생·파산 종합지원센터(서울, 대구, 부산, 광주) 건물 구입 등 지원으로 금융 소외 계층의 경제회생을 돕고, 2011. 3. 1. 국가보훈처와의 협약을 통해 군인연금 수급권이 없는 중·장기 복무 제대군인에 대한 무료 법률구조 사업을 실시하고 있다.

• 2012. 4. 5. 서울보증보험주식회사와의 협약을 통해 개인회생 신청자 등 금융 소외자에 대해 무료 법률상담, 개인회생 절차 신청 비용 지원 등의 각종 법률적 지원을 실시하고 있으며, 2012. 5. 24. 국민은행과의 협약으로 생활보장수급자 및 월평균 260만 원 이하 국민 중 학교 폭력 피해 학생에 대한 무료 법률구조 사업을 실시하고, 2013. 1. 22. 건설근로자공제회와의 협약을 통해 건설 근로자의 개인회생 및 파산·면책 신청 사건에 대한 법률적 지원을 해 주고 있다.

• 이로써 이들 기관이 공단에 출연한 적립금을 재원으로 하여 농·어업인, 도시영세민 등(생활보장수급자·의사자 유족·의상자와 그 가족·다문화 가족), 영세 담배 소매인, 가정 폭력·한부모 가족 등(가정 폭력·성폭력 피해자, 한부모 가족, 미혼모·부 가족, 조부모 가족), 임금 및 퇴직금 체불로 인한 피해 근로자(최종 3월분의 월평균 임금 400만 원 미만인 피해 근로자), 소상공인(월평균 수입이 260만 원 이하인 자), 선원법상의 임금·퇴직금 체불 및 재해보상 사고와 관련된 피

해 선원, 법률 보호 취약 계층(장애인, 독립유공자 또는 그 수급권자, 국가 유공자 또는 그 수급권자, 5·18민주 유공자, 국내 거주 북한 이탈 주민, 소년 소녀 가장, 한부모 가족, 사회연대은행(사)함께만드는세상의 지원 수혜자, 범죄 피해자, 월평균 수입이 260만 원 이하이고 재산세 미과세 대상자 중 주택임대차 보호법에서 정한 소액임차인, 개인회생 및 파산·면책 신청 대상자, 요보호 아동, 참전 유공자, 고엽제후유의증환자, 특수 임무 수행자, 가족 관계 미등록자, 기초노령연금수급자, 중장기 복무 제대군인), 서울보증보험의 채무자인 개인회생 신청 대상자, 건설 근로자인 개인회생 및 파산·면책 신청 대상자에 대한 무료 법률구조 사업을 실시하고 있다.

2. 한국가정법률 상담소(www.lawhome.or.kr)

가. 법률 상담

가사, 민사, 형사, 파산 사건 등 법률문제 전반에 걸쳐 무료 법률 상담을 실시하고 있으며 면접, 서신 및 전화·지상·순회·인터넷·출장 상담 등 다양한 상담 창구가 개설되어 있다. 직장인(과 다문화 가정)을 위한 야간 상담도 매주 월요일마다 있다.

나. 화해조정과 무료 대서

분쟁 해결을 위한 최우선의 방법으로 당사자들의 대화를 통한 화해조정을 위해 많은 노력을 기울이고 있으며, 대서 비용을 부담할 수 없는 어려운 사람들을 위해 간단한 소송 관련 서류를 무료로 작성해 준다.

다. 소송구조

상담 결과 소송이 필요한 어려운 사람들을 위해 무료 소송구조를 제공하고 있다.

무료 소송구조는 소속 변호사와 공익 법무관 그리고 자원봉사 변호사들로 구성된 백인변호사단 소속 변호사들이 수행하고 있으며, 취약 계층과 가정 폭력 피해 여성, 한부모 가정, 다문화 가정 등 다양한 계층들을 대상으로 가사소송 전반은 물론 필요한 경우 민사, 형사 사건까지 포괄하고 있다.

Ⅲ. 권리구제 제도

1. 중앙노동위원회(www.nlrc.go.kr)

노동위원회는 노 · 사 · 정 3자로 구성된 준사법적 성격을 지닌 합의체 행정기관으로서 노동관계에서 발생하는 노사 간의 이익 및 권리분쟁을 신속하고 공정하게 조정·판정하여 산업평화정착에 기여하고 있다.

가. 중앙노동위원회의 기능

1) 노동쟁의의 조정
2) 복수노조 교섭창구 단일화 사건 등의 결정
3) 부당해고 및 부당노동행위 등의 심판
4) 비정규직 차별적 처우 시정
5) 정책적 업무

나. 중앙노동위원회의 기구

관할 및 관장 업무에 따라 중앙노동위원회, 지방노동위원회(12곳), 특별노동위원회(선원노동위원회)로 구분하고 있다.

전원회의 외에 그 권한에 속하는 업무를 부문별로 처리하기 위하여 부문별 위원회(심판위원회, 조정위원회, 차별시정위원회, 특별조정위원회, 중재위원회, 교원노동관계조정위원회, 공무원노동관계조정위원히)를 두어 사건 처리위원회의 사무 처리를 지원하기 위하여 중앙노동위원회는 사무처를, 지방노동위원회는 사무국을 둔다(노동위원회법 제14조).

2. 한국소비자원(www.kca.go.kr)

한국소비자원은 1987년 7월 1일 소비자보호법에 의하여 '한국소비자보호원'으로 설립된 후, 2007년 3월 28일 소비자기본법에 의해 '한국소비자원'으로 기관명이 변경되었다.

한국소비자원은 소비자의 권익을 증진하고 소비 생활의 향상을 도모하며 국민 경제의 발전에 이바지하기 위하여 국가에서 설립한 전문기관이다.

소비자 피해 접수 건은 상담, 합의권고, 분쟁조정 등의 절차를 거쳐 처리된다. 분쟁의 해결은 원칙적으로 민사소송을 통해 해결해야 하지만 소송은 고비용, 장기간 소요, 복잡한 절차 등의 번거로움이 발생할 수 있다. 한국소비자원 피해 구제는 이러한 불편을 해소하기 위해 소비자분쟁해결기준 등 관련 법률에 따라 양당사자에게 공정하고 객관적으로 합의를 권고하는 제도로써 법원 판결과 달리 강제력은 없지만 비용 없이 신속히 분쟁을 해결할 수 있다.

가. 소비자 피해 구제 절차도

나. 소비자 피해 구제

1) 피해 구제(합의권고)

① 신청

소비자원은 피해 구제 접수 건에 대해 사실 조사, 전문가 자문 등을 거쳐 당사자에게 원만한 합의를 권고한다. 피해 사실을 쉽게 확인하여 신속한 해결을 도모할 수 있도록 피해 구제 신청은 서면 또는 전자문서로 받고 있으며 피해 구제 신청일로부터 30일 이내에 원만한 합의가 이루어지지 않은 경우에는 소비자분쟁조정위원회에 조정을 신청한다(특별한 사안의 경우에는 90일까지 합의권고 기간 연장 가능).

② 피해 구제 대상 범위
사업자가 제공하는 물품 또는 용역을 소비 생활을 위하여 사용하거나 이용하는 과정에서 발생한 소비자 피해

③ 피해 구제 제외 범위
• 당사자와의 연락이 불가능하거나 소재 파악 등이 불가능한 경우(사업자의 부도, 폐업 등)
• 소비자와 사업자 사이의 분쟁이 아닌 경우
• 소비자기본법이 정한 제외 사유에 해당하는 경우

2) 분쟁조정
• 소비자분쟁조정위원회는 위원장 1인을 포함하여 150인 이내의 위원으로 구성되어 있으며, 회의는 위원장 및 상임위원을 포함하여 3~11명의 위원들로 개최된다.
• 분쟁조정은 신청일로부터 30일 이내에 종결되는 것이 원칙이나, 위원회 일정에 따라 연장될 수 있다.
• 조정위원회는 비공개를 원칙으로 하되, 필요한 경우에는 양 당사자가 참석하여 의견을 진술할 수 있으며 최종적으로 내린 조정 결정에 대하여 15일 이내에 양 당사자에게 수락 여부를 확인한다. 조정 결정에 대해 양 당사자가 서면으로 수락 거부 의사를 표시하지 않는 경우, 조정은 성립된다. 성립된 조정 결정 내용은 재판상 화해와 동일한 효력을 갖게 되나, 불성립된 사건은 소비자가 소송 등 별도의 방법을 통해 해결해야 한다.

3. 기타(국민권익위원회: www.acrc.go.kr, 시민고충처리위원회 등)[1]

1 그 밖에 헌법재판을 통한 기본권 보장으로 모든 공권력의 행사나 불행사로 인해 국민의 기본권이 침해되었을 때 헌법소원 제도를 규정하고 있으며, 구체적인 사건에서 법률의 규정이 헌법에 위반되는지에 관하여 위헌법률심판 제도 등을 두고 있다. 또한 행정구제를 통한 권익보호와 형사사건으로 피해를 입었을 때의 권익보호 제도로서 형사보상 제도, 범죄 피해자 구조 제도, 배상명령 제도 등을 두고 있다.

제2편

가정생활과 법률관계

제1장 권리일반이론

제2장 가족법 일반 이론

제3장 혼인과 법률관계

제4장 이혼과 법률관계

제5장 상속과 법률관계

제1장

권리일반이론

Ⅰ. 서설

1. 법률관계와 권리·의무

인간의 생활관계를 규율하는 사회규범으로 법·도덕·종교·관습 등이 있으며, 그중 법에 의하여 규율되는 생활관계를 가리켜 법률관계라고 한다. 이것은 그 내용이 법의 힘에 의하여 강제적으로 실현될 수 있다는 점에서 강제력을 갖지 못하는 다른 사회규범과 다르다.

법률관계는 사람과 사람의 관계 또는 사람과 물건 기타 재화의 관계 등으로 나타나지만 궁극적으로 사람과 사람의 관계이다. 즉, 법률관계는 법에 의하여 구속되는 자와 법에 의하여 옹호되는 자와의 관계로 나타난다. 따라서 법률관계는 권리·의무 관계로 나타난다.

권리·의무 관계로서의 법률관계는 근대에 이르러 개인의 자유와 인격이 중시되면서 의무보다는 권리의 관념이 강하게 되고 그리하여 법률관계가 권리 본위로 규율되고 있다.

2. 법률관계와 호의관계

호의관계란 법률적 구속을 받으려는 의사 없는 단순한 사교적인 관계를 말한다. 호의관계는 아무런 법률문제를 발생시키지 않는 것이 원칙이다. 다만 호의관계에서 출발하였더라도 손해배상책임이 문제되는 경우에는 법률관계로 전환될 수 있다. 호의관계와 관련하여 문제가 되는 대표적인 문제가 호의동승 문제이다.

사례 호의동승에 의한 불법 행위 책임

Q. 갑은 을이 손수 운전하는 자가용을 얻어 타고 무료로 출퇴근한다. 그런데 오늘 퇴근길에 을의 과실에 의한 교통사고가 발생하였다. 갑이 크게 다치게 되었는데 갑은 을에게 손해배상을 청구할 수 있는가?

A. 갑의 손해배상 청구를 인용하기 위해서는 을에게 계약책임 또는 불법 행위 책임을 물을 수 있어야 한다. 먼저 을의 계약책임을 검토해 보면, 을에게 계약책임을 묻기 위해서는 갑과 을 사이에 유효한 계약관계가 존재해야 한다. 그러나 사례의 경우 그러한 근거를 찾을 수 없으므로 계약관계에 기한 책임을 물을 수는 없다.

다음으로 을의 불법 행위 책임을 검토해 볼 수 있다. 호의관계는 일정한 법률관계와는 관계없이 형성되므로 법적 문제가 발생할 여지가 없는 것이 일반적이다. 그러나 호의관계에 수반하여 손해가 발생한 경우 그 손해에 대한 불법 행위 책임을 누가 부담할 것인지에 대한 문제가 제기된다. 다만 을이 갑에게 손해배상의무를 부담한다 할지라도 을에게 모든 손해에 대해서 책임을 부담케 하는 것은 그 손해의 토대인 호의관계에 비추어 볼 때 가혹하다. 따라서 면책 혹은 감경의 묵시적 합의를 인정한다든가 과실상계 규정을 적용하여 그 배상 범위를 조정할 수 있다. 그렇다고 해서 정당한 이유 없이 배상 범위가 경감되어서는 안 된다. 즉, 을이 아무런 대가를 받지 아니하고 동승자 갑의 편의와 이익을 위하여 동승을 허락하고 동승자 갑도 그 자신의 편의와 이익을 위하여 그 제공을 받은 경우 그 운행 목적, 동승자와 운행자의 인적 관계, 갑이 차에 동승한 경위, 특히 동승을 요구한 목적과 적극성 등 여러 사정에 비추어 가해자 을에게 일반 교통사고와 동일한 책임을 지우는 것이 신의칙이나 형평의 원칙으로 보아 매우 불합리하다고 인정될 때에는 그 배상액을 경감할 수 있으나 사고 차량에 단순히 호의로 동승하였다는 사실만 가지고 바로 이를 배상액의 경감 사유로 삼을 수는 없다.

Ⅱ. 권리일반

1. 의의

권리는 일정한 이익을 누릴 수 있도록 법에 의하여 주어진 힘이며,[2] 법에 의하여 권리를 향유할 수 있는 힘을 부여받은 자를 권리주체라고 한다. 민법상 권리주체에는 자연인과 법인이 있다.

2. 권리의 종류

권리는 크게 공법상 인정되는 권리인 공권(公權)[3]과 사법상 인정되는 권리인 사권(私權)으로 나누어진다. 민법상 권리인 사권은 분류 기준에 따라 다양하게 분류할 수 있다.

가. 내용에 따른 분류

1) 재산권

재산권이란 재산적 이익을 내용으로 하는 권리로서 원칙적으로 양도·상속이 가능하다. 물권, 채권 및 지적재산권이 재산권에 속한다.

2) 인격권

인격권이란 권리의 주체와 분리할 수 없는 인격적 이익의 향수를 내용으로 하는 권리이다. 인격권은 권리주체와 분리할 수 없는 권리이기 때문에 양도할 수 없고 상속할 수도 없다. 생명·신체·자유·명예·정조·초상권 등이 있다.

3) 가족권(신분권)

가족 간의 신분에 따르는 생활 이익을 내용으로 하는 권리를 말한다. 가족권은 친족권

2 권리가 무엇이냐에 관해서 의사의 힘 또는 지배라고 하는 의사설, 법률에 의하여 보호되는 이익이라는 이익설, 권리란 일정한 이익을 향수할 수 있도록 법이 인정한 힘이라는 권리법력설 등이 있으며 권리법력설이 통설이다.

3 공권은 공법관계에서 인정되는 권리로 국가나 공공단체가 자체의 존립을 위하여 가지는 국가공권은 작용에 따라 입법·사법·행정권, 목적에 따라 조직·경찰·군정·형벌·재정권으로 나누고, 국민이 국가나 공공단체에 대하여 가지는 권리인 국민공권에는 자유권·수익권·참정권 등이 있다.

과 상속권으로 구성되어 있다.

4) 사원권

단체의 구성원이 그 구성원이라는 지위 내지 자격에 기하여 그 단체에 대하여 가지는 권리를 포괄하여 말한다. 사단법인의 사원의 권리, 주식회사의 주주의 권리 등이 있다.

나. 작용에 의한 분류

1) 지배권

지배권이란 타인의 행위를 매개로 하지 않고 일정한 객체를 직접 지배할 수 있는 권리를 말한다. 여기서 직접 지배한다는 것은 권리의 내용인 이익을 실현하기 위하여 권리자 이외에 타인의 행위나 동의를 요하지 않는다는 의미이며, 이 점에서 청구권과 구별된다.

물권·준물권·지적재산권 등이 이에 속한다.

2) 청구권

청구권이란 특정인이 다른 특정인에 대하여 일정한 행위를 요구할 수 있는 권리를 말한다.

채권이 가장 대표적인 청구권이나 물권·지적재산권·친족권·상속권 등으로부터 발생할 수 있다. 따라서 청구권은 청구권 발생의 기초가 되는 권리가 채권이면 채권적 청구권이라고 하고, 물권이면 물권적 청구권이라고 한다.

3) 형성권

형성권이란 권리자의 일방적 의사표시에 의하여 법률관계를 발생·변경·소멸시킬 수 있는 권리를 말한다. 형성권은 권리자의 의사표시만으로 효과가 발생하는 것으로 법률행위의 동의권·취소권·추인권·계약의 해제권 및 해지권·약혼의 해제권 등이 있으며 재판상으로 권리를 행사하여 그 판결에 의하여 효과가 발생하는 것으로 채권자취소권·혼인취소권·재판상이혼권·친생부인권·입양취소권·재판상 파양권 등이 있다.

4) 항변권

항변권이란 청구권의 행사에 대하여 일시적으로 또는 영구적으로 그 작용을 저지할 수 있는 권리를 말한다. 항변권에는 청구권의 행사를 일시적으로 저지할 수 있는 연기적 항변권으로 동시이행항변권·보증인의 최고검색항변권 등이 있으며, 상속인의 한정승인의 항변권과 같이 영구적으로 저지할 수 있는 영구적 항변권이 있다.

Ⅲ. 권리주체 - 자연인

1. 서설

권리란 일정한 이익을 향수하게 하기 위하여 인정되는 법률상의 힘이며, 법에 의하여 권리를 향유할 수 있는 힘을 부여받은 자를 권리주체라고 한다. 민법상 권리주체에는 자연인과 법인이 있다.

민법상 능력

	개념	판단 방법	없을 때의 효과
권리능력	권리·의무의 주체가 될 수 있는 자격	법정획일화	권리귀속이 불가능
의사능력	행위 결과를 인식할 수 있는 정신능력	당해 법률행위 시 구체적·개별적으로 판단	무효
행위능력	단독으로 법률행위를 할 수 있는 능력	법정하여 획일적, 객관화	취소
책임능력	불법 행위 책임을 변별할 수 있는 능력	구체적·개별적으로 판단. 판례는 12~14세 정도 인정	불법 행위 책임 불성립

2. 자연인의 권리능력

가. 의의

권리능력이란 권리·의무의 주체가 될 수 있는 자격 내지 지위를 말하며, 민법 제3조는 사람은 생존하는 동안 권리와 의무의 주체가 된다고 규정하고 있다. 즉, 권리능력은 사람의 출생으로 시작하여 사망으로 소멸한다.

나. 권리능력의 시기

1) 출생

사람이 권리능력을 취득하게 되는 것은 출생한 때이다. 출생의 시기는 태아가 모체로부터 전부 노출된 때라는 것이 통설이다.[4]

2) 출생의 효과

출생하여 일순간이라도 살아 있으면 성별·기형·조산·출생 후의 생존 유무를 묻지 않고 모두 권리능력을 취득한다. 출생은 가족관계의 등록 등에 관한 법률(약칭:가족관계등록법)이 정하는 바에 따라 1개월 이내에 신고해야 하며, 출생 신고는 보고적 신고로서 그 신고에 의하여 권리능력을 취득하는 것은 아니다.

다. 권리능력의 종기

1) 사망의 시기

자연인은 생존하는 동안 권리와 의무의 주체가 되므로 사망으로 권리능력을 상실한다.

사람이 자연사를 하는 경우 어느 시점을 사망으로 볼 것인지에 대해 통설은 심장의 기능이 회복 불능인 상태로 정지된 때를 사망으로 본다. 그러나 최근 장기 이식의 허용성의 문제와 관련하여 의학상 뇌 기능의 완전한 정지를 사망으로 보고자 하는 주장이 제기되고 있다.

장기 등 이식에 관한 법률에 의하면, 사람이 뇌사 상태인 것으로 판정되면 장기 등을 적출하여 다른 사람에게 장기를 이식할 수 있게 된다. 이 경우 뇌사자로부터 장기 등을 적출한 때 뇌사자는 뇌사의 원인이 된 질병 또는 행위로 사망한 것으로 본다. 따라서 뇌사 상태인 것만으로는 아직 사망한 것으로 볼 수 없으며 뇌사자의 사망 시각은 뇌사판정위원회가 뇌사 판정을 한 시각으로 한다.[5]

2) 사망의 입증 곤란을 구제하기 위한 제도

사망의 개연성은 높으나 사망 사실 및 그 시점을 증명하기 어려운 경우를 대비하여 인정

4 출생한 때의 의미에 대해서 진통설, 일부노출설, 전부노출설, 독립호흡설이 있으나, 민법에서의 통설은 전부노출설이며, 형법의 경우에는 진통설이 통설이다.

5 장기 등 이식에 관한 법률 제21조 ② 뇌사자의 사망 시각은 뇌사판정위원회가 제18조 제2항에 따라 뇌사판정을 한 시각으로 한다.

사망·동시사망의 추정·실종선고 제도를 두고 있다.

① 인정사망

시체의 발견 등 사망의 확증은 없으나 수난, 화재 기타 재난으로 인하여 사망이 확실시 되는 경우에 관공서의 보고에 의하여 가족관계등록부에 사망의 기재를 하여 사망으로 추정하는 제도를 인정사망이라 한다.

② 동시사망의 추정

동시사망의 추정은 2인 이상이 동일한 위난으로 사망한 경우 동시에 사망한 것으로 추정하는 것을 말한다(민법 제30조). 다만 민법 제30조는 수인이 동일한 위난으로 동시에 사망한 것으로 추정되는 것에 불과하므로 반증을 들어 추정효를 깨뜨릴 수 있다.

사례 **동시사망자 사이의 상속**

Q. 어머니 A, 처 B, 미혼의 자 C가 있는 D는 자녀 C와 지리산 등반에 나섰다가 악천후를 만나 C와 D가 사망하였다. 이 경우의 법률관계는?

A. C와 D의 사망 선·후에 따라 법률관계가 달라진다.

- C가 D보다 먼저 사망한 경우 : A와 B가 공동 상속
- D가 C보다 먼저 사망한 경우 : D의 재산을 B와 C가 공동 상속하고 다시 C가 사망함에 따라 B가 C의 상속분을 상속하므로 결국 B만 상속인이 된다.
- C와 D가 동시에 사망한 것으로 추정되는 경우 : A와 B가 공동상속인이 된다.

③ 실종선고

실종선고는 부재자의 생사불명 상태가 일정 기간 계속된 경우 가정법원의 선고에 의하여 사망으로 간주되는 제도이다. 실종선고에 대해서는 항을 바꾸어서 서술하고자 한다.

라. 실종선고

1) 의의

실종선고는 부재자의 생사불명 상태가 일정 기간 계속된 경우 가정법원의 선고에 의하여 사망으로 간주되는 것이며, 종래의 주소나 거소를 중심으로 한 법률관계를 확정하는 제도이다.

2) 실종선고의 요건

① 부재자의 생사가 불분명할 것

② 생사불명이 일정 기간 계속될 것

부재자의 생사불명이 일정 기간 계속되어야 하는데, 보통실종은 실종 기간이 5년이며, 특별실종은 전쟁 종료 시, 선박 침몰 시, 항공기 추락 시, 위난 종료 시 1년이다.

③ 이해관계인이나 검사의 청구가 있을 것

④ 6개월 이상 공시최고를 할 것

3) 실종선고의 효과

실종선고를 받은 자는 실종 기간이 만료한 때에 사망한 것으로 본다(민법 제28조). 실종선고는 실종자의 종래 주소 또는 거소를 중심으로 하는 사법상의 법률관계만을 종료시키는 것이므로 실종자의 권리능력 자체를 박탈하는 제도는 아니다. 따라서 실종선고를 받은 자가 생존하여 새로운 주소에서 법률관계를 형성하거나 종래의 주소로 돌아온 후에 새로운 법률관계를 형성하는 것에 대해서는 영향을 미치지 않는다. 또한 공법상의 법률관계에도 영향을 미치지 않는다.

3. 태아의 권리능력

가. 태아보호의 입법주의

태아는 아직 출생 전의 단계에 있으므로 민법상 사람이 아니며, 따라서 권리능력을 갖지 못한다. 그런데 태아에게 권리능력을 전혀 인정하지 않는다면 태아에게 매우 불리한 경우가 생긴다. 따라서 각국의 민법은 태아가 출생한 경우를 생각하여 태아의 이익을 보호하는 규정을 두고 있다.

태아보호를 위한 입법주의에는 태아의 이익을 위하여 모든 법률관계에서 이미 출생한 것으로 보는 일반적 보호주의와 중요한 법률관계에 대해서만 개별적으로 출생한 것으로 보는 개별적 보호주의가 있다. 우리 민법은 개별적 보호주의를 따르고 있다.

나. 태아의 권리능력을 인정하는 민법의 규정

1) 불법 행위에 의한 손해배상청구(민법 제762조)

2) 상속(민법 제1000조 3항), 대습상속(민법 제1001조), 유류분

3) 유증(민법 제1064조)

4) 인지(민법 제858조)[6]

5) 사인증여(학설–대립, 판례-부정)

사례 증여와 태아의 권리능력

Q. A는 태아 B를 임신 중이다. 그런데 태아 B의 할아버지인 C는 태아 B에게 자기 소유의 건물을 증여하기로 하고 A를 B의 대리인으로 하여 증여계약을 체결하였다. 이 경우 태아 B가 출생한 경우 할아버지 C에게 증여계약을 원인으로 위 건물의 소유권이전등기를 청구할 수 있는가?

A. 태아는 증여에 관해서는 권리능력을 가지지 못한다. 따라서 B의 대리인으로 증여계약을 체결한 A의 대리 행위는 무효이므로 증여계약을 원인으로 하는 소유권이전등기 청구는 할 수 없다.

다. 태아의 법적 지위

태아는 '이미 출생한 것으로 본다'라고 할 경우 태아가 권리능력을 취득하는 시기를 언제로 볼 것인지가 문제이다.

1) 해제조건설

태아는 이미 출생한 것으로 보고 제한된 범위 내에서 권리능력이 존재한다. 다만 살아서

6 태아의 인지청구권은 명문의 규정이 없으므로 인정되지 않는다는 것이 다수설이다.

출생하지 못하면 소급하여 효력이 소멸된다. 이 견해에 의하면 태아인 동안에도 권리능력이 있기 때문에 법정대리인도 있을 수 있다.

2) 정지조건설

태아로 있는 동안은 권리능력이 없고, 다만 살아서 출생하는 경우 문제된 시점까지 소급하여 권리능력을 취득한다. 이 견해에 의하면 태아로 있는 동안에는 권리능력이 없기 때문에 법정대리인도 있을 수 없다. 판례는 정지조건설을 취하고 있다.

사례 상속과 태아의 권리능력

Q. 어머니 A를 모시고 임신한 부인 C(태아는 D라고 한다)와 살고 있던 B가 귀가하던 중 정지신호를 무시하고 교차로를 통과하던 자동차에 치여 사망하였다. 이 경우 태아 D는 상속에 관하여 권리능력을 가지는가?

A. 태아는 상속 순위에 관하여 이미 출생한 것으로 본다. 따라서 태아 D는 B의 재산을 상속받을 수 있다. D의 권리능력 취득 시기는 학설에 따라 달라질 수 있으며, 판례는 정지조건설의 입장을 취하고 있다.

- 정지조건설에 의할 경우: 일단 A와 C가 B의 재산을 공동 상속하고 D가 출생하면 C와 D가 B의 재산을 공동 상속하게 되어 D가 법정대리인 C를 통하여 A의 상속분에 대한 반환청구를 하게 되고, D가 사산되었다면 A와 C의 공동 상속이 확정된다.
- 해제조건설에 의할 경우: 일단 C와 D가 B의 재산을 공동 상속하고 D가 출생하면 그대로 확정되지만, D가 사산되었다면 A가 D의 법정대리인이었던 C를 상대로 D의 상속분에 대한 반환을 청구할 수 있다.

Ⅳ. 행위능력

1. 서설

행위능력이란 단독으로 유효하게 법률행위를 할 수 있는 능력을 말한다. 의사능력의 유무는 구체적인 경우에 따라 판단되지만, 행위능력은 객관적 기준에 의하여 판단된다. 즉, 민법은 객관적·획일적 기준에 의하여 독자적으로 유효하게 법률행위를 할 수 있는 자와 할 수 없는 자를 나누고 제한능력자가 단독으로 법률행위를 한 경우 그에게 의사능력이 있었는지 여부를 묻지 않고 제한 행위능력을 이유로 법률행위를 취소할 수 있도록 규정하고 있다.

민법은 원칙적으로 모든 인간을 행위능력자로 보고, 다만 미성년자와 가정법원으로부터 심판을 받은 피성년후견인과 피한정후견인을 제한능력자로 규정하고 있다.

2. 미성년자

가. 성년기

사람은 19세로 성년에 이르게 되며, 성년에 달하지 않은 자가 미성년자이다. 연령은 출생일을 산입하여 역(曆)에 따라 계산한다.[7]

나. 미성년자의 행위능력

1) 원칙: 법정대리인의 동의가 필요한 법률행위

미성년자가 법률행위를 하기 위해서는 원칙적으로 법정대리인의 동의가 필요하다. 따라서 법정대리인의 동의를 얻지 않고 한 경우 미성년자나 그 법정대리인이 법률행위를 취소할 수 있다. 법정대리인의 동의가 있었다는 것을 증명할 책임은 그 법률행위의 유효를 주장하는 상대방에게 있다.

미성년자가 법정대리인의 동의를 얻지 않고 한 법률행위는 취소하기 전에는 유효하다. 그러나 취소권자의 취소가 있으면 소급적으로 효력을 상실한다. 따라서 법률행위로부터 발생되었던 채권과 채무는 소급적으로 소멸하고, 그 채무에 기초하여 채무 내용이 이행된

7 예를 들면 2002년 1월 1일 출생자는 2020년 12월 31일 오후 12시가 지나면 성년이 된다.

경우 채권자가 수령한 것은 부당이득이 되어 채무자에게 반환해야 한다. 이 경우 제한능력자는 선의·악의를 불문하고 현존 이익(어떤 일에 따라 받은 이익 중에서 소비 등으로 줄어든 후 남은 이익)만 반환하면 된다.

2) 예외: 법정대리인의 동의가 필요 없는 법률행위

미성년자가 법률행위를 하기 위해서는 원칙적으로 법정대리인의 동의가 필요하다. 그러나 일정한 범위의 법률행위에 한해서는 법정대리인의 동의 없이 단독으로 법률행위를 할 수 있다.

① 단순히 권리만을 얻거나 의무만을 면하는 행위

② 처분이 허락된 재산을 처분하는 행위

③ 영업이 허락된 미성년자의 그 영업에 관한 행위

④ 대리 행위

⑤ 유언 행위: 만 17세가 된 자는 단독으로 유언할 수 있다.

⑥ 무한책임사원의 자격에서 한 행위

⑦ 근로 계약 체결 및 임금 청구

사례 미성년자의 행위능력

Q. 미성년자 D의 채권자인 E는 D에게 자기의 편의점에서 1주일간 일을 해 주면 채무를 면제하여 주겠다고 하여 D가 법정대리인의 동의 없이 이를 승낙하였다. 이 경우 D의 법률행위는 유효한가?

A. 미성년자가 단순히 권리만을 얻거나 의무만을 면하는 행위는 미성년자가 단독으로 법률행위를 할 수 있다. 그러나 사례의 경우 채무자인 상대방의 부담을 조건으로 하기 때문에 미성년자가 의무만을 면하는 것이 아니므로 미성년자가 단독으로 법률행위를 할 수 없고 법정대리인의 동의를 얻지 못하면 취소할 수 있는 법률행위가 된다.

사례 미성년자의 행위능력

Q. 미성년자인 A는 그의 법정대리인 B로부터 PC방 영업을 허락받았다. 이에 A는 PC방 영업을 위해 상가 건물의 소유자인 C와 법정대리인 B의 동의 없이 상가 건물에 대한 임대차 계약을 체결하였다. 이 경우 위의 임대차 계약은 유효한가?

A. A와 C의 상가건물 임대차 계약은 B의 허락을 얻은 영업에 관한 행위에 해당한다. 따라서 A는 성년자와 동일한 행위능력이 인정되므로 C와 체결한 상가 건물의 임대차 계약은 유효한 법률행위가 된다.

다. 법정대리인

미성년자의 법정대리인은 1차적으로 친권자이고 2차적으로 미성년후견인이다.

1) 친권자

친권자는 미성년자의 부모이며, 친권의 행사는 부모가 공동으로 한다. 그러나 친권 행사에 부모의 의견이 일치하지 않은 경우에는 당사자의 청구에 의하여 가정법원이 친권을 행사할 자를 정한다. 부모 중 일방이 친권을 행사할 수 없을 때에는 다른 일방이 친권을 행사한다.

2) 미성년후견인

미성년자에 대하여 친권자가 없거나 친권자가 대리권을 행사할 수 없는 경우 후견인이 법정대리인이 되고 미성년후견인은 1인만을 두어야 한다(민법 제930조 제1항).

미성년후견인이 되는 자는 우선 ① 부모가 유언으로 지정하는 자이며 ② 지정이 없는 때에는 가정법원의 직권으로 또는 미성년자·친족·이해관계인·검사·지방자치단체의 장의 청구에 의하여 선임된 자가 미성년후견인이 된다.[8]

8 개정 민법에서 유언에 의한 후견인의 지정이 없는 경우, 미성년자의 직계혈족, 3촌 내의 방계혈족의 순위로 후견인이 된다는 법정후견 제도를 폐지하였다.

라. 법정대리인의 권한

법정대리인은 미성년자에 대한 일반적인 보호·교양·감독할 권리와 의무 이외에 동의권·대리권·취소권을 갖는다.

1) 동의권

미성년자는 법정대리인의 동의를 얻어 유효한 법률행위를 할 수 있다. 동의는 미성년자나 거래하는 상대방에 대하여 명시적 또는 묵시적으로 할 수 있다. 다만 후견인은 후견감독인이 있을 경우 일정한 사항에 관해서는 그의 동의를 받아야 한다.

2) 대리권

법정대리인은 미성년자를 대리하여 재산상의 법률행위를 할 수 있다.

대리권은 동의권과 병존할 수 있지만 영업 허락의 경우에는 미성년자를 성년자로 보므로 허락한 영업에 관한 행위에 대해서는 법정대리인의 대리권과 동의권은 소멸한다.

3) 취소권

법정대리인의 동의 없이 한 법률행위는 이를 취소할 수 있다.

사례 미성년자가 법정대리인의 동의 없이 책을 할부 구입한 때 이를 취소할 수 있는지[9]

Q. A의 딸은 고등학생으로서 미성년자인데 3개월 전 학교 앞에서 문화서적 1세트를 월 15,000원씩 10개월간 납입하기로 하고 구입하였다. A는 그 책을 즉시 반환하려고 하였으나 상대방 회사를 쉽게 찾을 수 없었고, 며칠 후 알아낸 주소지로 계약을 취소하니 물건을 찾아 가라고 통지하였으나 주소 불명으로 반송되었다. 그런데 3개월이 지난 지금에 와서 상대방 회사로부터 대금 청구서를 받았다. 이 경우 서적 대금을 지급해야 하는가?

A. 사람은 19세로 성년에 이르게 되며, 성년에 달하지 않은 자를 미성년자라고 한다.

9 이하 본 교재에서 사례의 대부분은 대한법률구조공단과 한국소비자원에서 실제로 이루어진 사례를 인용하여 수록하였다.

미성년자는 민법상 제한능력자로서 책을 구입하는 등의 법률행위를 함에는 법정대리인의 동의를 얻어야 하는 것이 원칙이고, 이를 위반한 경우 그 법률행위를 취소할 수 있다. 그리고 취소할 수 있는 법률행위에 대하여는 제한능력자, 착오로 인하거나 사기·강박에 의하여 의사표시를 한 자, 그 대리인 또는 승계인에 한하여 취소할 수 있으며, 이는 추인할 수 있는 날로부터 3년 내에, 법률행위를 한날로부터 10년 내에 행사할 수 있다. 따라서 상대방에게 취소하겠다는 의사표시를 함으로써 위 서적 대금을 지급할 의무를 면할 수 있을 것이다.

마. 법정대리인의 권한의 제한

1) 후견감독인의 동의

후견인이 미성년자의 영업에 관한 행위, 금전을 빌리는 행위, 의무만을 부담하는 행위, 부동산 또는 중요한 재산에 대한 권리의 득실 변경을 목적으로 하는 행위, 소송 행위, 상속의 승인·한정승인 또는 포기 및 상속 재산의 분할에 관한 협의에 대하여 대리하거나 동의를 하는 경우에는 후견감독인이 있으면 그의 동의를 받아야 한다.

후견감독인의 동의가 필요한 행위에 대하여 후견감독인이 피후견인의 이익이 침해될 우려가 있음에도 동의를 하지 아니하는 경우에는 후견인의 청구에 의하여 가정법원이 후견감독인의 동의를 대신하는 허가를 할 수 있다.

후견인이 후견감독인의 동의가 필요한 법률행위를 후견감독인의 동의 없이 하였을 때에는 피후견인 또는 후견감독인이 그 행위를 취소할 수 있다.

2) 이해상반 행위

친권자와 친권에 따르는 자녀 사이에 이해가 충돌하는 경우 친권자가 자기의 이익을 위하여 자녀의 이익을 희생시킬 가능성이 있기 때문에 친권자에게 공정한 친권 행사를 기대하기 어렵다. 따라서 민법은 자녀의 이익을 보호하기 위하여 친권자의 법정대리권을 제한하고, 친권자가 가정법원에 특별대리인의 선임을 청구하도록 하여 그 특별대리인과 친권자 사이에 법률행위를 하여야 한다. 민법 제921조에서 말하는 이해상반 행위란 법정대리인인 친권자와 그 자녀 사이에 이해가 상반되는 행위를 친권자가 행하는 경우, 또는 그 친권에 복종하는 수인의 자 사이에 이해가 상반되는 행위를 친권자가 행하는 경우를 말한다.

사례 친권자와 미성년인 자녀 사이의 이해상반 행위

Q. A는 1990. 4. 20. X토지를 남기고 사망하였다. A의 유족인 A의 처 B와 자녀인 C(미성년자), D, E가 X토지를 공동으로 상속하였다. B는 고철 도매업을 하면서 1995년 5월경부터 갑으로부터 금원을 차용하였는데, 1998년 10월경까지 차용금 합계액이 1억 2,000만 원에 이르렀다. 이에 B는 1998. 10. 15. 당시 성년이던 D의 동의를 얻어 갑과의 사이에, 위 1억 2,000만 원의 채무에 관하여 주채무자를 D로 하고, 자신을 연대보증인으로 하는 채무인수 계약을 체결하였고, 같은 날 D의 위 1억 2,000만 원의 채무를 담보하기 위하여 갑과의 사이에, X토지 중 자신의 공유지분에 관하여는 공유지분권자로서, X토지 중 미성년자이던 C의 공유지분에 관하여는 그 법정대리인의 자격으로, 각각 근저당권 설정 계약을 체결함으로써 X토지 중 C의 공유지분에 관하여 근저당권 설정 등기가 이루어졌다. 이 경우 친권자인 모(B)가 자신이 연대보증한 채무의 담보로 자신과 자(C)의 공유인 토지 중 자의 공유지분에 관하여 법정대리인의 자격으로 근저당권 설정 계약을 체결한 행위가 민법 제921조 제1항[10] 소정의 '이해상반 행위'에 해당하는지?

A. 친권자인 모가 자신이 연대보증한 차용금 채무의 담보로 자신과 자의 공유인 토지 중 자신의 공유지분에 관하여는 공유지분권자로서, 자의 공유지분에 관하여는 그 법정대리인의 자격으로 각각 근저당권 설정 계약을 체결한 경우, 위 채권의 만족을 얻기 위하여 채권자가 위 토지 중 자의 공유지분에 관한 저당권의 실행을 선택한 때에는, 그 경매 대금이 변제에 충당되는 한도에서 모의 책임이 경감되고 또한 채권자가 모에 대한 연대보증책임의 추구를 선택하여 변제를 받은 때에는 모는 채권자를 대위하여 위 토지 중 자의 공유지분에 대한 저당권을 실행할 수 있는 것으로 되는 바, 위와 같이 친권자인 모와 자 사이에 이해의 충돌이 발생할 수 있는 것이 친권자인 모가 한 행위 자체의 외형상 객관적으로 당연히 예상되는 것이어서, 모가 자를 대리하여 위 토지

10 제921조(친권자와 그 자 간 또는 수인의 자 간의 이해상반 행위)
① 법정대리인인 친권자와 그 자 사이에 이해상반되는 행위를 함에는 친권자는 법원에 그 자의 특별대리인의 선임을 청구하여야 한다.
② 법정대리인인 친권자가 그 친권에 따르는 수인의 자 사이에 이해상반되는 행위를 함에는 법원에 그 자 일방의 특별대리인의 선임을 청구하여야 한다.

중 자의 공유지분에 관하여 위 근저당권 설정 계약을 체결한 행위는 이해상반 행위로서 무효라고 보아야 한다(대법원 2002. 1. 11. 선고 2001다65960 판결).

3. 피성년후견인

가. 의의

피성년후견인이란 질병, 장애, 노령, 그 밖의 사유로 인한 정신적 제약으로 사무를 처리할 능력이 지속적으로 결여된 사람으로 가정법원으로부터 성년후견개시 심판을 받은 자를 말한다.

나. 피성년후견인의 요건

1) 정신적 제약으로 사무를 처리할 능력이 지속적으로 결여될 것

질병, 장애, 노령, 그 밖의 사유로 인한 정신적 제약으로 사무를 처리할 능력이 지속적으로 결여된 사람이어야 한다.

2) 본인 등 일정한 자의 청구가 있을 것

본인, 배우자, 4촌 이내의 친족, 미성년후견인, 미성년후견감독인, 한정후견인, 한정후견감독인, 특정후견인, 특정후견감독인, 검사 또는 지방자치단체의 장의 청구가 있어야 한다.

3) 성년후견개시 심판이 있을 것

가정법원은 정신적 제약으로 사무를 처리할 능력이 지속적으로 결여된 사람에 대하여 성년후견개시 심판을 하며, 성년후견개시 심판을 할 때 본인의 의사를 고려하여야 한다.

다. 피성년후견인의 행위능력

피성년후견인의 법률행위는 취소할 수 있다. 다만 가정법원은 취소할 수 없는 피성년후견인의 법률행위의 범위를 정할 수 있으며, 본인, 배우자, 4촌 이내의 친족, 성년후견인, 성

년후견감독인, 검사 또는 지방자치단체의 장의 청구에 의하여 취소할 수 없는 범위를 변경할 수 있다. 피성년후견인의 법률행위는 취소할 수 있음에도 불구하고 일용품의 구입 등 일상생활에 필요하고 그 대가가 과도하지 아니한 법률행위는 성년후견인이 이를 취소할 수 없다.

피성년후견인도 가족법상의 행위, 즉 약혼, 혼인, 협의이혼에 관하여는 부모나 성년후견인의 동의를 받아 할 수 있으며 인지, 입양, 파양에 관하여는 성년후견인의 동의를 받아 법률행위를 할 수 있다. 유언 행위는 만 17세에 달하고 의사능력이 회복된 때에 한하여 독자적으로 할 수 있다.

라. 법정대리인

가정법원은 성년후견개시 심판을 한 때에는 성년후견인을 직권으로 선임하여야 하며, 성년후견인이 피성년후견인의 법정대리인이 된다. 성년후견인은 여러 명을 둘 수 있고, 법인도 성년후견인이 될 수 있다. 성년후견인은 피성년후견인의 복리에 부합하는 방법으로 사무를 처리하고 그의 의사를 존중하여야 하며, 신상에 관한 중요한 결정에 조력하여야 한다. 그 밖에 피성년후견인의 재산을 관리하고 그 재산에 관한 법률행위에 대하여 피성년후견인을 대리하며, 포괄적인 재산관리권과 법정대리권을 가진다. 대리권의 행사에는 미성년자의 후견인에 대한 것과 같은 제한이 있다.

피성년후견인은 재산상의 법률행위에 성년후견인의 동의가 있더라도 단독으로 할 수 없다. 그러므로 재산상의 법률행위에는 성년후견인의 동의권이 없다.

마. 성년후견 종료 심판

성년후견개시의 원인이 소멸된 경우에 가정법원은 본인, 배우자, 4촌 이내의 친족, 성년후견인, 성년후견감독인, 검사 또는 지방자치단체의 장의 청구에 의하여 성년후견 종료 심판을 한다.

4. 피한정후견인

가. 의의

질병, 장애, 노령, 그 밖의 사유로 인한 정신적 제약으로 사무를 처리할 능력이 부족한 사람으로 가정법원의 심판을 받은 자를 말한다.

나. 피한정후견인의 요건

1) 정신적 제약으로 사무를 처리할 능력이 부족할 것

질병, 장애, 노령, 그 밖의 사유로 인한 정신적 제약으로 사무를 처리할 능력이 부족하여야 한다.

2) 본인 등 일정한 자의 청구가 있을 것

본인, 배우자, 4촌 이내의 친족, 미성년후견인, 미성년후견감독인, 성년후견인, 성년후견감독인, 특정후견인, 특정후견감독인, 검사 또는 지방자치단체의 장의 청구가 있어야 한다.

3) 한정후견개시 심판이 있을 것

다. 피한정후견인의 행위능력

1) 재산법상의 법률행위

피한정후견인은 원칙적으로 유효한 법률행위를 할 수 있으며, 한정후견의 심판에서 일정 법률행위를 할 때에는 한정후견인의 동의를 받도록 정할 수 있다.

피한정후견인이 한정후견인의 동의가 필요한 법률행위를 한정후견인의 동의 없이 하였을 때에는 그 법률행위를 취소할 수 있다. 다만, 일용품의 구입 등 일상생활에 필요하고 그 대가가 과도하지 아니한 법률행위에 대하여는 취소할 수 없다.

가정법원은 본인, 배우자, 4촌 이내의 친족, 한정후견인, 한정후견감독인, 검사 또는 지방자치단체의 장의 청구에 의하여 한정후견인의 동의를 받아야만 할 수 있는 행위의 범위를 변경할 수 있다. 한정후견인의 동의가 필요한 행위에 대하여 한정후견인이 피한정후견인의 이익이 침해될 염려가 있음에도 동의를 하지 아니하는 때에는 가정법원은 피한정후견인의 청구에 의하여 한정

후견인의 동의를 갈음하는 허가를 할 수 있다.

2) 가족법상의 법률행위

피한정후견인의 가족법상의 행위에 관하여는 아무런 규정이 없다. 그러나 한정후견인은 원칙적으로 행위능력이 있으므로 가족법상의 행위를 유효하게 할 수 있다고 할 것이다.

라. 법정대리인

가정법원은 한정후견개시 심판을 하였을 때 한정후견인을 직권으로 선임하여야 한다. 한정후견인에게 대리권을 수여하는 심판을 할 수 있고, 대리권의 범위를 정할 수 있다. 또한 대리인의 권한의 범위가 적절하지 아니하게 된 경우에 가정법원은 본인, 배우자, 4촌 이내의 친족, 성년후견인, 성년후견감독인, 검사 또는 지방자치단체의 장의 청구에 의하여 그 범위를 변경할 수 있다.

한정후견인의 동의가 필요한 법률행위를 피한정후견인이 한정후견인의 동의 없이 하였을 때에는 그 법률행위를 취소할 수 있다.

마. 한정후견종료 심판

한정후견개시의 원인이 소멸된 경우에 가정법원은 본인, 배우자, 4촌 이내의 친족, 한정후견인, 한정후견감독인, 검사 또는 지방자치단체의 장의 청구에 의하여 한정후견종료 심판을 한다.

5. 피특정후견인

가. 의의

질병, 장애, 노령, 그 밖의 사유로 인한 정신적 제약으로 일시적 후원 또는 특정한 사무에 관한 후원이 필요한 사람으로 가정법원의 심판을 받은 자를 말한다. 성년후견과 한정후견은 피성년후견인과 피한정후견인의 사무의 전부 또는 일부를 지속적이고 포괄적으로 보호하는 제도이지만 특정후견의 경우는 일시적 또는 특정한 사무에 대하여 후원을 받는 보호 제도이다.

나. 피특정후견인의 요건

1) 정신적 제약으로 일시적 후원 또는 특정한 사무에 관한 후원이 필요할 것

질병, 장애, 노령, 그 밖의 사유로 인한 정신적 제약으로 일시적 후원 또는 특정한 사무에 관한 후원이 필요하여야 한다.

2) 본인 등 일정한 자의 청구가 있을 것

본인, 배우자, 4촌 이내의 친족, 미성년후견인, 미성년후견감독인, 검사 또는 지방자치단체의 장의 청구가 있어야 한다.

3) 특정후견의 심판이 있을 것

정신적 제약으로 일시적 후원 또는 특정한 사무에 관한 후원이 필요한 사람에 대하여 특정후견의 심판을 받아야 한다. 특정후견은 본인의 의사에 반하여 할 수 없으며, 특정후견의 심판을 하는 경우에는 특정후견의 기간 또는 사무의 범위를 정하여야 한다.

다. 특정후견에 따른 보호 조치

가정법원은 피특정후견인의 후원을 위하여 필요한 처분을 명할 수 있고, 피특정후견인을 후원하거나 대리하기 위하여 특정후견인을 선임할 수 있다. 또한 가정법원은 필요하다고 인정하면 직권으로 또는 피특정후견인, 친족, 특정후견인, 검사, 지방자치단체의 장의 청구에 의하여 특정후견감독인을 선임할 수 있다.

라. 특정후견의 종료

특정후견의 심판에서 정한 특정후견의 기간이 경과하거나 특정후견의 종료 심판에 의하여 특정후견은 종료한다.

6. 제한능력자의 상대방 보호

가. 서설

제한능력자의 법률행위는 제한능력자 본인 또는 법정대리인만이 취소할 수 있고, 취소는 소급효를 가지므로 제한능력자와 법률행위를 한 상대방은 불안정한 지위에 놓이게 된다. 따라서 취소할 수 있는 행위의 불확정 상태를 빨리 소멸시키는 것이 필요하다.

따라서 민법은 제한능력자의 상대방 보호를 위해 최고권(확답을 촉구할 권리)·철회권·거절권 및 속임수에 의한 제한능력자의 취소권의 배제를 규정하고 있다.

나. 상대방의 최고권

1) 의의

최고권이란 상대방이 제한능력자 측에 대하여 취소할 수 있는 행위를 추인할 것인지 여부의 확답을 촉구하고, 이에 대한 응답이 없으면 취소 또는 추인의 효과를 발생케 하는 권리를 말한다.

2) 최고의 요건

① 취소할 수 있는 행위의 적시

② 1개월 이상의 유예 기간

③ 추인 여부에 대한 확답 촉구

④ 최고의 상대방은 최고를 수령할 능력이 있고, 취소 또는 추인할 수 있는 자이어야 한다.

3) 최고의 효과

최고를 받은 자가 유예 기간 내에 추인 또는 취소의 확답을 하면 각각 그에 따른 효과가 발생한다. 그러나 제한능력자가 능력자로 된 후에 최고를 받고 유예 기간 내에 확답을 발송하지 않으면 그 행위를 추인한 것으로 본다. 또한 법정대리인이 그 정하여진 기간 내에 확답을 발송하지 아니한 경우에는 그 행위를 추인한 것으로 본다. 그러나 특별한 절차가 필요한 경우, 즉 후견감독인의 동의가 필요한 경우에는 그 정하여진 기간 내에 그 절차를 밟은 확답을 발송하지 아니하면 취소한 것으로 본다.

다. 상대방의 철회권과 거절권

상대방의 철회권과 거절권은 상대방이 스스로의 행위를 부인하여 그 법률행위로부터 벗어날 수 있도록 하는 제도이다.

1) 상대방의 철회권

제한능력자가 맺은 계약은 추인이 있을 때까지 상대방이 그 의사표시를 철회할 수 있다. 그러나 상대방이 계약 당시에 제한능력자임을 알았을 경우에는 철회할 수 없다. 이러한 철회의 의사표시는 법정대리인 또는 제한능력자에게도 할 수 있다.

2) 상대방의 거절권

제한능력자의 단독 행위는 제한능력자의 추인이 있을 때까지 상대방이 거절할 수 있다.

여기서의 단독 행위는 상대방이 있는 단독 행위만을 의미한다. 특히 철회권에서와 달리 상대방의 선의·악의는 문제되지 않는다.

라. 속임수에 의한 제한능력자의 취소권의 배제

제한능력자가 속임수로써 자기를 능력자로 믿게 하거나 미성년자나 피한정후견인이 속임수로써 법정대리인의 동의가 있는 것으로 믿게 한 경우 그 행위를 취소할 수 없다. 여기서의 속임수는 기망수단을 의미하며, 판례는 적극적인 기망수단을 요하는 데 반하여 다수설은 적극적인 기망수단은 물론 침묵 등 부작위를 포함하는 통상의 기망수단으로 오신을 유발하거나 오신을 강하게 하는 경우에도 속임수에 해당한다고 보고 있다.

제한능력자의 속임수로 인하여 제한능력자의 취소권은 배제된다. 따라서 제한능력자 본인, 법정대리인 등은 제한능력을 이유로 취소권을 행사할 수 없다.

가족법 일반 이론

Ⅰ. 가족법 일반

1. 서설

친족·상속법은 가족 및 친족의 공동생활과 공동생활에 기초한 재산의 승계 관계를 규율하는 법이다. 재산법은 타산적이고 합리적인 성격을 지니지만 가족법은 비타산적이고 비합리적인 성질을 가지고 있다. 한편 친족·상속 관계의 변동을 초래하는 가족 행위는 당사자뿐만 아니라 제3자에게도 중대한 영향을 미친다. 따라서 가족 행위는 당사자 간의 합의 이외에 일정한 방식이 요구되는 경우가 있다. 예를 들면 혼인·협의이혼·입양·협의 파양·인지는 가족관계등록법이 정한 바에 의하여, 상속에서 한정승인이나 포기는 법률이 정하는 기간 내에 가정법원에 신고하여야 효력이 생긴다.

2. 가족법 개정 경과와 주요 내용

가. 1990. 1. 13. 개정의 주요 내용

1) 친족의 범위 조정

① 친족을 8촌 이내의 부계 · 모계혈족으로 하고, 인척은 4촌 이내로 제한

② 인척 중 '혈족의 배우자의 혈족'을 삭제

③ 배우자 중 어느 일방이 사망할 경우 생존 배우자가 재혼하면 인척 관계 소멸

2) 적모·서자 관계와 계모자 관계를 인척 관계로 변경

3) 호주 제도 개선

① 호주 상속을 호주 승계로 변경

② 혼인을 취소하거나 이혼한 때 또는 부(夫)가 사망한 때 처와 부(夫) 사이의 혈족이 아닌 직계비속은 친가에 복적하거나 일가를 창립할 수 있도록 하였다. 또는 부(父)가 외국인인 때에는 자녀가 모의 성과 본을 따를 수 있고 모가에 입적하는 규정을 신설하였다.

4) 약혼 해제 사유의 일부 변경

① 약혼 해제 사유 중 폐병을 삭제하고 불치의 정신병을 삽입

② 2년 이상의 생사불명을 1년 이상의 생사불명으로 개정

5) 혼인과 관련한 개정

부부의 동거 장소는 부부의 협의로 정하도록 하고 있으며, 특별한 약정이 없는 한 부부 공동생활 비용은 공동 부담

6) 이혼과 관련한 개정

① 면접교섭권 제도 도입

② 이혼 시 재산분할 청구권 신설

③ 부모의 이혼 시 미성년 자녀에 대한 친권 행사자 지정

7) 후견인의 순위에 관한 개정

부모가 유인으로 미성년자의 후견인을 지정하지 아니한 경우 또는 금치산이나 한정치산 선고의 경우 미성년자 또는 금치산자 등의 직계혈족, 3촌 이내의 방계혈족 순위로 후견인이 된다. 호주는 후견인이 될 수 없다.

8) 양자 제도 개선(가를 위한 양자 제도를 폐지)

9) 상속 제도 개정

① 상속인의 범위를 4촌 이내의 방계혈족으로 축소

② 기여분 제도 신설

③ 직계비속들의 상속분을 균등하게 규정
④ 특별연고자 재산분여청구 제도 신설

나. 2005. 3. 31. 개정의 주요 내용
1) 호주 제도 규정 삭제

2) 자녀의 성과 본
① 자녀의 성과 본은 부의 성과 본을 따르는 것을 원칙으로 하고, 예외적으로 혼인신고 시 모의 성을 따르기로 협의한 경우 모의 성과 본을 따르도록 규정
② 자녀의 복리를 위하여 자녀의 성과 본을 변경할 필요가 있는 경우, 부모 또는 자녀의 청구로 법원의 허가를 얻어 성과 본을 변경 가능

3) 동성동본 금혼 제도 폐지, 근친혼 금지 제도로 전환 제한 범위 조정

4) 재혼 금지 기간 삭제

5) 친양자 제도 신설

다. 2007. 12. 21. 개정의 주요 내용
1) 약혼 및 혼인 적령 남녀 모두 18세로 조정
2) 이혼 숙려 기간 신설
3) 협의이혼 시 양육자와 친권자 지정 의무화 신설
4) 자녀의 면접교섭권 인정
5) 재산분할청구권 보전을 위한 사해행위취소권 신설

라. 2011. 3. 7. 개정의 주요 내용
1) 성년 연령의 하향
청소년의 조숙화에 따라 성년 연령을 낮추는 세계적인 추세와 「공직선거법」 등의 법령 및 사회·경제적인 현실을 반영하여 성년에 이르는 연령을 만 20세에서 만 19세로 낮춤.

2) 성년후견·한정후견·특정후견 제도의 도입

획일적으로 행위능력을 제한하는 문제점을 내포하고 있는 기존의 금치산 · 한정치산제도 대신 더욱 능동적이고 적극적인 사회복지시스템인 성년후견·한정후견·특정후견제도를 도입하고 기존 금치산·한정치산 선고의 청구권자에 '후견감독인'과 '지방자치단체의 장'을 추가하여 후견을 내실화하고 성년후견 등을 필요로 하는 노인, 장애인 등에 대한 보호를 강화함.

3) 제한능력자 능력의 확대

성년후견을 받는 사람의 법률행위 중 일용품의 구입 등 일상생활에 필요한 행위이거나 후견개시의 심판에서 달리 정한 것은 취소할 수 없도록 하고, 한정후견을 받는 사람의 법률행위는 가정법원에서 한정후견인의 동의 사항으로 결정한 것이 아닌 이상 확정적으로 유효한 법률행위로 인정되며, 특정후견을 받는 사람의 법률행위는 어떠한 법적 제약이 따르지 않도록 함.

4) 후견을 받는 사람의 복리, 치료 행위, 주거의 자유 등에 관한 신상 보호 규정의 도입

피후견인의 복리에 대한 후견인의 폭넓은 조력이 가능하도록 하되, 피후견인의 신상에 관한 결정권은 본인에게 있다는 원칙과 후견인의 임무 수행에서 피후견인의 의사 존중 의무를 명시하는 등 피후견인의 복리를 실질적으로 보장할 수 있도록 함.

5) 복수·법인 후견 도입 및 동의권·대리권의 범위에 대한 개별적 결정

후견인의 법정 순위를 폐지하고, 가정법원이 피후견인의 의사 등을 고려하여 후견인과 그 대리권·동의권의 범위 등을 개별적으로 결정하도록 하며, 복수·법인 후견인도 선임할 수 있도록 함.

6) 후견감독인 제도의 도입

친족회를 폐지하고 그 대신 가정법원이 사안에 따라 후견감독인을 개별적으로 선임할 수 있도록 함으로써 후견인의 임무 해태, 권한 남용에 대한 실질적인 견제가 가능하도록 함.

7) 후견계약 제도의 도입

후견을 받으려는 사람이 사무를 처리할 능력이 부족한 상황에 있거나 부족하게 될 상황에 대비하여 재산 관리 및 신상 보호에 관한 사무의 전부 또는 일부를 자신이 원하는 후견인에게 위탁하는 내용의 계약을 체결할 수 있도록 하는 한편, 후견 계약은 공정증서에 의하여 체결하도록 하고, 그 효력 발생 시기를 가정법원의 임의 후견감독인 선임 시로 하는 등 피후견인의 권익을 보호할 수 있는 제도적 장치를 마련함.

8) 제3자 보호를 위하여 성년후견을 등기를 통하여 공시

거래의 안전을 보호하고 피성년후견인과 거래하는 상대방인 제3자를 보호하기 위하여 후견 계약 등을 등기하여 공시하도록 함.

마. 2011. 5. 19. 개정의 주요 내용

1) 단독 친권자의 사망, 입양 취소, 파양 또는 양모부의 사망 시 가정법원에 의한 미성년자 법정대리인의 선임

① 이혼 등으로 단독 친권자로 정해진 부모의 일방이 사망한 경우 생존하는 부 또는 모, 미성년자, 미성년자의 친족이 그 사실을 안 날부터 1개월, 사망한 날부터 6개월 내에 가정법원에 생존하는 부 또는 모를 친권자로 지정할 것을 청구할 수 있도록 하되, 친권자 지정의 청구가 있는 경우라도 미성년자의 복리를 위하여 적절하지 아니하다고 인정하면 가정법원이 직권으로 후견인을 선임하면서 청구를 기각할 수 있도록 함.

② 생존하는 부 또는 모, 미성년자, 미성년자의 친족이 친권자 지정을 청구하지 아니하는 경우에는 가정법원이 직권으로 또는 미성년자, 미성년자의 친족, 이해관계인, 검사의 청구에 의하여 후견인을 선임할 수 있도록 하되, 이 경우 생존하는 부 또는 모의 의견을 듣도록 하고, 후견인 선임 청구가 있는 경우라도 후견인 선임이 미성년자의 복리를 위하여 적절하지 아니하다고 인정하면 가정법원이 직권으로 생존하는 부 또는 모를 친권자로 지정하면서 후견인 선임 청구를 기각할 수 있도록 함.

③ 미성년자에게 법정대리인이 없는 기간이 생기지 않도록 하기 위하여 가정법원이 직권으로 또는 미성년자, 미성년자의 친족, 이해관계인, 검사의 청구에 의하여 미성년자에 대한 친권자 또는 후견인이 정해질 때까지 후견인의 임무를 대행할 사람을 선임할 수 있도록 함.

④ 생존하는 부 또는 모를 친권자로 지정하는 것이 미성년자의 복리를 위하여 적절하지 아니하다는 이유로 후견인이 선임된 경우라도 후견인 선임 후 양육 환경이나 양육 능력의 변경 등으로 생존하는 부 또는 모가 친권을 행사하는 것이 미성년자의 복리를 위하여 필요한 경우에는 가정법원이 생존하는 부 또는 모, 미성년자의 청구에 의하여 후견을 종료하고 생존하는 부 또는 모를 친권자로 지정할 수 있도록 함.

⑤ 한편, 입양이 취소되거나 파양된 경우 또는 양부모가 모두 사망한 경우에도 친생부모 또는 그 일방, 미성년자, 미성년자의 친족이 가정법원에 친생부모 또는 그 일방을 친권자로 지정할 것을 청구할 수 있도록 하는 등 단독 친권자가 사망한 경우 미성년자의 법정대리인을 선임하는 절차와 동일한 절차를 거쳐 미성년자의 법정대리인을 선임하도록 함.

2) 친권자 지정의 기준

가정법원이 친권자를 지정할 때에는 자녀의 복리를 우선적으로 고려하도록 하고, 이를 위해 관련 분야의 전문가 등으로부터 자문을 받을 수 있도록 함.

3) 단독 친권자에게 친권 상실, 소재 불명 등 친권을 행사할 수 없는 중대한 사유가 있는 경우 가정법원에 의한 미성년자 법정대리인의 선임

이혼 등으로 단독 친권자로 정해진 부 또는 모가 친권을 상실하거나 소재 불명이 되는 등 친권을 행사할 수 없는 중대한 사유가 있는 경우에는 단독 친권자가 사망한 경우 미성년자의 법정대리인을 선임하는 절차를 준용하여 미성년자의 법정대리인을 선임하도록 하되, 미성년자의 법정대리인이 정해진 후 단독 친권자이었던 부 또는 모가 친권을 회복하거나 소재가 발견되는 등 친권을 행사할 수 있게 된 경우에는 그 부 또는 모, 미성년자, 미성년자의 친족의 청구에 의하여 친권자를 새로 정할 수 있도록 함.

4) 단독 친권자가 유언으로 미성년자의 후견인을 지정한 경우 가정법원에 의해 친권자 지정 가능

단독 친권자가 유언으로 지정한 미성년자의 후견인이 선임된 경우라도 가정법원이 미성년자의 복리를 위하여 필요하다고 인정하면 생존하는 부 또는 모, 미성년자의 청구에 의하여 후견을 종료하고 생존하는 부 또는 모를 친권자로 지정할 수 있도록 함.

바. 2012. 2. 10. 개정의 주요 내용

1) 미성년자 입양에 대한 가정법원의 허가제 도입

① 양부모가 보험금을 수령할 목적으로 입양한 영아를 살해하거나 입양한 아동을 성폭행하는 범죄가 연이어 발생하는 등 부적격자에 의한 입양이 심각한 사회문제가 되고 있음.

② 미성년자를 입양할 때에는 가정법원의 허가를 받도록 하고, 가정법원이 입양을 허가할 때에는 양부모가 될 사람의 양육 능력, 입양 동기 등을 심사하여 허가 여부를 결정하도록 하는 한편, 미성년자는 재판으로만 파양할 수 있도록 입양 절차를 개선함.

③ 입양과 파양에 국가기관이 후견적으로 개입할 수 있게 됨으로써 양자가 될 미성년자와 양자인 미성년자의 복리가 위태로워지는 것을 방지하는 데 도움이 될 것으로 기대됨.

2) 부모의 동의 없이 양자가 될 수 있는 방안 마련

① 현재는 부모의 동의를 받아야만 양자가 될 수 있는데, 부모의 소재를 알 수 없는 경우에는 동의를 받을 수 없는 문제가 있고 최근에는 부모가 입양 동의를 조건으로 금전적 대가를 요구하는 사례도 있었음.

② 부모의 소재를 알 수 없는 등의 사유로 부모의 동의를 받을 수 없는 경우에는 그 동의가 없어도 가정법원이 입양을 허가할 수 있도록 하고, 부모가 3년 이상 자녀에 대한 부양 의무를 이행하지 아니한 경우 등에는 부모가 동의를 거부하더라도 가정법원이 입양을 허가할 수 있도록 제도를 개선함.

3) 친양자 입양 가능 연령 완화

① 현재 친양자가 될 사람은 15세 미만이어야 하나, 오랜 공동생활을 통해 계부모와 계자녀 사이에 사실상의 친자 관계가 형성된 재혼 가정의 경우 연령 제한으로 인하여 친양자 입양을 하지 못하는 사례가 있음.

② 친양자 입양의 연령 제한을 완화하여 친양자가 될 사람이 미성년자이면 친양자 입양을 할 수 있도록 함.

③ 재혼 가정의 현실에 맞도록 친양자 입양 요건을 개선함으로써 재혼 가정의 화합을 촉진하고 자녀들의 복리를 증진하는 데 도움이 될 것으로 기대됨.

사. 2014. 10. 15. 개정의 주요 내용

1) 친권자의 동의를 갈음하는 법원의 재판 제도의 도입(제922조의2 신설)

① 친권자의 동의가 필요한 행위에 대하여 친권자가 정당한 이유 없이 동의하지 아니하여 자녀의 생명·신체 등에 중대한 손해가 발생할 위험이 있는 경우에 가정법원이 자녀 또는 검사 등의 청구에 의하여 친권자의 동의를 갈음하는 재판을 할 수 있도록 함.

② 일정한 행위에 대한 친권자의 동의를 갈음하는 재판 제도를 도입함으로써 부모의 친권이 유지되도록 하면서도 자녀의 생명 등을 보호하기 위한 조치가 가능해질 것으로 기대됨.

2) 친권의 일시 정지 제도의 도입(제924조)

① 부모가 친권을 남용하여 자녀의 복리를 현저히 해치거나 해칠 우려가 있는 경우에는 가정법원이 자녀 또는 검사 등의 청구에 의하여 2년의 범위에서 친권의 일시 정지를 선고할 수 있도록 함.

② 친권을 일정한 기간 동안 일시적으로 제한하는 제도를 도입함으로써 친권 제한 사유가 단기간 내에 소멸할 개연성이 있는 경우에 자녀의 생명 등을 보호하기 위한 필요 최소한도의 친권 제한 조치로 친권을 일시 정지시키는 것이 가능해질 것으로 기대됨.

3) 친권의 일부 제한 제도의 도입(제924조의2 신설)

① 거소의 지정이나 징계, 그 밖의 신상에 관한 결정 등 특정한 사항에 관하여 친권자가 친권을 행사하는 것이 곤란하거나 부적당한 사유가 있어 자녀의 복리를 해치거나 해칠 우려가 있는 경우에 가정법원이 자녀 또는 검사 등의 청구에 의하여 구체적인 범위를 정하여 친권의 제한을 선고할 수 있도록 함.

② 특정한 사항에 관한 친권의 일부 제한 제도를 마련함으로써 친권자의 동의를 갈음하는 재판 제도로는 해결할 수 없는 사안이지만 친권을 전부 상실시킬 필요가 없는 경우에 자녀의 생명 등을 보호하기 위한 필요 최소한도의 친권 제한 조치로 친권 중 일부를 제한하는 것이 가능해질 것으로 기대됨.

아. 2016. 12. 2. 개정의 주요 내용

1) 제837조의2(면접교섭권) 제2항 신설

자(子)를 직접 양육하지 아니하는 부모 일방의 직계존속은 그 부모 일방이 사망하였거나 질병, 외국 거주, 그 밖에 불가피한 사정으로 자(子)를 면접교섭 할 수 없는 경우 가정법원에 자(子)와의 면접교섭을 청구할 수 있다. 이 경우 가정법원은 자(子)의 의사(意思), 면접교섭을 청구한 사람과 자(子)의 관계, 청구의 동기, 그 밖의 사정을 참작하여야 한다(시행 2017. 6. 3.)

자. 2016. 12. 20. 개정의 주요 내용

1) 제937조 제9호 신설

제937조 제8호를 다음과 같이 하고, 같은 조에 제9호를 다음과 같이 신설한다.

- 피후견인을 상대로 소송을 하였거나 하고 있는 사람
- 제8호에서 정한 사람의 배우자와 직계혈족. 다만, 피후견인의 직계비속은 제외한다.

2) 개정 이유

현행법 제937조 제8호에서는 '피후견인을 상대로 소송을 하였거나 하고 있는 자 또는 그 배우자와 직계혈족'을 후견인의 결격 사유로 규정하고 있음.

이에 따라 피후견인의 배우자가 피후견인을 상대로 이혼 청구 소송 등을 하였거나 하고 있다는 이유만으로 피후견인의 직계비속은 후견인이 될 수 없게 되어 사안에 따라 구체적 타당성에 맞지 아니하는 측면이 있음.

따라서 피후견인의 직계비속은 그 직계혈족이 피후견인을 상대로 소송을 하였거나 하고 있더라도 후견인 결격 사유에 해당되지 않도록 하려는 것임.

차. 2017. 10. 31. 개정의 주요 내용

1) 친생부인의 허가 청구(제854조의2 신설)

① 혼인 관계가 종료된 날부터 300일 이내에 출생한 자녀는 혼인 중에 임신한 것으로 추정되나, 어머니 또는 어머니의 전 남편이 가정법원에 친생부인의 허가 청구를 할 수 있도록 하되, 자녀가 이미 혼인 중의 자녀로 출생 신고가 된 경우는 제외(제854조의2 제1항).

② 친생부인의 허가 청구가 있는 경우에 가정법원은 혈액 채취에 의한 혈액형 검사, 유

전인자의 검사 등 과학적 방법에 따른 검사 결과 또는 장기간의 별거 등 그 밖의 사정을 고려하여 허가 여부 결정(제854조의2 제2항).

③ 친생부인의 허가 청구에 따라 가정법원의 허가를 받은 경우에는 친생 추정의 효력을 배제(제854조의2 제3항).

2) 인지의 허가 청구(제855조의2 신설)

① 혼인 관계가 종료된 날부터 300일 이내에 출생한 자녀는 혼인 중에 임신한 것으로 추정되나, 생부가 가정법원에 인지의 허가를 청구할 수 있도록 하되, 자녀가 이미 혼인 중의 자녀로 출생 신고가 된 경우는 제외(제855조의2 제1항).

② 인지의 허가 청구가 있는 경우에 가정법원은 혈액 채취에 의한 혈액형 검사, 유전인자의 검사 등 과학적 방법에 따른 검사 결과 또는 장기간의 별거 등 그 밖의 사정을 고려하여 허가 여부 결정(제855조의2 제2항).

③ 인지의 허가 청구에 따라 인지 허가를 받은 생부가 「가족관계의 등록 등에 관한 법률」 제57조 제1항에 따른 신고를 하는 경우에는 친생 추정의 효력을 배제(제855조의2 제3항 시행 2018. 2. 1).

카. 2020. 10. 20. 개정의 주요 내용

1) 제766조에 제3항 신설

미성년자가 성폭력, 성추행, 성희롱, 그 밖의 성적(性的) 침해를 당한 경우에 이로 인한 손해배상청구권의 소멸시효는 그가 성년이 될 때까지는 진행되지 아니한다.

2) 개정 이유 및 주요 내용

현행 「민법」에 따르면 미성년자가 성적(性的) 침해를 당한 경우에도 일반 손해배상청구권과 동일하게 부모 등 법정대리인이 손해 및 가해자를 안 날부터 3년이 지나거나 성적 침해가 발생한 날부터 10년이 지나면 소멸시효가 완성되어 손해배상을 청구할 수 없음.

그러나 미성년자를 대상으로 하는 성폭력 범죄 등은 주변인들이 가해자인 경우가 많아 대리인을 통한 권한 행사가 어려운 상황이라는 점을 고려해 미성년자인 피해자가 성년이 될 때까지 손해배상청구권의 소멸시효를 유예해야 한다는 의견이 제기되고 있음.

이에 미성년자가 성폭력, 성추행, 성희롱, 그 밖의 성적 침해를 당한 경우에는 해당 미성년자가 성년이 될 때까지 손해배상청구권의 소멸시효가 진행되지 아니하도록 하여 미성년자인 피해자가 성년이 된 후 스스로 가해자에게 손해배상을 청구할 수 있도록 보장함으로써 성적 침해를 당한 미성년자에 대한 보호를 강화하려는 것임.

Ⅱ. 친족법

1. 친족

가. 친족의 의의

친족은 자기를 기준으로 삼아 일정한 혈연관계가 있거나 혼인·양자 관계에 있는 사람들을 말한다.

나. 친족의 종류

민법상 친족의 종류에는 배우자, 혈족 및 인척이 있다.

1) 혈족

혈족이란 혈연의 연결이 있는 사람을 말하며 자연혈족과 법정혈족이 있다.

① 자연혈족

자연혈족이란 혈연의 연결이 서로 있는 자를 말한다. 자기의 직계존속과 직계비속을 직계혈족이라고 하고, 자기의 형제자매와 형제자매의 직계비속, 직계존속의 형제자매 및 형제자매의 직계비속을 방계혈족이라 한다.

자연혈족 관계는 출생에 의해 발생하고 사망으로 인하여 소멸한다. 이와 같이 사망으로 자연혈족 관계가 소멸하더라도 생존자들 사이의 혈족 관계에는 영향을 미치지 못한다. 예컨대 부모가 사망하더라도 조부모와 손자 또는 형제자매 사이의 혈족 관계는 소멸하지 않는다.

혼인 외의 출생자의 경우 혼인 외의 출생자와 생모와 사이에는 출생으로 바로 혈족 관계가 발생하지만 생부와의 사이에는 인지에 의하여 혈족 관계가 발생한다.

한편 혼인 외의 출생자가 부모의 혼인으로 '혼인 중 출생자'의 신분을 취득하며 이를 준정이라고 한다.

② 법정혈족

사실상 혈연은 없으나 법률이 혈족으로 의제하는 것으로 양친자 관계가 이에 해당한다. 양친자 관계는 입양의 성립에 의하여 발생하고, 입양 신고가 이루어지면 양부모 및 그 혈족·인척과 양자 사이에는 친족 관계가 발생한다.

현행법상 양부모가 이혼하더라도 양부자 관계나 양모자 관계는 소멸하지 않는다.

2) 인척

인척이란 혼인에 의하여 성립되는 친족 관계로 혈족의 배우자, 배우자의 혈족, 배우자의 혈족의 배우자를 인척으로 한다.[11] 인척 관계는 혼인에 의하여 발생하고, 혼인의 무효·취소 또는 이혼으로 종료된다. 배우자 일방이 사망한 경우 당연히 인척 관계가 소멸하는 것이 아니고 남아 있는 생존 배우자가 재혼하면 인척 관계가 소멸한다.

3) 배우자

혼인한 남녀는 서로를 배우자라고 부른다. 사실혼의 부부나 첩은 배우자가 될 수 없다. 배우자 관계는 혼인의 성립으로 발생하고, 당사자 일방의 사망, 혼인의 무효, 혼인의 취소, 이혼으로 소멸한다.

다. 친족의 범위

친족 관계로 인한 법률상의 효력은 민법이나 다른 특별한 규정이 없으면 8촌 이내의 혈족, 4촌 이내의 인척, 배우자에 미친다.

11 구법은 인척의 범위에 '혈족의 배우자의 혈족'이 포함되었으나 현행법에서는 삭제되었다.

2. 가족

가. 가족의 의미와 범위

가족이란 일가의 구성원을 말하며 ① 배우자, 직계혈족 및 형제자매, ② 직계혈족의 배우자, 배우자의 직계혈족 및 배우자의 형제자매를 말하고 ② 항의 경우에는 생계를 같이 하는 경우에 한하여 가족이 된다.

가족의 범위 내에 속하는 가족이라고 하여 특별한 권리를 얻거나 의무를 지는 것은 없다. 왜냐하면 가족 사이의 부양 의무나 상속권 등은 별도의 규정에서 정하고 있기 때문이다.

사례 가족의 범위

Q. A와 B는 아들 C와 딸 D를 두고 있다. 딸 D는 최근 E와 혼인하여 부모 A, B와 따로 떨어져 살고 있다. A, B는 현재 아들 C와 B의 어머니(F: A의 장모)와 여동생(G: 처제)와 함께 살고 있다. 이 경우 A, B의 가족은?

A. 가족의 범위에 관하여 민법 제779조에 의하면 배우자, 직계혈족 및 형제자매는 혼인이나 동거 여부와 관계없이 가족이 된다. 따라서 사례의 경우 아들 C와 혼인한 딸 D는 가족이 된다. 또한 직계혈족의 배우자, 배우자의 직계혈족 및 배우자의 형제자매의 경우에는 생계를 같이 하는 경우에 한하여 가족이 된다. 따라서 장모 F와 처제 G는 생계를 같이 하므로 가족에 포함되지만 직계혈족의 배우자인 사위 E는 생계를 같이하는 경우가 아니므로 A, B의 가족이 아니다.

나. 자녀의 성과 본

1) 원칙(부계혈통주의)

자는 부(父)의 성과 본을 따른다. 여기서의 자는 혼인 중의 자를 말하며, 혼인 외의 자인 경우에도 부의 성과 본을 알 수 있는 경우에는 부의 성을 따를 수 있다.

2) 예외

① 부모가 혼인신고 시 모의 성과 본을 따르기로 협의한 경우에는 모의 성과 본을 따른다.

② 부가 외국인인 경우에는 모의 성과 본을 따를 수 있다.

③ 부를 알 수 없는 자는 모의 성과 본을 따르고, 부모를 알 수 없는 경우에는 법원의 허가를 얻어 성과 본을 창설한다. 다만, 성과 본을 창설한 후 부 또는 모를 알게 된 때에는 부 또는 모의 성과 본을 따를 수 있다.

3) 성과 본의 변경

자의 복리를 위하여 자의 성과 본을 변경할 필요가 있을 때에는 부, 모 또는 자의 청구에 의하여 법원의 허가를 받아 이를 변경할 수 있다. 다만 자가 미성년자이고 법정대리인이 청구할 수 없는 경우에는 민법 제777조의 규정에 따른 친족 및 검사가 청구할 수 있다.

3. 부모의 자

친자 관계란 부모와 자라는 신분 관계를 가리키며, 자연의 혈연관계에 있는 친생자 관계와 법률상 친생자 관계로 의제되는 법정 친자 관계가 있다. 친생자 관계에는 혼인 관계가 있는 부모로부터 출생한 혼인 중의 자와 혼인 관계가 없는 부모 사이에서 출생한 혼인 외의 자가 있다. 혼인 외의 자는 다시 부에게 인지된 자와 인지되지 않은 자가 있다.

가. 친생자

1) 혼인 중의 출생자

① 친생 추정을 받는 혼인 중의 자

혼인한 여자가 혼인 중 포태(胞胎, 임신)하여 혼인 성립의 날로부터 200일 후, 혼인 해소의 날로부터 300일 이내에 출생한 자녀는 그의 법률상의 배우자인 남편의 자녀인 것으로 일단 추정한다. 이를 친생 추정을 받는 혼인 중의 자라고 한다. 그러나 「민법」 제844조 제2항 중 혼인 관계 종료의 날부터 300일 이내에 출생한 자는 혼인 중에 포태(胞胎, 임신)한 것으로 추정하는 부분에 대하여 2015년 헌법재판소의 헌법불합치 결정(2013헌마623, 2015. 4. 30. 결정)이 있었다. 이에 헌법불합치 결정 취지를 반영하여 혼인 관계가 종료된 날부터 300일 이내에 출생한 자녀에 대하여 어머니와 어머니의 전(前) 남편은 친생부인의 허가 청구를, 생부(生父)는 인지의 허가 청구를 할 수 있도록 하여 친생부인(親生否認)의 소(訴)보다 간이한 방법으로 친생 추정을 배제할 수 있도록 민법을 아래와 같이 개정하였다.

[제844조(남편의 친생자의 추정)]

① 아내가 혼인 중에 임신한 자녀는 남편의 자녀로 추정한다.

② 혼인이 성립한 날부터 200일 후에 출생한 자녀는 혼인 중에 임신한 것으로 추정한다.

③ 혼인 관계가 종료된 날부터 300일 이내에 출생한 자녀는 혼인 중에 임신한 것으로 추정한다.

[개정 주요 내용]

(1) 친생부인의 허가 청구(제854조의2 신설)

(가) 혼인 관계가 종료된 날부터 300일 이내에 출생한 자녀는 혼인 중에 임신한 것으로 추정되나, 어머니 또는 어머니의 전 남편이 가정법원에 친생부인의 허가 청구를 할 수 있도록 하되, 자녀가 이미 혼인 중의 자녀로 출생 신고가 된 경우는 제외함(제854조의2 제1항).

(나) 친생부인의 허가 청구가 있는 경우에 가정법원은 혈액 채취에 의한 혈액형 검사, 유전인자의 검사 등 과학적 방법에 따른 검사 결과 또는 장기간의 별거 등 그 밖의 사정을 고려하여 허가 여부를 정하도록 함(제854조의2 제2항).

(다) 친생부인의 허가 청구에 따라 가정법원의 허가를 받은 경우에는 친생 추정의 효력을 배제함(제854조의2 제3항).

(2) 인지의 허가 청구(제855조의2 신설)

(가) 혼인 관계가 종료된 날부터 300일 이내에 출생한 자녀는 혼인 중에 임신한 것으로 추정되나, 생부가 가정법원에 인지의 허가를 청구할 수 있도록 하되, 자녀가 이미 혼인 중의 자녀로 출생 신고가 된 경우는 제외함(제855조의2 제1항).

(나) 인지의 허가 청구가 있는 경우에 가정법원은 혈액 채취에 의한 혈액형 검사, 유전인자의 검사 등 과학적 방법에 따른 검사 결과 또는 장기간의 별거 등 그 밖의 사정을 고려하여 허가 여부를 정하도록 함(제855조의2 제2항).

(3) 인지의 허가 청구에 따라 인지 허가를 받은 생부가 「가족관계의 등록 등에 관한 법률」 제57조 제1항에 따른 신고를 하는 경우에는 친생 추정의 효력을 배제함(제855조의2 제3항).

② 친생 추정을 받지 못하는 혼인 중의 자

혼인한 여자가 자녀를 출산하였으나 그것이 혼인이 성립한 날로부터 200일이 되기 전에 출생한 경우이다. 이러한 경우에는 부(夫)의 친생자로 추정을 받지 못한다. 이를 친생 추정을 받지 못하는 혼인 중의 자라고 한다. 친생 추정을 못 받는 혼인 중의 자에 대하여 그 부가 자신의 자가 아니라고 친자 관계를 부인하려면(혼인한 사람이 자녀를 출생한 경우 일단 이를 부 또는 모가 출생 신고를 하여야 한다. 가족관계등록법 제46조, 따라서 일단 가족관계등록부상 부가 아버지가 된다), 친생자관계부존재확인의 소를 통해서 할 수 있다. 이는 친생부인의 소송과는 달리 소송을 제기할 수 있는 기간의 제한이 없다.

③ 친생부인의 소

친생부인의 소란 혼인 중의 자로서 친생자로 추정을 받는 자가 실질적으로는 그 부부 사이의 자가 아닌 경우에 이를 바로 잡는 소송을 말한다.

이 소송은 원칙적으로 부 또는 처만이 제기할 수 있다(민법 제846조), 다만 예외적으로 부 또는 처가 피성년후견인인 경우에는 그의 성년후견인이 성년후견감독인의 동의를 받아, 유언에 의한 친생부인의 경우에는 유언 집행자가, 부 또는 처를 대신하여 소를 제기할 수 있다. 친생부인의 소는 부 또는 처가 다른 일방 또는 자를 상대로 하여 그 사유가 있음을 안 날로부터 2년 내에 제기하여야 한다. 종래에는 부가 자의 출생을 안 날로부터 1년 내에 소를 제기하여야 하던 것을 자가 부의 자녀가 아님을 안 날로부터 2년 내에 소를 제기하여야 하는 것으로 2005년에 민법을 개정하였다.

2) 혼인 외의 자

여자가 혼인을 하지 않고 자녀를 출산한 경우이다. 이를 혼인 외의 자라고 한다. 이때 부자관계는 인지 절차를 통해 결정된다. 즉, 혼인 외의 자녀인 경우에는 인지를 하기 전에는 법률상 부가 없다.

① 인지

부모가 혼인을 하지 않고 낳은 자녀를 혼인 외의 출생자라고 하는데, 혼인 외의 출생자의 경우에 그 부모자 관계를 확정하는 절차가 바로 '인지'이다.

② 준정

혼인 외의 출생자가 그 부모의 혼인으로 인하여 혼인 중의 출생자로 전환되는 제도이다.

③ 친생자관계존부확인의 소

특정인 사이의 법률상 친생자관계존부의 확인을 구하는 소를 말한다. 누구와 누구 사이에 친생자 관계가 없다거나 있다는 것을 확인해 달라는 내용의 소송으로 그 부모자 관계를 바로 잡는데 이를 친생자관계존부확인의 소라고 한다.

사례 아내가 혼인 중 인공수정으로 임신하여 출산한 자녀의 친자 관계

Q. 아내가 혼인 중 제3자의 정자를 제공받아 인공수정으로 임신하여 출산한 자녀와 남편과 혈연관계가 없는 자녀에 대해서 친생 추정이 미치는지 여부

A. (가) 친생자와 관련된 민법 규정, 특히 민법 제844조 제1항(이하 '친생 추정 규정'이라 한다)의 문언과 체계, 민법이 혼인 중 출생한 자녀의 법적 지위에 관하여 친생 추정 규정을 두고 있는 기본적인 입법 취지와 연혁, 헌법이 보장하고 있는 혼인과 가족 제도 등에 비추어 보면, 아내가 혼인 중 남편이 아닌 제3자의 정자를 제공받아 인공수정으로 자녀를 출산한 경우에도 친생 추정 규정을 적용하여 인공수정으로 출생한 자녀가 남편의 자녀로 추정된다고 보는 것이 타당하다. 상세한 이유는 다음과 같다.

① 민법은 친생 추정 규정과 이에 대한 번복 방법인 민법 제847조의 친생부인의 소 규정을 엄격하게 정하고 있고, 친생부인을 할 수 없게 된 경우 자녀의 법적 지위가 종국적으로 확정된다. 따라서 혼인 중 출생한 자녀의 부자 관계는 민법 규정에 따라 일률적으로 정해지는 것이고 혈연관계를 개별적·구체적으로 심사하여 정해지는 것이 아니다.

② 친생 추정 규정은 혼인 중 출생한 자녀에 대해서 적용되는데, 친생 추정 규정의 문언과 입법 취지, 혼인과 가족생활에 대한 헌법적 보장 등에 비추어 혼인 중 출생한 인공수정 자녀도 혼인 중 출생한 자녀에 포함된다고 보아야 한다.

③ 자녀의 복리를 지속적으로 책임지는 부모에게 자녀와의 신분 관계를 귀속시키는 것이 자녀의 복리에 도움이 된다. 인공수정 자녀에 대해서 친생자 관계가 생기지 않는

다고 보는 것은 인공수정 자녀를 양육해 왔던 혼인 부부에게 커다란 충격일 뿐만 아니라 이를 바탕으로 가족관계를 형성해 온 자녀에게도 회복하기 어려운 위험이라고 할 수 있다.

④ 인공수정 자녀의 출생 과정과 이를 둘러싼 가족 관계의 실제 모습에 비추어 보더라도 인공수정 자녀에 대해서 친생 추정 규정을 적용하는 것에 사회적 타당성을 인정할 수 있다.

(나) 정상적으로 혼인 생활을 하고 있는 부부 사이에서 인공수정 자녀가 출생하는 경우 남편은 동의하는 방법으로 자녀의 임신과 출산에 참여하게 되는데, 이것이 친생 추정 규정이 적용되는 근거라고 할 수 있다. 남편이 인공수정에 동의하였다가 나중에 이를 번복하고 친생부인의 소를 제기하는 것은 허용되지 않는다. 나아가 인공수정 동의와 관련된 현행법상 제도의 미비, 인공수정이 이루어지는 의료 현실, 민법 제852조에서 친생자임을 승인한 자의 친생부인을 제한하고 있는 취지 등에 비추어 이러한 동의가 명백히 밝혀지지 않았던 사정이 있다고 해서 곧바로 친자 관계가 부정된다거나 친생부인의 소를 제기할 수 있다고 볼 것은 아니다.

부부가 정상적인 혼인 생활을 하고 있는 경우 출생한 인공수정 자녀에 대해서는 남편의 동의가 있었을 개연성이 높다. 따라서 혼인 중 출생한 인공수정 자녀에 대해서는 다른 명확한 사정에 관한 증명이 없는 한 남편의 동의가 있었던 것으로 볼 수 있다. 동의서 작성이나 그 보존 여부가 명백하지 않더라도 인공수정 자녀의 출생 이후 남편이 인공수정 자녀라는 사실을 알면서 출생 신고를 하는 등 인공수정 자녀를 자신의 친자로 공시하는 행위를 하거나, 인공수정 자녀의 출생 이후 상당 기간 동안 실질적인 친자 관계를 유지하면서 인공수정 자녀를 자신의 자녀로 알리는 등 사회적으로 보아 친자 관계를 공시·용인해 왔다고 볼 수 있는 경우에는 동의가 있는 경우와 마찬가지로 취급하여야 한다(대법원 2019. 10. 23. 선고 2016므2510 전원합의체 판결).

나. 양자

양자 제도는 어느 사회, 어느 국가에서도 인정되는 인류의 공통적인 제도이다. 그런데 종래 우리나라의 전통적인 양자 제도는 결국 입양을 해서 아이를 키운다는 것이 아니라 철두철미하게 가(家)를 계승하는 목적만을 위해서 두고 있었던 것이다. 그러나 우리 양자 제도는 '가를 위한 양자'에서 '부모를 위한 양자'로 다시 '자를 위한 양자'로 변화하고 있다.

1990년의 민법 개정으로 많은 부분에서 과거의 불합리한 양자 제도는 정비되었고, 2005년 민법 개정으로 양자를 친생자처럼 보이게 하는 친양자 제도가 도입됨으로써 양자 제도는 보통양자와 친양자 제도로 이원화되게 되었다.

1) 보통양자

① 입양의 요건

• 우선 양부모와 양자 간에 입양의 합의가 있어야 한다(민법 제883조). 이러한 입양 의사의 합치는 자유롭게 결정되어야 하며 조건부 또는 기한부 입양이어서는 안 된다.

• 양부모는 성년자이어야만 한다(민법 제866조). 양부모가 성년자이기만 하면 반드시 기혼자일 필요는 없으며 남녀, 자식의 유무를 묻지 않고 양부모가 될 자격이 있다.

• 미성년자를 입양하려는 사람은 가정법원의 허가를 받아야 한다(민법 제867조).

• 양자로 될 아이가 13세 미만인 경우에는 법정대리인이 대신하여 입양의 승낙을 하여야 한다(민법 제869조).

• 양자가 될 자가 13세 이상 19세 미만인 때에는 미성년자는 법정대리인의 동의를 받아 미성년자가 직접 입양 승낙을 한다.

• 미성년자가 양자가 될 때에는 부모의 동의를 받아야 한다(민법 제870조).

• 양자가 될 사람이 성년인 경우에는 부모의 동의를 받아야 한다. 다만, 부모의 소재를 알 수 없는 등의 사유로 동의를 받을 수 없는 경우에는 그러하지 아니하다. 가정법원은 부모가 정당한 이유 없이 동의를 거부하는 경우에 양부모가 될 사람이나 양자가 될 사람의 청구에 따라 부모의 동의를 갈음하는 심판을 할 수 있다. 이 경우 가정법원은 부모를 심문하여야 한다(민법 제871조).

• 피성년후견인은 성년후견인의 동의를 받아 입양을 할 수 있고 양자가 될 수 있다. 이 경우 가정법원의 허가를 받아야 한다(민법 제873조).

• 기혼자가 입양을 할 때에는 부부가 공동으로 입양을 하여야 하고, 반대로 기혼자가 다른 사람의 양자가 될 때에는 다른 배우자의 동의를 얻어야 한다(민법 제874조).

• 양자는 양친의 존속 또는 연장자가 아니어야 한다.

• 가족관계등록법이 정하는 바에 따라 입양 신고를 하여야 한다.

② 입양의 효과

입양 신고 절차까지 마치게 되면 그때부터 양자와 양부모 사이에는 법정 부모자 관계가 성립한다. 이에 따라 다양한 법적 효과가 발생하게 된다.

양자로 입양되었다고 해서 친생부모와의 부모자녀 관계가 해소되는 것은 아니다. 즉, 양자는 양부모와 그 친족과 친족 관계가 발생하는 것은 물론이고, 친생부모 및 원래의 친가 쪽 친족과의 관계도 그대로 유지한다. 그러나 2008년부터 시행되는 친양자의 경우에는 친양자는 부부의 혼인 중의 자로 보므로(민법 제908조의2) 양자는 양부모의 성과 본을 따르고 친생부모와 그 친족 간의 관계는 단절된다.

양자와 양부모는 서로 부양할 의무가 생기고, 또 양부모가 사망하면 상속도 받게 되는 것은 물론 보통 양자의 경우 친생부모와의 사이에도 상속권 및 부양의 권리 의무 관계는 여전히 유지된다. 또 양자가 미성년자일 경우 친생부모의 친권은 소멸하고 양부모만이 친권자가 된다. 나아가 이후에 양부모가 모두 사망하더라도 친생부모의 친권이 부활하는 것이 아니라, 양가에서 후견이 제시된다.

③ 양부모자 관계의 해소

양부모자 관계는 오로지 파양에 의해서만 해소될 수 있다. 민법상 파양의 방법은 협의상 파양과 재판상 파양으로 나누어진다.

• 협의파양

'협의파양'이란 양부모와 양자가 협의해서 입양 관계를 종료시키는 것을 말한다. 협의파양의 요건은 첫째, 당사자 사이에 파양의사의 합치가 있어야 한다. 이 파양의사는 무조건 · 무기한의 것이어야 한다. '파양의사의 합치'라고 할 때, '의사'는 완전한 의사이어야 한다. 따라서 사기나 강박에 의한 의사이어서는 안 된다. 종래에는 미성년자 및 금치산자에 대하여도 협의파양이 가능하였으나 2012년 민법개정으로 미성년자에 대하여는 재판상 파양만 인정하고 협의파양은 더 이상 인정하지 않는다. 또, 양자가 피성년후견인인 때에는 협의파양을 할 수 없다. 다만, 피성년후견인이 양부모인 경우에는 성년후견인의 동의를 받아 협의파양을 할 수 있다.

둘째, 협의파양은 가족관계등록법이 정하는 바에 따라 신고하여야 한다. 파양이 되면 양부모자 관계는 해소된다. 아울러 양자와 양가의 친족 간의 친족 관계도 소멸된다. 따라서 상속권, 부양의 권리 의무는 소멸하게 되지만 양자와 양가의 친족 간의 혼인장애 사유는 그대로 남게 된다.

• 재판상 파양

'재판상 파양'은 파양의 합의가 이루어지지 않은 경우 파양을 원하는 측에서 파양을 거부하는 측을 상대로 재판을 해서 양친자 관계를 종료하는 것을 말한다. 재판상 파양은 재판상이혼에서와 마찬가지로 법이 정해 놓은 파양 원인이 있는 경우에만 인정한다. 민법이 정해 놓은 파양 원인(제905조)을 보면, 양부모가 양자를 학대 또는 유기하거나 그 밖에 양자의 복리를 현저히 해친 경우, 양부모가 양자로부터 심히 부당한 대우를 받은 경우, 양부모나 양자의 생사가 3년 이상 분명하지 아니한 경우, 그 밖에 양친자 관계를 계속하기 어려운 중대한 사유가 있는 경우라고 해서 네 가지를 정해 놓고 있는데, 위의 어느 사유 중에 하나만 해당한다면 파양을 법원에 청구하여 파양할 수 있다.

2) 친양자 입양

종래의 양자 제도에 의하면 양자는 양부의 성을 따를 수 없고 또 양자라는 사실이 호적에 그대로 공시되었다. 따라서 양자 자체를 꺼리게 되고 입양을 하는 경우에도 양자를 친생자인 것처럼 출생 신고를 하는 것이 일반적이었다. 이러한 상황에서 2005년 민법 개정 시에 양자와 양부모의 관계를 친생자와 같이 하여 양자의 복리를 달성하기 위해 친양자 제도를 도입하였다.

① 친양자 입양의 요건

친양자 입양이 성립하려면 친양자를 입양하려는 사람이 일정한 요건을 갖추어 가정법원에 친양자 입양을 청구하여야 하고, 가정법원이 그 청구를 인용하는 재판을 하여야 한다.

• 3년 이상 혼인 중인 부부로서 공동으로 입양할 것

양친이 되려는 부부는 원칙적으로 3년 이상 혼인을 계속하고 있어야 한다. 다만, 부부의 일방이 배우자의 친생자를 친양자로 하는 경우, 예를 들면 남편이 처의 전 남편과 사이의 혼인 중의 출생자를 친양자로 하는 경우에는 3년이라는 혼인 기간의 제한은 적용되지 않으며 1년 이상 혼인 중이면 된다(민법 제908조의2 제1항 제1호 단서).

양친이 되려는 부부는 가정법원에 친양자 입양의 청구를 할 때에 공동으로 하여야 한다.

다만, 배우자의 친생자를 양자로 하는 경우에는 부부가 공동으로 입양할 필요가 없고, 일방이 단독으로 할 수 있다(민법 제908조의2 제1항 제1호 단서). 이 경우에는 배우자의 일방과는 이미 친생자 관계가 있으므로 공동으로 입양할 필요가 없기 때문이다.

• 양자로 될 사람이 미성년자일 것[12]

• 친생부모의 동의가 있을 것

친양자로 될 자의 친생부모가 친양자 입양에 동의하여야 한다(민법 제908조의3). 친양자 입양이 확정된 때에 입양 전의 친족 관계는 종료하므로, 친생부모의 동의는 매우 중요하다. 다만, 부모의 친권이 상실되거나 사망, 그 밖의 사유로 동의할 수 없는 경우에는 부모의 동의를 요하지 않는다.

• 친양자가 될 사람이 13세 이상인 경우 법정대리인의 동의를 받아 입양 승낙할 것

• 친양자가 될 사람이 13세 미만인 경우 법정대리인이 그를 대신하여 입양 승낙할 것

② 친양자 입양의 효과

• 혼인 중 출생자로 의제

친양자는 부부의 혼인 중 출생자로 본다(민법 제908조의3 제1항). 이것이 종전의 양자와 근본적으로 다른 점이다.

• 입양 전의 친족관계의 종료

친양자의 입양 전의 친족관계는 제908조의2 제1항의 청구에 의한 친양자 입양이 확정된 때에 종료된다(민법 제908조의3 제2항 본문). 다만, 부부 일방이 그 배우자의 친생자를 단독으로 입양한 경우에 배우자 및 그 친족과 친생자 간의 친족 관계는 그러하지 아니하다. 예를 들면 남편이 처의 친생자를 친양자로 입양한 경우 친양자로 입양된 자와 생부 및 생부의 친족 사이의 친족 관계는 종료하지만, 모자 관계 및 모의 친족에 대한 자의 친족 관계는 종료하지 않는다.

③ 친양자 입양의 취소

친양자로 될 자의 친생(親生)의 부 또는 모는 자신에게 책임이 없는 사유로 인하여 제908조의2 제1항 제3호 단서의 규정에 의한 동의를 할 수 없었던 경우에는 친양자 입양의 사

12 2012. 2. 10. 민법 개정 전에는 15세 미만의 자만 친양자로 입양할 수 있었으나, 민법 개정으로 그 대상이 미성년자 전체로 확대되었다.

실을 안 날로부터 6월 내에 가정법원에 친양자 입양의 취소를 청구할 수 있다(민법 제908조의4 제1항). 친양자 입양이 취소되면 친양자 관계는 소멸하고 입양 전의 친족 관계가 부활한다.

④ 친양자 파양

양친, 친양자, 친생의 부 또는 모나 검사는 양친이 친양자를 학대 또는 유기(遺棄)하거나 그 밖에 친양자의 복리를 현저히 해하는 때, 친양자의 양친에 대한 패륜(悖倫) 행위로 인하여 친양자 관계를 유지시킬 수 없게 된 때의 어느 하나의 사유가 있는 경우에는 가정법원에 친양자의 파양(罷養)을 청구할 수 있다(민법 제908조의5 제1항).

다. 친권

친권은 부모가 미성년자를 보호·교양할 권리·의무를 말하며(민법 제913조), 상속, 부양 등과 더불어 친자 관계의 가장 중요한 효과의 하나이다. 친권은 누구에게도 방해당하지 않고 이를 행사할 수 있다는 의미에서 일종의 권리라고 볼 수도 있지만, 미성년 자녀를 사회화하기 위하여 신체적·정신적으로 보호·교양하는 사회적 의무로서의 성질이 더 강하다.

미성년 자녀는 부모의 친권에 복종한다(민법 제909조 제1항). 부모가 혼인 중인 때에는 친권을 공동으로 행사하고, 부모의 의견이 일치하지 않는 경우에는 당사자의 청구에 의하여 가정법원이 이를 정한다(민법 제909조 제2항). 부모가 공동으로 친권을 행사한다는 것은 부모 공동의 의사에 의하여 한다는 것을 의미하며 행위 자체가 부모 쌍방의 공동 명의로 되어야 한다는 것은 아니다. 그러나 공동 친권자인 부모 중 일방이 타방의 동의 없이 단독으로 친권을 행사한 때에는 친권자의 대리 또는 동의의 효과는 생기지 않으며 원칙적으로 무권대리가 된다. 다만 이 경우 친권자 일방이 친권자 쌍방의 명의로 대리나 동의권을 행사하고 상대방이 선의이면 그 행위는 유효하다(민법 제920조의2).

한편 혼인 외의 출생자의 친권은 일단 생모가 행사하며, 그 부(父)가 인지를 하거나 부모가 협의이혼하면, 부모가 협의해서 누가 친권을 행사할지를 정하고, 협의할 수 없거나 협의가 되지 않는 경우에는 가정법원은 직권 또는 당사자의 청구로 친권자를 지정한다(민법 제909조 제4항). 그리고 재판상이혼, 혼인의 취소, 인지청구의 소의 경우에는 가정법원이 직권으로 친권자를 정한다(민법 제909조 제5항). 한편 입양한 양자에 대한 친권은 그 양부모가 행사한다.

라. 후견

후견 제도는 제한능력자에 대하여 그 능력을 보충해 주는 제도로써, 친권자가 없는 미성년자에 대하여는 그를 보호·교양할 미성년후견인을 두며, 성년자로서 능력이 부족한 자에 대하여 종래 금치산자·한정치산자 제도가 있었으나 이는 거의 이용되지 않았다. 또 개인의 잔존 능력과는 상관없이 획일적으로 제한하는 것은 문제가 있어서 2011년 민법 개정으로 금치산자·한정치산자 제도를 폐지하는 대신 법정 후견 제도와 임의 후견 제도를 도입하였으며 2013. 7. 1.부터 시행하고 있다.

민법은 만 19세 미만의 자를 미성년자라고 하여 법이 특별히 보호해 주고 있다. 미성년자는 보통 1차적으로 부모가 친권자로서 법정대리인이 되는 것이지만, 그러한 친권자가 없는 경우에는 미성년후견인을 정해 두고 미성년후견인에게 미성년자의 법률행위에 대하여 조력, 즉 다시 말해 법률행위에 대한 동의나 대리를 하도록 하고 있다. 미성년후견인은 1인이다(민법 제930조).

미성년자 후견인의 종류에는 2가지가 있다. 미성년자의 후견인은 제1순위가 지정후견인이고, 제2순위가 선임후견인이다. 지정후견인은 최후로 친권을 행사하는 자, 즉 친권자가 사망하기 전에 미리 유언으로 자신의 사후에 누가 후견인이 될지를 지정해 놓았다면 그 사람이 후견인이 된다. 선임후견인은 지정된 후견인이 없는 경우, 미성년후견인이 없게 된 경우, 친권 상실의 선고나 대리권 및 재산관리권 상실의 선고에 따라 미성년후견인을 선임할 필요가 있는 경우, 친권자가 대리권 및 재산관리권을 사퇴한 경우 가정법원이 선임하는 후견인을 말한다(제932조).

마. 부양

부양의 권리 의무에 관해서는 민법에서는 부부간의 부양 의무와 부모와 자녀간의 부양 의무 및 친족 간의 부양으로 나누어서 규정하고 있다.

미성년인 자녀에 대해서는 부모가 전적으로 부양 의무가 있는 것이지만 부모와 성년인 자녀나 부부 사이, 직계혈족 및 그 배우자 사이, 혹은 기타 생계를 같이 하는 친족 간의 부양 의무는 상호적인 부양 의무이다.

그러나 실제 어느 정도로 부양을 하여야 할 것인가에 관하여 법에 명문으로 정하여 두고 있는 것은 없다. 따라서 당사자의 신분이나 자력에 따라 적절히 정하여야 할 것이다. 또 부양 방법에 관해서도 법이 명확히 정하고 있지는 않다. 다만 민법이 제시하는 최소한의 기준으로는 첫째, 부양의 수준과 방법은 부양 당사자들이 협의해서 정하라는 것이고 둘째, 협의가 이루어지지 않으면 당사자의 청구에 의하여 법원이 결정한다는 것이다.

결국 법원이 부양의 정도나 방법을 결정하는 데에는 부양 의무자의 능력, 생활수준, 수입, 신분과 지위는 물론 부양받을 자의 생활 정도 등 모든 사정으로 참작해서 결정하게 된다.

혼인과 법률관계

Ⅰ. 약혼

1. 약혼의 의의

약혼은 남성과 여성이 장차 혼인하기로 약속하는 신분 계약이다. 이는 혼인 예약 또는 혼약이라고도 한다.

2. 약혼의 성립 요건

가. 실질적 성립 요건

1) 당사자들 사이의 약혼의사의 합치

약혼은 당사자 사이에 혼인하려는 합의만으로 성립한다. 대리는 허용되지 않으므로 부모님들이 정한 정혼은 당사자의 의사 합치가 없으므로 당사자 본인의 승낙이 없는 이상 무효이다.

2) 약혼 적령과 부모의 동의

남녀 모두 만 18세가 된 사람은 약혼할 수 있으며 연령 미날자의 약혼은 취소할 수 있다.

미성년자가 약혼을 하는 경우에는 부모의 동의를 받아야 한다. 부모 중 한쪽이 동의권을 행사할 수 없을 때에는 다른 한쪽의 동의를 받아야 하고, 만일 부모 모두 동의권을 행사할 수 없을 때에는 미성년후견인의 동의를 받아야 한다.

피한정후견인은 타인의 동의 없이 단독으로 약혼할 수 있고, 피성년후견인은 부모나 성년후견인의 동의를 받아 약혼할 수 있다.

3) 2중 약혼 등이 아닐 것

배우자가 있는 사람은 약혼을 할 수 없고 약혼 중인 사람은 다시 약혼할 수 없다. 다만, 당사자의 일방이나 쌍방이 그 혼인을 해소한 후 제3자와 혼인하기로 약속하는 것은 구체적인 사정에 따라 사회질서에 위반되지 않는 한 유효하다고 할 수 있다.

4) 근친자 사이의 약혼

근친자 사이의 약혼은 무효이다. 이 경우 선의의 당사자는 손해배상을 청구할 수 있을 것이다.

나. 형식적 성립 요건

약혼은 낙성·불요식의 계약이므로 약혼에는 아무런 형식도 필요하지 않다. 따라서 예물의 교환이나 약혼식을 올리지 않은 약혼, 묵시적 합의로도 약혼은 유효하게 성립될 수 있다.

3. 약혼의 효과

당사자는 서로 성실하게 교제하고 가까운 시기에 부부 공동체를 성립할 의무를 진다. 그러나 약혼 당사자의 일방이 이 의무를 이행하지 않더라도 상대방은 손해배상을 청구할 수는 있으나 강제이행을 청구할 수 없다.

4. 약혼의 해제

가. 약혼의 해제 사유

약혼은 강제이행을 청구할 수 없을 뿐만 아니라 정당한 사유가 있으면 언제든지 해제할 수 있다. 우리 민법은 제804조에 약혼해제의 사유를 규정하고 있다.

① 약혼 후 자격 정지 이상의 형의 선고를 받은 경우[13]

② 약혼 후 성년후견개시나 한정후견개시의 심판을 받은 경우

③ 성병, 불치의 정신병, 그 밖의 불치의 병질이 있는 경우

13 제41조(형의 종류) 형의 종류는 다음과 같다.
1. 사형 2. 징역 3. 금고 4. 자격상실 5. 자격정지 6. 벌금 7. 구류 8. 과료 9. 몰수

④ 약혼 후 다른 사람과 약혼이나 혼인을 한 경우
⑤ 약혼 후 다른 사람과 간음한 경우
⑥ 약혼 후 1년 이상 생사가 불명한 경우
⑦ 정당한 이유 없이 혼인을 거절하거나 그 시기를 늦추는 경우
⑧ 그 밖에 중대한 사유가 있는 경우

사례 약혼자가 사기죄로 징역형을 선고받은 경우 약혼해제 사유에 해당하는지

Q. 저와 약혼한 사람이 얼마 전 사기죄로 징역 1년형의 선고를 받고 교도소에서 복역 중입니다. 저희 부모님과 친지 분들은 파혼하라고 하고, 저도 파혼하였으면 하는데 가능한지요?

A. 약혼은 장차 혼인하여 부부가 되기로 하는 남녀 간의 합의로서 혼인 적령에 달하지 못한 자나 피성년후견인이 적법한 동의 없이 약혼하더라도 그 약혼이 당연히 무효로 되는 것은 아니며 취소할 수 있을 뿐이고, 그 약혼의 강제이행을 청구할 수도 없는 것이어서 당사자 일방은 약혼해제 사유의 유무에 관계없이 언제든지 상대방에 대한 의사표시로써 이를 해제할 수 있으나, 다만 그 해제에 과실이 있는 때에는 상대방에 대한 손해배상의 책임을 지게 된다(민법 제803조 내지 제806조)[14].

그러므로 어떠한 경우에도 상대방에 대한 의사표시로써 약혼을 해제할 수는 있다. 다만, 약혼의 해제에 과실이 있을 때에는 상대방에게 손해배상을 해야 하는데, 과실이 있다는 것은 약혼해제에 정당한 사유가 없다는 것을 뜻하는 바, 「민법」 제804조는 약혼해제 사유로서 상대방이 ① 약혼 후 자격 정지 이상의 형의 선고를 받은 경우, ② 약혼 후 성년후견개시나 한정후견개시의 심판을 받은

14 제803조(약혼의 강제이행 금지) 약혼은 강제이행을 청구하지 못한다.
제805조(약혼해제의 방법) 약혼의 해제는 상대방에 대한 의사표시로 한다. 그러나 상대방에 대하여 의사표시를 할 수 없는 때에는 그 해제의 원인이 있음을 안 때에 해제된 것으로 본다.
제806조(약혼해제와 손해배상청구권)
① 약혼을 해제한 때에는 당사자 일방은 과실 있는 상대방에 대하여 이로 인한 손해의 배상을 청구할 수 있다.
② 전항의 경우에는 재산상 손해 외에 정신상 고통에 대하여도 손해배상의 책임이 있다.
③ 정신상 고통에 대한 배상청구권은 양도 또는 승계하지 못한다. 그러나 당사자 간에 이미 그 배상에 관한 계약이 성립되거나 소를 제기한 후에는 그러하지 아니하다.

경우, ③ 성병, 불치의 정신병 기타 불치의 병질이 있는 경우, ④ 약혼 후 다른 사람과 약혼 또는 혼인을 한 경우, ⑤ 약혼 후 다른 사람과 간음한 경우, ⑥ 약혼 후 1년 이상 그 생사가 불명한 경우, ⑦ 정당한 이유 없이 혼인을 거절하거나 그 시기를 지연하는 경우, ⑧ 그 밖에 중대한 사유가 있는 경우를 규정하고 있다.

따라서 사례의 경우는 「민법」의 약혼해제 사유 중 '① 약혼 후 자격 정지 이상의 형의 선고를 받은 경우'에 해당하므로 약혼을 해제하는 데 과실이 없는 것으로 인정되어 손해배상을 하지 않아도 될 것으로 보인다.

사례 약혼자가 학력·직장·경력을 속인 경우 약혼해제 사유에 해당하는지?

Q. B는 중매로 선을 본 A와 약혼하였는데 A는 고졸자임에도 대졸자라고 하였고 직장의 직급도 허위로 알려 주었다. 이 경우 약혼해제 사유가 될 수 있는지요?

A. 판례는 "약혼은 혼인할 것을 목적으로 하는 혼인의 예약이므로 당사자 일방은 자신의 학력·경력 및 직업과 같은 혼인 의사를 결정하는 데 중대한 영향을 미치는 사항에 관하여 이를 상대방에게 사실대로 고지할 신의성실의 원칙상의 의무가 있다. 따라서 학력 등을 속인 것이 약혼 후에 밝혀진 경우에는 이러한 신의성실의 원칙에 위반한 행위로 인하여 믿음이 깨어져 애정과 신뢰에 바탕을 둔 인격적 결합을 기대할 수 없으므로 민법 제840조 제8호 '기타 중대한 사유가 있는 때'에 해당하여 이로 인한 약혼해제는 적법하다"라고 판시하고 있다. 따라서 위 사례의 경우 B가 A의 허위사실의 고지를 믿고 약혼하기로 결정하였다면 약혼을 해제할 수 있고 정신적인 고통에 대한 위자료 청구도 해 볼 수 있을 것이다.

나. 약혼해제의 방법

약혼의 해제는 상대방에 대한 의사표시로 한다. 말이나 전화, 우편 등으로 통고할 수 있다. 또한 약혼 후 1년 이상 생사불명과 같이 의사표시를 할 수 없는 경우에는 해제의 원인이 있음을 안 때 해제된 것으로 본다.

다. 약혼해제의 효과

1) 손해배상의 청구

당사자가 약혼을 해제하면 그 약혼은 처음부터 없었던 것으로 된다. 약혼이 법정해제 사유가 있을 때에는 당사자는 위자료나 손해배상 할 필요 없이 일방적으로 약혼을 해제할 수 있다. 그러나 정당한 이유 없이 약혼을 해제하는 경우 선의의 당사자는 유책 상대방에 대하여 손해배상을 청구할 수 있다. 여기에서 손해는 재산상의 손해와 정신상의 손해를 포함한다.

2) 약혼예물의 반환청구권

약혼예물은 '혼인의 불성립을 해제 조건으로 하는 증여'라고 한다.

① 혼인이 성립한 경우

일단 혼인이나 사실혼이 성립되어 상당 기간 지속된 이상, 예물은 그 목적을 달성하였으므로 그 후 혼인이 파탄되어 이혼하고 그 파탄 책임이 예물 수령자에게 있더라도 예물 반환 문제는 생기지 않는다.[15]

그러나 대법원 2005. 5. 27. 선고 2004다50303판결에서 "딸의 결혼을 위해서 전세 자금 1억 1,000만 원을 사위에게 증여하였으나, 혼인신고를 하지도 않고 동거 6개월 만에 사실혼이 파탄된 사안에서 해제 조건은 확정되었다고 보아야 하고 사위는 위 돈을 장인에게 반환하여야 한다"라고 판시함으로써 혼인 성립 후 비교적 짧은 시일 내에 이혼을 한 경우는 신의칙 내지 형평의 원칙상 이를 혼인의 불성립에 준하여 처리하여야 한다고 보고 있다.[16]

② 혼인이 성립되지 않은 경우

약혼이 합의해제 된 경우에는 예물 반환의 문제도 합의로 결정한다. 그러나 당사자 일방의 과실로 약혼이 해제된 경우 다수설과 판례는 선의·무과실의 당사자는 예물반환청구권을 행사할 수 있으나, 과실이 있는 당사자는 반환을 청구할 수 없고 오히려 자신이 받

15 대법원 1976. 12. 28. 선고 76므41, 42판결; 대법원 1994. 12. 27. 선고 94므895판결; 대법원 1996. 5. 14. 선고 96다5506판결.

16 대법원 1996. 5. 14. 선고 96다5506판결; 대법원 2003. 11. 14. 선고 2000다1257, 1264판결.

은 예물은 반환하여야 한다고 보고 있다.

당사자 쌍방의 과실로 약혼이 해제된 경우는 쌍방이 모두 반환청구권을 행사할 수 있지만, 과실상계의 원리를 적용하여 부당이득 반환의 범위를 정하여야 한다.[17]

사례 약혼 예물 수수(授受)의 법적 성질 및 그 소유권의 귀속 관계

Q. 약혼이 해제될 경우, 즉 파혼된 경우에 약혼 예물로 주고받은 물건 등의 처리는 어떻게 하여야 하는지요?

A. 약혼이 해제되었을 경우 약혼 시 서로 주고받은 예물을 어떻게 처리하여야 할지가 문제 되는 경우가 많다.

약혼 예물 수수의 법률적 성질에 관하여 판례는 "약혼 예물의 수수(授受)는 혼인이 이루어지지 않으면 반환하기로 하는 증여와 유사한 성질의 것이다"라고 하고 있다(대법원 1996. 5. 14. 선고 96다5506 판결). 이것은 약혼 예물을 주고받을 때 '만일 파혼을 하게 되면 서로 반환해야 한다'라는 의사표시가 없었다고 하더라도 그 예물 자체의 성질로 볼 때 당연히 그와 같은 당사자의 의사가 내포되어 있다고 인정되기 때문이다. 약혼이 해제되었을 경우 당사자가 예물의 반환 문제 등에 관하여 합의가 되었다면 그 합의에 따라 처리하면 될 것이다. 그러나 합의가 되지 못하였을 때 법원은 다음과 같이 경우를 나누어 판단하고 있다. 당사자 쌍방의 아무런 귀책사유 없이 약혼을 해제하는 때와 당사자 쌍방에게 모두 과실이 있는 때에는 부당이득을 이유로 반환청구를 할 수 있다고 할 것이다(민법 제741조).

다음으로 약혼 당사자 일방의 귀책사유로 인하여 약혼이 해제된 경우에 관하여 판례는 "약혼해제에 관하여 과실이 있는 유책자로서는 그가 제공한 약혼 예물을 적극적으로 반환청구 할 권리가 없다"라고 하고 있다. 즉, 이 경우에 유책자는 자기가 받은 예물은 반환하되, 상대방에게 준 예물은 반환청구를 하지 못하게 되는 것이다.

그리고 마지막으로 일단 혼인이 성립되어 상당한 기간 지속된 경우 판례는 "약혼 예물의 수수는 약혼의 성립을 증명하고 혼인이 성립한 경우 당사자 내지 양가의 정리를 두텁게 할 목적으로 수수되는 것으로 혼인의 불성립을 해제 조건으로 하는 증여와 유

17 김주수, 친족상속법(제6전정 증보판), 2005, 89면.

사한 성질을 가지므로, 예물의 수령자 측이 혼인 당초부터 성실히 혼인을 계속할 의사가 없고 그로 인하여 혼인의 파국을 초래하였다고 인정되는 등 특별한 사정이 있는 경우에는 신의칙(信義則) 내지 형평의 원칙에 비추어 혼인불성립의 경우에 준하여 예물반환 의무를 인정함이 상당하나, 그러한 특별한 사정이 없는 한 일단 부부 관계가 성립하고 그 혼인이 상당 기간 지속된 이상 후일 혼인이 해소되어도 그 반환을 청구할 수는 없으므로, 비록 혼인 파탄의 원인이 며느리에게 있더라도 혼인이 상당 기간 계속된 이상 약혼 예물의 소유권은 며느리에게 있다"라고 하였다(대법원 1994. 12. 27. 선고 94므895 판결, 1996. 5. 14. 선고 96다5506 판결).

Ⅱ. 혼인

1. 혼인의 의의

혼인이란 남성과 여성이 부부로서 육체적·정신적·경제적으로 공동생활을 할 것을 목적으로 하는 결합 관계를 말한다. 혼인의 형태는 시대와 장소·국가에 따라 각양각색이나 우리 민법은 법률혼주의 또는 신고혼주의라고 하여 민법에서 정한 일정한 요건을 갖추어야 혼인이 성립한다.

2. 혼인의 성립 요건

혼인은 민법에서 정한 일정한 요건을 갖추어야 성립된다. 즉, 혼인이 성립되려면 실질적인 요건(민법 제807조~제810조)과 형식적인 요건으로서 혼인신고가 있어야 한다.

혼인의 성립 요건은 혼인이 유효하게 성립하는 데 필요한 요건이므로 이를 갖추지 못한 혼인은 무효이거나 취소할 수 있다.

가. 실질적 성립 요건

1) 이성(異性) 사이의 혼인일 것

우리 민법은 남성과 여성 사이의 이성혼이어야 한다는 것을 명시적으로 규정하고 있지는 않지만, 동성 사이의 혼인은 인정되지 않고 있다.[18]

사례 성전환자가 혼인 중에 있거나 미성년자인 자녀가 있는 경우 성별 정정을 허가할 것인지 여부

Q. 갑이 을과 혼인을 하여 미성년자인 자녀 병을 두고 있었는데 성전환 수술 등을 받고 가족관계등록부상의 성별란 정정을 신청하였다. 이 경우 성별 정정 신청을 허용하여야 하는가?

A. 헌법 제36조 제1항은 "혼인과 가정생활은 개인의 존엄과 양성의 평등을 기초로 성립되고 유지되어야 하며, 국가는 이를 보장한다"라고 선언하고 있는 바, 무릇 혼인이란 남녀 간의 육체적, 정신적 결합으로 성립하는 것으로서, 우리 민법은 이성 간의 혼인만을 허용하고 동성 간의 혼인은 허용하지 않고 있다. 그런데 만약 현재 혼인 중에 있는 성전환자에 대하여 성별 정정을 허용할 경우 법이 허용하지 않는 동성혼의 외관을 현출시켜 결과적으로 동성혼을 인정하는 셈이 되고, 이는 상대방 배우자의 신분 관계 등 법적·사회적 지위에 중대한 영향을 미치게 된다. 따라서 현행 민법의 규정과 오늘날의 사회통념상 현재 혼인 중에 있는 성전환자는 전환된 성을 법률적으로 그 사람의 성이라고 평가할 수 없고, 그 결과 가족관계등록부의 성별 정정도 허용되지 아니한다고 할 것이다. 다만 현재 혼인 중이 아니라면 과거 혼인한 사실이 있다고 하더라도 위와 같은 혼란을 야기하거나 사회에 부정적인 영향을 미칠 우려가 크지 않으므로 성별 정정을 불허할 사유가 되지 아니한다(대법원 2011.9.2. 자 2009스117 전원합의체 결정).

18 인천지법 2004. 7. 23. 선고 2003드합292판결에서 동성 부부가 재산분할청구를 한 사안에서 혼인 관계를 부인하고 청구를 기각하였다.

2) 당사자 사이에 혼인의 진정한 합의가 있을 것

혼인은 당사자 사이에 진정으로 혼인하겠다는 의사의 합치, 이른바 혼인의 합의가 있어야 한다. 당사자 사이에 혼인의 합의가 없이 이루어진 혼인은 무효이다. 여기에서의 합의의 의미에 관하여 혼인의 신고 의사의 합치뿐만 아니라 사회 관습적 의미의 부부 관계를 창설하려는 의사의 합치가 있어야 한다(실질적의사설)는 것이 통설 및 판례의 입장이다.[19]

혼인의 의사는 혼인신고서 작성 당시뿐만 아니라 혼인신고서 제출 및 수리 당시에도 모두 존재하여야 한다. 따라서 혼인신고서 제출 전에 당사자 일방이 혼인의 의사를 철회하거나 철회 의사를 명백히 표시한 경우는 그 후 착오로 수리되더라도 혼인은 성립되지 않는다.[20]

사례 당사자 쌍방의 자유의사에 의하지 아니한 혼인신고의 효력

Q. 저는 갑이라는 남자를 알게 되어 양가 부모의 허락도 없이 서울 시내 성당에서 결혼식을 올리고 6개월 정도 동거를 한 사실이 있습니다. 그러나 갑은 평소 낭비벽이 심하고 열심히 살려는 의지가 보이지 않아 헤어졌고, 그 후 직장 이동 관계로 저의 가족관계등록부를 열람해보니 뜻밖에도 갑과 저는 헤어진 후 혼인신고가 되어 있었습니다. 이 경우 혼인신고를 무효로 할 수 있는지요?

A. 혼인은 당사자의 합의에 따른 혼인신고에 의하여 법률적으로 유효하게 성립하며, 결혼식을 거행하고 부부로서의 생활을 하고 있다 하더라도 혼인신고를 하지 않으면 사실혼에 불과하게 된다.

그러므로 혼인신고는 당사자 쌍방의 자유의사에 의하여 이루어져야 한다. 판례도 "혼인이 유효하기 위해서는 당사자 사이에 혼인의 합의가 있어야 하고, 이러한 혼인의 합의는 혼인신고를 할 당시에도 존재하여야 한다"라고 하였으며(대법원 1996. 6. 28. 선고 94므1089 판결), "결혼식을 올린 다음 동거까지 하였으나 성격의 불일치 등으로 계속 부부 싸움을 하던 끝에 사실혼 관계를 해소하기로 합의하고 별거하는 상황에서 당사자 일방이 상대방의 승낙 없이 자기 마음대로 혼인신고를 하였다면 그 혼인은 무

19 박동섭, 양경승, 친족상속법, 박영사, 2020, 90면.
20 대법원 1983. 12. 27. 선고 83므28판결.

효이다"라고 하였다(대법원 1986. 7. 22. 선고 86므41 판결).

다만, "혼인의 합의란 법률혼주의를 채택하고 있는 우리나라 법제하에서는 법률상 유효한 혼인을 성립하게 하는 합의를 말하는 것이므로, 비록 사실혼 관계에 있는 당사자 일방이 혼인신고를 한 경우에도 상대방에게 혼인 의사가 결여되었다고 인정되는 한 그 혼인은 무효라 할 것이나, 상대방의 혼인 의사가 불분명한 경우에는 혼인의 관행과 신의성실의 원칙에 따라 사실혼 관계를 형성시킨 상대방의 행위에 기초하여 그 혼인 의사의 존재를 추정할 수 있으므로 이와 반대되는 사정, 즉 '혼인 의사를 명백히 철회하였다거나', '당사자 사이에 사실혼 관계를 해소하기로 합의'하였다는 등의 사정이 인정되지 아니하는 경우에는 그 혼인을 무효라고 할 수 없다"라고 하였다(대법원 2000. 4. 11. 선고 99므1329 판결).

사례의 경우에도 이미 헤어진 상태에서 갑이 한 혼인신고는 무효라고 할 것이므로, 가정법원에 혼인무효확인의 소를 제기하여 그 판결이 확정된 후 판결문등본과 확정증명서를 첨부하여, 시(구)·읍·면의 장에게 가족관계등록부의 정정을 신청하면 될 것이다(가족관계의 등록 등에 관한 법률 제107조).

3) 혼인 적령 이상일 것(남녀 만 18세)

만 18세가 된 사람은 남녀 불문하고 누구나 혼인할 수 있다.[21] 이 연령은 실제의 나이가 아니라 가족관계등록부상의 연령을 기준으로 하며, 출생일을 산입하여 계산한다.[22] 혼인 적령 미달자의 혼인은 무효혼이 아니고, 당사자나 그 법정대리인이 이를 취소할 수 있다. 다만, 그 후 혼인 적령에 달하거나 혼인 중 임신한 경우는 취소할 수 없다.

4) 미성년자와 피성년후견인은 부모나 성년후견인의 동의를 얻을 것

미성년자가 혼인을 하는 경우에는 부모의 동의를 받아야 한다. 부모 중 한쪽이 동의권을 행사할 수 없을 때에는 다른 한쪽의 동의를 받아야 하고, 부모 모두가 동의권을 행사할 수 없을 때에는 미성년후견인의 동의를 받아야 한다.

피성년후견인은 부모나 성년후견인의 동의를 받아 혼인할 수 있다. 피한정후견인은 제한 없이 혼인할 수 있다.

21 2007. 12. 21. 민법 개정 이전에는 남자는 만 18세, 여자 만 16세가 혼인 적령.

22 2003. 1. 1. 출생한 사람은 2020. 12. 31. 24:00에 이르면 만 18세가 되므로 2021. 1. 1. 00:00에 혼인할 수 있다.

5) 근친혼이 아닐 것

우생학적 이유와 윤리적 이유에서 일정한 범위의 근친자 사이의 혼인은 금지된다. 근친혼 금지의 범위를 정리하면 다음과 같다.[23]

근친혼 등의 금지 범위

친족 관계: 혈족	혼인 금지 범위: 8촌 이내
인척이거나 인척이었던 자 사이	-6촌 이내의 혈족의 배우자 -배우자의 6촌 이내의 혈족 -배우자의 4촌 이내의 혈족의 배우자
양자와 양친족 사이	-6촌 이내의 양부모계 혈족이었던 자 -4촌 이내의 양부모계 인척이었던 자

사례 형부와 처제 간에 혼인할 수 있는지

Q. A는 아내가 죽자 A의 자녀들을 친엄마처럼 돌보고 있는 처제인 B와 서로 사랑의 감정을 느끼게 되어 혼인하고자 한다. A와 B는 법적으로 혼인할 수 있는가?

A. 민법 제809조 제2항은 "6촌 이내의 혈족의 배우자, 배우자의 6촌 이내의 혈족, 배우자의 4촌 이내의 혈족의 배우자인 인척이거나 인척이었던 자 사이에는 혼인하지 못한다"라고 규정하고 있다. 인척의 촌수의 계산에 관하여 민법 제771조에서 인척은 배우자의 혈족에 대하여는 배우자의 그 혈족에 대한 촌수에 따르고, 혈족의 배우자에 대해서는 그 혈족에 대한 촌수에 따르도록 규정하고 있다. 사례의 경우 형부 A는 처제 B에게 2촌 혈족의 배우자인 인척에 해당하고 B는 A에게 배우자의 2촌 혈족인 인척에 해당된다. 따라서 형부와 처제 사이는 인척 2촌으로 혼인할 수 없다. 또한 현실적으로 혼인하였다 할지라도 제816조 제1호가 규정하고 있는 배우자의 6촌 이내의 혈족인 인척인 자 사이에 해당하여 취소할 수 있다.

사례 겹사돈

Q. A와 B는 부부이다. 그런데 A의 여동생 C와 B의 오빠 D가 혼인하겠다고 한다. A와 B는 물론, A와 B의 부모는 서로 겹사돈이 될 수 없다며 이 혼인을 적극적으로 반

23 2005. 3. 31. 민법 개정으로 동성동본불혼 제도가 폐지되고 근친혼 금지로 바뀌었다.

대하고 있다. C와 D는 혼인 할 수 있는가?

A. C에게 D는 오빠의 배우자의 오빠로 혈족의 배우자의 혈족에 해당한다. D에게 C는 여동생과 혼인한 배우자의 여동생으로 혈족의 배우자의 혈족에 해당한다. 그런데 인척이란 혈족의 배우자, 배우자의 혈족, 배우자의 혈족의 배우자를 말하므로 혈족의 배우자의 혈족은 인척에 포함되지 않는다. 따라서 사례의 경우 C와 D는 근친혼 금지 규정의 적용을 받지 않으므로 혼인할 수 있다.

6) 중혼이 아닐 것

배우자 있는 사람은 다시 혼인할 수 없다. 이는 일부일처 제도를 유지하기 위한 것이다. 중혼의 경우 당사자 등이 후혼을 취소할 수 있다. 중혼이 취소되지 않고 있는 동안에는 모두 유효한 혼인으로 취급된다. 따라서 중혼자가 사망하면 전후의 양 배우자가 모두 상속권이 있다.

여성의 재혼 금지 기간의 폐지

2005년 민법 개정 전에는 여성의 경우 혼인 관계가 종료한 날로부터 6개월이 경과하지 않으면 혼인하지 못하도록 하고 이를 위반한 경우 취소할 수 있도록 하고 있었다. 이는 출생자의 부성 추정의 충돌을 막기 위한 것이라고는 하나 남녀평등 이념에 반하고 과학적 방법에 의하여 해결이 가능하며 그 실효성도 의문시되었다. 따라서 2005. 3. 31. 민법 개정 시에 폐지되었다.

나. 형식적 성립 요건

혼인이 성립하려면 가족관계등록법이 정한 바에 의하여 신고하여야 한다. 따라서 신고 없이 계속해서 부부 공동생활을 하더라도 법률상의 혼인으로 인정되지 않는다.

1) 혼인신고의 절차

혼인신고는 당사자 쌍방과 성년자인 증인 2인이 연서한 서면에 의하지만 가족관계등록법은 구술에 의한 신고를 인정하고 있다.[24] 대리인에 의한 신고는 허용되지 않지만 신고서를 담당 공무원에게 제출하는 일은 우편이나 사자를 통해서도 가능하다.

신고는 담당공무원의 수리로 완료되며, 수리된 신고는 가족관계등록부에 기재되지 않아도 혼인은 성립된다.

2) 혼인신고의 장소

혼인신고는 당사자의 기준등록지·주소지·현재지의 시·읍·면사무소에서 할 수 있다. 그러나 주민등록지 또는 주거지 동장에게 신고하거나 동장을 거쳐 신고할 수는 없다.[25]

3) 혼인신고의 효력

혼인신고가 수리되면 그것이 법령에 위반된 경우에도 혼인의 효력이 발생하고, 일정한 위법이 있을 경우에는 혼인의 무효나 취소의 문제가 생길 뿐이다. 혼인신고는 담당 공무원이 신고서를 접수함으로써 효력이 발생하는 것이고 가족관계등록부의 기재는 그 효력 요건이 아니다.

3. 혼인의 무효

가. 혼인이 무효로 되는 경우

1) 당사자 사이에 혼인 의사의 합치가 없는 때

혼인 의사는 사회통념상 인정되는 부부 관계를 설정하려는 효과 의사와 혼인신고서를 제출하려는 의사를 말한다. 따라서 가장혼인, 혼인신고 없이 가족관계등록부에 혼인한 것으로 기재된 경우, 당사자가 혼인신고의 수리 전에 혼인 의사를 철회한 경우 등은 무효이다.

2) 근친자 사이의 혼인인 경우

8촌 이내의 혈족 사이의 혼인, 당사자 사이에 직계 인척 관계가 있거나 있었던 때 또는 당사자 사이에 양부모계의 직계 혈족 관계가 있었던 때에는 무효이다.

24 가족관계등록법 제23조

25 가족관계등록법 제21조.

나. 혼인 무효의 효과

1) 당사자 사이의 효과

무효혼의 당사자는 처음부터 부부가 아니었던 것으로 되므로 부부를 전제로 하는 상속 기타의 권리 변동은 무효이다. 또한 당사자 일방은 과실 있는 상대방에 대하여 손해배상을 청구할 수 있다. 손해배상을 청구하기 위해서는 가정법원에 조정을 신청하여야 한다.

2) 자녀에 대한 효과

혼인이 무효가 되는 경우 혼인 중 출생자는 혼인 외의 출생자로 된다. 따라서 그 출생자가 미성년자인 경우 친권자나 양육자를 지정하여야 한다.[26] 친권자 · 양육권자는 당사자 사이에 협의가 이루어지면 협의에 따르고 협의가 이루어지지 않은 경우는 법원에서 직권으로 지정하여야 한다.

4. 혼인의 취소

당사자 사이에 혼인신고가 되어 있으나 그 혼인에 위법 사유가 있어 혼인의 효력을 장래에 향하여 소멸시키는 것이 혼인의 취소이다.

가. 혼인 취소의 원인

1) 혼인 연령의 미달

2) 동의 없는 미성년자와 피성년후견인의 혼인

3) 배우자가 있는 자의 이중 혼인

4) 제809조의 사유 중에서 무효 사유를 제외한 근친혼(6촌 이내의 혈족의 배우자, 배우자의 6촌 이내의 혈족, 배우자의 4촌 이내의 혈족의 배우자인 인척이거나 인척이었던 자, 6촌 이내 양부모계의 혈족이었던 자와 4촌 이내의 양부모계의 인척이었던 자 사이의 혼인)

5) 악성질환, 기타 중대한 사유가 있었던 것을 모르고 한 혼인

26 제25조(친권자 지정 등에 관한 협의권고)
① 가정법원은 미성년자인 자녀가 있는 부부의 혼인의 취소나 재판상이혼의 청구를 심리할 때에는 그 청구가 인용될 경우를 대비하여 부모에게 다음 각 호의 사항에 관하여 미리 협의하도록 권고하여야 한다.
1. 미성년자인 자녀의 친권자로 지정될 사람
2. 미성년자인 자녀에 대한 양육과 면접교섭권

6) 사기 또는 강박에 의한 혼인

나. 혼인 취소 청구권자 등

구분	취소권자	제소 기간	청구권 소멸
혼인 연령 미달	당사자 법정대리인	혼인 적령 미달 중	적령 도달 후 3개월 경과 혼인 중 임신
동의 없는 혼인	당사자 법정대리인	19세가 된 후, 성년후견 종료 심판 후 3개월 이내	제소기간(3개월) 경과 임신
근친혼	당사자, 직계존속, 4촌 이내의 방계혈족	없음	임신
중혼	당사자, 전후배우자, 직계혈족, 4촌 이내의 방계혈족, 검사	없음	
악질 등이 있는 혼인	선의로 의사표시를 한 당사자	안 날로부터 6개월	안 날로부터 6개월 경과
사기·강박 혼인	사기 등을 당한 당사자	사기를 안 날·강박을 면한 날부터 3개월 이내	안 날로부터 3개월 경과

다. 혼인 취소의 효과

혼인의 취소는 장래에 향하여 소멸된다. 따라서 혼인 중에 출생한 자는 혼인 중의 출생자의 지위를 잃지 않으며, 혼인이 취소된 경우 자녀의 양육권은 원칙적으로 부모가 협의하여 정한다. 협의가 이루어지지 않거나 협의할 수 없는 때는 가정법원이 정한다. 혼인 무효의 경우와 같이 혼인 취소의 경우에도 선의의 당사자는 과실 있는 상대방 또는 사기·강박에 가담한 제3자에 대하여 손해배상을 청구할 수 있다. 민법에 규정은 없으나 혼인 취소의 경우에도 재산분할청구를 인정함이 타당하다고 보고 있다.[27]

5. 혼인의 효력

가. 혼인의 일반적 효력

1) 새로운 가족 관계가 생긴다.

2) 부부는 동거할 의무가 있다.

3) 부부는 서로 부양하고 협조해야 한다.

4) 미성년자의 성년 의제 제도

27 박동섭, 양경승, 전게서, 12면.

나. 혼인의 재산상의 효력

1) 부부재산계약

부부재산계약이란 장래 혼인하려는 당사자가 혼인 후의 재산적 법률관계를 사전에 약정하는 계약을 말한다. 부부재산계약은 혼인하기 전의 혼인 당사자들의 재산 관계에 대한 자유로운 의사를 존중하고 이를 혼인 후에도 보호하기 위한 제도이다. 부부재산계약은 혼인 중 이를 변경할 수 없는 것이 원칙이지만 정당한 사유가 있는 경우 법원의 허가를 받아 변경할 수 있다.[28]

부부재산계약의 존재와 내용을 부부의 승계인 등 제3자에게 대항하기 위해서는 혼인신고 시까지 등기하여야 한다.[29]

2) 법정재산제

혼인 성립 전에 혼인 후의 재산 관계에 관하여 약정을 하면 그 약정에 따라야 하고 약정을 하지 아니한 때에는 민법이 정한 법정재산 제도로 부부별산제에 따라 규율된다.

① 특유재산

부부의 일방이 혼인 전부터 가지고 있던 고유 재산과 혼인 중 자기의 명의로 취득한 재산은 특유재산으로 하고 이를 각자 사용·수익·관리한다.

② 공유재산

부부의 누구에게 속한 것인지 분명하지 아니한 재산 즉, 귀속불명의 재산은 부부 공유로 추정된다.

③ 명의재산

부부 중 일방의 명의로 된 재산은 그 명의자의 재산으로 추정한다.

28 민법 제829조 2항.

29 등기예규 제1033호 : 부부재산약정등기 사무처리지침

사례 부부 일방의 명의로 된 재산의 처분 행위를 다른 일방이 막을 수 있는지

Q. 저와 남편은 수년 전 공동으로 노력하여 주택 한 채를 구입하면서 남편 명의로 이전등기를 해 두었습니다. 그런데 남편은 위 주택을 제 동의도 없이 처분하려고 합니다. 제가 이것을 막을 수 있는지요?

A. 부부의 일방이 혼인 전부터 가진 고유 재산과 혼인 중 자기의 명의로 취득한 재산은 그의 특유재산으로 추정되고, 부부의 누구에게 속한 것인지 분명하지 아니한 재산은 부부의 공유로 추정된다. 그런데 막연히 재산 취득에 상대방이 협력하였다거나 혼인 생활에 내조의 공이 있었다는 사유만으로 위와 같은 부부 일방의 특유재산의 추정이 번복되지는 않는다. 따라서 위 부동산은 일단 남편의 소유로 추정되는 만큼 남편이 임의로 처분하여도 막을 방법이 없다. 그러나 부부 일방이 혼인 중에 자기 명의로 취득한 재산은 그 명의자의 특유재산으로 추정되지만 실질적으로 다른 일방 또는 쌍방이 그 재산의 대가를 부담하여 취득한 것이 증명된 때에는 특유재산의 추정은 번복되어 그 부담 정도에 따라 다른 일방의 소유이거나 쌍방의 공유라고 보아야 하며, 또한 부부가 연대채무를 부담하여 매수하였다는 등의 실질적 사유가 주장·입증되는 경우에도 부부 공유로 인정받을 수 있을 것이고, 다른 일방이 적극적으로 재산 증식을 하려고 노력한 경우에도 이를 부부의 공유재산으로 볼 여지가 있다. 따라서 사례에서 남편의 부동산 처분을 막아야 하는 불가피한 사정이 있고, 대가를 부담한 사실 또는 적극적인 재산 증식의 노력이 있었다는 사실을 입증할 수 있는 경우에는 그 증거를 확보하여 위 부동산에 대해 처분금지가처분 절차를 취함과 동시에 남편을 상대로 그 부담 정도에 따라서 명의신탁해지를 원인으로 한 소유권이전등기 또는 공유지분이전등기청구 소송을 제기하여 승소한다면 승소 부분에 한하여 남편의 처분을 막을 수 있을 것이다.

3) 공동생활 비용 부담

부부는 공동생활에 필요한 비용의 분담을 협의로 정할 수 있고, 협의를 할 수 없으면 가정법원에 심판청구를 할 수 있다. 특별한 협의나 심판이 없으면 부부가 이를 공동으로 부담한다.

4) 일상가사의 연대책임과 일상가사대리권

① 의의

일상가사란 가정생활상 상시 행하여지는 행위로서 아내와 남편으로서 동거 생활을 유지하기 위하여 각각 필요한 범위 내의 법률행위를 말한다. 부부는 일상가사에 대하여 서로 대리권이 있고, 부부 일방이 일상가사에 대하여 제3자와 법률행위를 한 때에는 다른 일방은 이로 인한 채무에 대하여 연대책임을 진다.

② 일상가사의 범위

일상가사의 구체적인 범위는 부부의 사회적 지위나 재산, 수입, 능력 등 현실적 생활 상태뿐만 아니라 그 부부의 생활 장소인 지역사회의 관습 등에 의하여 정하여진다.

일상가사 범위 내의 것으로 판단되는 예

의식주에 관한 사무(식료, 연료, 세금, 의복류구입, 주택임차, 전세, 월세의 지급, 가구의 구입, 각종 요금의 지급), 가족의 보건, 오락, 교제, 자녀의 양육, 교육 등

일상가사의 범위 밖의 것으로 판단되는 예

일상가사채무로 보기 어려운 거액의 돈을 빌리는 행위, 남편 소유 부동산을 매각·담보로 제공하는 행위, 어음배서 행위 등

사례 아내가 남편 병원비를 위해 돈을 빌린 경우 남편의 책임

Q. A는 갑의 처 을에게 수차례에 걸쳐 병석에 누워 있는 갑의 병원비 및 자녀학비 등으로 1,000만 원을 빌려주었다. 그런데 을이 지급 기일이 지나도 미루고만 있으므로, A는 갑에게 위 대여금을 갚을 것을 요구하였으나 갑은 채무 자체를 부인하고 있다. 현재 을 소유의 재산은 없고 갑 소유의 부동산이 유일한 재산인데 이 경우 남편 갑의 책임은?

A. 부부 간에는 일상가사에 관하여 서로 대리권이 있고, 또한 부부의 일방이 일상가사에 관하여 채무를 부담한 경우에는 다른 일방도 이로 인한 채무에 대하여 연대책

임이 있다.

구체적으로 어떠한 법률행위가 일상가사에 해당하는지에 대해서는 민법상 명백한 규정이 없으며, 판례는 "민법 제832조에서 말하는 일상가사에 관한 법률행위라 함은 부부의 공동생활에서 필요로 하는 통상의 사무에 관한 법률행위를 말하는 것으로 그 구체적인 범위는 부부공동체의 사회적 지위 · 직업 · 재산 · 수입 능력 등 현실적인 생활 상태뿐만 아니라 그 부부의 생활 장소인 지역 사회의 관습 등에 의하여 정하여지나, 당해 구체적인 법률행위가 일상의 가사에 관한 법률행위인지 여부를 판단할 때 그 법률행위를 한 부부 공동체의 내부 사정이나 그 행위의 개별적인 목적만을 중시할 것이 아니라 그 법률행위의 종류나 성질 등도 충분히 고려하여 판단하여야 한다"라고 하고 있다.

그런데 통상은 부부의 가정생활에서 필요로 하는 행위 즉, 식료품이나 일용품의 구입비·교육비·의료비 등의 지출에 관한 사무는 일상가사의 범위에 속하는 것으로 볼 수 있으며, 금전 차용의 경우 금전 차용의 목적이 부부의 공동생활에 필요한 자금 조달을 목적으로 하고, 그 금액이 일상적인 생활비로서 타당성이 있는 금액일 경우 일상가사의 범위에 포함된다고 볼 수 있다.

따라서 위 사례에서 을이 남편의 병원비 및 자녀 학비 조달을 목적으로 수차례에 걸쳐 1,000만 원을 차용한 행위는 일상가사에 해당한다고 볼 수 있어 갑도 이를 변제할 책임이 있다. 그러므로 A는 갑 소유의 부동산에 대하여 가압류 절차를 취하고 갑과 을을 연대채무자로 하여 대여금청구 소송을 제기하면 될 것이다.

제4장

이혼과 법률관계

Ⅰ. 서설

이혼이란 부부가 혼인 관계를 더 이상 유지할 수 없는 때에 부부의 협의나 법원의 재판에의하여 부부의 신분 관계와 재산 관계를 청산하는 것을 말한다.

이혼에는 협의이혼과 재판상이혼이 있다.

Ⅱ. 협의이혼

협의이혼이란 부부가 이혼하기로 합의하여 법원의 확인을 받아 이혼 신고를 함으로써 이루어지는 이혼이다.

1. 성립 요건

가. 당사자 사이에 이혼 의사의 합치가 있을 것

협의이혼을 하려면 당사자 사이에 이혼 의사의 합치가 있어야 하며, 합의가 없는 이혼은 무효이다. 이혼 의사는 이혼신고서 작성 당시에는 물론이고 그 신고서의 제출·수리 시에도 존재하여야 한다. 이혼 의사가 무엇인가에 대하여는 견해가 나누어져 있다.

1) 학설

① 실질적 의사설

이혼 의사란 사회통념상 이혼을 하려는 의사, 즉 혼인의 실체를 해소하려는 의사를 말하며 단지 이혼 신고를 한다는 의사만으로는 부족하다고 한다. 따라서 사실상 부부 공동생활을 폐지할 의사 없이 단지 어떤 목적을 달성하기 위하여 협의이혼 의사의 확인을 받아 이혼 신고를 하는 가장 이혼은 무효라고 한다. 다수설의 입장이다.

② 형식적 의사설

이혼 의사는 법률상 이혼할 의사, 즉 형식적으로 이혼 신고를 할 의사를 말한다고 한다. 이 견해에 의하면 실질적으로 이혼할 의사까지는 필요로 한 것이 아니므로 가장 이혼은 유효하게 된다.

2) 판례

종래의 판례는 이혼 의사를 실질적 의사에 따라 판단하였으나 최근에는 형식적 의사설을 따르고 있다.[30] 판례는 "협의이혼에서 이혼 의사는 법률상 부부 관계를 해소하려는 의사를 말하므로, 일시적으로 법률상 부부 관계를 해소하려는 당사자 간의 합의하에 협의 신고가 된 이상 협의이혼에 다른 목적이 있더라도 양자 간에 이혼 의사가 없다고 말할 수 없고, 따라서 협의이혼은 무효로 되지 않는다"라고 한다.

사례 가장 이혼의 효력

Q. A는 B와 5년 전 혼인하여 자식들을 낳고 행복한 가정생활을 하고 있었으나 남편의 사업이 실패하고 채권자들로부터 채무 독촉이 심해지자 가장 이혼을 하기로 하고 이혼 신고를 마침과 동시에 재산 분할 형식으로 A의 이름으로 아파트와 토지의 이전등기를 완료하였다. 그런데 남편 B는 사업 실패로 인한 좌절감에 술로 날을 지세우고 A와 자식들을 돌보지 않던 중 C와 동거하다가 결국 혼인신고를 하였다. 한편 A는 생활고를 해결하고자 토지를 D에게 처분하고 이전등기를 경료해 주었다.

- A는 B와 하였던 이혼의 무효나 취소를 주장할 수 있는가?
- A의 주장이 받아들여진다면 D의 토지에 대한 권리는 어떻게 되는가?

A. 이혼 신고가 수리되었다 하더라도 이혼 당사자 사이에 이혼 합의가 없는 가장 이

30 대법원 1997. 1. 24. 선고 95도448판결; 대법원 1991. 6. 25. 선고 90므699판결.

혼의 경우 혼인의 파탄 사실이 없이 동거생활을 계속하면서 통모하여 형식상으로만 협의이혼 신고를 한 경우(대판 1967. 2. 7. 선고 66다2542), 무효라고 하여 실질적 의사설에 가까웠다. 그러나 그 후 판례는 "이혼 신고의 법률상 중대성에 비추어 비록 일시적으로나마 법률상 부부 관계를 해소하려는 당사자 사이의 합의 이혼 신고가 된 이상 협의이혼에 다른 목적(가령 강제집행 등을 회피할 목적)이 있었더라도 양자 사이에 이혼 의사가 없다고는 말할 수 없고, 이러한 협의이혼은 무효로 되지 아니한다"라고 하였다(대판 1993. 6. 11. 93므171). 종래의 판례 입장인 실질적 의사설에 따를 경우 협의이혼은 무효이고 D는 선의라고 하더라도 재산을 반환하여야 한다. 그러나 최근 판례에 따를 경우 A의 협의이혼 무효 주장은 받아들여지지 않는다.

한편 남편에 속아 이혼 의사를 하게 되었다는 이유로 이혼을 취소할 수 있는지 여부가 문제가 될 수 있다(제838조). 만약 남편이 이혼하기 전에 이미 새로운 여자와 혼인하기 위하여 사기로 합의 이혼을 하였다면 그러한 이혼은 사기로 인한 이혼이므로 취소할 수 있으나, 남편이 이혼한 후에 새로운 여자를 만나 재혼을 하였다면 사기에 의한 이혼이라고 보기는 힘들다. 사례의 경우 A와 B의 이혼은 사기에 기한 것이라고 볼 수 없을 것이다. 만약 사기로 인하여 이혼의 취소가 인정된다면 원래의 혼인은 부활하고 재혼은 중혼으로 그 취소를 청구할 수 있게 될 것이며(대판 1984. 3. 27. 84므9), D는 B의 재산 반환 요구에 대해 항변할 수 없다.

결국 사례의 경우 A는 이혼 의사가 없었음을 증명하여 합의 이혼을 무효화하거나 그렇지 않으면 남편 B의 사기의 의사를 증명하지 못하는 한 A와 B의 이혼을 취소할 수 없고, D는 완전한 소유권을 취득한다.

나. 가정법원의 확인을 받을 것

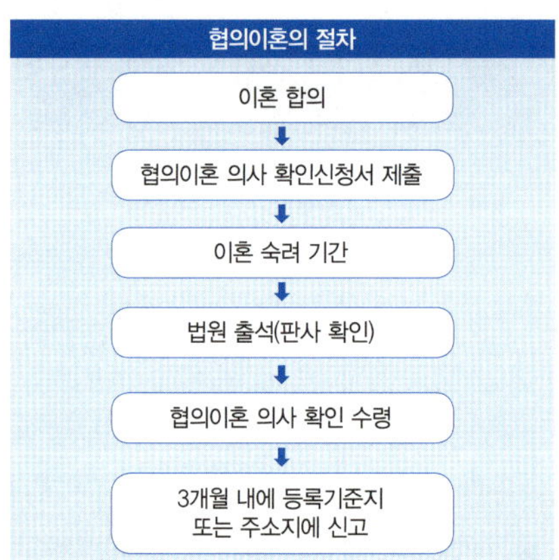

협의이혼을 하려는 자는 가정법원의 확인을 받아야 한다. 부부가 함께 등록기준지 또는 주소지 관할 가정법원에 출석하여 협의이혼 의사 확인신청서를 제출하여야 한다.

이때 협의이혼을 하고자 하는 부부는 자녀의 양육자, 양육비 부담, 면접교섭권 행사 여부 및 그 방법 등이 기재된 양육 사항과 친권자 결정에 관한 협의서 또는 가정법원의 심판 정본을 이혼 확인 시 의무적으로 제출하여야 한다. 미성년인 자녀(임신 중인 자를 포함하되, 법원이 정한 이혼 숙려 기간 이내에 성년에 도달하는 자녀는 제외)가 있는 경우에는 3개월, 미성년자녀가 없는 경우에는 1개월의 숙려 기간이 경과한 후 법원에 의해 지정된 날짜에 함께 출석하여 이혼 의사의 진정 여부를 확인한 후 이혼 의사 확인서를 교부 또는 송달받아야 한다.

다. 피성년후견인은 부모나 성년후견인의 동의를 받을 것

피성년후견인이 의사능력이 있으면 이혼 합의를 할 수 있다. 그러나 이 경우 부모나 성년후견인의 동의를 받아야 한다. 미성년자는 혼인하면 성년으로 의제되므로 대리인의 동의를 받을 필요 없이 이혼할 수 있다.

라. 이혼 신고를 할 것

당사자 간에 이혼 합의가 있더라도 신고를 하여 그것이 수리되지 않는 한 이혼 의사의 확인만으로 혼인은 해소되지 않는다. 따라서 가정법원으로부터 확인서등본을 교부 또는 송달받은 날부터 3개월 이내에 그 등본을 첨부하여 이혼 신고를 하여야 하며, 이 기간이 경과하면 가정법원의 확인은 효력을 상실하게 된다. 이혼 의사의 확인을 받은 후라도 당사자가 이혼 의사를 철회하고자 하는 경우에는 이혼 신고가 가족관계등록 공무원에게 접수되기 전에 등록기준지 또는 주소지에 가서 이혼 의사 철회서를 제출하면 이혼 신고가 수리되지 않는다.

2. 협의이혼의 효과

협의이혼이 성립되면 혼인 관계가 장래에 향하여 소멸되므로 부부 간의 배우자 관계는 소멸하고 위자료 청구나 재산 분할 청구를 힐 수 있고, 미성넌 자녀의 친권자나 양육권자 지정문제 등이 생긴다.

3. 협의이혼의 무효와 취소

가. 협의이혼의 무효

이혼신고서가 수리되었으나 당사자 사이에 이혼 합의가 없는 경우에는 그 협의이혼은 무효이다. 협의이혼의 무효는 당연무효이며, 가정법원에 협의이혼 무효 확인의 소를 제기할 수 있다. 협의이혼 무효 청구를 인용하는 확정 판결은 제3자에게 효력이 있으며, 이혼 무효가 판결로 확정되었을 때에는 소를 제기한 자가 확정 판결일로부터 1개월 이내에 판결의 등본 및 그 확정증명서를 첨부하여 등록부의 정정을 신청하여야 한다.

나. 협의이혼의 취소

사기·강박으로 인한 이혼은 사기를 안 날 또는 강박을 면한 날로부터 3개월 이내에 이혼의 취소를 청구할 수 있다. 이혼이 취소되면 혼인 취소와는 달리 소급효가 인정된다. 따라서 당사자가 이혼 신고 후에 재혼한 때에는 이혼 취소로 인하여 중혼이 되며, 후혼은 취소할 수 있다. 다만 중혼은 무효 혼인이 아니므로 취소하기 전에 중혼자가 사망한 경우 전·후의 두 배우자는 망인의 재산을 공동으로 상속한다.

Ⅲ. 재판상이혼

1. 의의

재판상이혼이란 당사자 일방의 청구로 법원의 판결에 의하여 혼인을 해소하는 것을 말한다. 재판상이혼은 법정 이혼의 원인이 있는 경우에 한하여 청구할 수 있다. 재판상이혼에 관한 입법주의에는 혼인 파탄을 자초하여 파탄에 책임 있는 사람은 스스로 그 파탄을 이유로 이혼을 청구할 수 없고, 오히려 상대방이 그 책임자를 상대로 이혼을 청구할 수 있다는 유책주의와 혼인이 파탄된 이상 당사자의 책임 유무를 불문하고 이혼 청구를 인정하는 파탄주의가 있다.

2. 재판상이혼의 사유

① 배우자에게 부정한 행위가 있을 때

② 배우자가 악의로 다른 일방을 유기한 때

③ 배우자 또는 그 직계존속으로부터 심히 부당한 대우를 받았을 때

④ 자기의 직계존속이 배우자로부터 심히 부당한 대우를 받았을 때

⑤ 배우자의 생사가 3년 이상 분명하지 아니한 때

⑥ 기타 혼인을 계속하기 어려운 중대한 사유가 있을 때

3. 유책 배우자의 이혼 청구

결혼 생활을 위태롭게 만든 잘못이 있는 배우자 측에서 청구하는 이혼을 허락한다면, 이는 이른바 몰아내기 위한 이혼(축출)을 합법화하는 결과를 가져올 것이다. 따라서 대법원은 이를 인정하지 않고 있다. 그러나 누가 잘못을 하였는가보다 혼인 생활의 파탄 정도가 어느 정도인가를 중점적으로 고려하여 이혼을 판단하는 것이 세계적인 추세이고 우리나라도 그 비중이 점차 증가하고 있다. 즉, 예외적으로 상대방도 혼인 생활의 파탄 이후 혼인을 계속할 생각이 없음이 명백하고 오기나 보복적 감정에서 이혼에 응하지 않을 뿐이라는 등의 특별한 사정이 있는 경우에는 책임이 있는 배우자도 이혼을 청구할 수 있다.

유책 배우자 이혼 청구 사건(대법원 2015. 9. 15. 선고 2013므568 전원합의체 판결)

【판시 사항】

민법 제840조 제6호 이혼 사유에 관하여 유책 배우자의 이혼 청구를 허용할 것인지 여부(원칙적 소극) / 예외적으로 유책 배우자의 이혼 청구를 허용할 수 있는 경우 및 판단 기준

【판결 요지】

[다수의견] (가) 이혼에 관하여 파탄주의를 채택하고 있는 여러 나라의 이혼법제는 우리나라와 달리 재판상이혼만을 인정하고 있을 뿐 협의상이혼을 인정하지 아니하고 있다. 우리나라에서는 유책 배우자라 하더라도 상대방 배우자와 협의를 통하여 이혼을

할 수 있는 길이 열려 있다. 이는 유책 배우자라도 진솔한 마음과 충분한 보상으로 상대방을 설득함으로써 이혼할 수 있는 방도가 있음을 뜻하므로, 유책 배우자의 행복추구권을 위하여 재판상이혼 원인에까지 파탄주의를 도입하여야 할 필연적인 이유가 있는 것은 아니다.

우리나라에는 파탄주의의 한계나 기준, 그리고 이혼 후 상대방에 대한 부양적 책임 등에 관해 아무런 법률 조항을 두고 있지 아니하다. 따라서 유책 배우자의 상대방을 보호할 입법적인 조치가 마련되어 있지 아니한 현 단계에서 파탄주의를 취하여 유책 배우자의 이혼 청구를 널리 인정하는 경우 유책 배우자의 행복을 위해 상대방이 일방적으로 희생되는 결과가 될 위험이 크다.

유책 배우자의 이혼 청구를 허용하지 아니하고 있는 데에는 중혼 관계에 처하게 된 법률상 배우자의 축출 이혼을 방지하려는 의도도 있는데, 여러 나라에서 간통죄를 폐지하는 대신 중혼에 대한 처벌 규정을 두고 있는 것에 비추어 보면 이에 대한 아무런 대책 없이 파탄주의를 도입한다면 법률이 금지하는 중혼을 결과적으로 인정하게 될 위험이 있다.

가족과 혼인 생활에 관한 우리 사회의 가치관이 크게 변화하였고 여성의 사회 진출이 대폭 증가하였더라도 우리 사회가 취업, 임금, 자녀 양육 등 사회경제의 모든 영역에서 양성평등이 실현되었다고 보기에는 아직 미흡한 것이 현실이다. 그리고 우리나라에서 이혼율이 급증하고 이혼에 대한 국민의 인식이 크게 변화한 것이 사실이더라도 이는 역설적으로 혼인과 가정생활에 대한 보호의 필요성이 그만큼 커졌다는 방증이고, 유책 배우자의 이혼 청구로 인하여 극심한 정신적 고통을 받거나 생계유지가 곤란한 경우가 엄연히 존재하는 현실을 외면해서도 아니 될 것이다.

(나) 이상의 논의를 종합하여 볼 때, 민법 제840조 제6호 이혼 사유에 관하여 유책 배우자의 이혼 청구를 원칙적으로 허용하지 아니하는 종래의 대법원 판례를 변경하는 것이 옳다는 주장은 아직은 받아들이기 어렵다.

유책 배우자의 이혼 청구를 허용하지 아니하는 것은 혼인 제도가 요구하는 도덕성에 배치되고 신의성실의 원칙에 반하는 결과를 방지하려는 데 있으므로, 혼인 제도가 추구하는 이상과 신의성실의 원칙에 비추어 보더라도 책임이 반드시 이혼 청구를 배척해야 할 정도로 남아 있지 아니한 경우에는 그러한 배우자의 이혼 청구는 혼인과 가족 제도를 형해화할 우려가 없고 사회의 도덕관·윤리관에도 반하지 아니하므로 허용될 수 있다.

그리하여 상대방 배우자도 혼인을 계속할 의사가 없어 일방의 의사에 따른 이혼 내지 축출 이혼의 염려가 없는 경우는 물론, 나아가 이혼을 청구하는 배우자의 유책성을 상쇄할 정도로 상대방 배우자 및 자녀에 대한 보호와 배려가 이루어진 경우, 세월의 경과에 따라 혼인 파탄 당시 현저하였던 유책 배우자의 유책성과 상대방 배우자가 받은 정신적 고통이 점차 약화되어 쌍방의 책임의 경중을 엄밀히 따지는 것이 더 이상 무의미할 정도가 된 경우 등과 같이 혼인 생활의 파탄에 대한 유책성이 이혼 청구를 배척해야 할 정도로 남아 있지 아니한 특별한 사정이 있는 경우에는 예외적으로 유책 배우자의 이혼 청구를 허용할 수 있다.

유책 배우자의 이혼 청구를 예외적으로 허용할 수 있는지 판단할 때에는, 유책 배우자 책임의 태양·정도, 상대방 배우자의 혼인 계속 의사 및 유책 배우자에 대한 감정, 당사자의 연령, 혼인 생활의 기간과 혼인 후의 구체적인 생활 관계, 별거 기간, 부부 간의 별거 후에 형성된 생활 관계, 혼인 생활의 파탄 후 여러 사정의 변경 여부, 이혼이 인정될 경우의 상대방 배우자의 정신적·사회적·경제적 상태와 생활 보장의 정도, 미성년 자녀의 양육·교육·복지의 상황, 그 밖의 혼인 관계의 여러 사정을 두루 고려하여야 한다.

사례 유책 배우자의 이혼청구인용 여부

Q. A와 B는 1998. 5. 30. 혼인신고를 마치고 자녀 C을 두고 있다. A는 레지던트 4년차로서 전문의 자격시험을 2달 정도 앞두고 있던 1997. 10.경 선배의 소개로 B를 만났는데, A는 B가 미국 ○○○ 음대를 졸업한 것으로 알았으나 B는 위 음대를 졸업하지 않았다. A와 B는 혼인 초부터 생활 방식의 차이로 인하여 갈등을 빚어 오는 등 혼인 관계가 원만하지 못하였는데, A가 2002. 4.경부터 초등학교 동창생인 갑과 부정한 관계를 맺어 왔고, A의 이메일을 보고 A와 갑의 관계를 알게 된 B가 A의 어머니에게 이야기하여 A의 어머니가 A를 나무라기도 하였다. A는 2003. 8.경 성남시 ○○병원에서 근무하다가 울산, 강릉 등 지방 병원으로 이직하면서 강릉 소재 병원으로 이직하자는 B의 의견을 무시하고, 일방적으로 울산 소재 병원으로 이직하였다. A가 울산으로 내려간 후 A는 울산에서, B는 C과 함께 ㅁㅁ집에서 따로 거주하였고, A는 갑과의

교제를 계속하면서 2003. 12. 28.경 B에게 이혼을 요구하는 메일을 보내 왔다.

A와 B는 2004. 2.경 B가 거주하는 ㅁㅁ집에 도둑이 든 일을 계기로 상호간에 관계 회복을 위하여 노력하기로 하고 울산에서 같이 생활하였으나, 그 후에도 A와 B의 혼인 생활은 호전되지 못하였고, A는 2004년 하순경까지 갑과의 교제를 계속하였으며 B는 A와 갑과의 관계를 계속 의심하였고, A와 B는 2005년경부터는 부부 관계를 전혀 갖지 않는 등 갈등 관계가 지속되었다. 이에 A는 2006. 9. 21. B에게 다시 이혼을 요구하는 메일을 보냈고, 2007. 5.경 B에게 이혼을 요구하였음에도 B가 이를 거부하자 2007. 5. 14. 집을 나가 현재까지 B와 따로 살고 있다.

A는 울산 소재 병원으로 이직할 무렵부터 경제관리권을 행사하여 B에게 생활비, 양육비 등으로 300만 원을 지급하여 오다가 집을 나온 후에는 그 지급 액수를 200만 원으로 줄였으며, 2007. 11.경부터는 생활비를 지급하지 않고 있다.

B의 아버지가 2007. 5. 11. 원고와 이혼 문제에 관하여 상의하면서 이혼을 하려면 재산 분할 및 위자료로 10억 원과 양육비로 월 400만 원을 지급하라는 취지의 말을 하였고, B는 2007. 6.경 A에게 5억 원과 양육비로 월 400만 원을 달라는 말을 하기도 하였다. B는 이혼소송 중인 2008. 4. 10. A가 근무하는 ㅁㅁㅁ병원의 상사인 교수 을에게 찾아가 이혼 문제를 이야기하였고, B의 아버지도 같은 달 14. A가 근무하는 ㅁㅁ과의 과장 병을 찾아가 이혼 문제에 관하여 이야기함으로써, A와 B의 이혼 문제가 A 직장에 알려지게 되었다.

A는 B가 A의 이메일을 해킹하였고, A가 근무하는 병원에 찾아와 명예훼손 및 업무방해를 하였다는 이유로 B를 형사고소 하였으나, B는 불기소처분을 받았다. 이 경우 유책 배우자인 A의 이혼 청구가 인정되는지?

A. 혼인 생활의 파탄에 대하여 주된 책임이 있는 배우자는 원칙적으로 그 파탄을 사유로 하여 이혼을 청구할 수 없고, 다만 상대방도 그 파탄 이후 혼인을 계속할 의사가 없음이 객관적으로 명백한데도 오기나 보복적 감정에서 이혼에 응하지 아니하고 있을 뿐이라는 등 특별한 사정이 있는 경우에 한하여 예외적으로 유책 배우자의 이혼 청구가 허용되는 것이다.

사례의 경우 A·B 사이의 혼인 관계가 파탄에 이르게 된 데에는 다른 여자와 부정한 관계를 맺고 이혼을 요구하며 일방적으로 집을 나가 생활비를 지급하지 않은 채 B와

C를 유기한 A에게 주된 책임이 있다. 따라서 유책 배우자인 A는 이혼을 청구할 수 없다. 다만 B가 혼인을 계속할 의사가 없음이 객관적으로 명백한데도 오기나 보복적 감정에서 이혼에 응하지 아니하고 있는 경우에는 예외적으로 유책 배우자의 이혼 청구를 인용할 수 있으나 사례의 경우에는 B가 혼인을 계속할 의사가 없음이 객관적으로 명백한데도 오기나 보복적 감정에서 이혼에 응하지 아니하고 있는 것으로 보기는 어렵다. 따라서 유책 배우자인 A의 이혼 청구는 인용될 수 없다(대법원 2010.12.9. 선고 2009므844 판결).

4. 재판상이혼의 절차

가. 조정에 의한 이혼

가사소송법은 재판상이혼의 경우에 조정전치주의를 취하고 있다. 따라서 재판상이혼을 하고자 하는 가정법원에 조정을 신청하여야 한다. 만일 조정 신청을 하지 않고 이혼의 소를 제기한 경우에 가정법원은 그 사건을 조정에 회부하여야 한다. 다만 배우자의 생사불명을 이혼 원인으로 하는 경우나 그 사건이 조정에 회부 되더라도 조정이 성립될 가망이 없다고 인정될 경우에는 조정에 회부하지 아니할 수 있다.[31]

조정에서 당사자 간에 이혼의 합의가 성립하여 이 사실이 조서에 기재되면 조정 이혼이 성립되고, 이 기재는 재판상의 화해와 동일한 효력이 있다. 조정이 성립되면 조정을 신청한 자는 조정 성립의 날로부터 1개월 이내에 이혼 신고를 하여야 한다. 이때의 신고는 보고적 신고이다.

조정 절차에서 의견의 대립으로 조정이 성립되지 않을 경우 조정위원회는 조정에 갈음하는 결정을 할 수 있다. 이 강제조정은 송달 후 2주일 이내에 이의 신청이 없으면 재판상 화해와 동일한 효력이 있다.

나. 재판에 의한 이혼

조정을 하지 않기로 하는 결정이 있거나 조정이 성립되지 아니한 것으로 종결된 경우 또

31 가사소송법 제50조 제2항.

는 조정에 갈음하는 결정이 이의신청에 의하여 효력을 상실한 경우에는 조정을 신청한 때에 소가 제기된 것으로 본다.

이혼 판결은 선고로 그 효력이 생긴다. 판결이 확정되면 소를 제기한 자는 재판의 확정일로부터 1개월 이내에 재판서 등본 및 확정증명서를 첨부하여 이혼 신고를 하여야 한다. 이때의 신고는 보고적 신고이다.

5. 이혼의 효과

가. 일반적 효과

이혼으로 혼인 관계는 종료하며 혼인의 존속을 전제로 하였던 일체의 권리·의무가 소멸된다. 또한 상대방 배우자의 혈족과의 사이에 발생한 인척 관계가 소멸한다. 그러나 혼인 중에 출생한 자녀와의 혈족 관계는 그대로 유지된다. 혼인의 장애 사유가 없는 한 재혼도 할 수 있다.

나. 자녀에 대한 효과

1) 친권자 결정

부모가 이혼하는 경우 친권자를 정하여야 한다. 협의이혼에서 친권자 결정은 부모의 협의로 정하고 협의를 할 수 없거나 협의가 이루어지지 아니한 경우 가정법원은 직권으로 또는 당사자의 청구에 따라 친권자를 지정하여야 한다. 그러나 재판상이혼의 경우에는 가정법원이 직권으로 친권자를 정한다. 다만 가정법원은 자의 복리를 위하여 필요하다고 인정되는 경우에는 자의 4촌 이내의 친족의 청구에 의하여 정하여진 친권자를 다른 일방으로 변경할 수 있다.[32]

이혼 후 단독 친권자로 정하여진 부모의 일방이 사망한 경우 생존하는 부 또는 모, 미성년자, 미성년자의 친족은 그 사실을 안 날부터 1개월, 사망한 날부터 6개월 내에 가정법원에 생존하는 부 또는 모를 친권자로 지정할 것을 청구할 수 있다.[33]

32 민법 제909조 6항.

33 민법 제909조의2 제1항.

2) 양육에 관한 사항 결정

① 양육자 결정

이혼하는 부모는 자녀의 양육에 관하여 필요한 사항을 협의에 의하여 정하여야 한다. 협의에는 양육자의 결정, 양육 비용의 부담, 면접교섭권의 행사 여부 및 그 방법이 포함되어야 한다. 그러나 협의가 이루어지지 않거나 협의할 수 없는 때에는 가정법원은 직권 또는 당사자의 청구에 따라 자의 의사, 연령과 부모의 재산 현황 및 그 밖의 사정을 참작하여 양육자를 결정한다. 양육자는 부모 중 일방이 되는 것이 보통이지만, 부모가 아닌 제3자가 될 수도 있고 자녀가 여러 명인 경우 그 양육자를 각각 다르게 정할 수 있다.

② 양육 책임과 양육비

부·모 또는 제3자가 양육자로 지정된 경우 그 양육자는 상대방 또는 부모 쌍방에 대하여 양육비의 지급을 청구할 수 있다. 양육비의 부담과 관련하여 과거 양육비의 청구가 인정되는지에 대하여 판례는 이를 긍정한다.

사례 과거 양육비청구권

Q. 저는 2년 전 남편과 이혼한 후 미성년자인 딸의 양육비를 혼자서 부담하여 왔습니다. 그러나 이혼한 전 남편은 지금 매우 잘살고 있으므로 지금이라도 미성년자인 딸을 위하여 양육비를 청구하려고 합니다. 앞으로의 양육비 청구는 물론 과거의 양육비도 함께 청구할 수 있는지요?

A. 판례는 "어떠한 사정으로 인하여 부모 중 어느 한쪽만이 자녀를 양육하게 된 경우에, 그와 같은 일방에 의한 양육이 그 양육자의 일방적이고 이기적인 목적이나 동기에서 비롯된 것이라거나 자녀의 이익을 위하여 도움이 되지 아니하거나, 그 양육비를 상대방에게 부담시키는 것이 오히려 형평에 어긋나게 되는 등 특별한 사정이 있는 경우를 제외하고는 양육하는 일방은 상대방에 대하여 현재 및 장래의 양육비 중 적정 금액의 분담을 청구할 수 있음은 물론이고, 부모의 자녀 양육 의무는 특별한 사정이 없는 한 자녀의 출생과 동시에 발생하는 것이므로 과거의 양육비 모두를 상대방에게 부담시키게 되면 상대방은 예상하지 못하였던 양육비를 일시에 부담하게 되어 지나치고

가혹하며 신의성실의 원칙이나 형평의 원칙에도 어긋날 수도 있으므로, 이와 같은 경우에는 반드시 이행청구 이후의 양육비와 동일한 기준에서 정할 필요는 없고, 부모 중 한쪽이 자녀를 양육하게 된 경우와 그에 소요된 비용의 액수, 그 상대방이 부양 의무를 인식한 것인지 여부와 그 시기, 그것이 양육에 소요된 통상의 생활비인지 아니면 이례적이고 불가피하게 소요된 다액의 특별한 비용인지 여부와 당사자들의 재산상황이나 경제적 능력과 부담의 형평성 등 여러 사정을 고려하여 적절하다고 인정되는 분담의 범위를 정할 수 있다"라고 판시하고 있다. 따라서 위 사례에서 딸의 양육 비용을 모두 부담하기로 약정한 바가 없다면 그 딸을 키우면서 소요된 과거의 양육비 및 장래의 양육비를 청구해 볼 수 있을 것이다.

3) 면접교섭권

① 의의

면접교섭권이란 친권자나 양육자가 아니기 때문에 현실적으로 자녀를 보호·양육하고 있지 않은 부모의 일방과 그 자가 상호간에 직접 만나거나 서신 교환·방문·숙박과 같은 접촉을 할 수 있는 권리를 말한다. 면접교섭권은 협의상이혼뿐만 아니라 재판상이혼에도 인정되며, 혼인의 취소 또는 인지에 의하여 부모 중 일방이 친권자가 되는 경우에도 준용된다.

자녀의 복리를 위하여 필요한 경우에는 가정법원은 당사자의 청구 또는 직권에 의하여 면접교섭을 제한하거나 배제할 수 있다.

② 면접교섭권의 주요 내용

제837조의2(면접교섭권) 제1항 자(子)를 직접 양육하지 아니하는 부모의 일방과 자(子)는 상호 면접교섭할 수 있는 권리를 가진다.

제2항 자(子)를 직접 양육하지 아니하는 부모 일방의 직계존속은 그 부모 일방이 사망하였거나 질병, 외국 거주, 그 밖에 불가피한 사정으로 자(子)를 면접교섭할 수 없는 경우 가정법원에 자(子)와의 면접교섭을 청구할 수 있다. 이 경우 가정법원은 자(子)의 의사(意思), 면접교섭을 청구한 사람과 자(子)의 관계, 청구의 동기, 그 밖의 사정을 참작하여야 한다.

제3항 가정법원은 자의 복리를 위하여 필요한 때에는 당사자의 청구 또는 직권에 의하여

면접교섭을 제한·배제·변경할 수 있다.

사례 조부모가 사망한 자(子)에 갈음하여 손자에 대한 면접교섭권을 가지는지

Q. A는 자신의 딸이 손자를 낳다 사망하자 사위와 함께 거주하면서 3년간 손자를 돌봐 왔다. 그러다 사위가 재혼을 하면서 손자를 데리고 가 양육하고 있으며 사위는 A에게 손자를 만나지 못하게 하고 있다. 이 경우 A는 사위를 상대로 손자에 대한 면접교섭 허용을 청구할 수 있는가?

A. 구 민법 제837조의2 제1항은 "자(子)를 직접 양육하지 아니하는 부모의 일방과 자(子)는 상호 면접교섭할 수 있는 권리를 가진다"라고 규정할 뿐, 조부모의 면접교섭권에 대하여는 정하고 있지 않았다. 하지만 당시 하급심 판결은 "부모의 일방이 사망한 경우에도 생존한 부 또는 모와 자녀로 구성된 가정의 자율성은 보장되어야 하는 것인 까닭에 조부모나 다른 친족의 면접·교섭권을 제한 없이 인정하기는 어렵다 하더라도, 민법이 위와 같은 규정을 둔 취지가 가정의 해체에 따른 애착 관계의 단절이 아동의 복리와 그 건전한 성장에 부합하지 않는다는 판단에 그 기반을 두고 있는 것인 점에 비추어 보면, 이 사건에서와 같이 사건 본인의 모가 사건 본인 출생 과정에서 사망한 후 사건 본인의 모에 갈음하여 외조모인 청구인이 그로부터 3년 가까이 사건 본인을 양육하며 사건 본인과의 사이에 깊은 유대와 애착 관계를 형성하여 온 경우라면, 이를 상대방의 일방적인 의사에 의하여 단절시키는 것이 사건 본인의 복리와 그 건전한 성장에 부합하는 것이라고 보기는 어려우므로, 이러한 경우에는 비록 청구인이 위 규정에서 직접적으로 정하고 있는 면접·교섭권자가 아닌 사건 본인의 외조모라 할지라도 예외적으로 이미 사망한 사건 본인의 모에 갈음하여 사건 본인과의 면접·교섭을 구할 수 있는 권리를 가진다고 해석함이 상당하다"라고 하였다(서울가정법원 2016. 2. 11.자 2015느단5586 결정).

위 판결 이후 2016. 12. 2. 조부모의 손자에 대한 면접교섭권을 인정하는 명문 규정이 신설되었다. 즉, 민법 제837조의2 제2항은 "자(子)를 직접 양육하지 아니하는 부모 일방의 직계존속은 그 부모 일방이 사망하였거나 질병, 외국 거주, 그 밖에 불가피한 사정으로 자(子)를 면접교섭할 수 없는 경우 가정법원에 자(子)와의 면접교섭을 청구

할 수 있다"라고 규정하고 있다(제837조의2 제2항, 제834조)(2017. 6. 3. 시행). 사례의 경우 A와 손자는 3년간 함께 생활하며 유대와 애착 관계를 형성하였으므로 서로 면접·교섭하게 하는 것이 손자의 복리와 그 건전한 성장에 부합된다 할 것이므로 민법 제837조의2 제2조에 따라 A는 손자에 대한 면접·교섭권을 행사할 수 있다고 할 것이다.

③ 면접교섭권의 침해에 대한 구제

면접교섭권을 이행하여야 할 사람이 정당한 이유 없이 그 의무를 이행하지 아니하는 경우에는 당사자의 신청에 의하여 일정한 기간 내에 그 의무를 이행할 것을 명할 수 있으며, 이 명령에 위반한 때에는 가정법원, 조정위원회 또는 조정담당판사는 직권으로 또는 권리자의 신청에 의하여 결정으로 1천만 원 이하의 과태료를 부과할 수 있다.[34]

다. 재산상의 효과

1) 위자료 청구권

부부가 이혼하는 경우에 혼인 파탄에 책임이 없는 배우자가 유책 배우자에게 혼인 파탄이라는 불법 행위로 인한 정신적, 물적 손해에 대한 배상을 청구할 수 있는 권리를 말한다.

위자료의 액수는 혼인 파탄의 원인, 잘못의 정도, 재산 상태, 생활 정도, 혼인 기간, 학력, 경력, 직업, 자녀부양 관계 등을 고려하여 산정한다. 부부가 협의하면 그에 따르고, 협의가 되지 않으면 법원에 위자료청구 소송을 제기할 수 있다.

위자료청구권의 시효 기간은 3년이다.

2) 재산분할청구권

① 의의 및 법적 성질

재산분할청구권이란 이혼을 한 당사자의 일방이 다른 일방에 대하여 혼인 중 취득한 재산의 분할을 청구하는 권리를 말한다. 재산분할청구권은 위자료청구권과는 별도로 이혼의 책임이 누구에게 있는지와 상관없이 이혼 당사자의 일방이 상대방에 대하여 재산의 분할을 청구할 수 있는 부부의 권리이다. 재산분할청구권의 시효는 이혼한 날부터 2년 이내이다(민법 제839조의2 제3항).

34 면접교섭권 침해에 대해 감치명령신청은 할 수 없다.

재산분할 제도는 부부가 혼인 중에 이룩한 재산은 부부 공동의 협력에 의한 공동재산이라는 인식에서, 이혼으로 그 재산을 청산하는 성격 외에 경제적으로 곤궁한 상대방에 대한 부양적 성격이 보충적으로 가미된 제도이다.

② 재산분할 산정의 시기

재산분할의 대상이 되는 재산과 그 액수는 원칙적으로 이혼 소송의 사실심 변론 종결일을 기준으로 정하여진다.

③ 분할의 방법

분할은 당사자의 협의로 정하고 협의가 되지 아니하거나 협의할 수 없는 때에 가정법원이 결정한다.

④ 분할 대상

재산분할의 대상이 되는 재산은 원칙적으로 부부 중 누구의 소유인지 불분명한 공유재산이다. 부부 일방의 특유재산은 원칙적으로 제외되나 그 특유재산의 유지 또는 증가를 위해 배우자가 적극적으로 노력하였다면 그 증가분에 대하여 재산분할 대상 재산에 포함시킬 수 있다.

또한 명의자가 부부 일방으로 되어 있는 재산은 원칙적으로 재산분할의 대상에서 제외된다. 그러나 재산이 실제로 부부의 협력으로 획득한 공유재산임을 증명하면 재산분할의 대상에 포함시킬 수 있다. 전업주부인 경우에도 가사노동과 가정 경영, 자녀 양육 등에 대한 기여가 인정되면 재산분할을 청구할 수 있다.

퇴직금은 혼인 중 제공한 근로의 대한 대가가 유예된 것이므로 부부의 혼인 중 재산의 일부가 되며, 부부 중 일방이 이혼 당시에 이미 퇴직금을 수령하여 소지하고 있는 경우에는 분할의 대상으로 삼을 수 있다.[35]

그러나 부부 일방이 아직 퇴직하지 않은 채 직장에 근무하고 있을 경우에는 퇴직일과 수령할 퇴직금이 확정되었다는 등의 특별한 사정이 없는 경우에는 장차 퇴직할 개연성이 있다는 사정만으로 퇴직금을 분할의 대상에 포함시킬 수 없고 기타 사정으로 참작되면

35 대법원 1995. 3. 28.선고94므1584판결.

족하다.[36]

다만, 이혼 후 부부 일방이 퇴직하여 퇴직금을 수령하였고 재산분할청구권의 행사 기간이 경과하지 않았으면 수령한 퇴직금 중 혼인한 때로부터 이혼 소송의 사실심 변론 종결일까지의 기간 중에 제공된 근로의 대가에 해당하는 퇴직금 부분은 분할의 대상이 된다.

부부 일방이 향후 수령할 퇴직연금의 경우 종래의 판례는 연금수급권자의 여명을 확정할 수 없어 이를 바로 분할 대상에 포함시킬 수는 없고 이를 참작하여 분할 액수와 방법을 정해야한다고 하고 있다. 그러나 최근 하급심판례이지만 퇴직연금이 재산분할 대상에 포함된다는 판결이 있다.[37]

사례 **퇴직금도 재산분할 청구의 대상이 될 수 있는지**

Q. A는 혼인한 지 10년 되었으나 남편 B의 부정(不貞) 행위로 인하여 이혼하였다. A는 B소유 명의의 주택은 매도하여 위자료로 받았지만, B은 대기업의 간부로 재직 중이고 만일 직장을 퇴직할 경우에는 상당한 액수의 퇴직금을 받게 되는 바, 퇴직금에 대하여도 재산분할청구가 가능한가?

A. 재직 중인 남편이 장래 수령할 퇴직금도 재산분할의 대상에 포함시킬 수 있다.

종전 판례는 부부 일방이 아직 퇴직하지 아니한 채 직장에 근무하고 있는 경우에는 그의 퇴직일과 수령할 퇴직금이 확정되었다는 등의 특별한 사정이 없는 한 장래의 퇴직금은 재산분할의 대상이 되지 않고, 단지 민법 제839조의2 제2항 소정의 재산분할의 액수와 방법을 정하는데 필요한 '기타 사정'으로만 참작하면 족하는 것으로 판단해 왔다(대법원 1998. 6. 12. 선고 98므213 판결, 2002. 8. 28.자 2002스36 결정). 그러나 2014년 전원합의체 판결을 통하여 "비록 이혼 당시 부부 일방이 아직 재직 중이어서 실제 퇴직급여를 수령하지 않았더라도 이혼 소송의 사실심 변론 종결시에 이미 잠재적으로 존재하여 그 경제적 가치의 현실적 평가가 가능한 재산인 퇴직급여채권은 재산분할의 대상에 포함할 수 있으며, 구체적으로는 이혼 소송의 사실심 변론 종결시를 기

36 대법원 1998. 6. 12. 선고 98므213판결; 대법원 2002. 8. 28. 선고 2002므 36결정.
그러나 대법원 2014.7.16.선고 2013므2250전원합의체 판결로 장래퇴직금도 재산분할대상이 될수 있다고 판례를 변경하였다.

37 서울가법 2011.8.25. 선고 2010드합10979,10986 판결.

준으로 그 시점에서 퇴직할 경우 수령할 수 있을 것으로 예상되는 퇴직급여 상당액의 채권이 그 대상이 된다"라고 하여 종전 판례를 변경하였다(대법원 2014. 7. 16. 선고 2013므2250 전원합의체).

따라서 비록 B가 아직 퇴직하지 아니한 채 직장에 근무하고 있는 상황이나 B가 장래 수령할 퇴직금에 대하여도 재산분할 청구를 주장할 수 있다.

사례 퇴직연금이 재산분할 대상에 해당하는지

Q. 공무원연금 중 퇴직연금이 재산분할 대상에 해당하는가?

A. 공무원연금 중 퇴직연금은 사회보장수급권과 후불 임금의 성격을 동시에 지니고 있는 점, 퇴직금을 일시금으로 수령한 경우에는 재산분할 대상이 될 수 있음에도 연금 형태로 수령하는 경우에는 재산분할 대상이 될 수 없다고 하는 것은 같은 성격의 재산이 수령자의 선택에 의하여 재산분할 대상에 포함되거나 포함되지 않게 되어 불합리한 점, 배우자의 내조를 바탕으로 공무원으로 근무할 수 있었고 퇴직연금까지 지급받을 수 있게 되었는데, 단순히 그 수액을 확정하기 어렵다는 이유만으로 퇴직연금을 재산분할 대상에서 제외한다면 형평에 반하는 점(재산분할 참작 사유로 삼는 것만으로는 부족하다), 국민연금법에 따른 급여 중 노령연금에 관하여는 일정한 요건하에 이혼한 배우자를 분할연금의 수급권자로 인정하여 혼인 기간에 해당하는 연금액을 균등하게 나눈 금액을 지급받도록 규정하고 있는 것(국민연금법 제64조)과의 균형 등을 종합하면 공무원연금 중 퇴직연금은 재산분할 대상으로 삼는 것이 상당하다(서울가법 2011.8.25. 선고 2010드합10979,10986 판결).

⑤ 재산분할과 과세

재산분할은 혼인 중 증식한 재산에 대한 자기의 몫을 이혼 시 돌려받는 것이므로 무상으로 재산을 이전하는 증여와 다르다. 따라서 이혼 시 재산분할 명목으로 이전된 부동산에 대하여 증여세를 부과할 수 없다.

3) 재산분할청구권 보전을 위한 사해행위취소권

이혼에 관한 협의나 절차가 진행되는 동안 재산분할 청구에 대비하여 재산을 다른사람 명의로 이전해 실제로 재산분할을 할 수 없게 하는 경우, 재산명의자가 아닌 배우자가 부부 재산에 대한 재산분할 청구권 보전을 위해 재산명의자의 재산에 관한 사해 행위를 취소시킬 수 있다(민법 제839조의3, 2007. 12. 21신설). 이 소송은 취소 원인을 안 날로부터 1년, 법률행위가 있은 날로부터 5년 내에 제기하여야 한다.

Ⅳ. 가사 절차 안내

1. 재산명시 제도

가. 의의

이혼에 따른 재산분할 청구 사건이나 부양료·양육비 청구 사건에서는 당사자의 재산을 파악하는 것이 심리의 가장 중요한 요소임에도 불구하고 종전에는 당사자의 자발적인 협조 없이는 그 재산을 파악하는 것이 어려웠고, 그로 인하여 재판이 불필요하게 지연되는 사례가 적지 않았다. 이러한 문제를 해결하기 위하여 개정 가사소송법(2009. 11. 9. 시행)은 재산명시 제도를 도입하였다.

나. 주요 내용

가정법원이 직권 또는 당사자의 신청에 의하여 당사자에게 재산 목록의 제출을 명하고, 재산명시명령을 받은 당사자가 정당한 사유 없이 재산 목록의 제출을 거부하거나 재산 목록을 거짓으로 제출한 경우 과태료를 부과함으로써 성실한 재산 목록의 제출을 유도하는 것이다.

신청은 재산분할·부양료·미성년 자녀의 양육비 청구 사건의 당사자가 신청할 수 있으며 재산분할·부양료·미성년 자녀의 양육비 청구 사건이 계속 중인 가정법원(사건이 항소심에 계속 중인 경우에는 항소심 법원)에서 관할한다.

다. 재산명시명령의 효력

재산명시명령을 받은 당사자는 가정법원이 정한 기간 이내에 자신이 보유하고 있는 재산과 과거 일정한 기간 동안 처분한 재산의 내역을 명시한 재산 목록을 제출하여야 하며 재산명시 대상 당사자가 정당한 사유 없이 재산 목록의 제출을 거부하거나 거짓의 재산목록을 제출한 때에는 1천만 원 이하의 과태료에 처하게 된다(가사소송법 67조의3).

2. 재산조회 제도

가. 의의

재산명시 절차를 거쳤음에도 불구하고 당사자가 재산 목록의 제출을 거부하거나 제출된 재산 목록만으로는 사건의 해결이 곤란한 경우와 재산명시 절차에서 상대방이 재산명시명령의 송달을 위한 주소보정명령을 받고도 공시송달 요건에 해당되는 사유로 인하여 이를 이행할 수 없었던 경우에, 가정법원이 개인의 재산과 신용정보에 관한 전산망을 관리하는 공공기관·금융기관·단체 등에 대한 당사자 명의의 재산의 조회를 통하여 당사자의 자발적 협조 없이도 당사자의 재산 내역을 발견·확인하는 제도이다(가사소송법 48조의3).

재산명시 절차를 거친 재산분할·부양료·미성년 자녀의 양육비 청구 사건의 당사자가 신청할 수 있으며 관할 법원은 재산분할·부양료·미성년 자녀의 양육비 청구 사건이 계속 중인 가정법원이 된다.

나. 재산조회 결과의 관리

누구든지 재산조회의 결과를 심판 외의 목적으로 사용하여서는 아니 되며(가사소송법 48조의3 4항), 재산조회 결과를 심판 외의 목적으로 사용한 사람은 2년 이하의 징역 또는 500만 원 이하의 벌금에 처하게 된다(가사소송법 73조).

3. 양육비 직접지급명령 제도

가. 의의

양육비 직접지급명령 제도란 개정 가사소송법(2009. 11. 9. 시행)에 도입된 제도로서, 장래의 양육비 채권을 집행채권으로 하여 장래의 급여채권에 대하여 압류명령 및 전부명령을 동시에 명한 것과 같은 효력을 인정하는 특수한 제도이다(가사소송법 63조의2).

나. 주요 내용

양육비 채무자가 '정당한 사유 없이 2회 이상 양육비를 지급하지 아니한 경우'에는 아직 이행 일시가 도래하지 않은 양육비 채권을 집행채권으로 하여 양육비 채무자의 고용자(소득세원천징수의무자)에게 양육비 채권자에게 직접 양육비를 지급하도록 명령하는 제도로서, 양육자에게 보다 간편하게 양육비를 확보할 수 있도록 하기 위한 것이다.

정기금 양육비 채권자가 신청할 수 있다. 양육비 채무자의 보통재판적이 있는 곳의 가정법원, 양육비 채무자가 국내에 주소나 거소 등이 없고, 마지막 주소도 판명되지 않을 때와 같이 보통재판적이 없을 경우에는 소득세원천징수 의무자의 보통재판적이 있는 곳의 가정법원이 관할한다.

다. 신청의 요건

양육비 직접지급명령을 신청하기 위해서는 강제집행의 요건과 강제집행 개시의 요건을 갖추어야 하는 바, 양육비 채권 중 아직 기한이 도래하지 않은 것으로 집행채권으로 하여 발령한다는 점에서 압류명령 및 전부명령의 특수한 제도이다. 신청서에는 신청서 외에 집행력 있는 정본, 소득세원천징수 의무자가 법인인 때에는 그 자격증명, 대리인에 의한 신청일 때에는 위임장, 그 밖에 강제집행 개시의 요건을 증명하는 서면을 붙여야 한다.

또한 ① 양육비 채무자가 정기적 급여채권을 가질 것, ② 집행채권으로 기한이 도래하지 아니한 정기금 양육비 채권이 있을 것, ③ 양육비 채무자가 정당한 사유 없이 2회 이상 양육비를 지급하지 않았을 것 등의 요건을 갖추어야 한다.

라. 양육비 직접지급명령의 효과

양육비 직접지급명령이 확정되면 양육비 직접지급명령이 소득세원천징수의무자에게 송달된 때로 소급하여 양육비 채무자의 정기적 급여채권이 양육비 채권자에게 이전되며, 양육비 채무자는 양육비 채무를 변제한 것으로 보게 된다. 소득세원천징수의무자는 피전부채권인 정기적 급여채권이 존재하는 한 종전의 채권자인 양육비 채무자에 부담하는 채무를 양육비 채권자에 대하여 부담하게 되며, 양육비 채권자에게 직접 이행하여야 한다. 또한 양육비 채무자의 직장변경 등 주된 소득원의 변경 사유가 발생한 경우에 그 사유가 발생한 날로부터 1주 이내에 가정법원에 변경 사실을 통지할 의무가 있다(가사소송법 63조의2 6항).

마. 양육비 직접지급명령 취소 신청

양육비 직접지급명령은 심판양육자에게 보다 간편하게 양육비를 확보할 수 있도록 하기 위하여 신설된 특수한 제도이므로, 소득세원천징수의무자의 자력이 나빠져서 양육비를 변제받지 못할 경우, 양육비 직접지급명령의 토대가 된 집행권원이 실효된 경우, 양육 대상인 미성년인 자가 사망한 경우 등 양육비 직접지급명령의 목적을 달성하지 못할 우려가 있다고 인정할 만한 사정이 있는 때에는 양육비 채권자의 신청에 따라 양육비 직접지급명령을 취소할 수 있다. 양육비 직접지급명령의 취소는 양육비 직접지급명령을 발령한 가정법원의 전속 관할이다.

바. 소득세원천징수의무자의 양육비 지급

양육비 직접지급명령이 확정되면 양육비 직접지급명령을 송달받은 때로 소급하여 양육비 채무자의 소득세원천징수의무자에 대한 정기적 급여채권이 이전된다. 이 경우 소득세원천징수의무자는 양육비 채무자에게 부담하는 정기적 급여채권이 존재하는 한 집행권원상의 양육비 채권 상당액을 직접 양육비 채권자에게 지급하여야 한다.

다만, 양육비 직접지급명령의 집행채권은 아직 지급기가 도래하지 않은 양육비채권이므로, 그 지급기가 도래한 후에 지급기(급여지급일)가 도래하는 급여채권에서 양육비 상당액을 지급하면 된다.

소득세원천징수의무자는 양육비 채무자의 직장 변경 등 주된 소득원의 변경 사유가 발생한 경우에는 그 사유가 발생한 날로부터 1주 이내에 가정법원에 변경 사실을 통지하여야 한다(가사소송법 63조의2 6항).

양육비 지급 예시

양육비 채권자가 2009. 12. 1. 양육비 직접지급명령을 신청하여 같은 달 10일 소득세원천징수의무자에게 송달되었는데, 양육비 직접지급명령에서 소득세원천징수의무자에게 양육비 채무자의 급여일인 매월 20일에 양육비 상당액을 지급할 것을 명하고, 양

육비 직접지급명령을 신청한 집행권원상에는 채무자에게 매월 말일에 양육비를 지급하도록 되어 있는 경우

⇒ 소득세원천징수의무자는 양육비 직접지급명령이 송달된 후 도래하는 첫 번째 급여지급일인 2009. 12. 20.에는 아직 양육비 직접지급명령이 송달 다음 날(2009. 12. 11.) 이후 지급기가 도래한 양육비채권이 없어 소득세원천징수의무자는 양육비 채권자에게 양육비 상당액을 직접 지급할 필요가 없고, 그 다음 급여지급일인 2010. 1. 20.에 양육비 직접지급명령 송달 다음 날 이후 지급기가 도래한 양육비채권(2009. 12. 31.에 지급하여야 할 양육비)이 있으므로 이를 지급하여야 한다. 집행권원이 미성년자가 성년에 달하는 날의 전날까지의 양육비를 지급하도록 하고 있다면, 집행권원상의 마지막 달의 양육비는 일할 계산하여 지급하면 된다.

4. 담보제공명령 제도

가. 의의

정기금 양육비채권은 장래에 이행기가 도래하는 채권이기 때문에, 양육비 채무자가 양육비를 지급하지 않거나 양육비 채무자의 자력이 변동되는 상황에 대비하기 위하여 개정 가사소송법(2009. 11. 9. 시행)에 도입된 제도이다.

나. 주요 내용

양육비 채무자가 정당한 사유 없이 양육비 채무를 이행하지 아니하는 경우 양육비 채권자의 신청에 의하여 가정법원이 양육비 채무의 이행을 확보하기 위한 상당한 담보의 제공을 명하는 것으로(가사소송법 63조의3 2항), 정기금 양육비 채권에 관한 집행권원을 가진 양육비 채권자가 신청할 수 있다.

관할 법원은 양육비 채무자의 보통재판적이 있는 곳의 가정법원, 양육비 채무자가 국내에 주소나 거소 등이 없고, 마지막 주소도 판명되지 않을 때와 같이 보통재판적이 없을 경우에는 대법원 소재지의 가정법원에 청구하면 된다.

다. 담보 제공의 방법

담보의 제공은 금전 또는 법원이 인정하는 유가증권을 공탁하거나, 대법원 규칙에 정하는 바에 따라 지급을 보증하겠다는 위탁 계약을 맺은 문서를 제출하는 방법으로 하되, 당사자들 사이의 특별한 약정이 있으면 그 약정에 따라 부동산에 관한 근저당권의 설정, 질권 설정, 보증인에게 보증케 하는 방법 등도 가능하다.

라. 담보의 취소와 담보물 변경

담보 제공자는 담보의 사유가 소멸된 것을 증명한 때 또는 담보 권리자의 동의가 있음을 증명한 때, 권리행사 최고 기간이 만료되어 담보 권리자의 동의가 있는 것으로 간주된 때 담보 취소의 신청을 할 수 있으며(가사소송법 63조의3 6항, 민사소송법 125조), 공탁한 담보물을 바꾸어 줄 것을 신청할 수 있다(가사소송법 63조의3 6항, 민사소송법 126조).

5. 일시금지급명령 제도

가. 의의

일시금지급명령 제도란 담보제공명령을 불이행할 때 가하는 제재 중 하나로서, 담보제공명령에 응하지 아니할 경우, 가정법원은 양육비 채권자의 신청에 따라 양육비의 전부 또는 일부를 일시금으로 지급하도록 명할 수 있다(가사소송법 63조의3 4항).

정기금 양육비채권에 대한 집행권원을 가진 채권자(다만, 양육비 채무자가 담보제공명령에 응하지 않을 경우에 한함)가 신청할 수 있으며, 양육비 채무자의 보통재판적이 있는 곳의 가정법원, 양육비 채무자가 국내에 주소나 거소 등이 없고, 마지막 주소도 판명되지 않을 때와 같이 보통재판적이 없을 경우에는 대법원 소재지의 가정법원이 관할 법원이 된다.

나. 일시금지급명령의 효과

일시금지급명령을 받은 사람이 30일 이내에 정당한 사유 없이 그 의무를 이행하지 아니한 때에는 가정법원이 권리자의 신청에 따라 30일의 범위 내에서 감치에 처할 수 있다(가사소송법 68조 1항).

상속과 법률관계

Ⅰ. 서설

1. 상속의 개념과 상속개시

상속이란 사람의 사망으로 인한 재산상 법률관계가 포괄적으로 승계되는 것을 말한다. 상속에는 당사자의 의사와 관계없이 법률 규정에 따른 효과가 당연히 발생하는 법정상속과 유언이라는 형태로 표시된 피상속인의 최종 의사에 따라 이루어지는 유언상속이 있다.

상속은 사람이 사망함으로써 개시되고, 이때 상속 개시로서의 사망에는 실종선고와 인정사망도 포함된다(민법 제997조). 상속개시의 시기는 상속 원인이 발생한 때이고, 상속개시의 장소는 피상속인의 주소지이다.

2. 상속에 관한 비용

상속에 관한 비용이란 상속 재산의 관리 및 청산에 필요한 비용으로 재산 목록 작성 비용, 감정평가 등 청산 비용, 상속 채무에 관한 공고·최고 또는 변제 비용, 상속 재산의 경매 비용, 소송 비용, 유언 집행 비용 등이 이에 해당한다. 상속에 관한 비용은 상속 재산 자체가 부담하는 비용이므로 상속 재산 중에서 지급된다. 한편 상속 재산의 분할 시 상속 재산에 포함되어 있는 개별적 권리 이전 등에 필요한 비용(등기 이전 비용 등)은 상속 비용이 아니므로 그 권리를 취득하는 상속인이 부담하여야 한다.

Ⅱ. 상속인

1. 상속인의 자격

상속에 의하여 상속인은 피상속인의 권리·의무를 승계하므로 상속인은 권리능력이 있어야 한다. 또한 민법은 상속인을 피상속인의 일정한 친족에 한정하고 있으므로 자연인만이 상속인이 될 수 있고 법인은 상속인이 되지 못한다. 태아도 상속에서는 이미 출생한 것으로 본다.

2. 상속결격

가. 의의

상속결격이란 피상속인의 재산을 상속할 순위에 있지만, 그 상속인에게 상속시키는 것이 적당하지 않는 일정한 법정 사유가 발생한 경우에 재판상의 선고를 기다리지 않고 법률상 당연히 상속인으로서의 자격을 상실하게 하는 것을 말한다.

나. 상속결격 사유

1) 고의로 직계존속, 피상속인, 그 배우자 또는 상속의 선순위나 동 순위에 있는 자를 살해하거나 살해하려 한 자

2) 고의로 직계존속, 피상속인과 그 배우자에게 상해를 가하여 사망에 이르게 한 자

3) 사기 또는 강박으로 피상속인의 상속에 관한 유언 또는 유언의 철회를 방해한 자

4) 사기 또는 강박으로 피상속인의 상속에 관한 유언을 하게 한 자

5) 피상속인의 상속에 관한 유언서를 위조·변조·파기 또는 은닉한 자

다. 상속결격의 효과

상속개시 전에는 상속결격 사유가 발생하면 당연히 상속 자격이 상실되고, 상속개시 후 상속결격 사유가 발생한 경우에도 상속개시 시에 소급하여 무효가 된다.

사례 동 순위의 상속인이 태아를 낙태한 경우 상속결격 사유인지

Q. 갑은 남편인 을이 사망하자 임신 중인 태아를 출산 후 양육할 능력이 없다고 판단하여 낙태하였다. 그런데 을 명의의 임야 5,000평이 발견되자 그 상속 문제와 관련하여 을의 형제들은 갑이 낙태를 하였다고 상속결격 사유에 해당하여 상속권이 없다고 주장하는데 그것이 타당한가?

A. 원칙적으로 태아는 상속 순위에 관하여 이미 출생한 것으로 본다. 따라서 사례에서 태아는 갑과 공동상속인이 될 수 있었으나, 낙태된 것이다.

그리고 「민법」 제1004조 제1호에서는 상속인의 결격사유 중 하나로 '고의로 직계존속, 피상속인, 그 배우자 또는 상속의 선순위나 동 순위에 있는 자를 살해하거나 살해하려 한 자'를 규정하고 있으며, 이러한 상속결격자는 상속인이 되지 못한다. 상속결격의 효과를 살펴보면 상속개시 전에 결격 사유가 생기며 후일 상속이 개시되더라도 그 상속인은 상속을 받을 수 없고, 상속개시 후에 결격 사유가 생기면 유효하게 개시된 상속도 개시 시에 소급하여 무효가 된다.

그러므로 갑이 태아를 낙태한 것이 위 규정의 상속결격 사유에 해당될 것인지 문제되는 바, 이에 관하여 판례는 "태아가 재산 상속의 선순위나 동 순위에 있는 경우에 그를 낙태하면 제1004조 제1호 소정의 상속결격 사유에 해당하고, 상속결격 사유로서 '살해의 고의' 이외에 '상속에 유리하다는 인식'을 필요로 하는지 여부에 관해서는 ①민법 제1004조 제1호는 그 규정에 정한 자를 고의로 살해하면 상속결격자에 해당한다고만 규정하고 있을 뿐, 더 나아가 '상속에 유리하다는 인식'이 있어야 한다고까지는 규정하고 있지 아니하고 ②민법 제1004조 제1호는 '피상속인 또는 재산상속의 선순위나 동 순위에 있는 자' 이외에 '직계존속'도 피해자에 포함하고 있고, 위 '직계존속'은 가해자보다도 상속 순위가 후 순위일 경우가 있는 바, 민법이 굳이 동인을 살해한 경우에도 그 가해자를 상속결격자에 해당한다고 규정한 이유는 상속결격 요건으로서 '살해의 고의' 이외에 '상속에 유리하다는 인식'을 요구하지 아니한다는 데에 있다고 해석할 수밖에 없으며 ③민법 제1004조 제2호는 '고의로 직계존속, 피상속인과 그 배우자에게 상해를 가하여 사망에 이르게 한 자'도 상속결격자로 규정하고 있는데, 이 경우에는 '상해의 고의'만 있으면 되고, 이 '고의'에 '상속에 유리하다는 인식'이 필요 없음은

당연하므로, 이 규정들의 취지에 비추어 보아도 그 각 제1호의 요건으로서 '살해의 고의' 이외에 '상속에 유리하다는 인식'은 필요로 하지 아니한다고 할 것이다"라고 하였다(대법원 1992. 5. 22. 선고 92다2127 판결).

따라서 사례의 경우에도 갑이 비록 재산 상속에서 유리하게 된다는 인식 없이 오로지 장차 태어날 아기의 장래에 대한 우려 등에 기인하여 을과의 사이에서 잉태한 태아를 낙태하였다고 하더라도 갑은 을에 대한 상속결격자에 해당하여 상속인으로서의 지위를 상실하였다고 할 수 있을 것으로 보인다.

사례 불륜 행위를 한 처가 남편의 유산을 상속할 수 있는지

Q. 저희 며느리는 무단으로 가출하여 다른 남자와 1년 이상 동거를 하고 있던 중 거처를 수소문한 아들에 의해 불륜 관계가 발각되자를 상간자와 도망을 갔고, 이를 비관한 아들은 매일 술만 마시다 스스로 목숨을 끊었습니다. 그런데 가출한 며느리가 이 사실을 알고 찾아와 아들의 유산인 주택과 대지에 대해 자기와 미성년자인 손자가 상속권자라고 주장하며, 저와 손자가 위 주택에 살고 있음에도 매도하겠다고 합니다. 이 경우 위와 같은 파렴치한 행위를 저지른 며느리에게도 법적 상속권이 인정되는지요?

A. 피상속인이 유언을 남기지 않고 사망한 경우 그의 배우자는 직계비속이 있는 경우에는 그 직계비속과 동 순위로, 직계비속이 없는 경우에는 직계존속과 동 순위로 공동상속인이 된다.

한편, 「민법」 제1004조에서는 상속인의 결격 사유를 규정하여 그러한 결격 사유가 있는 상속인에 대해서는 상속권을 박탈하고 있는데, 가출 및 다른 남자와의 불륜 행위만으로는 결격 사유에 해당되지 않는다.

따라서 아들의 유산인 주택과 대지는 며느리와 손자가 공동으로 상속하게 된다. 다만, 며느리가 지금까지의 소행으로 볼 때 손자의 보육 및 재산 관리에 문제가 있다고 생각된다면 그동안 며느리가 보인 비행 사실을 주장·입증하여 손자에 대한 며느리의 친권상실(민법 제924조)이나 법률행위의 대리권과 재산관리권의 상실(민법 제925조)을 법원에 청구해 보아야 할 것이다.

3. 상속인의 순위

제1순위: 피상속인의 직계비속 + 피상속인의 배우자

제2순위: 피상속인의 직계존속 + 피상속인의 배우자

제3순위: 피상속인의 형제자매

제4순위: 피상속인의 4촌 이내의 방계혈족

배우자는 그 직계비속과 동 순위로 공동상속인이 되고, 직계비속이 없는 경우에 피상속인의 직계존속과 공동상속인이 되며, 피상속인에게 직계비속과 직계존속이 없으면 단독상속인이 된다.

가. 제1순위: 피상속인의 직계비속

직계비속에는 피상속인의 자녀·손자녀 등은 물론 외손자녀 등이 포함한다. 따라서 부계혈족인 손자녀와 모계혈족인 외손자녀는 모두 피상속인의 직계혈족으로 동 순위 상속인이 된다. 그리고 법정혈족인 양자도 자연혈족인 친생자와 마찬가지로 1순위 상속인이 되고, 혼인 중의 자녀와 혼인 외의 자녀 사이에도 상속 순위에 아무런 차별이 없다.

직계비속이 수인인 때에는 최근친을 선순위로 하고 동친 등의 상속인이 수인인 때에는 공동상속인이 된다. 한편 태아는 상속 순위에 관하여는 이미 출생한 것으로 본다.

사례 **적모와 혼인 외의 출생자, 계모자 간에 상속권이 있는지**

Q. 제가 어렸을 때 아버지는 계모와 재혼을 하여 살다가 7년 전 사망하였고, 저는 계모의 슬하에서 자랐습니다. 최근에 계모가 사망하였는데, 저도 계모의 재산을 상속받을 수 있는지요?

A. 「민법」 제1000조 제1항 제1호는 피상속인의 직계비속을 제1순위 상속인으로 규정하고 있으며 여기서 직계비속은 자연혈족과 법정혈족을 말한다.

1991년도 이전의 구 「민법」에 의하면 부와 혼인 외의 자와 배우자 간의 적모서자 관계와 부의 친자와 계모자 관계를 법정혈족으로 인정하여 친생자와 동일하게 당연히 상속권이 있었으나, 1991년 1월 1일부터 시행된 민법에서는 종전의 계모자 관계, 적모서자 관계에 대한 조문을 삭제함으로써 혈족 관계를 부정하고, 다만 직계존속의 배우자로서 인척 관계로만 인정하고 있다. 따라서 사례의 경우처럼 계모자의 관계는 현행 「민법」하에서는 법정혈족 관계가 없기 때문에 상속권이 없고 계모의 유산은 그 친정 측의 가족이 상속하게 된다.

나. 제2순위: 피상속인의 직계존속

직계존속은 피상속인의 직계비속이 없거나, 1순위 상속인 전원이 상속결격되거나 상속포기를 한 경우에 상속인이 된다. 직계존속이 수인인 경우 최근친을 선순위로 하고 동친 등의 상속인이 수인인 때에는 공동상속인이 된다.

다. 제3순위: 피상속인의 형제자매

형제자매도 자연혈족·법정혈족, 부계·모계, 남녀·혼인 여부를 묻지 않는다. 또한 부모가 서로 같은 형제자매뿐만 아니라 부나 모가 다른 형제 즉, 동성이복이나 이성동복도 포함된다.[38] 형제자매가 수인인 경우 모두 촌수가 동일하므로 공동상속인이 된다.

사례 이성동복(異姓同腹)의 형제자매도 상속인의 범위에 포함되는지

Q. 갑은 저와 성(姓)이 다르지만 어머니는 동일한 이성동복인 형제인데, 최근 갑이 토지 3,000평을 남기고 사망하였는바, 갑은 미혼이었고, 부모 등도 전부 사망하였으므로 제가 갑의 형제자매로서 위 토지를 상속받을 수 있는지요?

A. 「민법」은 재산 상속의 순위에서 피상속인의 배우자, 직계존속, 직계비속이 없을 경우 다음 순위로 피상속인의 형제자매가 상속인이 되도록 규정하고 있다(민법 제1000조, 제1003조). 그런데 위와 같은 재산 상속인으로서의 형제자매에 이성동복(異姓同腹)의 형제자매도 포함되는지 문제되는바, 이에 관하여 판례는 "현행 민법(1990. 1. 13. 법률 제4199호로 개정되어 1991. 1. 1.부터 시행된 것) 제1000조 제1항 제3호는 제3순위 상속인으로서 '피상속인의 형제자매'를 들고 있는바, 여기서 '피상속인의 형제자

38 대법원 2007. 11. 29. 선고 2007도7062판결.

매'라 함은, 민법 개정 시 친족의 범위에서 부계와 모계의 차별을 없애고, 상속의 순위나 상속분에 관하여도 남녀 간 또는 부계와 모계 간의 차별을 없앤 점 등에 비추어 볼 때, 부계 및 모계의 형제자매를 모두 포함하는 것으로 해석하는 것이 상당하다"라고 하고 있다(대법원 1997. 11. 28. 선고 96다5421 판결).

따라서 사례의 경우 이성동복형제인 갑의 유산을 상속받을 수 있을 것이다.

라. 제4순위: 피상속인의 4촌 이내의 방계혈족

4. 대습상속

가. 의의

상속인이 될 직계비속 또는 형제자매가 상속개시 전에 사망하거나 결격자가 된 경우에 그 직계비속이나 배우자가 있는 때에는 그 자가 결격된 자의 순위에 갈음하여 상속인이 된다.

나. 대습상속의 요건

1) 상속인이 될 직계비속 또는 형제자매가 상속개시 전에 사망하거나 결격되었을 것

상속인이 될 직계비속 또는 형제자매가 상속개시 전에 사망하거나 결격되어 상속권을 상실하여야 한다. 상속개시 전의 사망은 피상속인이 사망하기 전에 상속인이 될 사람이 먼저 사망한 것을 의미하지만 피상속인과 피대습자가 동시에 사망한 경우에도 대습상속이 인정된다.[39]

그 이유는 상속인이 될 직계비속이나 형제자매의 직계비속 또는 배우자는 피대습자가 상속개시 전에 사망한 경우에는 대습상속을 하고, 피대습자가 상속개시 후에 사망한 경우에는 피대습자를 거쳐 피상속인의 재산을 본위상속을 하므로 두 경우 모두 상속을 하는데, 만일 피대습자가 피상속인의 사망 즉, 상속개시와 동시에 사망한 것으로 추정되는 경우에만 그 직계비속 또는 배우자가 본위상속과 대습상속의 어느 쪽도 하지 못하게 된다면 동시사망 추정 이외의 경우에 비하여 현저히 불공평하고 불합리하기 때문이다.

39 대법원 2001. 3. 9. 선고 99다13157판결.

2) 상속인이 될 사람의 직계비속이나 배우자일 것

대습상속인은 피대습자의 직계비속이거나 배우자여야 한다. 대습상속이 개시된 경우 피대습자의 배우자는 그 직계비속과 같은 순위의 공동상속인이 되고 그 상속인이 없으면 배우자가 단독상속을 한다. 여기서 배우자는 법률상의 배우자를 의미한다. 따라서 사실혼 배우자나 내연의 처는 대습상속을 할 수 없고, 배우자인 이상 남편이든 아내이든 불문한다.

3) 대습상속인은 상속인의 자격을 상실하지 않을 것

대습자가 결격자인 경우에는 대습상속권이 없다. 예컨대 손자가 그 아버지를 살해하여 상속결격자가 되었는데 나중에 할아버지가 사망한 경우 손자는 아버지를 대습하여 할아버지의 재산을 상속할 수 없다.

사례 장인과 처가 동시에 사망한 경우 사위가 장인의 재산을 상속받을 수 있는지

Q. 저의 처 갑은 장인 을과 비행기로 여행을 하던 중 비행기가 추락하여 모두 사망하였습니다. 당시 을에게는 갑 이외의 다른 자녀나 배우자는 없고 직계존속인 부친 병이 있었습니다. 이 경우 저는 장인인 을의 재산을 상속받을 수 있는지요?

A. 「민법」 제 1001조에서는 제1000조 제1항 제1호와 제3호의 규정에 의하여 상속인이 될 직계비속 또는 형제자매가 상속개시 전에 사망하거나 결격자가 된 경우에 그 직계비속이 있는 때에는 그 직계비속이 사망하거나 결격된 자의 순위에 가름하여 상속인이 되도록 하는 대습상속을 규정하고 있고, 배우자의 상속 순위와 관련하여 같은 법 제1003조 제3항은 "대습상속의 경우에 상속개시 전에 사망 또는 결격된 자의 배우자는 동 조의 규정에 의한 상속인과 동 순위로 공동상속인이 되고 그 상속인이 없는 때에는 단독상속인이 된다"라고 규정하고 있다.

사례의 경우 장인 을의 재산에 대한 상속권이 있는지 여부는 비행기 사고로 사망한 갑과 을의 사망 순서에 따라 달리 파악해야 할 것이다.

첫째, 만약 위 비행기 사고로 장인 을이 먼저 사망한 후 처 갑이 사망한 것으로 밝혀진 경우에는 을의 재산은 이미 갑이 단독상속하였다가 이어서 갑이 사망하였으므로 갑의 재산은 배우자인 사위와 직계존속 병이 공동상속을 하게 된다.

둘째, 반대로 처 갑이 먼저 사망한 후 장인 을이 사망한 것으로 밝혀진 경우에는 을의 재산은 사위가 단독으로 대습상속하게 된다(같은 법 제1003조 제2항).

셋째, 보통 비행기 추락 사고로 인하여 탑승자가 사망한 경우 사망자의 사망 선후가 밝혀지지 않는 경우가 대부분이고 이와 같은 경우에는 「민법」제30조에 따라 2인 이상이 동일한 위난으로 사망한 경우로서 동시에 사망한 것으로 추정된다.

이 경우 을이 갑보다 먼저 사망한 경우가 아니므로 을의 재산은 일단 갑이 상속하였다가 이를 다시 사위와 병이 공동상속을 하는 것으로는 볼 수 없고, 민법의 대습상속 규정을 이 경우에도 적용하여 사위가 을의 재산을 단독으로 대습상속을 할 수 있는지가 문제된다.

대습상속 규정에 따르면 '상속인이 될 직계비속 또는 형제자매가 상속개시 전에 사망하거나 결격자가 된 경우' 그 직계비속이나 배우자가 피상속인의 지위를 대습상속 한다는 것이므로, 위 규정을 문언 그대로 엄격하게 해석할 경우에는 피상속인과 상속인이 될 직계비속이 동시에 사망한 경우에는 을의 재산에 대하여 사위의 대습상속이 인정되기 어려워 보이나, 이에 관하여 판례는 "상속인이 될 직계비속이나 형제자매(피대습자)의 직계비속 또는 배우자(대습자)는 피대습자가 상속개시 전에 사망한 경우에는 대습상속을 하고, 피대습자가 상속개시 후에 사망한 경우에는 피대습자를 거쳐 피상속인의 재산을 본위상속을 하므로 두 경우 모두 상속을 하는데, 만일 피대습자가 피상속인의 사망, 즉 상속개시와 동시에 사망한 것으로 추정되는 경우 그 직계비속 또는 배우자가 본위상속과 대습상속의 어느 쪽도 하지 못하게 된다면 동시사망 추정 이외의 경우에 비하여 현저히 불공평하고 불합리한 것이라 할 것이므로, 민법 제1001조의 '상속인이 될 직계비속이 상속개시와 동시에 사망한 것으로 추정되는 경우'도 포함하는 것으로 합목적적으로 해석함이 상당하다"라고 하고 있다(대법원 2001. 3. 9. 선고 99다13157 판결).

따라서 비행기 사고로 갑과 을이 동시에 사망한 것으로 추정되는 경우에도 사위는 을의 재산을 단독으로 대습상속 할 수 있다.

다. 대습상속의 효과

대습상속에 의하여 대습자가 피대습자의 순위로 올라가 피대습자가 받았을 상속분을 상속하게 된다. 즉, 자녀는 부 또는 모의 상속분을 상속하게 되고, 배우자는 대습자인 배우자의 상속분을 상속하게 된다. 이때 자녀가 수인인 경우에는 피대습자의 상속분을 각각의 상속분의 비율에 따라 받게 된다.

Ⅲ. 상속분

1. 의의

상속분이란 2인 이상의 상속인이 공동상속을 하는 경우에 각 공동상속인이 소극 재산을 포함하는 포괄적인 상속 재산에 대하여 가지는 권리·의무의 비율을 말한다.

2. 법정상속분

피상속인이 공동상속인의 1인 또는 수인에게 포괄적 유증을 한 경우, 각 공동상속인은 그 몫을 받게 되지만 그러한 유언이 없는 때에 법정상속분에 따른다.

법정상속분은 상속인의 상속분이 민법에 따라 정해지는 것을 말한다. 우리 민법은 균분상속원칙에 따라 같은 순위의 상속인이 수인인 때에는 그 상속분은 균등 분할로 한다. 다만, 피상속인의 배우자의 상속분은 직계비속이나 직계존속의 상속분에 5할을 더해 준다(민법 제1009조 제2항). 대습상속인의 상속분은 피대습자의 상속분에 의한다.

사례 **법정상속분**

Q. A는 7억 원의 재산을 남기고 사망하였다. A의 유족으로는 A의 모 갑과, 처 B, 아들 C, 딸 D가 있다. 이 경우 이들의 상속액은 각각 얼마인가?

A. 사례의 경우 A는 유언 없이 사망하였으므로 법정상속분에 의해 상속하면 된다. 먼저 A의 재산을 상속받을 수 있는 법정상속인은 A의 처와, 아들, 딸이 상속하면 된다.

A의 처(B) 상속분: 7억 × 1.5/3.5 = 3억

A의 아들(C) 상속분: 7억 × 1/3.5 = 2억

A의 딸(D) 상속분: 7억 × 1/3.5 = 2억

따라서 A의 처(B)가 3억, 아들(C) 2억, 딸(D)이 2억 원을 상속하게 된다.

사례 대습상속인의 상속분

Q. C의 할아버지 갑은 1억 2천만 원의 재산을 남겨 놓고 사망하였다. 갑에게는 자녀 을, 병이 있었으나, 을과 병은 모두 갑의 사망 이전에 해외여행 중 사망하였다. 갑의 유족으로는 을의 자녀인 A, B 및 병의 자녀인 C뿐이다. A, B는 C에게 상속분은 균등한 것이니까 갑의 손자들인 A, B와 C가 갑의 유산을 균등하게 4000만 원씩 나눠 가져야 한다고 주장하는데, C는 얼마를 상속받을 수 있는가?

A. 갑이 유언 없이 사망하였으므로 갑의 재산은 갑의 자녀들인 을과 병이 상속하여야 한다. 그러나 갑의 상속인인 을과 병이 갑보다 먼저 사망하였으므로 갑의 손자 A, B, C가 대습상속하게 된다. 만약 을과 병이 살아 있었다면 을의 상속액은 6천만 원, 병의 상속액은 6천만 원이 된다. 사례의 경우 대습상속인의 상속분은 피대습자의 상속분에 의하므로 을의 자녀인 A가 3천만 원, B가 3천만 원, 병의 자녀 C가 6천만 원을 상속하게 된다.

3. 특별수익자의 상속분

가. 의의

공동상속인 중에 일부가 피상속인으로부터 증여 또는 유증을 받은 자(이를 특별수익자라 한다)가 있는 경우에 그 수증 재산이 자기의 상속분에 달하지 못한 때에는 그 부족한 부분의 한도에서 상속분이 있다.

나. 특별수익자가 있는 경우의 구체적인 상속분 산정

구체적 상속분 = (상속 재산의 가액+생전 증여나 유증)×상속분율−(생전 증여+유증)

사례 특별수익자가 있는 경우의 구체적인 상속분

Q. 갑은 7천만 원인 아파트를 남기고 사망하였으며, 갑의 유족으로는 갑의 부모, 갑의 처, 아들과 딸이 있다. 그런데 갑은 생전에 아들에게 700만 원을 주었다. 이 경우 각자의 상속분은 어떻게 되는가?

A. 이 경우 상속인은 갑의 처, 아들과 딸이며 구체적 상속분은 다음과 같다.

갑의 처	(7,000만 원 + 700만 원) × 1.5/3.5 − 0 = 3,300만 원
아들	(7,000만 원 + 700만 원) × 1/3.5 − 700 = 1,500만 원
딸	(7,000만 원 + 700만 원) × 1/3.5 − 0 = 2,200만 원

4. 기여상속인의 상속분

가. 기여분의 의의

기여분이란 공동상속인 중에 상당한 기간 동거·간호, 그 밖의 방법으로 피상속인을 특별히 부양하거나 피상속인 재산의 유지 또는 증가에 기여한 자가 있는 경우에 상속분 산정에 그러한 기여나 부양을 고려하는 제도를 말한다.

나. 기여분의 결정과 산정

기여분은 공동상속인들 사이에 공평을 기하기 위하여 인정되는 제도로서, 공동상속인의 협의 또는 가정법원의 심판에 의해서만 결정할 수 있다. 따라서 기여분의 결정은 유언 사항이 아니며 피상속인이 기여분을 지정하는 유언은 법률상 효력이 없다.[40]

1) 기여분의 결정

기여분은 상속인의 협의에 의하여 결정되고 기여분에 대하여 협의가 이루어지면 먼저 상속 재산으로부터 그 기여분을 공제하고, 기여분을 받을 상속인을 포함한 공동상속인 전원

40 양형우, 전게서, 1901면.

이 나머지 상속 재산을 상속분에 따라 분할하면 된다.

그러나 공동상속인이 기여분에 관하여 협의가 되지 않거나 협의할 수 없을 경우에는 가정법원이 기여자의 청구에 의하여 기여분을 정하게 된다.

2) 기여분의 산정

기여분의 산정 방법은 기여의 시기·방법·정도와 상속 재산액 기타 사정을 참작하여 그 액수를 산정하여야 한다.

사례 기여상속인의 상속분

Q. 갑은 오랫동안 암 투병 중인 아버지를 지극히 간호하였다. 그러던 중 아버지는 약 10억 원에 달하는 재산을 남기고 돌아가셨다. 남은 가족은 갑의 어머니와 형, 여동생, 갑이 있다. 가족은 갑의 그동안의 수고를 고맙게 여겨 아버지가 남긴 재산 중 1억 원을 주기로 뜻을 모았다. 이 경우 갑의 가족의 상속 관계는 어떻게 되는가?

A. 사례의 경우 특별한 유언이 없었으므로 법정상속분에 의하여 상속을 한다. 상속 재산은 갑의 기여분에 대해서 가족이 1억 원으로 합의를 하였으므로 1억 원을 뺀 9억 원으로 계산하여야 한다. 가족의 상속분을 계산해 보면 다음과 같다.

갑의 어머니 9억 원 × 1.5/4.5 = 3억 원

갑의 형 9억 원 × 1/4.5 = 2억 원

갑의 여동생 9억 원 × 1/4.5 = 2억 원

갑9억 원 × 1/4.5 + 1억 원(기여분) = 3억 원

Ⅳ. 상속의 승인과 포기

1. 서설

상속의 승인이란 상속의 개시에 의하여 피상속인에게 속하였던 재산상의 모든 권리·의무가 상속인에게 귀속하는 효과를 인정하는 것을 말한다. 승인에는 단순승인과 한정승인이 있다.

상속의 포기란 상속개시에 의하여 발생하는 효과를 상속개시 시에 소급하여 소멸시키는 의사표시이다. 민법은 상속인이 상속의 개시를 안 날로부터 3월 이내에 승인·포기를 하도록 규정하고 있으며, 그 기간 내에 결정하지 않으면 단순승인한 것으로 본다. 이 기간 중에 상속인은 승인 또는 포기를 하기 전에 상속 재산을 조사할 수 있으며, 이해관계인 검사의 청구에 의하여 가정법원은 이 기간을 연장할 수 있다. 상속인은 승인 또는 포기 전까지 상속 재산에 대하여 자기 재산과 동일한 주의 의무를 다해야 한다.

2. 단순승인

가. 의의

단순승인이란 피상속인의 권리·의무를 무제한·무조건으로 승계하는 것이다.

나. 법정단순승인

민법 제1026조에서 ① 상속인이 상속 재산에 대한 처분 행위를 한 때, ② 상속인이 상속의 승인 또는 포기를 하여야 할 기간 내에 한정승인 또는 포기를 하지 아니한 때, ③ 상속인이 한정승인 또는 포기를 한 후에 상속 재산을 은닉하거나 부정 소비하거나 고의로 재산 목록에 기입하지 아니한 때에는 단순승인을 한 것으로 보고 있다.

다. 단순승인의 효과

상속인은 피상속인의 일신전속권을 제외한 모든 권리와 의무를 승계한다. 따라서 상속인은 상속인의 적극 재산은 물론 소극 재산에 대하여도 제한 없이 책임을 진다.

3. 한정승인

가. 의의 및 한정승인의 방식

한정승인이란 상속인이 상속으로 얻은 재산의 한도 내에서 피상속인의 채무와 유증을 변제할 것을 조건으로 하는 상속을 말한다.

상속인이 한정승인을 하려면 상속개시가 있음을 안 날로부터 3월 내에 상속 재산의 목록을 첨부하여 가정법원에 한정승인 신고를 하여야 한다. 또한 상속 채무가 상속 재산을 초과하는 사실을 중대한 과실 없이 상속개시가 있음을 안 날로부터 3월의 기간 내에 알지 못하고 단순승인을 한 경우에도 그 사실을 안 날부터 3월 내에 한정승인을 할 수 있다.

나. 한정승인의 효과

상속인은 상속에 의하여 얻은 재산의 한도에서 피상속인의 채무와 유증의 변제를 하면 된다. 한정승인을 하더라도 채무는 전부 존속하므로 한정승인 전에 보증을 하거나 물상보증을 한 자는 채무의 전액에 대하여 책임을 진다.

4. 상속의 포기

가. 의의 및 상속포기의 방식

상속의 포기란 상속으로 인하여 생기는 권리 의무의 포괄적 승계를 전면적으로 거부하여 처음부터 상속인이 아니었던 효과를 생기에 하는 상속인의 단독 행위이다.

상속을 포기할 수 있는 자는 상속권이 있고 또 상속 순위에 해당하는 자에 한한다. 다만 상속인이 제한능력자인 경우에는 법정대리인이 대리하여 상속을 포기할 수 있고, 또 상속인이 법정대리인의 동의를 받아 할 수 있다.

상속포기를 하려는 자는 상속이 개시된 사실을 안 날로부터 3개월 내에 가정법원에 상속포기 신고를 하여야 한다. 상속포기는 상속개시 전에는 할 수 없으며, 상속개시 후에 포기한 때에는 취소할 수 없다.

나. 상속포기의 효과

1) 포기의 소급효

상속의 포기는 상속이 개시된 때에 소급하여 효력이 생긴다. 따라서 상속을 포기한 자는 상속개시 시부터 상속인이 아니었던 것으로 된다.

상속포기의 사실이 적법한 청구이의의 사유인지에 관하여, 판례는 상속인이 상속포기를 하였으나 상속채권자가 상속인을 상대로 제기한 소송에서 사실심 변론 종결 시까지 상속인이 상속을 포기하였음을 주장하지 않은 경우, 상속 채권자가 승소판결 확정 후에는 상속 채무에 관하여 기판력이 발생하므로 청구이의의 소를 제기할 수 없다고 한다.[41]

2) 포기한 상속분의 귀속

① 단독상속인 또는 공동상속인 전원이 포기한 경우

단독상속인 또는 공동상속인 전원이 포기한 경우 그 직계비속이 되고, 직계비속이 없으면 법정상속 순위에 따라 상속인이 결정된다.

② 공동상속인 중 일부가 포기한 경우

상속인이 수인인 경우 그중 일부가 상속을 포기하면 그 상속분은 다른 상속인의 상속분의 비율로 그 상속인에게 귀속된다.

③ 특정인을 위한 포기

공동상속인 중 1인이 특정상속인을 위하여 자기의 상속분을 포기하는 것은 인정될 수 없다.[42] 그러나 상속분의 양도나 상속 재산의 협의 분할로 동일한 효과를 달성할 수는 있다.

사례 사망자의 생명보험금이 상속포기의 대상이 되는지 여부

Q. 제 부친은 사업을 하시다가 실패하여 많은 채무를 지고 채권자들로부터 독촉을 받아 오던 중 얼마 전 돌아가셨습니다. 제 능력으로는 부친이 남긴 채무를 갚을 길이 없

41 대법원 2009. 5. 28. 선고 2008다 79876판결.

42 양형우, 전게서, 1918면.

어 상속포기신고를 하였습니다. 하지만 부친께서 생전에 보험수익자를 저로 하여 생명보험을 들어 놓은 것이 있는데 제가 보험금을 수령할 수 있는지요?

A. 피상속인이 남긴 상속 재산 중 적극적 재산보다 소극적 재산, 즉 채무가 많아 자식들이 이와 같은 권리·의무를 승계하지 않으려면 상속인은 상속개시 있음을 안 날로부터 3개월 내에 피상속인의 최후 주소지 관할 법원에 상속포기 신고를 할 수 있다(민법 제1019조 제1항).

상속포기를 하면 피상속인의 사망으로 일단 발생한 상속의 효력, 즉 권리·의무의 승계는 부인되고 처음부터 상속인이 아니었던 것과 같이 되며, 일단 상속을 포기한 때에는 이를 다시 취소하지 못한다(민법 제1024조 제1항, 제1042조).

피상속인의 생명보험금이 상속 재산에 속하는지에 관하여 판례는 "보험계약자가 피보험자의 상속인을 보험수익자로 하여 맺은 생명보험 계약에서 피보험자의 상속인은 피보험자의 사망이라는 보험사고가 발생한 때에는 보험수익자의 지위에서 보험자에 대하여 보험금 지급을 청구할 수 있고, 이 권리는 보험 계약의 효력으로 당연히 생기는 것으로서 상속 재산이 아니라 상속인의 고유 재산이라고 할 것이다"라고 하여(대법원 2004. 7. 9. 선고 2003다29463 판결), 상속인의 보험금청구권은 상속 재산이 아니라 상속인의 고유 재산으로 보고 있다.

또한 위 판례는 "생명보험의 보험계약자가 보험수익자의 지정권을 행사하기 전에 보험사고가 발생하여 상법 제733조에 의하여 피보험자의 상속인이 보험수익자가 되는 경우에도 마찬가지이다"라고 하여 보험계약자가 보험수익자를 지정하지 않은 경우에도 상속인의 보험금청구권을 상속 재산이 아니라 상속인의 고유 재산으로 보고 있다. 따라서 사례의 경우 상속포기 신고를 하였더라도 생명보험금을 수령할 수 있을 것으로 보인다.

사례 제1순위 상속인이 상속을 포기한 경우 상속 순위

Q. 저의 아버지는 1년 전 빚만 남긴 채 돌아가셨고, 독자인 저는 제1순위 단독상속인이었으나, 아버지 사망 후 2개월쯤 되어 상속포기를 하였습니다. 그런데 저에게는 미성년인 아들 하나가 있는바, 주변 사람들은 친권자인 제가 미성년인 제 아들의 상속포

기를 하지 않았기 때문에 아버지의 모든 채무를 제 아들이 책임져야 한다고 합니다. 이 말이 맞는지요?

A. 귀하의 자는 귀하 선친의 모든 채무를 부담할 수도 있다. 왜냐하면 민법은 ① 피상속인의 직계비속, ② 피상속인의 직계존속, ③ 피상속인의 형제자매, ④ 피상속인의 4촌 이내의 방계혈족의 순으로 재산상속 순위를 정하고, 동 순위 상속인이 수인일 경우에는 최근친을 선순위로 한다고 규정하고 있기 때문이다(민법 제1000조).

즉, 귀하 및 귀하의 아들은 선친의 직계비속으로서 제1순위 상속인이나 귀하와 선친 사이는 1촌이고, 선친과 귀하의 아들 사이는 2촌이기 때문에 귀하가 최근친으로서 선순위 상속인이 되는 것이고, 귀하가 상속을 포기하였을 경우 다음 순위의 상속인은 귀하의 아들이 되는 것이다.

판례도 채무자인 피상속인이 그의 처와 동시에 사망하고 제1순위 상속인인 자 전원이 상속포기를 한 경우에 상속포기한 자는 상속개시 시부터 상속인이 아니었던 것과 같은 지위에 놓이게 되므로 같은 순위의 다른 상속인이 없어 그 다음 근친 직계비속인 피상속인의 손자녀들이 차 순위의 본위 상속인으로서 피상속인이 채무를 상속하게 된다고 하였으며(대법원 1995. 9. 26. 선고 95다27769 판결), 제1순위 상속권자인 처와 자들이 모두 상속을 포기한 경우에도 손(孫)이 직계비속으로서 상속인이 된다고 하여(대법원 1995. 4. 7. 선고 94다11835 판결), 이를 확인하고 있다.

따라서 사례의 경우에도 제1순위 중 최근친이자 단독상속인인 귀하가 상속포기 하였으므로 제1순위 상속인 중 다음 근친은 귀하의 미성년인 귀하의 아들의 상속포기나 한정승인을 기간 내에 하지 않은 이상 원칙적으로는 선친의 채무를 귀하의 아들이 부담하여야 한다.

다만, 최근의 판례는 "선순위 상속인으로서 처와 자녀들이 모두 적법하게 상속을 포기한 경우에는 피상속인의 손(孫) 등 그 다음의 상속 순위에 있는 사람이 상속인이 되는 것이나, 이러한 법리는 상속의 순위에 관한 민법 제1000조 제1항 제1호(1순위 상속인으로 규정된 '피상속인의 직계비속'에는 피상속인의 자녀뿐 아니라 피상속인의 손자녀까지 포함된다)와 상속포기의 효과에 관한 민법 제1042조 내지 제1044조의 규정들을 모두 종합적으로 해석함으로써 비로소 도출되는 것이지 이에 관한 명시적 규정에 존재하는 것은 아니어서 일반인의 입장에서 피상속인의 처와 자녀가 상속을 포기한 경우, 피상속인의 손자녀가 이로써 자신들이 상속인이 되었다는 사실을 안다는 것은 오히려 이례에 속한다고 할 것이고, 따라서 이와 같은 과정에 의해 피상속인의 손자녀가 상속인이 된 경우에는 상속인이 상속개시의 원인 사실을 아는 것만으로 자신이 상속인이 된 사실을 알기 어려운 특별한 사정이 있다"라고 하면서(2005. 7. 22. 선고 2003다43681 판결, 2006. 2. 10. 선고 2004다33865 판결), 법원으로서는 '상속개시 있음을 안 날'을 확정하는 데에 상속개시의 원인 사실뿐 아니라 더 나아가 그로써 자신이 상속인이 된 사실을 안 날이 언제인지까지도 심리, 규명하여야 한다고 하였다. 따라서 사례의 경우 아버지의 사망 후 이미 3개월이 지났다고 하더라도 귀하의 상속포기로 인하여 아들이 아버지의 채무를 상속하게 되는 사실을 몰랐다면 그 사실을 안 날로부터 3개월 내에 미성년 아들의 법정대리인으로서 한정승인 또는 상속포기 신고를 할 수 있을 것으로 보인다(민법 제1019조).

사례 상속개시 전 상속포기의 효력

Q. 저는 형이 서울에 살고 있어 혼자가 된 아버지를 모시고 살고 있었으나 최근 아버지께서 논 3,000평을 남기고 돌아가셨습니다. 형은 아버지 생전에 매달 저에게 아버지의 생활비로 50만 원을 보내 주었지만 제가 아버지를 모시고 있었으므로 아버지 재산에 대한 상속권을 모두 포기하였습니다. 그러나 아버지가 돌아가시자 형이 자신의 상속권을 주장합니다. 형의 상속권 주장이 타당한지요?

A. 상속의 포기는 상속이 개시된 후(아버지가 사망한 후) 일정 기간 내에 가능하고, 가정법원에 신고하는 등 일정한 절차와 방식을 따라야만 그 효력이 있으므로, 상속개시 전에 한 상속포기의 약정은 그와 같은 절차와 방식에 따르지 아니한 것으로 법적 효력이 없다 하겠다(민법 제1041조, 제1019조 제1항).

또한, 상속인이 피상속인인 아버지의 생존 시에 상속을 포기하기로 약정하였다고 하더라도 상속개시 후 민법이 정하는 절차와 방식에 따라 상속포기를 하지 아니한 이상 상속개시 후에 자신의 상속권을 주장하는 것은 정당한 권리 행사로서 권리남용에 해당하거나 신의성실의 원칙에 반하는 권리의 행사라고 할 수도 없을 것이다.

판례도 "유류분을 포함한 상속의 포기는 상속이 개시된 후 일정한 기간 내에만 가능하고 가정법원에 신고하는 등 일정한 절차와 방식을 따라야만 그 효력이 있으므로, 상속개시 전에 한 상속포기약정은 그와 같은 절차와 방식에 따르지 아니한 것으로 효력이 없고, 상속인 중의 1인이 피상속인의 생존시에 피상속인에 대하여 상속을 포기하기로 약정하였다고 하더라도, 상속개시 후 민법이 정하는 절차와 방식에 따라 상속포기를 하지 아니한 이상, 상속개시 후에 자신의 상속권을 주장하는 것은 정당한 권리행사로서 권리남용에 해당하거나 또는 신의칙(信義則)에 반하는 권리의 행사라고 할 수 없다"라고 하였다(대법원 1998. 7. 24. 선고 98다9021 판결). 따라서 형의 상속권 주장은 법률상으로는 하자가 없다.

Ⅴ. 상속회복청구권

1. 의의

상속회복청구권은 진정한 상속인이 그 상속권의 실현을 방해하고 있는 참칭상속인 또는 그로부터 상속 재산을 취득한 제3자에 대하여 상속권을 주장함으로써 방해의 배제와 상속 재산의 회복을 구하는 권리를 말한다.

2. 상속회복청구권의 당사자

가. 회복청구권자

상속회복청구권자는 상속권자 또는 그 법정대리인이다. 진정상속인으로부터 상속분을 양도 받은 포괄승계인은 상속에 준하여 상속회복청구권이 있다고 볼 수 있으나, 상속 재산의 특정승계인은 상속회복청구권자로 될 수 없다.[43]

나. 상대방

상속회복청구의 소의 상대방은 참칭상속인이나 참칭상속인으로부터 상속 재산을 취득

43 조승현, 친족·상속법, 신조사, 2012, 310면.

한 제3자이다. 여기에서 참칭상속인이란 통설과 판례에 의하면 정당한 상속권이 없음에도 재산상속인임을 신뢰케 하는 외관을 갖추거나, 상속인이라고 참칭하면서 상속 재산의 전부 또는 일부를 점유함으로써 진정한 상속인의 재산상속권을 침해하는 자를 말한다.

3. 상속회복청구권의 행사

가. 행사의 방법

상속회복청구권은 반드시 재판상 행사하여야 한다.[44] 상속회복을 청구하는 상속인은 자기가 상속권을 가진다는 사실과 목적물이 상속개시 당시 피상속인의 점유 아래 있었던 사실을 입증하면 된다. 소의 관할은 일반법원이다.

나. 행사의 효과

1) 참칭상속인에 대한 효과

참칭상속인은 그가 점유하는 상속 재산을 진정상속인에게 반환하여야 한다. 진정상속인이 다수인 경우에는 이들 상속인의 상속분에 따라 반환하여야 한다.

참칭상속인이 선의인 경우 현존 이익의 한도 내에서 반환하여야 하지만, 악의인 경우에는 취득한 재산의 전부뿐만 아니라 이자 등 과실과 사용 이득도 반환하여야 하고, 손해가 있으면 그 손해도 배상하여야 한다.[45]

2) 제3자에 대한 효과

① 참칭상속인으로부터 상속 재산을 양수한 제3자

참칭상속인으로부터 제3자가 양수한 재산이 동산, 어음·주식·무기명채권 등 유가증권인 경우 선의취득으로 보호될 수 있지만, 부동산인 경우 비록 상속등기가 되어 있더라도 제3자는 보호되지 않는다. 이는 등기의 공신력이 인정되지 않기 때문이다.

② 공동상속인으로부터 상속 재산을 양수한 제3자

공동상속인은 무권리자가 아니므로 제3자가 공동상속인으로부터 상속 재산을 양수한

44 양형우, 전게서, 1940면.
45 양형우, 전게서, 1941면.

경우에 선의취득이 인정될 수 없고, 그 공동상속인의 상속 지분의 범위 내에서만 유효하게 권리를 취득한다.

③ 참칭상속인에 대한 채무변제

참칭상속인에 대한 채무변제는 채권의 준점유자에 대한 변제로 인정되어 유효하게 된다. 이 경우 진정상속인은 변제받은 참칭상속인에 대하여 부당이득 반환을 청구할 수 있다.

4. 상속회복청구권의 소멸

상속회복청구권은 상속인 또는 그 법정대리인이 상속권을 침해당한 사실을 안 날로부터 3년, 상속권의 침해 행위가 있는 날로부터 10년을 경과하면 소멸한다.

여기서 '상속권의 침해를 안 날'이란 자기가 진정상속인임을 알고 또 자기가 상속에서 제외된 사실을 안 때를 의미하고,[46] '상속권의 침해 행위가 있는 날'이라 함은 참칭상속인이 상속 재산의 전부 또는 일부를 점유하거나 상속 재산인 부동산에 관하여 소유권이전등기를 마치는 등의 방법에 의하여 진정한 상속인의 상속권을 침해하는 행위를 한 날을 의미한다.[47]

상속회복청구권이 제척 기간의 경과로 소멸하게 되면 상속 재산은 상속개시일로 소급하여 참칭상속인의 소유가 된다.

사례 조부의 재산을 사망한 부(父)를 대신하여 상속할 수 있는지

Q. A는 대학교 1학년생으로서 어머니는 어릴 때 돌아가셨고, 고교 1학년 때 장남인 아버지가, 고교 3학년 때인 작년에 할아버지가 사망하였다. 할아버지는 사망 당시 임야 2만 평 및 대지 200평, 주택 등의 유산을 남겼으며, 유족으로는 삼촌과 고모가 각 2명씩 있있었다. 당시 삼촌과 고모 모두는 할아버지의 유언이 없었는데도 외아들인 A가 미성년자라는 이유로 A를 제외시킨 채 상속 재산을 모두 차지하였고, A가 상속분을 요구하자 "고등학교 1학년 때부터 키워 준 은혜도 과분한데 무슨 배은망덕한 짓이

46 대법원 2007. 10. 25. 선고 2007다36223판결.

47 대법원 2009. 10. 15. 선고 2009다42321판결.

냐"라며 호통만 칩니다. 이 경우 A가 돌아가신 할아버지의 유산에 대하여 상속권을 주장할 수 없는지요?

A. A의 아버지는 돌아가신 할아버지의 제1순위 상속권자였으나 할아버지보다 먼저 돌아가셨으므로 아버지의 아들인 A가 아버지의 상속 순위에 갈음하여 할아버지의 상속인이 될 수 있으며, 이를 대습상속이라고 한다.

「민법」 제1001조가 규정한 대습상속의 정의를 보면 상속인이 될 직계비속 또는 형제자매가 상속개시 전에 사망하거나 결격자가 된 경우, 그 직계비속이 있을 때에는 그가 사망하거나 결격된 자의 순위에 갈음하여 상속인이 되는 것을 말하며, 이는 재산 상속의 공평성과 정당성이라는 상속의 본지에 합치하는 제도이다.

그리고 상속개시 전에 사망 또는 결격된 자의 배우자는 대습상속인와 같은 순위로 공동상속인이 되고, 그 대습상속인이 없는 때에는 단독으로 상속인이 될 것이므로 만약, A의 어머니가 살아 계셨다면 A와 같은 순위로 공동상속인이 되었을 것이나, 위 사례에서는 A가 단독으로 대습상속인이 된다 할 것이다(민법 제1003조 제2항).

상속분은 상속이 개시된 시점, 즉 할아버지가 사망한 당시의 민법 규정이 적용되어 A의 아버지의 상속분은 삼촌, 고모들의 각 상속분과 균등하게 될 것이다. 따라서 A의 아버지의 상속분은 1/5이 되며, 이를 A가 대습상속하게 되는 것이다.

A는 위와 같은 정당한 대습상속권을 주장할 수 있는데 질문에 의하면 삼촌과 고모들이 A의 상속분까지 상속한 것으로 보이므로, A는 삼촌과 고모들을 상대로 A의 상속분을 돌려줄 것을 요구할 수 있다. 이는 상속회복청구권이라고 한다.

상속회복청구권은 이와 같이 진정한 상속인이 그 상속권의 내용의 실현을 방해하고 있는 자에 대하여 상속권을 주장함으로써 그 방해를 배제하고, 상속권의 내용을 현실로 실현하는 것을 목적으로 하는 청구권이다.

그러므로 만약 아직 상속 재산에 대하여 상속등기가 되어 있지 않다면 상속 재산 분할을 요구할 수 있으며, 협의가 되지 않을 경우에는 법원에 상속 재산 분할을 청구할 수 있다(민법 제1013조, 제269조).

그런데 이미 상속등기가 되어 있고, A의 삼촌, 고모 등이 상속권 또는 상속분에 대하여 다툰다면 재판을 통하여 상속회복청구권을 행사할 수밖에 없으므로 A는 상속회복청구의 소를 제기하여야 할 것이며, 이러한 상속회복청구의 소는 가사소송이 아니므로 「민사소송법」에 의한 소로써 제기되어야 한다.

상속회복의 재판에서 원고승소판결이 확정된 경우에는 A의 삼촌, 고모들은 상속재산의 분할에 응하여야 한다. 만약, 공동상속인인 삼촌, 고모들이 상속 재산인 위 부동산들을 타인에게 양도하였더라도 상속등기에는 공신력이 없는 것이므로 그 부동산을 양수한 제3자는 A의 상속분의 범위 내에서는 그 부동산의 소유권을 주장할 수 없고, 따라서 그 제3자는 A의 반환청구를 거부할 수 없다고 할 것이다.

또한, 상속회복청구의 대상인 부동산을 양수한 제3자가 취득시효의 요건을 갖춘 경우에는 그 소유권을 회복할 수 없을 것이지만, 위 사안의 경우에는 취득시효 기간(부동산등기부 취득시효 기간: 10년, 점유취득시효 기간: 20년)이 경과되지 않은 경우이므로 이러한 문제는 없을 것으로 보인다.

참고로 「민법」 제999조에 의하면 상속회복청구권은 그 침해를 안 날로부터 3년, '상속권의 침해 행위가 있은 날'부터 10년 이내 행사할 수 있다고 규정하고 있다.

Ⅵ. 유류분

1. 서설

유류분이란 피상속인의 유언에 의한 재산처분의 자유를 제한함으로써 상속인에게 법정상속분에 대한 일정 비율의 상속 재산을 확보해 주는 제도를 말한다.

2. 유류분 권리자

유류분 권리자는 피상속인의 직계비속·배우자·직계존속·형제자매이며, 법정상속인인 4촌 이내의 방계혈족은 유류분 권리자가 아니다. 태아도 상속에서는 이미 출생한 것으로 봄으로 유류분권을 가진다. 그리고 대습상속인도 피대습자의 유류분의 범위 내에서 유류분권을 가진다.

3. 유류분의 범위

가. 유류분 권리자의 유류분

1) 피상속인의 직계비속: 법정상속분의 2분의 1

2) 피상속인의 배우자: 법정상속분의 2분의 1

3) 피상속인의 직계존속: 법정상속분의 3분의 1

4) 피상속인의 형제자매: 법정상속분의 3분의 1

나. 유류분의 산정

1) 유류분의 기초가 되는 재산

구체적인 유류분의 액을 산출하기 위해서는 그 기초가 되는 재산액을 결정하여야 한다. 유류분의 기초가 되는 재산이란 피상속인의 상속개시시에 가진 재산의 가액에 증여재산의 가액을 가산하고 채무의 전액을 공제하여 이를 산정한다.

2) 상속개시시에 가진 재산

상속 재산 중 적극 재산만을 의미한다. 유증한 재산 및 사인증여재산은 상속개시시에 현존하는 재산으로 취급한다.

3) 산입될 증여

유류분 산정의 기초가 되는 재산에는 증여재산이 포함된다. 여기서의 증여재산에 아직 이행되지 아니한 증여계약의 목적물이 포함되는지에 대해 판례는 "제1113조 제1항의 증여재산이란 상속개시 전에 이미 증여계약이 이행되어 소유권이 수증자에게 이전된 재산을 가리키는 것이고 아직 증여계약이 이행되지 아니하여 소유권이 피상속인에게 남아 있는 상태로 상속이 개시된 재산은 당연히 '피상속인의 상속개시시에 가진 재산'에 포함되는 것이므로, 수증자가 공동상속인이든 제3자이든 가리지 아니하고 모두 유류분 산정의 기초가 되는 재산을 구성한다"라고 하고 있다.

① 상속개시 전 1년간에 행하여진 증여

상속개시가 있기 전의 1년 사이에 행해진 것에 한해서만 그 가액을 산정한다. 이것은 증여계약의 체결시를 기준으로 1년을 정하는 것이지 증여계약의 이행시를 기준으로 하는 것은 아니다. 따라서 상속개시 1년 이전에 증여계약을 체결한 경우에는 비록 상속개시 전 1년 동안에 이행된 경우에도 이에 포함되지 않는다.

② 당사자 쌍방이 유류분 권리자에게 손해를 가할 것을 알고 한 증여
1년 전에 행해진 증여라 하더라도 당사자 쌍방이 유류분 권리자에게 손해를 가할 것을 알고 한 경우에는 기초 재산에 산입한다.

③ 특별수익분
공동상속인이 상속 재산 중에서 이미 증여받은 것에 대해서는 1년 이전의 것도 모두 산입한다.

4. 유류분의 반환청구권

가. 의의 및 행사 방법

유류분 권리자는 피상속인의 증여 또는 유증으로 인하여 자기 유류분에 부족이 생긴 경우에 그 부족한 한도에서 증여 또는 유증의 목적인 재산의 반환을 청구할 수 있으며, 이러한 구체적인 권리를 유류분반환청구권이라 한다.

유류분반환청구권의 행사는 재판상 또는 재판 외에서 상대방에 대한 의사표시의 방법으로 할 수 있다.

나. 유류분 반환 청구의 순서

유증과 증여가 있는 때에는 먼저 유증의 반환을 청구하고 그것으로 부족한 경우에는 증여의 반환을 청구할 수 있다. 증여 및 유증을 받은 자가 수인인 때에는 각자가 얻은 유증가액의 비례로 반환하여야 한다.

다. 유류분반환청구권의 행사 기간

유류분반환청구권은 유류분 권리자가 상속의 개시와 반환하여야 할 증여 또는 유증을 한 사실을 안 때부터 1년 내에 하지 않으면 시효에 의하여 소멸되며, 상속이 개시된 때로

부터 10년이 경과하면 반환청구권이 소멸된다. 여기에서 유류분 권리자가 상속의 개시와 반환하여야 할 증여 또는 유증을 한 사실을 안 때는 유류분 권리자가 상속이 개시되었다는 사실과 증여 또는 유증이 있었다는 사실 및 그것이 반환하여야 할 것임을 안 때를 뜻한다.[48]

사례 유증으로 유류분이 침해된 경우 상속인의 구제

Q. A의 아버지는 장남인 저(A)와 어머니(B) 그리고 남동생(C) 1명을 유족으로 두고 3개월 전에 사망하였다. 유산으로는 현재 A의 가족이 살고 있는 시가 7,000만 원 상당의 집 한 채와 1억 4천만 원 상당의 토지가 있으나, 아버지께서는 유언으로 집은 A의 가족에게 물려주고 토지는 갑이라는 사회봉사단체에 증여하셨다. A의 가족들은 아버지의 높으신 뜻을 져버릴 생각은 없지만 생활을 이끌어 가기 어려운 바, 이러한 경우 장남인 A가 상속 재산의 일부를 청구할 수는 없는지요?

A. 이러한 경우에 상속이 개시되면 일정 범위의 상속인은 피상속인의 재산의 일정 비율을 확보할 수 있는 유류분 제도가 인정되고 있다. 「민법」은 유류분권리자가 받은 상속재산이 유류분을 침해하는 유증 또는 증여의 결과 유류분이 부족할 때에는 유류분 제도를 둔 취지에서 유류분권리자가 자기의 유류분을 보전하는 방법을 인정하였다.

즉, 유류분권은 구체적으로는 반환청구권으로 나타나며, 유류분권리자는 유류분에 부족한 한도에서 유증 또는 증여된 재산의 반환을 청구할 수 있다(민법 제1115조 제1항). 그러나 이 반환청구권은 반드시 행사하여야 하는 것은 아니며, 유류분의 보전은 유류분권리자의 자유로운 의사에 달려 있다.

민법 제1112조에 의해 피상속인의 배우자와 직계비속의 유류분은 그 법정상속분의 1/2이 된다. A 가족의 법정상속분은 제1009조에 의해 피상속인의 배우자인 A의 어머니(B)는 1.5, A와 남동생(C)은 각각 1의 비율이다. 실제로 각 지분별로 계산해 보면 아래와 같다.

48 대법원 2006. 11. 10. 선고 2006다46346판결.

상속인	법정상속분	유류분
어머니(B)	(7,000만 원+1억4천만 원)×1.5/3.5=9,000만 원	9,000만 원×1/2=4,500만 원
남동생(C)	(7,000만 원+1억4천만 원)×1/3.5=6,000만 원	6,000만 원×1/2=3,000만 원
A	(7,000만 원+1억4천만 원)×1/3.5=6,000만 원	6,000만 원×1/2=3,000만 원

따라서 A의 가족은 각자 자신의 부족한 유류분의 한도에서 갑에게 재산이 반환을 청구할 수 있다. 다만, 반환청구권은 상속의 개시 및 증여의 사실을 안 때로부터 1년 내에 행사하지 아니하거나 상속이 개시된 때, 즉 A의 부친의 사망일로부터 10년 내에 행사하지 아니하면 소멸한다.

사례 공동상속인 중 특별수익자가 있는 경우 유류분청구권

Q. A의 아버지는 어머니와 A를 포함한 두 형제를 남기고 2개월 전 돌아가셨다. 아버지는 돌아가시기 2년 전 아버지 명의의 대지와 주택을 형의 명의로 이전해 주면서 어머니와 동생인 A를 잘 돌볼 것을 부탁하셨다. 그러나 형은 아버지가 돌아가신 후 어머니를 모시려 하지도 않고 생활비도 주지 않아 다른 상속 재산이 없는 어머니께서는 생계유지가 막막하여 유류분 청구를 하려고 한다. 이 경우 형에게 이전한 증여재산도 유류분 청구의 대상이 될 수 있는지요?

A. 「민법」 제1113조 제1항은 "유류분은 피상속인의 상속개시시에 가진 재산의 가액에 증여재산의 가액을 가산하고, 채무의 전액을 공제하여 이를 산정한다"라고 규정하고 있고, 같은 법 제1114조는 "증여는 상속개시 전의 1년간에 행한 것에 한하여 제1113조의 규정에 의하여 그 가액을 산정한다. 당사자 쌍방이 유류분권리자에 손해를 가할 것을 알고 증여를 한 때에는 1년 전에 한 것도 같다"라고 규정하여 원칙적으로 상속개시 전 1년간에 행한 증여에 한하여 유류분 재산에 포함하고 있다.

따라서 위 규정대로라면 A의 아버지와 형 사이의 증여는 2년 전에 이루어졌기 때문에 유류분 재산에 포함되지 아니한다고 하겠다.

그러나 판례는 공동상속인 중에서 피상속인으로부터 특별수익한 자가 있는 경우와 관련하여 "공동상속인 중에 피상속인으로부터 재산의 생전증여에 의하여 특별수익을

한 자가 있는 경우에는 민법 제1114조의 규정은 그 적용이 배제되고, 따라서 그 증여는 상속개시 1년 이전의 것인지 여부, 당사자 쌍방이 손해를 가할 것을 알고서 하였는지 여부에 관계없이 유류분 산정을 위한 기초 재산에 산입된다"라고 하여 「민법」 제1114조를 배제하고 있다(대법원 1995. 6. 30. 선고 93다11715 판결, 1996. 2. 9. 선고 95다17885 판결, 1998. 12. 8. 선고 97므513, 520, 97스12 판결).

따라서 A의 어머니와 A는 각 상속지분의 2분의 1에 상당한 유류분을 청구할 수 있고, 그 유류분은 형이 2년 전에 증여 받은 대지와 주택을 포함하여 산정되어야 할 것이다. 한편, 유류분권리자의 증여 또는 유증재산의 반환청구권은 유류분권리자가 상속개시와 반환하여야 할 증여 또는 유증을 한 사실을 안 때로부터 1년 내에 하지 아니하면 시효에 의하여 소멸하고, 상속이 개시한 때로부터 10년이 경과한 때도 소멸하므로 A는 이 기간을 준수하여 유류분권을 행사하여야 할 것이다.

참고로 유류분 산정 시 산입될 '증여재산'에 아직 이행되지 아니한 증여계약의 목적물이 포함되는지 여부에 관하여 판례는 "유류분 산정의 기초가 되는 재산의 범위에 관한 민법 제1113조 제1항에서의 '증여재산'이란 상속개시 전에 이미 증여계약이 이행되어 소유권이 수증자에게 이전된 재산을 가리키는 것이고, 아직 증여계약이 이행되지 아니하여 소유권이 피상속인에게 남아 있는 상태로 상속이 개시된 재산은 당연히 '피상속인의 상속개시시에 가진 재산'에 포함되는 것이므로, 수증자가 공동상속인이든 제3자이든 가리지 아니하고 모두 유류분 산정의 기초가 되는 재산을 구성한다"라고 하였다(대법원 1996. 8. 20. 선고 96다13682 판결).

Ⅶ. 유언

1. 의의

유언 제도는 유언자가 남긴 최종의 의사를 존중하고 사후에 그 의사의 실현을 보장하기 위해 인정하는 제도이며, 법률상의 유언이란 유언자의 사망과 동시에 일정한 법률 효과를 발생시키는 것을 목적으로 하여 일정한 방식에 따라 행하는 상대방 없는 단독 행위를 말한다. 민법은 유언 연령을 만 17세로 정하고 있으며, 17세 이상이면 누구나 단독으로 유언할 수 있다.

2. 유언의 방식

유언 방식의 종류에는 통상의 방식으로 자필증서유언·녹음유언·공정증서유언·비밀증서유언이 있고, 특별 방식의 유언으로 '질병 기타의 급박한 사유로 인하여' 통상의 방식으로 유언이 불가능한 경우에만 보충적으로 인정되는 구술증서유언이 있다.

가. 자필증서에 의한 유언

자필증서에 의한 유언은 유언자가 그 전문과 연월일·주소·성명을 자필하고 날인하는 방식으로 성립하는 유언이다. 자필증서유언은 타인의 관여 없이 간단히 작성할 수 있고, 유언의 내용 및 존재를 비밀로 할 수 있는 편리성이 있지만, 내용이 불분명하거나 위조·변조의 가능성이 있다. 그러므로 이에 대한 분쟁의 여지를 줄이기 위하여 자필증서유언을 집행하기 위해서는 반드시 가정법원의 검인 절차를 밟아야 한다.

사례 자필증서에 의한 유언의 효력

Q. 저는 10년 전부터 갑의 후처로 들어와 혼인신고 없이 동거인으로 살고 있는데, 갑은 그의 사후에 저의 생활 안정을 배려한다면서 "자신이 소유한 부동산 1필지를 사후에 증여하겠다"라는 취지의 각서를 자필로 작성하여 저에게 교부하였습니다. 위와 같은 각서로도 유언의 효력이 인정되는지요?

A. 「민법」은 유언의 존재 여부를 분명히 하고 위조, 변조를 방지할 목적으로 일정한 방식에 의한 유언에 대해서만 그 효력을 인정하고 있다. 민법에 규정된 유언의 방식으로는 자필증서에 의한 유언, 녹음에 의한 유언, 공정증서에 의한 유언, 비밀증서에 의한 유언, 구수증서에 의한 유언이 있다(같은 법 제1065조).

'자필증서에 의한 유언'이란 유언 중에서 가장 간단한 방식이며, 그 요건은 유언자가 유언의 내용이 되는 전문과 연월일·주소·성명을 자신이 쓰고 날인한 유언서이다(같은 법 제1066조). 이 유언은 자필하는 것이 절대적 요건이므로, 타인에게 구수(口授), 필기시킨 것, 타이프라이터나 점자기를 사용한 것은 자필증서로서 인정되지 않으며 따라서 무효이다. 다만, 자기 스스로 썼다면 외국어나 속기문자를 사용한 것도, 그리고 가족에게 의문의 여지없는 정도의 의미가 명확한 관용어나 약자·약호를 사용한 유언도 유효하다. 유언서 작성 시 연월일도 반드시 자필로 기재하여야 하며 유언서 말미나 봉투에 기재하여도 무방하나 연월일이 없는 유언은 무효이다. 연월일의 자필이 중요시되는 것은 언제 유언이 성립되었느냐를 명확히 하는 이외에, 유언자의 유언능력을 판단하는 표준시기를 알기 위하여도, 혹은 유언이 2통으로 작성된 경우에 전·후의 유언 내용이 저촉되는 때에는, 뒤의 유언으로써 그 저촉되는 부분의 앞 유언을 취소한 것으로 볼 수 있으므로, 유언에 연월일이 없으면 어느 유언이 전·후의 것인지 불명확하기 때문이다. 그렇지만 연월일을 반드시 정확하게 기입할 필요는 없으며 '만 60세의 생일'이라든가 '몇 년의 조부 제사일에'라는 식으로 써도 상관없다.

그러나 연월만 표시하고 날의 기재를 하지 않은 유언은 무효이다. 예컨대, '1954년 9월 길일'과 같은 기재는 날짜의 기재가 없는 것으로 무효가 된다.

성명의 기재가 없는 유언서 또는 성명을 다른 사람이 쓴 유언서는 무효이다. 여기서, 성명의 기재는 그 유언서가 누구의 것인가를 알 수 있는 정도면 되므로 호나 자, 예명(藝名) 등도 상관없다. 성과 이름을 다 쓰지 않더라도 유언자 본인의 동일성을 알 수 있는 경우에는 유효하지만, 성명의 자서(自書) 대신 자서를 기호화한 인형(印形) 같은 것을 날인한 것은 안 된다.

또한, 자필증서에 의한 유언은 유언서의 전문과 연월일, 성명을 자서하고 도장 찍는 것을 요건으로 하되 도장은 인감증명이 되어 있는 실인(實印)일 필요는 없으며, 막도장도 좋고, 무인(拇印)도 무방하며 날인은 타인이 하여도 무방하다. 사후 문자의 삽입·삭제·변경을 할 때에는 유언자가 자서하고 날인하여야 한다(같은 법 제1066조 제2항). 그리고 위와 같은 자필증서를 보관한 자 또는 이를 발견한 자는 유언자의 사망 후 지체 없이 그 증서를 법원에 제출하여 검인을 받아야 한다(같은 법 제1091조 제1항).

판례는 "자필증서에 의한 유언은 유언자가 그 전문과 연월일·주소·성명을 자서(自書)하고 날인하여야 하는바(민법 제1066조 제1항), 유언자의 주소는 반드시 유언 전문과 동일한 지편(紙片)에 기재하여야 하는 것은 아니고, 유언증서로서 일체성이 인정되는 이상 그 전문을 담은 봉투에 기재하더라도 무방하며, 그 날인은 무인에 의한 경우에도 유효하고, 유언증서에 문자의 삽입·삭제·변경을 함에는 유언자가 이를 자서하고 날인하여야 하나(민법 제1066조 제2항), 증서의 기재 자체로 보아 명백한 오기를 정정함에 지나지 아니하는 경우에는 그 정정 부분에 날인을 하지 않았다고 하더라도 그 효력에는 영향이 없고, 민법 제1091조 제1항에 규정된 유언증서에 대한 법원의 검인은 유언의 방식에 관한 사실을 조사함으로써 위조·변조를 방지하고 그 보존을 확실히 하기 위한 절차에 불과할 뿐 유언증서의 효력 여부를 심판하는 절차가 아니고, 민법 제1092조는 봉인된 유언증서를 검인하는 경우 그 개봉 절차를 규정한 데 불과하므로, 적법한 유언증서는 유언자의 사망에 의하여 곧바로 그 효력이 발생하고 검인이나 개봉 절차의 유무에 의하여 그 효력에 영향을 받지 않는다"라고 하였다(대법원 1998. 5. 29. 선고 97다38503 판결, 1998. 6. 12. 선고 97다38510 판결).

그러므로 위 사안에서 갑이 작성한 각서가 위와 같은 방식을 갖추고 사후에 부동산 1필지를 귀하에게 유증한다는 내용이라면 「민법」 제1066조의 자필증서에 의한 유언에 해당하여 유언의 효력이 있을 것으로 보인다.

참고로 자필증서에 의한 유언의 모든 요건이 충족되어 있으나 날인만이 빠진 상태의 유언장의 효력과 관련하여 판례는 "법정된 요건과 방식에 어긋난 유언은 그것이 유언자의 진정한 의사에 합치하더라도 무효라고 하지 않을 수 없고, 민법 제1066조 제1항은 '자필증서에 의한 유언은 유언자가 그 전문과 연월일, 주소, 성명을 자서하고 날인하여야 한다'라고 규정하고 있으므로, 유언자의 날인이 없는 유언장은 자필증서에 의한 유언으로서의 효력이 없다"라고 하였다(대법원 2006. 9. 8. 선고 2006다25103, 25110 판결, 2007. 10. 25. 선고 2006다12848 판결).

나. 녹음에 의한 유언

녹음에 의한 유언은 음향기기에 유언자가 유언의 취지·그 성명·연월일을 구술하고, 이에 참여한 증인이 유언자 본인의 유언이 틀림없다는 것과 증인 자신의 성명을 구술함으로써 성립하는 유언이다.

다. 공정증서에 의한 유언

공정증서에 의한 유언은 유언자가 증인 2인이 참여한 가운데 공증인 면전에서 유언의 취지를 구술하고 공증인이 이를 필기·낭독하여 유언자와 증인이 그 정확함을 승인한 후 각자 서명 또는 기명날인함으로써 성립하는 유언이다. 공정증서에 의한 유언은 유언증서를 공증인이 보관하므로, 유언의 존재가 분명하고 위조·변조를 막을 수 있으며, 검인 없이 집행할 수 있는 점에서 유용하다.

라. 비밀증서에 의한 유언

비밀증서에 의한 유언이란 유언자가 자기의 유언 취지와 실제 유언서를 필기한 필자의 성명을 기입한 증서를 엄봉날인하고 이를 2인 이상의 증인에게 자신의 유언서임을 표시한 후 그 봉서 표면에 제출 연월일을 기재하고 유언자와 증인이 각자 서명 또는 기명날인하여 작성한 것을 말한다.

마. 구수증서에 의한 유언

구수증서에 의한 유언이란 질병 기타 급박한 사유로 인하여 통상의 방식의 유언을 할 수 없는 경우 유언자가 2인 이상의 증인의 참여로 그 1인에게 유언의 취지를 구수하고, 그 구수를 받은 자가 이를 필기·낭독하여 유언자와 증인이 그 정확함을 승인한 후 각자가 서명 또는 기명날인하여 작성한 것을 말한다.

사례 구수증서에 의한 유언의 효력

Q. 한 달 전 사망한 저희 부친은 3년 전 그의 칠순잔치 때에 어머니와 저희 3남매를 모아놓고 그의 사후 재산 분배에 대하여 언급하였고, 동생이 그것을 받아 적고 낭독한 그 유언서에 '반드시 이대로 분배하라'라고 직접 기재하신 후 서명·날인하였습니다. 그런데 동생은 부친 사망 후 위 유언장의 효력을 부인하고 법정상속분에 따른 재산 분배를 요구하고 있습니다. 유언 중 구수증서에 의한 유언은 유효하다고 들었는데, 위와 같은 경우 동생의 주장이 정당한지요?

A. 구수증서(口授證書)에 의한 유언은 질병 기타 급박한 사유로 보통의 방식에 의하여 유언할 수 없는 경우에 유언자가 2인 이상의 증인의 참여로 그중 1인에게 유언의 취지를 구수하고, 그 구수를 받은 사람이 이를 필기·낭독하여 유언자와 증인이 그 정확함을 승인한 후 각자가 서명 또는 기명·날인하는 방법의 유언이다(민법 제1070조 제1

항).

구수증서에 의한 유언은 다음과 같은 요건을 갖추어야 한다.

첫째, 질병 기타 급박한 사유로 인하여 다른 방식에 의한 유언을 할 수 없는 경우에 한하여 인정된다. 기타 급박한 사유란 것은 부상한 경우, 전염병 때문에 교통이 차단된 상태에 있는 경우, 조난한 선박 중에 있는 경우 등을 말한다.

판례도 "민법 제1065조 내지 제1070조가 유언의 방식을 엄격하게 규정한 것은 유언자의 진의를 명확히 하고 그로 인한 법적 분쟁과 혼란을 예방하기 위한 것이므로, 법정된 요건과 방식에 어긋난 유언은 그것이 유언자의 진정한 의사에 합치하더라도 무효라고 하지 않을 수 없는바, 민법 제1070조 제1항이 구수증서에 의한 유언은 질병 기타 급박한 사유로 인하여 민법 제1066조 내지 제1069조 소정의 자필증서, 녹음, 공정증서 및 비밀증서의 방식에 의하여 할 수 없는 경우에 허용되는 것으로 규정하고 있는 이상, 유언자가 질병 기타 급박한 사유에 있는지 여부를 판단하는 데에 유언자의 진의를 존중하기 위하여 유언자의 주관적 입장을 고려할 필요가 있을지 모르지만, 자필증서, 녹음, 공정증서 및 비밀증서의 방식에 의한 유언이 객관적으로 가능한 경우까지 구수증서에 의한 유언을 허용하여야 하는 것은 아니다"라고 하였다(대법원 1999. 9. 3. 선고 98다17800 판결, 2000. 12. 12. 선고 99다7329 판결).

둘째, 2인 이상의 증인의 참여와 그중 1인에게 유언의 취지를 구수하여야 한다. 증인이 1인밖에 참여하지 않을 때는 그 유언은 무효이다.

셋째, 구수를 받은 사람이 이를 필기·낭독하여 유언자와 증인이 그 정확함을 승인한 후 각자가 서명 또는 기명하고 날인하여야 한다.

넷째, 구수증서에 의한 유언은 그 증인 또는 이해관계인이 급박한 사유가 종료한 날로부터 7일 내에 가정법원에 검인을 신청하여야 하며(민법 제1070조 제2항), 가정법원은 이 검인을 심판으로써 한다(가사소송법 제2조 제1항 라류 사건 제40호).

다섯째, 금치산자가 구수증서에 의한 유언을 하는 경우에는 그 의사능력이 회복되어 있어야 한다(민법 제1063조 제1항). 다만, 구수증서에 의한 유언의 경우에는 사실상 의사의 참여가 불가능한 경우가 많기 때문에 의사가 심신회복의 상태를 유언서에 서명·날인할 필요는 없다(민법 제1070조 제3항, 제1063조 제2항).

따라서 사례의 경우에는 구수증서에 의한 유언의 요건 중 급박한 사정이 당시 존재하였다고 보기가 어려워 유언으로서의 효력이 없을 것으로 보인다. 그러므로 상속인들 사이에 상속분에 대하여 원만한 합의가 이루어지지 않는다면 법정상속지분에 의하여 상속 재산을 분할하여야 할 것으로 보인다.

제3편

경제생활과 법률관계

제1장 물권과 채권

제2장 부동산등기 제도

제3장 부동산 임대차와 법률관계

제4장 소비자와 법률관계

제5장 지식재산권법

제1장 **물권과 채권**

Ⅰ. 물권 일반 이론

1. 서설

시장경제 질서에 터 잡은 사회에서는 원칙적으로 국민 각자에게 독립·대등한 권리주체로서의 지위가 주어지고 재화에 대한 사적 지배와 그것의 자유로운 교환이 법적으로 보장된다. 이러한 사회에서 사법의 역할은 소유권과 계약을 중심으로 자본주의 경제 질서에 부합하는 재화 및 용역의 지배·이용·교환 관계를 실현하는 데에 있으며, 사유재산제에 터 잡아 각종 재화에 대한 배타적인 지배·이용 관계를 규율하는 사법을 물권법이라고 한다.

2. 물권의 의의

물권이란 특정의 물건을 직접 지배하여 그것으로부터 독점적·배타적으로 이익을 취득할 수 있는 권리를 말한다. 따라서 물권은 재산권이고 지배권이며 절대권이다. 이에 대해 채권은 특정인이 다른 특정인에 대하여 특정의 행위를 청구할 수 있는 권리이다. 채권은 물권과 같은 재산권이지만 특정한 자에게만 권리를 구할 수 있는 청구권이고, 대세적 효력이 없는 상대권이다.

일자	행위 내용	비고
2020. 7. 10.	갑(매수인)은 을(매도인)로부터 을 소유의 A토지를 매수하는 계약을 체결	
2020. 10. 10.	갑: 매매대금 모두 지급	
2020. 12. 2.	갑이 이전등기를 하지 않는 사이 을은 다시 위 토지를 제3자인 병에게 매도한 후 소유권이전등기를 경료	

위 사례의 경우 갑은 A 토지의 소유권을 취득하지 못하고 제2의 매수인인 병이 소유권을 취득하게 된다. 갑은 을에 대하여 채권인 소유권이전등기청구권을 가지지만, 이는 매도인인 을에 대하여만 행사할 수 있는 권리이고 다른 제3자인 병에 대하여는 어떠한 청구권도 가지지 않는다.

다만, 갑은 을에 대하여 이중매매를 원인으로 하여 손해배상청구권을 행사할 수 있다. 위 토지에 대하여 소유권이전등기를 경료한 제2매수인 병은 물권(절대권)인 소유권을 가지므로 매도인 을에 대하여는 물론이고 제1매수인 갑에 대하여도 그 소유권을 유효하게 주장할 수 있다. 만약 위 경우에 갑이 매수 계약 후 A 토지를 먼저 인도받아 점유하고 있다면 병은 갑에 대하여 물권적 청구권인 소유물반환청구권을 행사하여 이를 반환받을 수 있다.

3. 물권의 객체

가. 의의

물권의 객체는 원칙적으로 특정된 독립·현존하는 물건이다. 다만 예외적으로 재산권의 준점유(210조), 재산권을 목적으로 하는 권리질권(345조), 지상권과 전세권을 목적으로 하는 저당권(371조) 등 채권 기타의 권리도 물권의 객체가 된다.

나. 일물일권주의

1) 의의

1개의 물권의 객체는 1개의 독립한 물건이어야 한다는 원칙이 일물일권주의이다. 구체적인 내용은 물건의 일부나 구성 부분에는 물권이 성립하지 않으며, 1개의 물건 위에 서로 양립할 수 없는 물권은 2개 이상 존재할 수 없으며, 수 개의 물건 전체 위에 1개의 물권이 성립되지 않는다.

2) 일물일권주의의 예외

물건의 일부나 구성 부분은 물권의 객체가 되지 못하지만, 예외적으로 물건의 일부에 대하여 물권을 인정할 사회적 필요성이나 실익이 있고 공시가 가능하거나 공시와는 관계가 없는 때에는 예외적으로 물건의 일부분이더라도 독립한 물권의 객체가 인정될 수 있다.

농작물은 타인의 토지에서 설령 위법하게 재배된 것이라도, 명인방법을 갖추지 않더라도 경작자에게 귀속된다(판례). 따라서 판례의 태도에 따르면 농작물은 토지와는 독립한 물건으로 다루어진다.

일물일권주의의 예외

토지 일부	• 용익물권(지상권, 지역권, 전세권) 설정 가능, 지중의 광물
건물 일부	• 구분소유권 인정 • 전세권 설정 가능
수목	• 관습법상 명인방법 • 입목에 관한 법률에 의한 입목등기
미분리과실	• 관습법상 명인방법

4. 물권의 종류

가. 물권법정주의(185조)

물권의 종류 및 내용은 법률 또는 관습법에 의하는 외에는 당사자가 임의로 창설하지 못한다는 원칙을 물권법정주의라 한다. 채권법에서는 계약 자유의 원칙이 인정되기 때문에 당사자가 채권의 종류와 내용을 자유롭게 결정할 수 있다. 그러나 물권법에서는 물권법정주의에 의하여 어떤 종류의 물권을 어떤 내용으로 설정할 것인가에 관하여는 자유로이 결정할 수 없으므로 계약내용결정의 자유가 제한된다.

나. 물권의 종류 및 분류

1) 민법이 인정하는 물권

<table>
<tr><th rowspan="2">구분</th><th rowspan="2" colspan="3">분류</th><th colspan="2">대상</th><th rowspan="2">내용</th></tr>
<tr><th>동산</th><th>부동산</th></tr>
<tr><td colspan="4">점유권</td><td>○</td><td>○</td><td>물건의 사실상 지배</td></tr>
<tr><td rowspan="7">본권</td><td colspan="3">소유권(완전물권)</td><td>○</td><td>○</td><td>전면적 지배</td></tr>
<tr><td rowspan="6">제한물권</td><td rowspan="3">용익물권</td><td>지상권</td><td>×</td><td>○</td><td rowspan="3">사용 가치</td></tr>
<tr><td>지역권</td><td>×</td><td>○</td></tr>
<tr><td>전세권</td><td>×</td><td>○</td></tr>
<tr><td rowspan="3">담보물권</td><td>유치권</td><td>○</td><td>○</td><td rowspan="3">교환 가치</td></tr>
<tr><td>질권</td><td>○</td><td>×</td></tr>
<tr><td>저당권</td><td>×</td><td>○</td></tr>
</table>

① 점유권: 물건에 대한 사실상의 지배에 관한 권리

② 소유권: 법률의 범위 내에서 목적물을 사용·수익·처분할 수 있는 권리

③ 지상권: 타인의 토지에서 건물, 기타 공작물이나 수목을 소유하려고 그 토지를 사용할 수 있는 권리

④ 지역권: 일정한 목적을 위하여 타인의 토지를 자기 토지의 편익에 이용할 수 있는 부동산 용익물권

⑤ 전세권: 전세금을 지급하고 농경지 이외의 타인의 부동산을 점유하여 그 부동산의 용도에 좇아 사용·수익하고 전세권이 소멸하면 그 부동산으로부터 전세금을 우선변제를 받을 수 있는 권리

⑥ 유치권: 타인의 물건 또는 유가증권을 점유한 자가 그 물건이나 유가증권에 관하여 생긴 채권을 가지는 경우, 그 채권을 변제받을 때까지 그 물건 또는 유가증권을 유치할 수 있는 권리(예: 타인의 물건을 수선한 자가 수선대금을 지급받을 때까지 그 물건을 유치할 수 있고, 임차인이 임차물에 지출한 필요비·유익비의 상환을 받을 때까지 임차물을 유치할 수 있는 권리)

⑦ 질권: 채권자가 채권담보로 채무자 또는 제3자로부터 받은 동산 또는 재산권을 채무변제가 있을 때까지 유치함으로써, 채무변제를 간접적으로 강제하는 동시에 변제가 없을 때에는 그 목적물로부터 우선적으로 변제받을 수 있는 권리(예: 전당포)

⑧ 저당권: 채무자나 제3자가 채무담보로 제공한 부동산 기타 목적물의 점유를 채권자가 이전받지 않고 채무변제가 없을 때에 그 목적물로부터 우선변제를 받을 수 있는 권리

2) 민법 이외의 법률이 인정하는 물권

① 상법: 상사유치권, 주식질권, 선박저당권, 선박채권자의 우선특권

② 특별법: 가등기담보권, 입목저당권, 자동차저당권, 항공기저당권 등

3) 관습법이 인정하는 물권

① 분묘기지권

② 관습법상 법정지상권

③ 동산의 양도담보

• 온천을 그 용출지반과는 별개의 물건으로 인정하지 않기 때문에 온천권을 관습상의 물권으로 인정하지 않고 있다(판례).

• 미등기 무허가 건물의 양수인이라 할지라도 그 소유권이전등기를 경료 받지 않는 한 건물에 대한 소유권을 취득할 수 없고, 그러한 건물의 취득자에게 소유권에 준하는 관습상의 물권이 있다고 볼 수 없다(판례).

5. 물권의 효력

가. 우선적 효력

우선적 효력이란 하나의 물건 위에 수 개의 권리가 경합하는 경우에 그중 한 권리가 다른 권리에 우선하는 효력을 말한다.

1) 물권 상호 간의 우선적 효력

① 두 개 이상의 소유권이 동일한 물건 위에 동시에 성립할 수는 없다.

② 제한물권은 양립이 가능하므로 한 개의 물건에 두 개 이상의 제한물권이 성립 가능하다.

③ 이 경우 시간적으로 먼저 성립한 물권이 우선한다.

④ 점유권은 물권이지만 우선적 효력이 없다.

⑤ 제한물권은 제한물권 고유의 효력에서만큼은 소유권에 우선한다.

물권과 물권 상호 간의 우선순위 예시

[근저당 : 저당] (배당재단 5,000만 원)

일자	권리 내용	권리자	배당	비고
9. 5.	근저당 4,000만 원	갑	4,000만 원	물권
10. 3.	저당 1,000만 원	을	1,000만 원	물권

물권 상호 간에는 먼저 성립한 물권이 나중에 성립한 물권보다 우선하므로 배당재단이 5,000만 원일 경우, 우선 1순위로 근저당권자 갑이 4,000만 원을 모두 배당받고, 2순위로 남은 1,000만 원을 저당권 을에게 배당한다. 근저당권과 저당권과 같이 동구에서 마쳐진 등기의 경우 물권 성립 선후는 등기소에 접수된 등기접수일 또는 등기접수일이 같으면 그 순위번호에 의한다.

[근저당 : 저당 : 저당] (배당재단 5,000만 원)

일자	권리 내용	권리자	배당	비고
9. 5.	근저당 4,000만 원	갑	4,000만 원	물권
10. 3.	저당 1,000만 원(순위번호 빠름)	을	1,000만 원	물권
10. 3.	저당 1,000만 원	병	없음	물권

물권 상호 간에는 먼저 성립한 물권이 나중에 성립한 물권보다 우선하므로 배당액이 5,000만 원일 경우, 우선 1순위로 근저당권자 갑이 4,000만 원으로 자신의 청구액을 모두 배당받는다. 그리고 등기부의 같은 구(근저당권과 저당권은 모두 등기부의 을구에 표시된다)에서의 물권 성립 선후는 등기소에 접수된 등기접수일 또는 등기접수일이 같으면 그 순위번호의 순위에 의하여 결정한다.

10월 3일 자에 설정된 을, 병의 각 저당권은 순위번호가 빠른 을이 우선하게 되므로 을에게 1,000만 원을 배당한다. 병에게는 배당 몫이 없다.

[전세권 : 저당 : 전세권 이전의 부기등기] (배당재단 5,000만 원)

일자	권리 내용	권리자	배당	비고
9. 5.	전세권 4,000만 원	갑	없음	물권
10. 3.	저당 2,000만 원	을	1,000만 원	물권
11. 5.	갑 전세권이전의 부기등기	병(배당 요구)	4,000만 원	물권

물권 상호 간에는 먼저 성립한 물권이 나중에 성립한 물권보다 우선하지만, 부기등기의 순위는 주등기의 순위에 의한다. 이 경우 경매가 행해지면 갑으로부터 전세권을 이전받아 그 부기등기를 갖춘 병은 주등기인 갑의 전세권이 설정된 9.5.의 순위에 의하므로 결국 병이 저당권자 을에게 우선하게 되어 그에게 4,000만 원을 배당하고, 저당권자 을은 나머지 1,000만 원만 배당받을 수 있다.

2) 채권에 우선하는 효력

① 원칙적으로 물권은 시간적 선·후, 성립 시기를 불문하고 채권에 우선한다.

② 성립의 선·후를 불문하고 채권이 우선하는 경우

- 근로기준법상 임금채권(3개월), 퇴직금채권(3년)
- 주임법상 소액보증금 최우선 변제권

③ 물권과 동일하게 시간적 선·후에 따라 우열 결정되는 채권

- 조세채권(단, 그 물건 자체에 대한 조세인 당해세는 언제나 최우선)
- 등기된 부동산의 임차권(621조, 622조)
- 주임법상 대항력을 갖춘 임차권
- 주임법상 대항력과 확정일자를 갖춘 보증금반환채권
- 가등기에 의해 순위가 보전된 청구권이 본등기를 갖춘 경우

물권과 채권 간의 우선순위 예시

[가압류 : 가압류 : 근저당] (배당재단 5,000만 원)

일자	권리 내용	권리자	배당	비고
2. 8.	가압류 4,000만 원	갑	2,000만 원	채권
5. 9.	가압류 4,000만 원	을	2,000만 원	채권
12. 3.	근저당 2,000만 원	병	1,000만 원	물권

채권 상호 간에는 시간의 선·후에 관계없이 동등한 지위를 갖게 되어 우선순위 없이 평등하게 취급되고 가압류 이후 설정된 근저당은 가압류권자와 동 순위로 안분배당 된다. 이에 따라 안분배당을 하게 되면,

가압류권자 갑⇒5,000만 원x4,000만 원/(4,000만 원+4,000만 원+2,000만 원)=2,000만 원

가압류권자 을⇒5,000만 원x4,000만 원/(4,000만 원+4,000만 원+2,000만 원)=2,000만 원

가압류권자 병⇒5,000만 원x2,000만 원/(4,000만 원+4,000만 원+2,000만 원)=1,000만 원

따라서 가압류권자 갑, 을에게 각각 2,000만 원씩 배당하고 소멸되며 근저당권자 병에게 1,000만 원을 배당한다.

물권화된 채권의 우선순위 예시

물권화된 채권, 즉 확정일자 갖춘 임차권, 소유권이전가등기 등의 채권이 등기 또는 가등기 될 경우에는 물권화가 된 것으로 그 성립의 순위에 따라 권리의 우열이 정해진다. 특히 확정일자 있는 임차권은 주택임대차 계약이 채권계약이지만 임차인이 대항력을 갖춘 상태에서 확정일자를 받으면 이후에 물권에 우선한다(우선변제권, 주택임대차보호법 제3조의2 제2항).

[확정일자부 임차권 : 저당권] (배당재단 5,000만 원)

일자	권리 내용	권리자	배당	비고
2020. 2. 5.	임차권 4,500만 원(확정일자)	갑	4,500만 원	물권화된 채권
2020. 5. 9.	저당권 1,500만 원	을	500만 원	물권

위 사례의 경우 임차권은 채권이지만 임차권자인 갑이 확정일자를 갖추어 채권이 물권화되었으므로, 1순위로 우선변제권이 있는 임차권자 갑에게 먼저 4,500만 원을 배당하고, 2순위로 순서에 따라 저당권자 을에게 500만 원을 배당한다.

[임차권 : 확정일자부 임차권 : 근저당] (배당재단 6,000만 원)

일자	권리 내용	권리자	배당	비고
2020. 3. 9.	임차권 5,000만 원(확정일자 없음)	갑	없음	채권
2020. 8. 9.	임차권 5,000만 원(확정일자 있음)	을	5,000만 원	물권화된 채권
2020. 11. 8.	근저당 2,000만 원	병	1,000만 원	물권

주택임차인이 주민등록 전입과 주택의 인도를 받으면 제3자에 대하여 대항력이 생긴다. 따라서 주택이 매매 기타 원인으로 소유자가 변경되더라도 임차인은 새로운 소유자에 대하여 보증금 반환을 요구할 수 있다. 경매에서 매수인은 대항력 있는 임차인의 보증금을 인수해야 한다.

그러므로 1순위로 먼저 물권화된 채권인 임차권자 을에게 5,000만 원을 배당하고, 2순위로 물권자인 근저당권자 병에게 1,000만 원을 배당한다. 그리고 확정일자 없는 임차권자 갑은 배당에는 참가할 수 없고 대항 요건을 갖춘 경우 매수인에게 대항력을 행사할 수 있다.

3) 채권 상호 간의 효력

물권 상호 간에는 그 성립 순서에 의하여 순위가 결정되는데 반하여 채권은 상대방에 대한 청구권으로 시간의 선·후에 관계없이 동등한 지위를 가지게 되어 우선순위 없이 평등하게 취급한다. 따라서 배당에서도 성립 순서에 관계없이 금액에 비례하여 배당한다.

[가압류 : 가압류 : 가압류] (배당재단 4,000만 원)

일자	권리 내용	권리자	배당	비고
1. 9.	가압류 4,000만 원	갑	2,000만 원	채권
3. 8.	가압류 3,000만 원	을	1,500만 원	채권
11. 28.	가압류 1,000만 원	병	500만 원	채권

채권 사이의 배당은 성립 순서에 의하여 정하지 않고 금액에 비례하여 평등하게 안분배당(배당재단x해당 채권액/각 채권의 합계액) 한다.

① 가압류권자 갑⇒4,000만 원x4,000만 원/(4,000만원+3,000만 원+1,000만 원)=2,000만 원

② 가압류권자 을⇒4,000만 원x3,000만 원/(4,000만 원+3,000만 원+1,000만 원)=1,500만 원

③ 가압류권자 병⇒4,000만 원x1,000만 원/(4,000만 원+3,000만 원+1,000만 원)=500만 원

나. 물권적 청구권

물권의 지배가 외부로부터 침해를 받거나 침해될 염려가 있는 경우에 물권자가 그 침해자에 대해 침해의 배제 또는 예방에 필요한 행위를 청구할 수 있는 권리

1) 물권적 청구권의 종류

① 물권적 반환청구권

② 물권적 방해제거청구권

③ 물권적 방해예방청구권

2) 물권적 청구권과 불법 행위로 인한 손해배상청구권

	요건	효과
물권적 청구권	·침해의 가능성만 있어도 성립 ·침해자의 고의·과실 불필요	방해 제거와 예방에 필요한 행위 요구
불법 행위로 인한 손해배상청구권	·침해의 가능성만으로 성립하지 않음 ·가해자의 고의·과실이 요구됨	손해배상(금전)
침해자의 고의·과실 ○ ⇒ 물권적 청구권과 손해배상청구권을 동시에 행사 가능 침해자의 고의·과실 × ⇒ 물권적 청구권만 행사		

6. 물권의 변동

물권의 변동이란 물권의 발생·변경·소멸을 말한다. 물권의 변동 원인에는 법률행위에 의한 물권변동과 법률 규정에 의한 물권변동이 있다. 법률행위에 의한 물권변동은 부동산인 경우 등기해야만 효력이 발생하고, 법률 규정에 의한 물권변동의 경우에는 등기 없이도 효력이 발생한다.

7. 물권의 소멸

물권은 목적물의 멸실, 소멸시효, 포기, 공용징수, 몰수, 혼동 등으로 소멸한다.

Ⅱ. 채권법 일반 이론

1. 채권의 의의

채권법은 당사자 사이의 채권·채무 관계를 규율하는 법규를 말한다. 채권법은 물권법과 더불어 재산법에 속하는 데, 물권이 물건에 대한 권리인 데 비하여 채권법의 규율 대상이 되는 채권·채무는 사람에 대한 권리로 구성되어 있다. 물권은 특정의 물건을 직접 지배하여 이익을 얻는 배타적인 지배권인 데 비해, 채권은 특정인이 다른 특정인에 대하여 그 채무를 이행할 것을 청구할 수 있는 권리이다.

2. 채권의 발생

채권의 발생 원인에는 당사자의 합의에 의한 약정채권으로서 계약과 법률 규정에 의한 법정채권으로서 사무 관리, 부당이득, 불법 행위가 있다.

3. 채권의 소멸

채권이 소멸되는 가장 일반적인 원인은 채무의 이행인 변제이다. 민법은 변제 이외에도 채권의 고유한 소멸 원인으로서 대물변제, 공탁, 상계, 경개, 혼동 등을 규정하고 있다.

Ⅲ. 계약 일반론

1. 의의

계약이란 서로 대립되는 두 개의 의사표시, 즉 청약과 승낙이라는 의사표시가 그 내용에 합치함으로써 성립한다.

2. 계약자유의 원칙

가. 의의

계약자유의 원칙은 법의 제한이 없는 한 개인과 개인 간의 자유로운 의사의 합치에 의하여 법률관계를 형성할 수 있고, 법도 그 법률관계를 당사자 간에 법적 구속력이 있는 것으로 승인하는 원칙이다.

나. 내용

1) 계약체결의 자유

2) 상대방 선택의 자유

3) 계약 내용 결정의 자유

4) 계약 방식의 자유

사례 계약의 성립에 계약서의 작성이 필요한지

Q. A는 B에게 A 소유의 집을 팔기로 구두로 약속을 하고 그에 따라 소유권 이전 등기에 필요한 서류를 모두 준비하였으나 B는 위 약속에 대하여 계약서가 작성되지 않았으므로 계약이 성립되지 않았다며 그 이행을 거부하고 있다. 이 경우 A는 계약 성립을 주장하며 B에게 약속의 이행을 요구할 수 있는가?

A. 계약에 의한 법률관계의 형성은 법의 제한에 부딪히지 않는 한 계약 당사자의 자유에 맡겨져 있는데, 여기에는 계약 체결에 일정한 방식이 요구되지 않는 자유, 즉 방식의 자유도 포함된다. 계약은 둘 이상의 계약 당사자의 의사표시의 일치에 의하여 성립하므로 당사자 사이에 의사표시가 일치하는 한 계약서가 작성되지 않았다고 하더라도 계약의 성립에는 지장이 없다.

다만 대법원에 의하면 "계약이 성립하기 위하여는 당사자 사이에 의사의 합치가 있을 것이 요구되고 이러한 의사의 합치는 당해 계약의 내용을 이루는 모든 사항에 관하여 있어야 하는 것은 아니나 그 본질적 사항이나 중요 사항에 관하여는 구체적으로 의사의 합치가 있거나 적어도 장래 구체적으로 특정할 수 있는 기준과 방법 등에 관한 합의는 있어야 한다"라고 하므로(대법원 2001. 3. 23. 선고 2000다51650호) 구두에 의한 합의의 경우에도 단지 사고파는 데 대한 합의뿐만 아니라 매매의 객체나 대금 등에 관한 합의는 이루어져야 할 것이다.

다. 계약자유의 원칙에 대한 제한

계약의 자유는 당사자 간의 힘의 균형과 자유로운 경쟁을 전제로 하기 때문에 이러한 전제가 충족되지 않은 상태에서 계약자유를 형식적으로 관철한다면 사용자와 근로자, 임대인과 임차인 등과 같이 사회적·경제적으로 불평등한 관계로 인하여 경제적 약자에게 계약부자유를 초래하게 된다. 따라서 모든 국민에게 인간다운 생활을 보장해 주기 위해서 사회적 형평이라는 이념에 따라 일정한 경우에는 계약자유의 원칙을 제한할 필요가 있다.

3. 계약의 종류

계약은 분류 방법에 따라 여러 가지로 나눌 수 있지만 민법에는 15가지의 전형계약에 관해 규정하고 있다. 그러나 사적자치의 원칙에 따라 다른 유형의 계약도 얼마든지 성립할 수 있다.

주요 전형계약

증여	증여는 당사자 일방이 무상으로 재산을 상대방에게 수여하는 의사를 표시하고 상대방이 이를 승낙함으로써 그 효력이 생기는 계약을 말한다.
매매	매매는 당사자 일방이 재산권을 상대방에게 이전할 것을 약정하고 상대방이 그 대금을 지급할 것을 약정함으로써 그 효력이 생기는 계약
교환	교환은 당사자 쌍방이 금전 이외의 재산권을 상호 이전할 것을 약정함으로써 그 효력이 생기는 계약
소비대차	소비대차는 당사자 일방이 금전 기타 대체물의 소유권을 상대방에게 이전할 것을 약정하고 상대방은 그와 같은 종류, 품질 및 수량으로 반환할 것을 약정함으로써 그 효력이 생기는 계약
사용대차	사용대차는 당사자 일방이 상대방에게 무상으로 사용, 수익하게 하기 위하여 목적물을 인도할 것을 약정하고 상대방은 이를 사용, 수익한 후 그 물건을 반환할 것을 약정함으로써 그 효력이 생기는 계약
임대차	임대차는 당사자 일방이 상대방에게 목적물을 사용, 수익하게 할 것을 약정하고 상대방이 이에 대하여 차임을 지급할 것을 약정함으로써 그 효력이 생기는 계약
고용	고용은 당사자 일방이 상대방에 대하여 노무를 제공할 것을 약정하고 상대방이 이에 대하여 보수를 지급할 것을 약정함으로써 그 효력이 생기는 계약
도급	도급은 당사자 일방이 어느 일을 완성할 것을 약정하고 상대방이 그 일의 결과에 대하여 보수를 지급할 것을 약정함으로써 그 효력이 생기는 계약
여행계약	여행계약은 당사자 한쪽이 상대방에게 운송, 숙박, 관광 또는 그 밖의 여행 관련 용역을 결합하여 제공하기로 약정하고 상대방이 그 대금을 지급하기로 약정함으로써 효력이 생긴다.
현상광고	현상광고는 광고자가 어느 행위를 한 자에게 일정한 보수를 지급할 의사를 표시하고 이에 응한 자가 그 광고에 정한 행위를 완료함으로써 그 효력이 생기는 계약
위임	위임은 당사자 일방이 상대방에 대하여 사무의 처리를 위탁하고 상대방이 이를 승낙함으로써 그 효력이 생기는 계약
임치	임치는 당사자 일방이 상대방에 대하여 금전이나 유가증권 기타 물건의 보관을 위탁하고 상대방이 이를 승낙함으로써 효력이 생기는 계약
조합	조합은 2인 이상이 상호 출자하여 공동 사업을 경영할 것을 약정함으로써 그 효력이 생기는 계약
종신정기금	종신정기금계약은 당사자 일방이 자기, 상대방 또는 제삼자의 종신까지 정기로 금전 기타의 물건을 상대방 또는 제삼자에게 지급할 것을 약정함으로써 그 효력이 생기는 계약
화해	화해는 당사자가 상호 양보하여 당사자 간의 분쟁을 종지할 것을 약정함으로써 그 효력이 생기는 계약

Ⅳ. 법률 규정에 의한 법정채권

1. 사무 관리

의무 없이 타인을 위하여 사무를 관리하는 자는 그 사무의 성질에 좇아 가장 본인에게 이익이 되는 방법으로 이를 관리하여야 한다. 관리자가 본인의 의사를 알거나 알 수 있는 때에는 그 의사에 적합하도록 관리하여야 한다. 앞의 규정에 위반하여 사무를 관리한 경우에는 과실이 없는 때에도 이로 인한 손해를 배상할 책임이 있다. 그러나 그 관리 행위가 공공의 이익에 적합한 때에는 중대한 과실이 없으면 배상할 책임이 없다.

2. 부당이득

법률상 원인 없이 타인의 재산 또는 노무로 인하여 이익을 얻고 이로 인하여 타인에게 손해를 가한 자는 그 이익을 반환하여야 한다.

3. 불법 행위

고의 또는 과실로 인한 위법행위로 타인에게 손해를 가한 자는 그 손해를 배상할 책임이 있다.

부동산등기 제도

Ⅰ. 서설

물권은 특정의 물건을 직접 지배하여 배타적 이익을 얻는 절대적인 권리이다. 물권의 배타성이란 하나의 물건 위에 서로 양립할 수 없는 내용의 물권이 동시에 두 개 이상 성립할 수 없다는 것이다. 이러한 물권의 배타성 때문에 어떤 사람이 어떤 물건에 대하여 물권을 취득하면 다른 사람은 그것과 양립할 수 있는 내용의 물권을 취득할 수 없게 된다. 따라서 물권거래를 하고자 하는 자는 물권의 대상인 물건의 현황이나 권리의 내용, 권리자 등을 일일이 조사하여야 한다. 그러나 이러한 조사는 많은 시간과 비용을 필요로 하므로 물권거래의 안전과 신속을 위하여 물권의 귀속과 내용을 외부에서 쉽게 알 수 있도록 하는 공시 제도가 필요하다. 공시의 방법으로 부동산의 경우에는 등기가 동산의 경우에는 인도(점유의 이전)가 이에 해당한다.

1. 부동산등기

가. 의의

등기란 등기관이 법정 절차에 따라 부동산에 관한 권리 관계를 공적 장부인 등기부에 기록하는 것 또는 그 기록 자체를 말한다.

나. 등기할 사항

현행법상 등기를 할 수 있는 권리는 원칙적으로 토지 및 건물에 대한 물권 즉 부동산 물권이다. 그러나 부동산 물권 중에서도 점유권이나 유치권은 점유를 본질로 하는 권리이므로 등기할 사항이 아니다. 따라서 부동산 물권 중에서 소유권, 지상권, 지역권, 전세권, 저당권을 등기할 수 있고, 부동산 물권이 아니면서 등기할 수 있는 권리로서 부동산 임차권과 부동산 환매권이 있다. 이러한 권리에 대해 변동이 생기는 경우 즉, 설정·보존·이전·변경·처분의 제한 또는 소멸하는 경우에 등기하여야 한다.

다. 등기의 종류

1) 기능에 의한 분류

부동산등기는 부동산에 관한 물리적 현황을 공시하는 부동산의 표시에 관한 등기와 권리 관계를 공시하는 권리에 관한 등기로 분류할 수 있다.

① 부동산의 표시에 관한 등기

부동산의 표시에 관한 등기란 부동산의 물리적 현황을 명백히 공시하기 위하여 등기 기록의 표제부에 하는 등기

② 권리에 관한 등기

권리에 관한 등기는 부동산에 관한 권리를 원시 취득하여 소유권 보존 등기를 하거나 다른 사람으로부터 승계 취득하는 등의 권리 변동에 관한 사항을 등기 기록의 갑구 또는 을구에 하는 등기를 말한다.

예를 들면 갑구에는 소유권에 관한 사항인 소유권 보존 등기, 소유권 이전 등기, 소유권 이전청구권 가등기, 소유권에 대한 처분 제한 등기 등을 기록하고, 을구에는 소유권 이외의 권리인 지상권, 지역권, 전세권, 저당권, 근저당권 등기를 기록한다.

2) 효력에 의한 분류

부동산등기는 등기 기록에 기록된 등기의 효력에 따라서 물권 변동의 효력 요건이 되거나 대항 요건이 되는 종국등기와 장래에 할 종국등기의 준비로서 하는 예비등기인 가등기가 있다.[49]

① 종국등기(본등기)

물권 변동의 효력이나 대항력을 발생시키는 등기로서 보통의 등기는 모두 이에 속한다.

49 2011. 4. 12. 개정 부동산등기법에서 종래의 예비등기로서 예고등기는 존치하는 이익보다 남용의 폐해가 더 크다는 이유로 폐지되었다.

② 가등기

가등기는 본등기를 할 수 있는 실체법적 또는 절차법적 요건이 갖추어지지 아니하여 장래에 할 본등기를 준비하는 등기이다. 가등기는 청구권보전등기와 담보가등기가 있다.

3) 등기의 내용에 의한 분류

① 기록등기

새로운 등기 원인에 의하여 등기부에 새로운 사항을 기록하는 등기를 말한다.

② 경정등기

경정등기는 등기와 실체 관계 사이의 원시적 불일치를 바로잡기 위해 하는 등기를 말한다.

③ 변경등기

이미 등기가 행하여진 후에 후발적으로 등기된 사항의 일부에 변경이 생겨 등기와 실체 관계가 불일치할 때 그 불일치를 제거하여 실체 관계에 일치시킬 목적으로 하는 등기를 말한다.

④ 말소등기

말소등기란 기존 등기 전부가 원시적 또는 후발적인 사유로 인하여 실체 관계와 부합하지 않게 된 경우 기존 등기 전부를 소멸시킬 목적으로 하는 등기를 말한다.

⑤ 멸실등기

멸실등기는 부동산이 전부 멸실한 경우 이를 공시하는 등기로서 부동산의 표시에 관한 등기의 일종으로 등기관이 건물의 멸실등기를 한 때에는 등기 기록 중 표제부에 멸실의 뜻과 그 원인 또는 부존재의 뜻을 기록하고 표제부의 등기를 말소하는 표시를 한 후 그 등기 기록을 폐쇄하여야 한다.

⑥ 회복등기

회복등기는 소멸의 등기를 회복하여 그 등기의 효력을 부활·재현시키는 등기로서 등기 기록의 전부 또는 일부가 손상된 경우에는 등기부 부분 자료에 의하여 그 등기 기록을 복구하는 멸실회복등기와 등기 내용의 전부 또는 일부가 부적법하게 말소된 경우에 말소 전의 상태로 회복할 것을 목적으로 하는 말소회복등기가 있다.

4) 형식에 의한 분류

등기는 독립된 순위 번호를 가지느냐 또는 주등기에 이어서 부기등기로 행해지느냐에 따라서 주등기와 부기등기로 나눌 수 있다.

2. 우리나라 부동산등기 제도의 특징

가. 물적편성주의(1부동산 1등기 기록주의)

현행 부동산등기법은 1필의 토지 또는 1동의 건물을 단위로 등기부를 편성하는 물적편성주의를 취하면서, 1부동산마다 1등기 기록을 편성하는 1부동산 1등기 기록주의를 채택해서 권리 관계를 공시하고 있다.[50]

나. 신청주의

부동산등기는 당사자의 신청 또는 관공서의 촉탁이 없으면 이를 하지 못한다. 신청은 공동신청, 출석신청, 서면 또는 전자신청주의가 원칙이다. 다만 예외적으로 법령에 근거 규정이 있을 경우 등기관의 직권에 의한 등기와 법원의 명령에 의한 등기가 있다.

다. 성립요건주의

부동산등기를 법률행위에 의한 물권 변동의 효력 요건 또는 성립 요건으로 하고 있다. 따라서 실체법상 법률행위만 있고 절차법상 아직 등기가 되어 있지 않다면 부동산에 대한 권리주장을 할 수 없다.

라. 등기관의 형식적인 심사주의

심사 대상과 관련해서 절차법적 적법 요건만을 심사하고 심사 방법과 관련해서 등기소

50 등기부편성에 관한 입법주의로는 권리 객체인 부동산을 단위로 등기부를 편성하는 물적편성주의, 부동산 소유자를 중심으로 1소유자 1등기부를 편성하는 인적편성주의, 개개 물권 변동의 등기 신청 순으로 편성하는 연대적편성주의가 있다.

에 제출된 자료만을 바탕으로 심사하는 형식적 심사주의를 취하고 있다. 종래에는 구분건물의 경우 예외적으로 등기관의 실질적심사권을 인정하였으나 2011. 4. 21. 개정된 부동산등기법에서 이를 폐지하였다.

마. 공신력의 불인정

공신력이란 무권리자의 등기라도 등기 기록상의 기록 내용을 믿고 물권 거래를 한 자를 보호하는 것이다. 현행 우리 민법은 동산의 인도에는 공신력을 인정하나 부동산의 경우에는 공신력을 인정하지 않고 있다. 따라서 등기 기록을 믿고 무권리자로부터 적법하게 물권을 취득하였더라도 진정한 권리자에게 권리를 박탈당하게 된다.

바. 등기부와 대장의 이원화

등기부는 부동산에 대한 사실 관계 및 권리 관계를 공시하고 대장은 부동산에 관한 사실 관계를 공시하는 것을 목적으로 한다. 등기부와 대장이 불일치할 경우 사실 관계의 변동은 대장을 기초로 하고, 권리 관계의 변동은 등기 기록을 기초로 정리한다.

사. 토지와 건물 등기의 이원화

우리 부동산등기법은 토지와 건물을 별개의 부동산으로 보고 있다. 따라서 같은 지번상에 토지등기 기록과 건물등기 기록 2개가 존재한다.

3. 등기부

가. 등기부의 종류

우리나라 등기부는 토지등기부와 건물등기부가 있다.

나. 등기부의 양식

1) 표제부: 표시번호, 접수, 소재지번, 지목, 면적(건물의 경우 소재지번, 건물의 명칭 및 번호, 건물 내역), 등기 원인 및 기타 사항

2) 갑구: 소유권에 관한 사항을 기재. 사항란과 순위 번호

3) 을구: 소유권 이외의 권리에 관한 사항. 사항란과 순위 번호

Ⅱ. 등기부등본 보는 방법

1. 등기부의 구조

부동산 매매 계약 및 임대차 계약 등을 할 때 가장 중요한 것은 등기부등본을 확인하는 것이다. 그러나 등기부등본을 보는 방법을 정확하게 알지 못하여 권리 분석에 어려움이 있는 경우가 있다. 이하에서 부동산등기부등본을 보는 방법을 살펴본다.

부동산등기부란 부동산에 관한 권리 관계 및 현황이 등기부에 기재되어 있는 공적 장부를 말한다. 이러한 등기부는 등기번호란, 표제부(아파트 등 집합건물의 경우에는 동 건물의 표제부와 전유 부분의 표제부의 2개로 구성되어 있다), 갑구, 을구의 네 부분으로 구성되어 있다. 등기번호란에는 토지나 건물 대지의 지번이 기재되어 있다.

가. 표제부

토지와 건물의 내용 즉 소재지, 면적, 용도 등이 순서대로 적혀 있다. 다만 집합건물의 경우에는 대지권이 있는지 살펴보아야 하고 별도 등기 표시가 있는 경우에는 토지등기부도 확인하여야 한다.

나. 갑구

소유권에 관한 사항이 접수된 일자 순으로 적혀 있다. 맨 처음 기재된 것이 소유권 보존등기이고, 그 다음에 소유권 이전 등기가 계속되어 간다. 각 등기 사항 중 변경이 사항이 있으면 변경등기를 한다. 그 외에 가압류등기, 가처분등기, 강제 경매 등이 있다. 만약 근저당권을 설정한 사람은 이러한 등기 후에 소유권 이전 등기를 하면 해당 부동산이 경매되거나 가처분 권리자의 권리 행사에 따라 소유권을 잃을 수 있다.

다. 을구

소유권 이외의 권리에 관한 사항을 기재한다(지상권, 지역권, 전세권저당권 등).

2. 실제의 예

등기부등본(현재 유효사항) –집합건물

【집합건물】 창원시 의창구 중동로 000–000 제17동 제1층 101호

【표제부】	(1동의 건물의 표시)			
표시번호	접수	소재지번, 건물의 명칭 및 번호	건물 내역	등기 원인 및 기타 사항
1 (전1) ①	1996년 1월 21일 ②	창원시 의창구 중동로 00 00아파트 17동 101호 ③	철근콘크리트조 슬래브지붕 5층 1층 611.71㎡ 2층 611.71㎡ 3층 611.71㎡ 4층 611.71㎡ ④ 5층 611.71㎡	⑤

대지권의 목적인 토지의 표시				
표시 번호	소재지번	지목	면적	등기 원인 및 기타 사항
1 (전1)	창원시 의창구 중동로 00 00아파트 17동 101호 ⑥	대 ⑦	1639.7㎡ ⑧	1996년 1월 21일 ⑨

가. 1동 건물의 표시에 대한 표제부

① 표시번호: 등기한 순서를 숫자로 표시한다. 등기부에 1(전1)이라고 기재된 경우가 있는데 이는 구등기부에서 현재의 등기부로 이기하였다는 의미이다.

② 접수: 등기신청서를 접수한 날짜

③ 소재지번 및 건물번호: 건물이 소재하는 위치를 나타냄

④ 건물 내역: 집합 건물의 구조와 규모, 각 층의 면적을 나타냄

⑤ 등기 원인 및 기다 사항: 표제부에 관한 등기 원인 및 행정 구역 명칭, 지번 변경 등의 사항을 표시

⑥ 소재지번: 건물이 위치하고 있는 토지의 지번을 표시

⑦ 지목: 토지의 사용 목적(대지, 공장용지, 학교용지)을 표시

⑧ 면적: 토지의 전체 면적을 표시

⑨ 등기 원인 및 기타 사항: 표제부에 관한 등기 원인 및 행정 구역 명칭 및 지번 변경

대지권에 등기된 일자 및 구등기부등본에서 이기된 사항을 표시

【표제부】	(전유 부분의 건물의 표시)			
표시번호	접수	건물번호	건물 내역	등기 원인 및 기타 사항
1 (전1)	1996년 1월 21일	1층101호 ⑩	철근콘크리트조 101.95㎡ ⑪	

대지권 표시

표시번호	대지권 종류	대지권 비율	등기 원인 및 기타 사항
1 (전1)	소유권대지 ⑫	대 1639.7㎡분의 39 ⑬	1996년 1월 21일 대지권 1996년 1월 21일

나. 전유 부분의 건물의 표제부

⑩ 건물번호: 해당 건물에 대한 층 및 호수를 표시

⑪ 건물 내역: 구조, 지붕, 층수, 용도, 면적 표시

⑫ 대지권 종류: 대지권의 대상이 되는 권리 표시

⑬ 대지권 비율: 1동 건물에 속한 전체 토지 중 해당 전유 부분이 차지하는 지분 비율을 표시

다. 갑구

소유권에 관한 사항(변동 및 변경 사항, 압류, 가압류, 경매신청, 가등기, 가처분, 환매 등기 등의 사항)

【갑구】	(소유권에 관한 등기)			
순위번호	등기 목적	접수	등기 원인	관리자 및 기타 사항
1 (전 3)	소유권 이전	1996년 9월 20일	1996년 8월 28일 매매	소유자 창원시 ① 부동산등기법 제177조의6 제1항의 규정에 의하여 2000년 12월 7일 전산이기
2	~~임의경매신청~~	~~2001년 6월 21일 제48296호~~	~~2001년 6월 16일 창원지방법원의 경매개시 결정(2001타경39540)~~	~~채권자 농업협동조합중앙회~~
3	소유권 이전	2002년 3월 28일	2002년 2월 27일	소유자

라. 을구

소유권 이외의 권리(지상권, 전세권, 저당권, 임차권)에 관한 변동 및 변경 사항

【을구】 (소유권 이외의 권리에 관한 사항)

순위번호	등기 목적	접수	등기 원인	권리자 및 기타 사항
~~1~~ ~~(전 1)~~ ①	~~근저당권 설정~~ ②	1996년 3월 2일 제10355호 ③	1996년 2월 27일 설정제약 ④	~~채권최고액 금42,000,000원~~ ⑤ ~~채무자~~ 000 ⑥ ~~창원시 000~~ ~~근저당권자 농업협동조합중앙회110136~~ ~~0000018~~ ⑦ ~~공동담보 동소 854 46 토지, 건물~~
2	1번근저당권 설정등기 말소	1996년 10월 1일 제58628호	1996년 9월 30일 해지	
2 (전8)	근저당권 설정	1999년 7월 8일 제46162호	1999년 7월 7일 설정 제약	채권최고액 금사천오백만원정 채무자 000 창원시 000 근저당권자 441028-1******

① 각 권리가 설정된 순위를 나타냄. 을구의 설정된 권리는 이 순위에 따라 권리 주장을 할 수 있다.

② 등기의 제목임. 저당권, 근저당권 등(갑구에 기재되는 제목에는 소유권 보존, 소유권 이전, 가압류, 가등기, 가처분 등이 있음).

③ 등기 신청의 접수 일자로서, 법률적 효력의 발생 일자이며, '제ㅇㅇㅇ호'는 접수한 등기소의 연간 일련번호임.

④ 1996년 2월 27일 근저당 설정 계약을 원인으로 이 근저당을 등기하였다는 뜻임.

⑤ 이 근저당권 등기로 권리를 주장할 수 있는 최고 액수임. 실제 채무액은 은행에서 확인할 수 있음.

⑥ 돈을 빌린 채무자에 관한 사항을 표시함. 등기의 건물 소유와 돈을 빌린 사람이 다를 수도 있음.

⑦ 돈을 빌려 준 채권자에 대한 사항임.

Ⅰ. 주택임대차

1. 임대차계약

가. 임대차계약 전

임대차계약 전 등기소나 대법원 인터넷등기소에서 토지·건물 등기부 등본을 발급받거나 열람하여 등기부등본상의 소유자가 실제 소유자이고 계약 체결 당사자인지 주민등록증을 통해 확인하고, 저당권이 설정되어 있거나 가압류된 부동산은 아닌지 살펴본다. 전·월세 계약 체결 상대방이 등기부등본상의 소유자가 아닌 경우, 상대방에게 대리권이 있는지를 위임장과 인감증명서를 통해 확인한다.

나. 임대차 계약서 쓰기

임대차 계약서에 들어가야 하는 내용으로는 아래의 것들이 있다.

1) 임대인, 임차인, 중개인의 이름, 주소, 연락처, 날인

2) 차임의 액수, 지불 시기

3) 목적물의 표시

4) 목적물의 명도 시기

5) 특약 사항

2. 임대인의 의무

가. 임대인의 수리 의무

임대인은 그 계약이 존속하는 동안 임차인이 임대 목적물을 제대로 사용할 수 있게 해 주어야 하므로 필요한 수리는 당연히 해 주어야 한다(예. 비가 새는 경우, 유리창이 깨진 경우). 만약 세입자가 직접 비용을 들여 수리한 경우에는 집주인에게 그 비용을 청구할 수 있다.

1) 필요비의 경우

임대 목적물의 원 상태를 유지 보수하거나 임차 목적물을 관리하기 위해 지출한 비용(예. 주택의 경우 지붕, 마루, 벽, 창문 등에 생긴 손상)은 이를 수리하지 않으면 목적물을 제대로 사용할 수 없으므로 임대인에게 수선 의무가 있고 여기에 들어간 비용은 필요비가 된다.

필요비는 언제든지 임대인에게 청구 가능하며 집을 돌려준 경우 6개월 이내 청구해야 한다.

2) 유익비의 경우

목적물의 객관적 가치를 증가시키는 비용으로서(예. 원래 화장실이 너무 낡고 지저분하여 수세식으로 수리한 경우) 그 청구 기간은 목적물 반환일로부터 6개월이나 법원이 허락하면 연장할 수 있다.

나. 장기수선 충당금의 부담

장기수선 충당금이란 아파트나 공동 주택을 잘 관리하려면 몇 년에 한 번은 페인트칠을 해 주거나 벽 수리를 해 주어야 한다. 그런데 이때 필요한 자금을 한꺼번에 마련하기는 어려우므로 관리 주체의 장기수선 계획에 의하여 주민들이 조금씩 적립하는 것으로 이를 장기수선 충당금이라 한다. 장기수선 충담금은 원칙은 소유자가 부담한다(공동주택관리법 제30조 제1항).

3. 임대차 보증금 돌려받기

가. 임대차 계약 해지

1) 기한을 정하지 않은 경우

기한의 정함이 없는 임대차는 그 기간을 2년으로 본다. 임차인은 2년 미만으로 임대차 기간을 정할 수 있다. 따라서 나가려는 날짜보다 두 달 전에 임대인에게 뜻을 알리면 3개월 후 해지의 효력 생긴다.

2) 일정 기간을 계약한 경우: 해제 사유가 없는 한 임의로 해제가 불가능하다.

나. 임대차 보증금의 반환 절차

1) 내용 증명 우편의 발송

2) 임차권 등기 명령

3) 재산 가압류

4) 소액사건 심판

5) 지급명령신청

6) 임차보증금 반환청구 소송

Ⅱ. 주택임대차보호법

1. 서설

가. 주택임대차보호법의 목적

주거용 건물의 임대차에 관하여 민법에 대한 특례를 규정함으로써 국민 주거생활의 안정을 보장함을 목적으로 한다.

나. 주택임대차보호법의 적용 대상

주택임대차보호법은 원칙적으로 주거용 건물을 적용 대상으로 한다. 주거용 건물과 비주거용 건물의 구분은 임차건물이 현재 일상생활을 하는 데 사용되느냐 하는 사실상의 용도를 기준으로 판단하여야 하고 공부상의 용도를 기준으로 판단할 것은 아니다. 주거용 건물인지 여부의 판단 시점은 계약 체결 당시를 기준으로 한다. 또한 건물의 등기, 건축 허가 여부와도 무관하다.

다. 주택임대차보호법의 제·개정 경과와 주요 내용

1) 1981. 3. 5. 제정 주요 내용

① 임차인이 주택의 인도를 받고 주민등록이 된 때로부터 임차권은 제3자에 대하여 효력이 생김.

② 임대차 기간이 1년 미만인 임대차는 기간의 정함이 없는 임대차로 간주

③ 기간의 정함이 없는 임대차에서 임대인은 계약 체결일로부터 6월이 경과한 후에 계약의 해지 통고 가능

④ 선량한 임차인에 대하여는 임대차 기간 만료 전 6월 내지 1월 이내에 임대인의 갱신거절 통지가 없으면 자동 갱신된 것으로 간주

⑤ 주택에 관한 등기 없는 임대차 또는 채권적 전세권에 적용하고 임대권의 목적물이 1동건물의 전부 또는 일부의 경우도 모두 적용

2) 1983. 12. 30. 개정 주요 내용

① 주택의 일부가 주거 외의 목적으로 사용되는 경우까지 확대하여 점포·사무실·공장 등 겸용주택 임차인의 주거권을 보호

② 임차주택의 양수인(기타 賃貸할 權利를 承繼한 者를 포함한다)이 임대인의 지위를 승계하는 간주규정을 신설하여 임차권의 대항력을 강화

③ 임대차 기간이 만료되었음에도 임차보증금의 반환이 없는 경우 그 반환 시까지 임대차 관계가 존속하는 것으로 간주하여 임차보증금 회수를 보장

④ 임대차 당사자에게 약정한 차임 또는 보증금이 임차주택에 관한 조세, 공과금 기타 부담의 증감이나 경제 사정의 변동으로 인하여 상당하지 아니한 경우에는 장래에 대하여 증감청구권을 인정하되 증액의 경우에는 그 비율을 대통령령으로 규제하도록 하여

임대차의 법정갱신 제도를 실질적으로 보장

⑤ 임차인은 소액의 보증금에 관하여 다른 담보물권자보다 자기 채권의 우선변제를 받도록 하여 무주택영세민을 적극적으로 보호하도록 하고, 소액보증금의 범위와 기준은 주택의 가액(垈地의 價額을 포함한다)의 2분의 1 범위 안에서 대통령령으로 정하도록 함.

3) 1989. 12. 30. 개정 주요 내용

주택임차인의 임차보증금 채권을 보호하기 위하여 일정한 요건을 갖춘 임차인은 경매 등의 절차에서 후순위권리자 기타 채권자보다 우선하여 임차보증금을 변제받을 수 있도록 하고, 소액보증금 제도를 개선하여 보증금 중 일정액을 다른 담보물권자보다 최우선적으로 변제받을 수 있도록 하며, 임차인의 주거생활의 안정을 도모하기 위하여 임대차 기간을 2년으로 하도록 하려는 것임.

① 주택의 인도와 주민등록의 전입신고를 마치고 임대차계약증서상의 확정일자를 갖춘 임차인은 민사소송법 및 경매법에 의한 경매 또는 국세징수법에 의한 공매 시 임차주택(垈地를 포함한다)의 환가대금에서 후순위권리자 기타 채권자보다 우선하여 보증금을 변제받을 권리가 있도록 하되, 임차인이 당해 주택의 양수인에게 대항할 수 있는 경우에는 임대차가 종료된 후가 아니면 보증금의 우선변제를 청구하지 못하도록 함.

② 임차인은 임차주택을 양수인에게 인도하지 아니하면 우선변제권이 인정되는 보증금을 수령할 수 없도록 함.

③ 기간의 정함이 없거나 기간을 2년 미만으로 정한 임대차는 그 기간을 2년으로 보도록 함.

④ 임차인은 보증금 중 일정액을 다른 담보물권자보다 우선변제 받을 수 있도록 하되 임차인은 경매신청 등기 전에 주택의 인도와 주민등록을 마침으로써 대항 요건을 갖추도록 함.

⑤ 우선변제를 받을 임차인 및 보증금 중 일정액의 범위와 기준은 주택가액(垈地의 價額을 포함한다)의 2분의 1의 범위 안에서 대통령령으로 정하도록 함.

4) 1999. 1. 21. 개정 주요 내용

① 임차인이 임차보증금반환채권의 확정판결 기타 이에 준하는 채무명의에 기하여 경매신청을 하는 경우에는 반대의무의 이행 또는 이행의 제공을 집행 개시의 요건으로 보지 아니함으로써 임차인이 주택을 비우지 아니하고서도 경매를 신청할 수 있도록 함.

② 임대차가 종료된 후 보증금을 반환받지 못한 임차인이 법원에 임차권등기명령을 신청하여 임차권 등기가 경료되면 등기와 동시에 대항력 또는 우선변제권을 취득하도록 하고, 만일 임차인이 이미 대항력과 우선변제권을 취득한 자인 경우에는 종전의 대항력과 우선변제권을 유지하며, 임차권 등기 이후에는 주택의 점유와 주민등록의 요건을 갖추지 아니하더라도 임차인이 종전에 가지고 있던 대항력과 우선변제권이 유지되도록 함으로써 임차권 등기의 효력을 강화하고 임차인이 자유롭게 주거를 이전할 수 있도록 함.

③ 민법 제621조의 규정에 의한 임대차 등기에도 이 법에 규정된 임차권등기명령에 의한 임차권 등기와 동일한 효력을 가지도록 함으로써 우선변제권을 부여함.

④ 임대차 기간을 2년 이하로 약정하는 경우 임대인은 2년 이하의 약정 기간을 주장할 수 없으나 임차인은 이를 주장할 수 있도록 하여 임차인의 주거 안정과 임대차 기간에 관한 선택권을 함께 보장함.

5) 2001. 12. 29. **개정 주요 내용**

월차임 전환 시 산정률의 제한 신설

보증금의 전부 또는 일부를 월 단위의 차임으로 전환하는 경우에는 그 전환되는 금액에 은행법에 의한 금융기관에서 적용하는 대출금리 및 당해 지역의 경제 여건 등을 감안하여 대통령령이 정하는 비율을 곱한 월차임의 범위를 초과할 수 없도록 규정

6) 2007. 8. 3. **개정 주요 내용**

법인이 국민주택기금을 재원으로 하여 저소득층의 무주택자에게 주거생활 안정을 목적으로 전세임대주택을 지원하는 경우에 법인에게 대항력 및 우선변제권을 부여

7) 2009. 5. 8. **개정 주요 내용**

① 임내차계약의 묵시적 갱신의 경우 임대차의 존속 기간은 2년으로 간주

② 주택임대차위원회 신설: 우선변제를 받을 임차인 및 보증금 중 일정액의 범위와 기준은 주택임대차위원회의 심의를 거쳐 대통령령으로 정하도록 함.

8) 2013. 8. 13. **개정 주요 내용**

① 중소기업에 해당하는 법인이 소속 직원의 주거용으로 주택을 임차한 경우 해당 법인

이 선정한 직원이 주택을 인도받고 주민등록을 마쳤을 때에는 이 법에 따른 대항력 등을 인정

② 임차인의 보증금반환채권을 양수한 금융기관 등이 우선변제권을 승계

③ 확정일자 부여기관은 해당 주택의 소재지, 확정일자 부여일, 차임 및 보증금 등을 기재한 확정일자부를 작성하고, 주택의 임대차에 이해관계가 있는 자 등은 확정일자 부여기관에게 차임 및 보증금 등 정보의 제공을 요청할 수 있도록 함.

9) 2016. 5. 29. 개정 주요 내용

① 월차임 전환율 인하를 위하여 월차임 전환 시 상한율의 상한 기준을 한국은행에서 공시한 기준금리에 대통령령으로 정하는 배수를 곱한 비율에서 한국은행에서 공시한 기준금리에 대통령령으로 정하는 이율을 더한 비율로 변경

② 주택임대차와 관련된 당사자 간의 분쟁을 합리적으로 조정하기 위하여 대통령령으로 정하는 바에 따라 대한법률구조공단의 지부에 주택임대차분쟁조정위원회 설치

③ 임대인 및 임차인의 권리·의무 관계를 명확히 할 수 있도록 법무부에서 정하여 권장하는 주택임대차표준계약서의 우선 사용을 규정하되, 당사자 간 합의가 있는 경우에는 주택임대차표준계약서 사용의 예외를 인정

10) 2020. 6. 9. 개정 주요 내용

임대인은 임대차 기간이 끝나기 6개월 전부터 1개월 전까지, 임차인은 임대차 기간이 끝나기 1개월 전까지 상대방에게 갱신거절 통지를 하지 아니하거나 계약 조건을 변경하지 아니하면 갱신하지 아니한다는 뜻의 통지를 하지 아니한 경우 전 임대차와 동일한 조건으로 다시 임대차한 것으로 보는 묵시적 계약갱신 제도를 규정하고 있으나, 통상 1개월은 임차인이 다른 주거 주택을 마련하거나 임대인이 새로운 임차인을 구하기에 충분한 시간이 아니므로 임대차기간이 끝나기 2개월 전까지 통지하지 아니한 경우 전 임대차와 동일한 조건으로 다시 임대차한 것으로 보도록 규정(2020. 12. 10. 시행)

11) 2020. 7. 31 개정 주요 내용

① 임대인은 임차인이 임대차 기간이 끝나기 전 일정 기간 중에 계약갱신을 요구할 경우 정당한 사유 없이 거절하지 못하도록 하고, 임차인은 계약갱신요구권을 1회에 한하여 행

사할 수 있도록 하며, 갱신되는 임대차의 존속 기간은 2년으로 본다.

예외적으로 임대인이 계약갱신을 거절할 수 있는 경우

- 임차인이 2기의 차임액에 해당하는 금액에 이르도록 차임을 연체한 사실이 있는 경우
- 임차인이 거짓이나 그 밖의 부정한 방법으로 임차한 경우
- 서로 합의하여 임대인이 임차인에게 상당한 보상을 제공한 경우
- 임차인이 임대인의 동의 없이 목적 주택의 전부 또는 일부를 전대(轉貸)한 경우
- 임차인이 임차한 주택의 전부 또는 일부를 고의나 중대한 과실로 파손한 경우
- 임차한 주택의 전부 또는 일부가 멸실되어 임대차의 목적을 달성하지 못할 경우
- 임대인이 임대차 계약 체결 당시 공사 시기 및 소요 기간 등을 포함한 철거 또는 재건축 계획을 임차인에게 구체적으로 고지하고 그 계획에 따르는 경우, 건물이 노후·훼손 또는 일부 멸실되는 등 안전사고의 우려가 있는 경우, 다른 법령에 따라 철거 또는 재건축이 이루어지는 경우 등 어느 하나에 해당하는 사유로 목적 주택의 전부 또는 대부분을 철거하거나 재건축하기 위하여 목적 주택의 점유를 회복할 필요가 있는 경우
- 임대인(임대인의 직계존속·직계비속을 포함한다)이 목적 주택에 실제 거주하려는경우
- 그 밖에 임차인이 임차인으로서의 의무를 현저히 위반하거나 임대차를 계속하기 어려운 중대한 사유가 있는 경우

② 임대인이 실거주를 사유로 갱신을 거절하였음에도 불구하고 갱신요구가 거절되지 아니하였더라면 갱신되었을 기간이 만료되기 전에 정당한 사유 없이 제3자에게 목적 주택을 임대한 경우 임대인은 갱신거절로 인하여 임차인이 입은 손해를 배상

③ 차임 등의 증액청구의 상한을 약정한 차임이나 보증금의 20분의 1의 금액으로 하되, 특별시·광역시·특별자치시·도 및 특별자치도는 관할 구역 내의 지역별 임대차 시장 여건 등을 고려하여 20분의 1의 범위에서 증액청구의 상한을 조례로 달리 정할 수 있도록 함.

④ 현재 대한법률구조공단 지부에 설치하도록 한 주택임대차분쟁조정위원회를 한국토지주택공사 및 한국감정원의 지사 또는 사무소에도 설치하도록 규정(2020. 11. 1. 시행)

⑤ 현재 법무부장관이 정하던 주택임대차계약서 서식을 앞으로는 국토교통부장관과 협의로 정함.

라. 주택임대차보호법의 주요 내용

1) 대항 요건을 갖춘 임차인의 대항력

주택임대차보호법 제3조 제1항은 "임대차는 그 등기가 없는 경우에도 임차인이 주택의 인도와 주민등록을 마친 때에는 그 다음 날부터 제3자에 대하여 효력이 생긴다. 이 경우 전입신고를 한 때에 주민등록이 된 것으로 본다"라고 규정하고 있으므로, 대항력의 요건인 주택의 인도와 주민등록을 모두 갖추었다면 인도와 주민등록을 마친 다음 날부터 대항력이 생긴다. 즉, 임차인이 임대차 계약 후 입주하고 전입신고를 하였다면 임대차 기간 중 주택의 소유자가 변경되더라도 임차인은 계약 기간 동안 그 집에서 쫓겨나지 않고 생활할 수 있다.

그러나 임차인이 입주하고 전입신고를 하기 전에 그 집에 이미 저당권 등기나 가압류, 압류 등기, 가등기 등이 되어 있다면 경매 등으로 소유권자가 변경된 경우 임차인은 새로운 소유자에게 자신이 임차인이니 보증금을 달라고 하거나 임대차 기간이 아직 남았다고 주장할 수 없다. 이 경우 대항 요건은 갖추었으나 대항력은 생기지 않는다.

2) 임차인의 우선변제권

대항력과 주택임대차계약서상에 확정일자를 갖춘 임차인은 임차주택이 경매나 공매되는 경우에 임차주택(대지 포함)의 환가대금에서 후순위담보권자나 기타 일반채권자에 우선하여 보증금을 변제받을 수 있다.

3) 소액임차인의 최우선변제권

임대보증금이 소액인 경우 임차주택이 경매되더라도 임차주택(대지 포함) 가액의 1/2 범위 안에서 일정 금액까지는 후순위담보권자 및 일반채권자뿐만 아니라 선순위 담보권자보다도 우선하여 변제받을 수 있다. 최우선변제를 받기 위해서는 임차주택에 대하여 경매신청 기입등기가 경료되기 전에 입주 및 전입신고를 하여야 한다.

최우선변제 금액의 범위

지역	보증금	최우선변제 금액
서울특별시	1억 1천만 원 이하	3,700만 원
「수도권정비계획법」에 따른 과밀억제권역, 용인시, 세종특별자치시, 화성시	1억 이하	3,400만 원
광역시(「수도권정비계획법」에 따른 과밀억제권역에 포함된 지역과 군지역은제외한다) 안산시, 김포시 광주시 및 파주시	6,000만 원 이하	2,000만 원
그 밖의 지역	5,000만 원 이하	1,700만 원

4) 임대차 기간

기간을 정하지 아니하거나 2년 미만으로 정한 임대차는 그 기간을 2년으로 본다. 다만, 임차인은 2년 미만으로 정한 기간이 유효함을 주장할 수 있다. 임대차 기간이 끝난 경우에도 임차인이 보증금을 반환받을 때까지는 임대차 관계가 존속되는 것으로 본다.

5) 묵시적 갱신

임대인이 임대차 기간이 끝나기 6개월 전부터 2개월 전까지의 기간에 임차인에게 계약갱신거절의 통지를 하지 아니하거나 계약 조건을 변경하지 아니한 경우에는 그 기간이 만료한 때에 전 임대차와 동일한 조건으로 다시 임대차한 것으로 본다. 이를 묵시적 갱신이라고 한다. 임차인이 임대차 기간이 끝나기 2개월 전까지 통지하지 아니한 경우에도 같다. 이 경우 임대차의 존속 기간은 2년으로 본다.[51]

6) 계약갱신의 요구

임대인은 임차인이 계약갱신을 요구할 경우 정당한 사유 없이 이를 거설하지 못한다. 다만, 주택임대차보호법 제6조의3 제1항 후단에 의한 경우 예외적으로 계약갱신을 거절할 수 있다.

7) 묵시적 갱신과 계약의 해지

계약이 묵시적으로 갱신된 경우 임차인은 언제든지 임대인에게 계약해지를 통지할 수 있으며, 임대인이 그 통지를 받은 날부터 3개월이 지나면 해지의 효력이 발생한다.

51 종래에는 묵시적으로 갱신된 주택의 임대차는 기간의 정함이 없는 것으로 보았다. 그러나 2009. 5. 8. 임대차계약이 묵시적으로 갱신된 경우 임대차의 존속 기간을 2년으로 보도록 주택임대차보호법 제6조 제2항이 개정되었다.

사례 미등기주택을 임차한 경우 주택임대차보호법이 적용되는지

Q. 아직 등기가 되어 있지 않으나, 건축을 완공하고 가사용 승인을 받은 신축주택을 임차하려고 한다. 미등기 주택의 임차인도 주택임대차보호법의 보호를 받을 수 있는가?

A. 주택임대차보호법은 주거용 건물의 임대차에 관하여 적용된다. 여기서 주거용 건물이란 사회통념상 건물로 인정하기에 충분한 요건을 구비하고 주거용으로 사용하는 것을 말한다. 따라서 공부상 공장용 건물이나 창고용 건물이라도 건물의 내부 구조를 주거용으로 사실상 변경한 경우에는 주택이라고 보아야 한다.

또한 관할관청으로부터 허가를 받지 아니하고 건축한 무허가건물이나, 건축 허가를 받았으나 사용 승인을 받지 못한 건물도 주택임대차보호법의 적용 대상이 되는 건물이라 할 것이므로 건축 허가나 사용 승인을 받지 못한 주택에 관하여 임대차 계약을 체결하여도 주택임대차보호법의 적용을 받을 수 있을 것이다.

미등기건물에도 주택임대차보호법이 적용될 수 있는지에 대하여 판례는 "건물이 미등기인 관계로 그 건물에 대하여 아직 소유권 이전 등기를 경료하지는 못하였지만 그 건물에 대하여 사실상 소유자로서 권리를 행사하고 있는 자는 전소유자로부터 위 건물의 일부를 임차한 자에 대한 관계에서는 위 사실상의 소유자가 주택임대차보호법 제3조 제3항 소정의 주택의 양수인으로서 임대인의 지위를 승계한다고 볼 수 있다"라고 판시하고 있다.

또한 미등기건물의 임차인이 임차건물의 대지만 경매될 경우 우선변제권을 행사할 수 있는지에 대하여 판례는 "주택임대차보호법 제8조의 규정에 의해 건물이나 토지의 경락대금에서 우선변제를 받기 위해서는 그 임대차의 목적물인 주택에 관하여 그 임대차 후에라도 소유권 등기가 거쳐서 경매신청의 등기가 되는 경우이어야 한다"[52]라고 하였다가 이후 그 견해를 변경하여 "대항 요건 및 확정일자를 갖춘 임차인과 소액임차인에게 우선변제권을 인정한 같은 법 제3조의2 및 제8조가 미등기 주택을 달리 취급하는 특별한 규정을 두고 있지 아니하므로 위에서 본 대항 요건 및 확정일자를 갖춘 임차인과 소액임차인의 임차주택 대지에 대한 우선변제권에 관한 법리는 임차주택이

52 대법원 2001. 10.30. 선고 2001다39657판결.

미등기인 경우에도 그대로 적용된다고 보아야 한다"라고 판시하고 있다.[53]

다만 미등기건물의 경우 등기부등본을 열람할 수 없어 소유자가 누구인지 명확하지 않은 문제점이 있으며, 무허가건물이 행정상의 이유로 철거될 경우 불이익을 당할 염려가 있고, 계약 기간이 만료된 후 새로이 입주할 임차인이 나타나지 않을 가능성도 높아 임차보증금을 쉽게 반환받지 못할 수 있는 등의 불이익을 당할 염려가 있으므로 주의할 필요가 있다.

사례 옥탑을 주거용으로 임차한 경우 주택임대차보호법이 적용되는지

Q. 다가구주택의 옥탑방을 보증금 1,700만 원에 전세를 살고 있다. 이 옥탑은 원래 옥상에 물탱크를 설치할 자리에 지은 건물로서 건축물관리대장이나 부동산등기부상에 나타나지 않고 있다. 주민등록전입신고를 하고 확정일자를 받아 두었는데, 현재 이 주택에 대해 경매가 진행 중이다. 어떤 사람은 옥탑은 불법건축물이므로 「주택임대차보호법」상의 보호를 받지 못한다고 하는데 사실인가?

A. 「주택임대차보호법」 제2조는 "이 법은 주거용 건물의 전부 또는 일부의 임대차에 관하여 이를 적용한다"라고 규정하고 있다. 그리고 관할 관청으로부터 허가를 받지 아니하고 건축한 무허가건물이나, 건축 허가를 받았으나 사용 승인을 받지 못한 건물 또는 미등기건물에도 「주택임대차보호법」이 적용될 수 있는지에 관하여, 판례는 "주택임대차보호법은 주택의 임대차에 관하여 민법에 대한 특례를 규정함으로써 국민의 주거생활의 안정을 보장함을 목적으로 하고 있고, 주택의 전부 또는 일부의 임대차에 관하여 적용된다고 규정하고 있을 뿐 임차주택이 관할 관청의 허가를 받은 건물인지, 등기를 마친 건물인지 아닌지를 구별하고 있지 아니하므로, 어느 건물이 국민의 주거생활의 용도로 사용되는 주택에 해당하는 이상 비록 그 건물에 관하여 아직 등기를 마치지 아니하였거나 등기가 이루어질 수 없는 사정이 있다고 하더라도 다른 특별한 규정이 없는 한 같은 법의 적용 대상이 된다"라고 판시하고 있다(대법원 2007. 6. 21. 선고 2004다26133 전원합의체 판결).

또한 판례는 "주택임대차보호법 제2조 소정의 주거용 건물이란 공부상의 표시에 불

53 대법원 2007. 6. 21. 선고 2004다26133전원합의체 판결.

구하고 그 실지 용도에 따라서 정하여야 하고, 주택임대차보호법이 적용되려면 임대차 계약 체결 당시 건물의 구조상 주거용으로서의 형태가 실질적으로 갖추어져 있어야 한다"라고 하였고(대법원 1986. 1. 21. 선고 85다카1367 판결), 또한 "구주택임대차보호법(1981. 3. 5. 법률 제3379호) 제2조가 정하는 주거용 건물인지의 여부는 공부상의 표시에 불구하고 그 실지 용도에 따라서 가려져야 하고 또한 한 건물의 비주거용 부분과 주거용 부분이 함께 임대차의 목적이 되어 각기 그 용도에 따라 사용되는 경우 그 주거용 부분에 관하여 위 법이 적용되느냐의 여부는 구체적인 경우에 따라 합목적적으로 결정하여야 한다"라고 하였다(대법원 1987. 8. 25. 선고 87다카793 판결).

따라서 위 옥탑이 불법건축물로서 행정기관에 의해 철거될 수도 있는 것은 별론으로 하고, 위 옥탑은 위 건물의 일부 또는 경우에 따라서는 건물의 종물로서 경매절차에서 건물과 같이 매각될 것이므로(서울지법 1998. 4. 29. 선고 98나1163 판결), 임차할 당시 주거용으로서의 형태가 실질적으로 갖추어져 있었고 주거용으로 임차하여 사용하였다면 「주택임대차보호법」에 의한 보호를 받을 수 있을 것으로 보인다.

2. 주택임차인의 대항력

가. 의의

임차인이 임차주택의 양수인, 임대할 권리를 승계한 자, 기타 임차주택에 관하여 이해관계를 가진 자에 대하여 임대차의 내용을 주장할 수 있는 법률상의 권능을 대항력이라 한다.

나. 대항력을 취득하기 위한 요건

주택임대차보호법상의 대항력을 취득하기 위한 요건은 주택의 인도와 주민등록이다. 즉 임차인이 임차주택을 인도받고 자신의 주소를 임차주택으로 주민등록전입신고를 하게 되면 주택임대차를 등기하지 않은 경우에도 임차주택에 입주하고 주민등록을 마친 때에는 그 다음 날부터 임차인이 그 주택을 빌렸다는 사실은 누구에게나 주장할 수 있다. 그러나 임차인이 입주와 전입신고를 하기 전에 그 집에 이미 저당권 등기나 가압류, 압류 등기, 가등기 등이 되어 있다면 경매 등으로 소유권자가 변경된 경우에 임차인은 새로운 소유자에게 자신이 임차인이니 보증금을 달라고 하거나 임대차 기간이 아직 남아 있다고 주장할 수 없다.

1) 주택의 인도

주택의 인도는 주택에 대한 점유, 즉 주택에 대한 사실상의 지배력을 이전하는 것을 말한다.

여기에서의 인도에는 현실의 인도는 물론 간이인도, 목적물반환청구권의 양도 및 점유개정의 경우도 포함된다. 다만 대법원 판례는 점유개정의 경우에는 주민등록의 공시와 관련하여 대항 요건의 효력 발생 시기에 일정한 제한을 가하고 있음을 주의하여야 한다.[54]

여기서의 대항력은 임차인이 당해 주택에 거주하면서 이를 직접 점유하는 경우뿐만 아니라 타인의 점유를 매개로 하여 이를 간접 점유하는 경우에도 인정된다.

2) 주민등록

① 개요

대항력의 요건으로서 주민등록은 원칙적으로 적법한 것이어야 한다. 적법한 주민등록이라는 의미는 주민등록이 주민등록법상의 절차에 따른 유효한 주민등록이어야 하고, 주민등록은 실제의 거주를 표상하는 것이어야 한다. 즉, 주민등록은 거래의 안전을 위하여 임차권의 존재를 제3자가 명백히 인식할 수 있게 하는 공시 방법으로 마련된 것으로서, 주민등록이 어떤 임대차를 공시하는 효력이 있는가의 여부는 주민등록으로 제3자가 임차권의 존재를 인식할 수 있는가에 따라 결정된다고 할 것이므로 주민등록이 대항력의 요건을 충족시킬 수 있는 공시 방법이 되려면 단순히 형식적으로 주민등록이 되어 있다는 것만으로는 부족하고, 주민등록에 의하여 표상되는 점유 관계가 임차권을 매개로 하는 점유임을 제3자가 인식할 수 있는 정도가 되어야 한다.

54 대법원 2001. 1. 30. 선고 2000다58026판결에서 "주택임대차보호법 제3조 제1항에서 주택의 인도와 더불어 대항력의 요건으로 규정하고 있는 주민등록은 거래의 안전을 위하여 임차권의 존재를 제3자가 명백히 인식할 수 있게 하는 공시 방법으로 마련된 것으로서, 주민등록이 어떤 임대차를 공시하는 효력이 있는가의 여부는 그 주민등록으로 제3자가 임차권의 존재를 인식할 수 있는가에 따라 결정된다고 할 것이므로, 주민등록이 대항력의 요건을 충족시킬 수 있는 공시 방법이 되려면 단순히 형식적으로 주민등록이 되어 있다는 것만으로는 부족하고, 주민등록에 의하여 표상되는 점유 관계가 임차권을 매개로 하는 점유임을 제3자가 인식할 수 있는 정도는 되어야 한다"라고 판시하고 있다. 동지판례로 대법원2000. 3. 23. 선고 99다67970판결; 대법원 1999. 4. 23. 선고 98다32939 판결; 대법원 2000. 2. 11. 선고 99다59306 판결 등이 있다.

② 점유보조자인 배우자나 자녀 등 가족의 주민등록 포함

주택임대차보호법의 입법 취지에 비추어 볼 때, 주민등록이라는 대항 요건을 임차인 본인뿐만 아니라 점유보조자인 배우자나 자녀 등 가족의 주민등록도 포함한다.[55]

③ 임차권의 적법한 양도나 전대의 경우

대항력을 갖춘 주택임차인이 임대인의 동의를 얻어 적법하게 임차권을 양도하거나 전대한 경우에 양수인이나 전차인이 임차인의 주민등록퇴거일로부터 주민등록법상의 전입신고 기간 내에 전입신고를 마치고 주택을 인도 받아 점유를 계속하고 있다면 비록 위 임차권의 양도나 전대에 의하여 임차권의 공시 방법인 점유와 주민등록이 변경되었다 하더라도 원래의 임차인이 갖는 임차권의 대항력은 소멸되지 아니하고 동일성을 유지한 채로 존속한다.

사례 다세대주택의 임대차에서 동·호수 표시 없는 주민등록의 공시력

Q. A는 갑 소유 다세대주택을 전세보증금 5,000만 원에 임차하여 주민등록 전입신고 시 위 다세대주택의 지번만 기재하고, 동·호수는 표시하지 않은 채 거주하고 있다. 그러던 중 위 임차주택을 매수한 을로부터 위 주택을 명도하라는 요구를 받았다. 이 경우 A는 을에게 주택임차인으로서의 대항력을 주장할 수 있는가?

A. 「주택임대차보호법」 제3조 제1항은 "임대차는 등기가 없는 경우에도 임차인이 주택의 인도와 주민등록을 마친 때에는 그 다음 날부터 제3자에 대하여 효력이 생긴다. 이 경우 전입신고를 한 때에 주민등록이 된 것으로 본다"라고 규정하고 있고, 같은 조 제3항은 "임차주택의 양수인(기타 임대할 권리를 승계한 자를 포함)은 임대인의 지위를 승계한 것으로 본다"라고 규정하고 있다. 그리고 다세대주택은 「건축법」이나 「주택법」 등 건축관련법상 공동주택에 해당하고, 「주민등록법 시행령」 제9조 제3항은 "주민등록관계 서류의 주소는 특별시·광역시·도, 시·군·자치구, 구(자치구가 아닌 구를 말한다), 읍·면·동·리, 지번의 순으로 표기한다. 이 경우 동·리는 법정 동·리의 명칭으로, 주택건설촉진법의 규정에 의한 공동주택의 경우에는 지번 다음에 건축물관리대장 등

55 대법원 1995. 6. 5. 선고 94마2134판결; 대법원 1996. 1. 26. 선고 95다30338판결 등.

에 의한 공동주택의 명칭과 동·호수를 표기한다"라고 규정하여 공동주택의 경우 동·호수까지 기재하고 전입신고하도록 하고 있다.

판례도 "임차인들이 다세대주택의 동·호수 표시 없이 그 부지 중 일부 지번으로만 주민등록을 한 경우, 그 주민등록으로써는 사회통념상 그 임차인들이 그 다세대주택의 특정 동·호수에 주소를 가진 것으로 제3자가 인식할 수 없는 것이므로, 임차인들은 그 임차주택에 관한 임대차의 유효한 공시 방법을 갖추었다고 볼 수 없고(대법원 1996. 2. 23. 선고 95다48421 판결), 연립주택 가동 중 1층 102호에 대한 미등기전세권자가 주소로 연립주택 동·호수 등의 표시 없이 그 지번만을 신고하여 주민등록이 되었다면, 그 주민등록으로는 일반 사회통념상 그 미등기전세권자가 그 연립주택 가동 102호 건물에 주소를 가진 자로 등록되었다고 제3자가 인식할 수 없으므로, 그 건물에 관한 미등기 전세의 유효한 공시 방법으로 볼 수 없으며(대법원 1995. 4. 28. 선고 94다 27427 판결), 신축 중인 연립주택 중 1세대를 임차한 자가 주민등록전입신고를 하였다가 그 후 위 연립주택에 관하여 준공검사가 이루어지면서 건축물관리대장이 작성되자 호수를 기재하여 주소정정신고를 하였다면, 임차인의 최초 전입신고에 따른 주민등록으로는 일반 사회통념상 임차권자가 세대별로 구분되어 있는 위 연립주택의 특정 호수에 주소를 가진 자로 등록되었다고 제3자가 인식할 수는 없을 것이므로, 그 주민등록은 위 임대차의 공시 방법으로서 유효한 것이라고 볼 수 없다(대법원 2000. 4. 7. 선고 99다66212 판결, 2002. 3. 15. 선고 2001다80204 판결)"라고 하였다.

따라서 다세대주택의 경우 대항력을 취득하기 위해서는 주민등록상 그 주택의 지번 및 동·호수까지 기재하여야 하는데, A는 동·호수를 기재하지 않았으므로 대항 요건으로서 주민등록을 갖추었다고 볼 수 없어 을에 대하여 임차권을 주장할 수 없을 것으로 보인다.

다. 대항력의 발생 시기

1) 원칙

제3자가 인도와 주민등록을 마친 임차인이 없음을 확인하고 등기까지 경료하였음에도 같은 날 임차인이 인도와 주민등록을 마침으로 인하여 입을 수 있는 불측의 피해를 방지하기 위해 대항력은 주택의 인도와 주민등록을 마친 '다음 날'에 발생하도록 하고 있다. 여기서 '다음 날'의 의미는 주택의 인도와 주민등록을 모두 마친 다음 날이라는 뜻이다.

'다음 날'부터 대항력이 생긴다는 것은 다음 날 오전 영(零) 시부터 대항력이 생긴다는 의미로 다음 날 주간에 등기가 경료된 저당권에 기한 매수인에게 대항할 수 있다.[56]

2) 대항력을 갖추어야 하는 시기

① 경매 또는 체납처분의 경우

임차주택에 저당권, 가압류 또는 압류, 담보가등기 중 가장 빠른 등기가 경료된 시점을 기준으로 그 전까지 대항력을 갖추어야 하고, 임차주택에 선순위 저당권 등이 되어 있지 않은 경우에는 경매개시 결정 또는 체납처분에 의한 압류의 효력이 발생하기 전까지 대항력을 갖추면 된다.

② 경매 또는 체납처분 이외의 경우

양수인의 소유권 이전 등기 이전에 대항력을 갖추어야 한다. 다만 순위 보전을 위한 가등기, 처분금지가처분등기에 기하여 소유권 이전 등기가 경료된 경우에는 이들 등기일 이전에 대항력을 갖추어야 한다.

3) 주민등록의 정정과 대항력 발생 시기

주민등록이 사실과 다르게 등재된 경우 올바른 주소로 정정하였을 때 대항력이 생긴다. 한편 대법원은 주민등록이 사실과 다르게 등재된 경우 이유를 따져 사실과 다른 주민등록이 주민등록 의무자인 임차인의 잘못된 신고로 인한 경우에는 사실과 일치하는 주민등록이 정정된 때 대항력이 생긴다고 보고 있다. 그러나 신고인인 임차인이 사실과 일치하는 주민등록 전입신고를 하였으나 담당공무원이 실수로 사실과 다른 사항을 등록한 경우에는 특수주소변경의 방법 등에 의하여 사실과 일치하는 주민등록이 정정된 것을 전제로 당초의 주민등록 전입신고를 한 때 소급하는 것으로 판시하고 있다.[57]

56 대법원 1999. 5. 25. 선고 99다9981 판결에서 "주택임대차보호법 제3조의 임차인이 주택의 인도와 주민등록을 마친 때에는 그 '익일부터' 제3자에 대하여 효력이 생긴다고 함은 익일 오전 영시부터 대항력이 생긴다는 취지이다. 원심이 적법히 확정한 사실에 의하면 피고 선정자 A가 1996. 8. 16. 이 사건 부동산을 보증금 51,000,000원에 임차하여 1996. 8. 27. 주민등록상 전입신고를 마쳤으므로 위에서 본 법리에 따라 익일인 1996. 8. 28. 00:00시부터 대항력이 있어 그 후 1996. 8. 28. 자로 주간에 경료된 이 사건 저당권에 기한 경낙인인 원고에게 대항할 수 있다고 할 것이므로 같은 취지의 원심 판단은 정당하다"라고 판시하고 있다.

57 대법원 1999. 5. 25. 선고 99다8322판결; 대법원 2000. 9. 29. 선고 2000다37012판결.

라. 대항력의 존속 요건

주택의 인도와 주민등록은 임차권의 대항력의 취득 요건일 뿐만 아니라 존속 요건이다. 따라서 원칙적으로 주택의 점유를 상실하거나 주민등록을 전출하게 되면 그때부터 대항력은 소멸하게 되며, 다시 대항력을 취득한다고 하더라도 종전의 대항력이 부활하지는 않는다. 다만, 임대차가 종료된 후 보증금을 반환받지 못한 임차인이 임차권등기명령 제도를 이용하여 임차권 등기를 경료하면 대항력과 우선변제권을 유지할 수 있다.[58]

사례 임차인이 주민등록을 일시 옮겼다가 재전입한 경우 대항력

Q. A는 1년 전 갑 소유의 주택에 관하여 전세보증금 3,500만 원에 전세 기간 2년으로 하는 임대차 계약을 체결하고 입주한 후 가족들과 함께 그 주택의 소재지로 주민등록 전입신고를 마쳤다. 그 후 A는 자녀의 교육 문제로 A를 포함한 가족 전체의 주민등록을 학교 부근 친지의 집으로 이전하였다가 그로부터 3개월 후 다시 위 주택의 주소지로 전입신고를 하였다. 그런데 최근 법원으로부터 위 주택에 대한 경매통지서가 송달되었기에 임차주택의 부동산등기부등본을 확인해 보았더니, A가 일시 주민등록을 옮겼던 사이에 갑의 채권자 을이 근저당권을 설정한 사실을 알게 되었다. 그 후 위 주택이 병에게 경매절차에서 매각되었고, 병은 A에게 위 임차주택의 명도를 요구하고 있다. 이 경우 A는 병에게 계약 기간까지의 거주와 전세보증금 반환을 주장할 수 있는가?

A. 주택임차인이 임차권의 대항력을 취득한 후 일시 가족 전체의 주민등록을 변경하였다가 다시 동일 주소지로 전입하였을 때 이미 취득하였던 대항력이 계속 유지되는가의 문제이다.

이에 관하여 판례는 "주택임대차보호법이 제3조 제1항에서 주택임차인에게 주택의 인도와 주민등록을 요건으로 명시하여 등기된 물권에 버금가는 강력한 대항력을 부여하고 있는 취지에 비추어 볼 때 달리 공시 방법이 없는 주택임대차에서 주택의 인도 및 주민등록이라는 대항 요건은 그 대항력 취득 시에만 구비하면 족한 것이 아니고, 그 대항력을 유지하기 위하여서도 계속 존속하고 있어야 한다고 하면서, 주택의 임차인

58 대법원 2005. 9. 15. 선고 2005다33039판결.

이 그 주택의 소재지로 전입신고를 마치고 그 주택에 입주함으로써 일단 임차권의 대항력을 취득한 후 어떤 이유에서든지 그 가족과 함께 일시적이나마 다른 곳으로 주민등록을 이전하였다면 이는 전체적으로나 종국적으로 주민등록의 이탈이라고 볼 수 있으므로, 그 대항력은 그 전출 당시 이미 대항 요건의 상실로 소멸되는 것이고, 그 후 그 임차인이 얼마 있지 않아 다시 원래의 주소지로 주민등록을 재전입하였다 하더라도 이로써 소멸되었던 대항력이 당초에 소급하여 회복되는 것이 아니라 그 재전입한 때부터 그와는 동일성이 없는 새로운 대항력이 재차 발생하는 것이다"라고 하였다(대법원 1998. 1. 23. 선고 97다43468 판결, 2002. 10. 11. 선고2002다20957 판결).

따라서 사례의 경우 주민등록을 일시 이전하였다가 종전의 주소지로 재전입하였다고 해서 처음에 취득한 대항력이 유지되는 것이 아니라 재전입한 때에 새로운 대항력을 취득한 것이다. 따라서 A가 새로이 취득한 주택임차권의 대항력은 근저당권보다 뒤에 취득한 것이므로 경락인인 병에게 대항력을 주장할 수 없다.

참고로 주민등록전출 후 재전입한 경우 확정일자를 다시 받아야 재전입 이후에 설정된 근저당권자에게 우선할 수 있는지에 관하여 판례는 "주택의 임차인이 그 주택의 소재지로 전입신고를 마치고 입주함으로써 임차권의 대항력을 취득한 후 일시적이나마 다른 곳으로 주민등록을 이전하였다면 그 전출 당시 대항 요건을 상실함으로써 대항력은 소멸하고, 그 후 임차인이 다시 그 주택의 소재지로 주민등록을 이전하였다면 대항력은 당초에 소급하여 회복되는 것이 아니라 재전입한 때로부터 새로운 대항력이 다시 발생하며, 이 경우 전출 이전에 이미 임대차계약서상에 확정일자를 갖추었고 임대차계약도 재전입 전후를 통하여 그 동일성을 유지한다면, 임차인은 재전입 시 임대차계약서상에 다시 확정일자를 받을 필요 없이 재전입 이후에 그 주택에 관하여 담보물권을 취득한 때보다 우선하여 보증금을 변제받을 수 있다"라고 하였다(대법원 1998. 12. 11. 선고98다34584 판결).

마. 임차주택의 양도와 대항력

소유자가 주택을 매도함과 동시에 매수인으로부터 당해 주택을 임차한 경우(점유 개정의 경우), 소유자의 주민등록은 매수인에게 소유권 이전 등기가 경료된 이후에 대항력의 요건이 되는 주민등록이 되며, 소유권 이전 등기 다음 날부터 대항력을 갖는다.

사례 주택을 매도하면서 임차인으로 변경된 매도인의 대항력 취득 시점

Q. A는 10년 전 7월 1일 주택을 구입하여 소유권 이전 등기를 하였고, 같은 해 8월 1일 주민등록전입신고를 하였는데, 2년 전 위 주택을 갑에게 매도하되 이를 다시 임차하여 매매잔금 지급 기일인 같은 해 10월 1일부터는 임차인 자격으로 변경하기로 약정하고 현재까지 거주하고 있다. 그런데 갑이 매매잔금 지급 기일을 지키지 못하였으므로 A는 갑과 합의하여 위 주택을 담보로 한 은행대출금으로 잔금을 받기로 하면서 같은 해 12월 1일 갑을 채무자로 하여 위 주택에 근저당권을 설정하였고, 다음 해 1월 3일 갑의 명의로 소유권 이전 등기가 경료되었다. 그러나 은행에 위 근저당권을 실행하여 경매개시 되었고, 위 주택은 을에게 매각되었다. 이 경우 A는 경매절차의 매수인 을의 명도 요구에 주택임차인으로서 대항할 수 있는가?

A. 「주택임대차보호법」 제3조 제1항은 "임대차는 그 등기가 없는 경우에도 임차인이 주택의 인도와 주민등록을 마친 때에는 그 다음 날부터 제3자에 대하여 효력이 생긴다. 이 경우 전입신고를 한 때에 주민등록이 된 것으로 본다"라고 규정하고 있다. 그러므로 위의 사례에서 주택의 인도와 주민등록전입신고를 마친 A는 일응 대항 요건을 갖춘 것으로 보일 수 있으나, 이는 임차인의 지위에서 위와 같은 대항 요건을 구비하여야 하는 것을 의미한다.

즉, 위 사례의 경우 잔금 지급 기일과 소유권 이전 등기가 경료된 시점이 일치하지 않는바, 이러한 경우에 소유자에서 임차인으로 지위가 변동된 시점을 언제로 볼 것인지 문제 된다.

위 사례와 관련된 판례는 "주택임대차보호법 제3조 제1항에서 주택의 인도와 더불어 대항력의 요건으로 규정하고 있는 주민등록은 거래의 안전을 위하여 임차권의 존재를 제3자가 명백히 인식할 수 있게 하는 공시 방법으로 마련된 것으로서, 주민등록이 어떤 임대차를 공시하는 효력이 있는가의 여부는 그 주민등록으로 제자가 임차권의 존재를 인식할 수 있는가에 따라 결정된다고 할 것이므로, 주민등록이 대항력의 요건을 충족시킬 수 있는 공시 방법이 되려면 단순히 형식적으로 주민등록이 되어 있다는 것만으로는 부족하고, 주민등록에 의하여 표상(表象)되는 점유 관계가 임차권을 매개로 하는 점유임을 제3자가 인식할 수 있는 정도로 되어야 한다"라고 하였으며(대

법원 1999. 4. 23. 선고 98다32939 판결, 2001. 1. 30. 선고 2000다58026 판결), 또한 "갑이 주택에 관하여 소유권 이전 등기를 경료하고 주민등록 전입신고까지 마친 다음 처와 함께 거주하다가 을에게 매도함과 동시에 그로부터 이를 다시 임차하여 계속 거주하기로 약정하고 임차인을 갑의 처로 하는 임대차 계약을 체결한 후에야 을 명의의 소유권 이전 등기가 경료된 경우, 제3자로서는 주택에 관하여 갑으로부터 을 앞으로 소유권 이전 등기가 경료되기 전에는 갑의 처의 주민등록이 소유권 아닌 임차권을 매개로 하는 점유라는 것을 인식하기 어려웠다 할 것이므로, 갑의 처의 주민등록은 주택에 관하여 을 명의의 소유권 이전 등기가 경료되기 전에는 주택임대차의 대항력 인정 요건이 되는 적법한 공시 방법으로서의 효력이 없고 을 명의의 소유권이전등기가 경료된 날에야 비로소 갑의 처와 을 사이의 임대차를 공시하는 유효한 공시 방법이 된다고 할 것이며, 주택임대차보호법 제3조 제1항에 의하여 유효한 공시 방법을 갖춘 다음 날인 을 명의의 소유권 이전 등기일 다음 날부터 임차인으로서 대항력을 갖는다"라고 하였다.[59]

위와 같은 주민등록을 대항력의 요건으로 규정한 취지에 비추어 제3자로서는 갑 앞으로 소유권이 경료되기 이전까지는 귀하의 주민등록이 소유권 아닌 임차권을 매개로 하는 점유라는 것을 인식하기 어려웠다 할 것이므로, 귀하의 주민등록은 갑 앞으로 소유권 이전 등기가 경료되기 이전에는 주택임대차의 대항력 인정의 요건이 되는 적법한 공시 방법으로서의 효력이 없고, 갑 앞으로 소유권 이전 등기가 경료된 다음 날부터 비로소 귀하와 갑 사이의 임대차를 표상하는 유효한 공시 방법이 된다고 할 것이다. 따라서 A는 경매절차의 매수인 을의 명도 요구를 거절할 수 없을 것으로 보인다.

사례 **대항력 있는 주택임차인이 임대인의 동의하에 임차권 양도한 경우**

Q. A는 주택을 임차하여 주민등록을 마치고 입주하여 살고 있던 친구로부터 임차권을 양도받았는데, 집주인도 임차권 양도에 동의를 하였다. 그런데 A의 친구가 대항력을 취득한 후 A가 임차권을 양도받기 전 위 주택에 근저당권이 설정되었고, 그에 기한 경매 절차가 지금 진행되고 있다. 이 경우 A는 위 경매 절차의 매수인에게 대항할 수

59 대법원 1999. 4. 23. 선고 98다32939 판결, 2000. 2. 11. 선고 99다59306 판결, 2001. 12. 14. 선고 2001다61500 판결.

있는가?

A. 「민법」 제629조는 "임차인은 임대인의 동의 없이 그 권리를 양도하거나 임차물을 전대하지 못한다. 임차인이 이 규정에 위반한 때에는 임대인은 계약을 해지할 수 있다"라고 규정하고 있으므로, 임대인의 동의를 얻지 못한 주택임차권의 양도나 전대차의 경우에는 그 양수인이나 전차인이 「주택임대차보호법」상의 보호를 받지 못할 것이다.

그러나 임대인의 동의를 얻은 주택임차권의 양도나 전대차에 관하여 「주택임대차보호법」상의 대항력 등이 존속되는지가 문제 된다.

이에 관하여 판례는 "주택임대차보호법 제3조 제1항에 의한 대항력을 갖춘 주택임차인이 임대인의 동의를 얻어 임차권을 양도하거나 전대차한 경우에 양수인이나 전차인이 임차인의 주민등록 퇴거일로부터 주민등록법상의 전입신고 기간 내에 전입신고를 마치고 주택을 인도받아 점유를 계속하고 있다면 비록 위 임차권의 양도나 전대에 의하여 임차권의 공시 방법인 점유와 주민등록이 변경되었다 하더라도 원래의 임차인이 갖는 임차권의 대항력은 소멸되지 아니하고 동일성을 유지한 채로 존속한다고 보아야 하고, 그 이유는 주택임대차보호법 제3조 제1항에 의한 임차권의 대항력은 그 공시 방법인 점유와 주민등록의 계속을 그 존속 요건으로 하고 있는데, 임대인의 동의가 있는 양수인이나 전차인은 그 점유와 주민등록으로 원래의 임차권에 대한 공시 방법에 갈음할 수 있어 그 임대차 자체에 대한 공시 방법은 계속된다고 보지 못할 바 아니고, 또 위와 같이 공시 방법의 변경에 따른 대항력의 존속을 인정한다 하여 이미 원래의 임대차에 의한 대항을 받고 있는 제3자에게 그 이상의 불이익을 주는 것이 아닌 반면에, 위와 같이 해석하는 것이 임차인에게 양도나 전대에 의한 임차보증금 등의 회수를 용이하게 할 수 있어 주택임차인의 주거생활의 안정을 보호하려고 하는 주택임대차보호법의 취지에도 부합하는 것이기 때문이다"라고 하였다(대법원 1988. 4. 25. 선고 87다카2509 판결, 1994. 6. 24. 선고 94다3155 판결).

따라서 임대인의 동의를 받은 주택임차권의 양수인인 A는 위와 같은 요건을 갖추었다면 양도인의 대항력을 승계한 자로서 제3자에 대하여 직접 대항력을 행사할 수 있다고 하여야 할 것이다.

사례 근저당권 설정 후 증액된 주택임차보증금의 대항력

Q. A는 갑 소유 주택을 임차보증금 4,500만 원에 임차하여 주민등록전입신고를 마치고 거주하던 중 1년 후 보증금 500만 원을 인상하였고, 그 후 다시 300만 원을 추가로 인상해 주었다. 갑은 A가 두 번째 300만 원을 인상해 주기 직전, 위 주택에 근저당권을 설정해 주었으며, 그 근저당권에 의한 경매신청으로 을이 위 주택을 경매절차에서 매수하였다. 그런데 을은 A에게 4,500만 원을 지급받고 위 주택을 명도하라고 하는데, 이 경우 증액된 보증금 800만 원은 보호받을 수 없는지요?

A. 「주택임대차보호법」 제3조는 등기를 하지 않더라도 임차인이 임차주택에의 입주와 주민등록의 전입신고를 한 때에는 그 다음 날부터 제3자에 대하여 대항력이 발생하고, 임차주택의 양수인(경매절차의 매수인도 포함)은 임대인의 지위를 승계한 것으로 보며, 임대차가 종료된 경우에도 임차인이 보증금이 반환을 받을 때까지는 임대차 관계는 존속하는 것으로 하고 있다.

그러나 사례의 경우 두 차례에 걸쳐서 임대인과의 합의에 의하여 임차 계약을 갱신하면서 첫 번째의 합의갱신은 근저당권을 설정하기 전이고, 두 번째의 합의갱신은 근저당권을 설정한 후인바, 위 사안에서 문제되는 것은 임차주택에 근저당권을 설정한 후 임대인과 임차인 간의 합의에 의해 임차보증금을 증액하기로 한 경우, 그 증액된 임차보증금도 대항력을 취득하는지 문제가 된다.

이에 관하여 판례는 "대항력을 갖춘 임차인이 저당권설정 등기 이후에 임대인과 보증금을 증액하기로 합의하고 초과 부분을 지급한 경우, 임차인이 저당권 설정 등기 이전에 취득하고 있던 임차권으로 선순위로서 저당권자에게 대항할 수 있음은 물론이나, 저당권 설정 등기 후에 건물주와의 사이에 임차보증금을 증액하기로 한 합의는 건물주가 저당권자를 해치는 법률행위를 할 수 없게 된 결과, 그 합의당사자 사이에서만 효력이 있는 것이고, 저당권자에게는 대항할 수 없다고 할 수밖에 없으므로, 임차인은 위 저당권에 기하여 건물을 경락받은 소유자의 건물명도 청구에 대하여 증액 전 임차보증금을 상환받을 때까지 그 건물을 명도할 수 없다고 주장할 수 있을 뿐이고, 저당권 설정 등기 이후에 증액한 임차보증금으로써는 경락자인 소유자에게 대항할 수 없다"라고 하였다(대법원 1990. 8. 24. 선고 90다카11377 판결).

따라서 위의 사례에서 첫 번째 증액된 500만 원을 포함한 임차보증금 5,000만 원의 범위에서 대항력을 가지고 있으므로 을에게 5,000만 원을 지급받을 때까지 위 주택의 명도를 거부할 수 있고, 증액된 계약서상에 확정일자를 받아 두었다면 우선변제권을 행사할 수 있다고 할 것이다.

그러나 저당권 설정 등기 이후에 증액된 임차보증금 300만 원에 대해서는 을에게 대항할 수 없는 것이므로, 두 번째 증액된 300만 원의 임차보증금은 최초의 임대인이었던 갑으로부터 받을 수밖에 없을 것으로 보인다.

3. 임차인의 우선변제권

가. 의의

주택임대차보호법 제3조 제1항, 제2항의 대항력과 임대차계약증서에 확정일자를 갖춘 임차인은 민사집행법에 의한 경매 또는 국세징수법에 의한 공매 시 임차주택의 환가대금에서 후순위권리자 기타 채권자보다 우선하여 보증금을 변제받을 수 있는 권리를 말한다.

나. 확정일자 갖추는 방법

임대차계약서에 확정일자를 갖추는 방법으로 ① 공증인사무소, 법무법인 또는 합동법률사무소 등 공증기관에서 임대차계약서를 공정증서로 작성하는 방법, ② 사문서로 된 임대차계약서에 위 공증기관에서 확정일자를 찍어 주는 방법, ③ 사문서로 된 임대차계약서에 법원, 등기소의 공무원과 읍·면·동사무소의 공무원이 확정일자를 찍어 주는 방법이 있나.

다. 우선변제적 효력

확정일자와 다른 권리와의 순위는 확정일자 부여일을 기준으로 한다. 그러나 확정일자를 입주 및 주민등록과 같은 날 또는 그 이전에 갖춘 경우에는 우선변제적 효력은 대항력과 마찬가지로 주민등록을 마친 다음 날을 기준으로 한다. 즉, 확정일자를 갖춘 임차인의 우선변제권은 대항 요건 및 확정일자를 모두 갖춘 때에 발생한다. 결국 확정일자 부여일과 인도와 주민등록을 마친 다음 날을 비교하여 더 늦은 날이 우선변제권의 기준일이 된다.

주택의 임차인으로서 대항력을 갖춘 다음 날 오전 영 시 이후에 확정일자를 받았는데 확정일자를 받은 날에 저당권이 설정된 경우, 확정일자를 받은 때와 저당권이 설정된 때가 명백하지 않는다면 임차인과 저당권자의 우선순위는 같으므로 평등하게 배당받는다고 한다.[60]

사례 **전입신고와 확정일자를 갖춘 다음 날 설정된 저당권과의 우선순위**

Q. 갑은 을의 주택을 보증금 5,000만 원에 임차하여 입주하면서 같은 날 주민등록 전입신고를 하고 확정일자를 받았다. 그런데 을은 그 다음 날 병은행으로부터 5,000만 원을 대출받으면서 위 주택과 대지에 근저당권을 설정하였다. 그 후 을이 병은행의 대출금을 변제치 않아 위 주택과 대지는 경매개시 되었다. 이 경우 저당권자와 주택임차인의 배당 순위는 어떻게 되는가?

A. 주택임차인의 '대항력'에 관하여 「주택임대차보호법」 제3조 제1항은 "임대차는 그 등기가 없는 경우에도 임차인이 주택의 인도와 주민등록을 마친 때에는 그 익일부터 제3자에 대하여 효력이 생긴다. 이 경우 전입신고를 한 때에 주민등록이 된 것으로 본다"라고 규정하고 있고, 같은 법 제3조의2 제2항은 "제3조 제1항 또는 제2항의 '대항요건'과 임대차계약증서(제3조 제2항의 경우에는 법인과 임대인 사이의 임대차계약증서를 말한다)상의 확정일자를 갖춘 임차인은 민사집행법에 의한 경매 또는 국세징수법에 의한 공매 시 임차주택(대지를 포함)의 환가대금에서 후순위권리자 기타 채권자보다 우선하여 보증금을 변제받을 권리가 있다"라고 규정하여 대항 요건 및 확정일자가 갖추었을 경우에 배당에서 순위가 보호된다고 규정하고 있다.

그리고 주택임차인의 입주, 주민등록, 확정일자보다 하루 늦게 근저당권자의 근저당권 설정등기가 된 경우 주택임차권과 근저당권 중 어느 것이 우선순위를 가질 것인지는 「주택임대차보호법」 제3조 제1항의 대항력이 생기는 시점인 '익일(다음 날)'의 의미에 달려 있다고 할 것이다.

다음 날부터의 의미를 단순히 날짜로만 파악한다면 입주, 주민등록, 확정일자를 갖춘 다음 날부터 우선변제권이 주어지므로 근저당권자와 같은 순위로 배당을 받게 될 것이고, 그와 달리 시간적 개념으로 파악하여 오전 0시로부터 해석하게 되면 근저당권

60 양형우, 전게서, 1419면.

설정등기는 등기소가 업무를 시작하는 시간 이후에 마쳐질 것이므로 주택임차인의 배당 순위가 앞서게 될 것이다.

이에 대하여 판례는 "주택임대차보호법 제3조의 임차인이 주택의 인도와 주민등록을 마친 때에는 그 '다음 날부터' 제3자에 대하여 효력이 생긴다고 함은 다음 날 오전 0시부터 대항력이 생긴다는 취지이다"라고 하여 주택임차인의 입주, 주민등록, 확정일자보다 근저당권자의 근저당권설정등기가 하루 늦은 경우 주택임차인이 우선하여 배당받는 것으로 하고 있다(대법원 1999. 5. 25. 선고 99다9981 판결).

따라서 임차인 갑의 배당 순위는 위와 같은 요건을 갖춘 다음 날 오전 0시부터 발생하고 근저당권자인 병의 배당 순위는 설정일 즉, 갑이 위 요건을 갖춘 시점보다 늦으므로 근저당권자인 병보다 임차인 갑이 선순위의 배당권자가 된다.

사례 대항 요건은 갖추었으나 제3자의 가압류 후 확정일자를 받은 경우

Q. A는 주택을 임차하여 입주와 주민등록 전입신고는 마쳤으나, 확정일자를 받기 전에 임차주택에 대하여 가압류등기가 경료되었다. 만일, 임차주택이 경매될 경우 A가 가압류채권자보다 우선하여 배당받을 수 있는지?

A. 입주와 주민등록전입신고에 관하여 「주택임대차보호법」 제3조의2 제2항에 의하면 대항 요건과 임대차계약증서상의 확정일자를 갖춘 주택임차인은 후순위권리자 기타 일반채권자보다 우선하여 보증금을 변제받을 권리가 있다고 규정하고 있다.

그런데 사례의 경우와 같이 주택임차인이 대항 요건은 갖추었지만, 확정일자를 가압류등기보다 늦게 받은 경우 임차주택이 경매된다면 가압류채권자와의 우선순위가 어떻게 될 것인지 문제 된다.

일단, 「주택임대차보호법」상 우선변제권을 취득하기 위해서는 대항 요건 외에 확정일자까지 갖추어야 하는 것이므로 확정일자를 가압류등기보다 늦게 받았다면 그 가압류채권자에 대해 우선변제권을 주장할 수는 없고, 그 가압류채권자는 주택임차인에 대하여 선순위 가압류채권자가 되는 것이다.

다음으로 선순위 가압류채권자가 있는 경우 그와 주택임차인 사이의 배당 순위와 관련하여 판례는 "주택임대차보호법 제3조의2 제1항(현행 주택임대차보호법 제3조의2

제2항)은 대항 요건(주택 인도와 주민등록 전입신고)과 임대차계약증서상의 확정일자를 갖춘 주택임차인은 후순위권리자 기타 일반채권자보다 우선하여 보증금을 변제받을 권리가 있음을 규정하고 있는바, 이는 임대차계약증서에 확정일자를 갖춘 경우에는 부동산담보권에 유사한 권리를 인정한다는 취지이므로, 부동산담보권자보다 선순위의 가압류채권자가 있는 경우에 그 담보권자가 선순위의 가압류채권자와 채권액에 비례한 평등배당을 받을 수 있는 것과 마찬가지로 위 규정에 의하여 우선변제권을 갖게 되는 임차보증금채권자도 선순위 가압류채권자와는 평등배당 관계에 있게 된다"라고 판시하고 있다(대법원 1992. 10. 13. 선고 92다30597 판결).

따라서 사례의 경우 가압류채권자보다 우선하여 배당받을 수는 없지만, 가압류채권자와 채권액에 비례하여 안분배당을 받을 수 있다. 또한, 매각대금이 적어 보증금 전액을 배당받지 못할 경우에는 가압류 전에 갖춘 대항 요건을 근거로 경매 절차의 매수인에 대하여도 대항력을 주장할 수 있을 것이다.

4. 소액임차인의 최우선변제권

가. 소액보증금의 범위

임차인은 보증금 중 일정액을 다른 담보물권보다 우선하여 변제받을 권리가 있다. 이 경우 임차인은 주택에 대한 경매신청의 등기 전에 제3조 제1항의 요건(주택의 인도, 주민등록)을 갖추어야 한다.

우선변제를 받을 임차인 및 보증금 중 일정액의 범위와 기준은 대통령령으로 정한다. 다만, 보증금 중 일정액의 범위와 기준은 주택가액(대지의 가액을 포함한다)의 1/2를 넘지 못한다.

소액임차인에 해당하는 여부의 판단 시점은 원칙적으로 배당시이다.[61] 예컨대 처음 임대차 계약을 체결할 당시에는 소액임차인에 해당하지 않았다 하더라도 갱신 과정에서 보증금액이 감액되어 배당 당시에 법에서 정한 한도 이하가 되면 소액임차인에 해당한다.[62]

61 2008. 8. 21.시행령 개정 전에 담보물권을 취득한 자에 대하여는 개정 전 규정에 의한다.

62 대법원 2008. 5. 15. 선고 2007다23203판결.

소액임차인과 최우선변제금액의 범위

저당권설정일자	소액임차인		최우선변제금액
1983. 12. 31. 이전	없 음		없 음
1984. 1. 1. ~ 1987. 11. 30.	특별시·직할시	300만 원	300만 원
	기타 지역	200만 원	200만 원
1987. 12. 1. ~ 1990. 2. 18.	특별시·직할시	500만 원	500만 원
	기타 지역	400만 원	400만 원
1990. 3. 1. ~ 1995. 10. 18.	특별시·직할시	2,000만 원	700만 원
	기타 지역	1,500만 원	500만 원
1995. 1. 19. ~ 2001. 9. 14.	특별시·직할시	3,000만 원	1,200만 원
	기타 지역	2,000만 원	800만 원
2001. 9. 15. ~ 2008. 8. 20.	수도권	4,000만 원	1,600만 원
	광역시(인천 제외)	3,500만 원	1,400만 원
	기타 지역	3,000만 원	1,200만 원
2008. 8. 21. ~ 2010. 7. 20.	수도권	6,000만 원	2,000만 원
	광역시(인천 제외)	5,000만 원	1,700만 원
	기타 지역	4,000만 원	1,400만 원
2010. 7. 21. ~ 2013. 12. 31.	서울특별시	7,500만 원	2,500만 원
	수도권 중 과밀억제권	6,500만 원	2,200만 원
	광역시	5,500만 원	1,900만 원
	기타 지역	4,000만 원	1,400만 원
2014. 1. 1. ~ 2016. 3. 30.	서울특별시	9,500만 원	3,200만 원
	수도권 중 과밀억제권	8,000만 원	2,700만 원
	광역시	6,000만 원	2,000만 원
	그 밖의 지역	4,500만 원	1,500만 원
2016. 3. 31. ~ 2018. 9. 17.	서울특별시	1억 원	3,400만 원
	수도권 중 과밀억제권	8,000만 원	2,700만 원
	광역시	6,000만 원	2,00만 원
	그 밖의 지역	5,000만 원	1,700만 원
2018. 9. 18. ~ 현재	서울특별시	1억 1천만 원	3,700만 원
	수도권 중 과밀억제권	1억 원	3,400만 원
	광역시	6,000만 원	2,000만 원
	기타 지역	5,000만 원	1,700만 원

※ 기준 시점은 담보물권(저당권, 근저당권, 가등기담보권 등) 설정일자 기준임.

나. 소액임차인 여부가 문제 되는 경우

1) 대지의 저당권 설정 후 지상건물이 신축된 경우

이 경우 저당권자가 예측할 수 없는 손해를 입게 되는 범위가 지나치게 확대되어 부당하기 때문에 건물의 소액임차인에게 그 저당권 실행에 따른 환가대금에 대해서 우선변제권이

없다.[63]

2) 미등기 임차주택의 경우

미등기 주택의 임차인이 임차주택 대지의 환가대금에 대하여 주택임대차보호법상 우선변제권을 행사할 수 있는지 여부와 관련하여 대법원 2007.6.21. 선고 2004다26133 전원합의체 판결에서 "대항 요건 및 확정일자를 갖춘 임차인과 소액임차인에게 우선변제권을 인정한 주택임대차보호법 제3조의2 및 제8조가 미등기 주택을 달리 취급하는 특별한 규정을 두고 있지 아니하므로, 대항 요건 및 확정일자를 갖춘 임차인과 소액임차인의 임차주택 대지에 대한 우선변제권에 관한 법리는 임차주택이 미등기인 경우에도 그대로 적용된다. 이와 달리 임차주택의 등기 여부에 따라 그 우선변제권의 인정 여부를 달리 해석하는 것은 합리적 이유나 근거 없이 그 적용 대상을 축소하거나 제한하는 것이 되어 부당하고, 민법과 달리 임차권의 등기 없이도 대항력과 우선변제권을 인정하는 같은 법의 취지에 비추어 타당하지 아니하다. 다만, 소액임차인의 우선변제권에 관한 같은 법 제8조 제1항이 그 후문에서 '이 경우 임차인은 주택에 대한 경매신청의 등기 전에' 대항 요건을 갖추어야 한다고 규정하고 있으나, 이는 소액보증금을 배당받을 목적으로 배당 절차에 임박하여 가장 임차인을 급조하는 등의 폐단을 방지하기 위하여 소액임차인의 대항 요건의 구비 시기를 제한하는 취지이지, 반드시 임차주택과 대지를 함께 경매하여 임차주택 자체에 경매신청의 등기가 되어야 한다거나 임차주택에 경매신청의 등기가 가능한 경우로 제한하는 취지는 아니라 할 것이다. 대지에 대한 경매신청의 등기 전에 위 대항 요건을 갖추도록 하면 입법 취지를 충분히 달성할 수 있으므로, 위 규정이 미등기 주택의 경우에 소액임차인의 대지에 관한 우선변제권을 배제하는 규정에 해당한다고 볼 수 없다"라고 판시하고 있다.

3) 복수의 임차인의 경우

하나의 주택에 임차인이 2명 이상이고, 그 각 보증금 중 일정액을 모두 합한 금액이 주택가액의 2분의 1을 초과하는 경우에는 그 각 보증금 중 일정액을 모두 합한 금액에 대한 각 임차인의 보증금 중 일정액의 비율로 그 주택가액의 2분의 1에 해당하는 금액을 분할한 금액을 각 임차인의 보증금 중 일정액으로 본다.

하나의 주택에 임차인이 2명 이상이고 이들이 그 주택에서 가정 공동생활을 하는 경우에

63 대법원 2001. 5. 8. 선고 2001다14733판결.

는 이들을 1명의 임차인으로 보아 이들의 각 보증금을 합산한다.[64]

다. 우선변제권과 매수인과의 관계

1) 매수인에게 대항할 수 없는 경우

임차주택의 경매 절차에서 임차보증금을 지급받지 못한 이상 임차주택의 매수인에 대하여 임차보증금의 우선변제를 요구할 수 없다. 또한 우선변제권이 있는 소액임차인이 배당을 요구하지 않은 경우 배당받은 다른 채권자에게 부당이득 반환을 청구할 수도 없다.

2) 매수인에게 대항할 수 있는 경우

임대차 존속 주장과 우선변제권을 선택적으로 행사할 수 있다. 따라서 임차인이 경매 절차에서 우선변제권을 행사하지 아니하였다고 하여 매수인에게 임대차로서 대항할 수 없다거나 임차보증금 반환채권을 포기한 것으로 볼 수 없다.[65]

라. 소액임차인이 확정일자까지 받은 경우

소액임차인이 확정일자까지 받은 경우 보증금 중 소액보증금은 법 제8조에 의하여 최우선순위로 배당받고, 나머지는 법 제3조의2의 요건을 갖춘 시기에 따라 배당받을 수 있다. 최선순위 대항력과 우선변제권을 겸유한 임차인이 소액보증금에 대한 우선변제권을 행사하고 나서도 대항력을 주장하여 나머지 보증금을 반환받을 때까지 인도를 거절할 수 있다.[66]

5. 임차권등기명령 제도

가. 임차권등기명령 제도의 목적

임차권등기명령은 임대차 종료 후 보증금을 반환받지 못한 임차인에게 단독으로 임차권등기를 경료할 수 있도록 함으로써 자유롭게 주거를 이전할 수 있는 기회를 보장하기 위하여 둔 제도이다.

64 주택임대차보호법 시행령 제3조 제3항, 제4항.
65 대법원 1992. 7. 14. 선고 92다12827판결.
66 대법원 2007. 11. 15. 선고 2007다45562판결.

나. 임차권등기명령 제도의 절차

1) 임차권등기명령의 신청

임차인이 임대차 계약이 종료된 후 보증금을 반환받지 못한 경우에 임차주택의 소재지를 관할하는 지방법원·지방법원지원 또는 시·군법원에 임차권등기명령신청을 한다.

2) 심리 및 임차권등기명령 발령

신청 받은 법원에서 먼저 서면 심리 방식에 의하여 임차권등기명령의 발령 여부를 심리하여 신청에 이유가 있다고 인정되면 임차권등기명령을 발령한다.

3) 임차권등기 촉탁 및 임차권등기

법원은 발생한 임차권등기명령의 효력이 발생하면 임차주택의 소재지를 관할하는 등기소에 지체 없이 재판서 등본을 첨부하여 임차권등기를 촉탁하고, 등기관이 건물등기부에 임차권등기를 기입하게 된다.

4) 미등기주택에 대한 임차권등기

미등기주택에 대한 임차권등기명령의 촉탁이 있는 경우에는 등기관은 부동산등기법 제66조의 규정을 준용하여 직권으로 갑구란에 소유권보존등기를 한 후 을구란에 주택임차권등기를 하여야 한다.

다. 임차권등기명령 제도의 효과

1) 이미 취득한 대항력 또는 우선변제권 유지

임차권등기가 경료되면, 임차인이 임차권등기 이전에 이미 대항력 또는 우선변제권을 취득한 경우에는 그 대항력 또는 우선변제권을 그대로 유지되며 임차권등기 이후에 대항 요건을 상실하더라도 이미 취득한 대항력 또는 우선변제권을 상실하지 않는다.

2) 임차권등기에 의하여 직접 경매신청은 불가능

임차권등기명령은 주택의 점유를 상실하거나 주민등록을 전출하더라도 종전에 취득하였던 대항력 및 우선변제권을 유지시키는 제도일 뿐이고 임차권등기에 물권을 부여하는 취지는 아니므로 임차권등기에 기하여 직접 경매를 신청할 수 없다.

3) 대항력과 우선변제권 취득

임차인이 아직 대항력 또는 우선변제권을 취득하지 못한 상태에서 임차권등기가 경료되면 그때 대항력과 우선변제권을 취득한다.

라. 임차권등기 후 전입한 소액임차인의 지위

임차권명령의 집행에 의한 임차권등기가 경료된 주택을 그 이후에 입주한 임차인에게는 법 제8조에 의한 소액임차인으로 우선변제권을 받을 권리가 없다.

사례 '주택임차권등기'가 된 집을 임차한 소액임차인의 보호 여부

Q. A는 서울 소재 주택을 보증금 7,000만 원에 임차하여 주민등록을 마치고 입주하여 거주하고 있다. 그런데 최근 등기사항증명서를 확인해 보고서야 A가 입주하기 전에 다른 임차인이 임차권등기명령에 의한 임차권등기를 해 놓고 이사한 것을 알게 되었다. 지금 위 주택은 근저당권자에 의한 경매 절차가 진행 중인데 이 경우 A는 「주택임대차보호법」상의 소액임차인으로서 보호받을 수 있는가?

A. 「주택임대차보호법」 제3조의3 제6항은 "임차권등기명령의 집행에 의한 임차권등기가 경료된 주택(임대차의 목적이 주택의 일부분인 경우에는 해당 부분에 한한다)을 그 이후에 임차한 임차인은 제8조(보증금 중 일정액의 보호)의 규정에 의한 우선변제를 받을 권리가 없다"라고 규정하고 있다. 그러므로 임차권등기명령에 의하여 주택임차권등기를 마친 임차인을 보호하기 위하여 그가 임차보증금을 반환받을 때까지 임자인의 우선변제권 등의 권리를 유지하도록 해 주는 것이다. 즉, 주택임차권등기가 경료된 주택에 새로 입주해 온 임차인에 대하여는 주택임대차보호법상 소액임차인의 최우선변제권 등을 인정하지 않는다.

그 이유는 주택임차권등기명령에 의하여 주택임차권등기를 경료한 임차인이 이를 믿고 이사를 가게 되면 집을 비워 주게 되므로, 임대인은 그 집을 다시 쉽게 임대할 수 있게 되고 그 이후의 임차인이 소액임차인인 경우 그 소액임차인에게 최우선변제권을 인정하게 되면 주택임차권등기를 한 임차인은 물론 저당권자를 비롯한 다른 선순위 권리자의 이익을 해하게 될 우려가 있기 때문에 임차권등기가 경료된 주택에 대하여는

그 이후 입주한 소액임차인에 대하여 최우선변제권을 인정하지 않는 것이다.

따라서 사례의 경우 소액임차인으로서의 최우선변제권을 행사할 수는 없고, 다만 확정일자를 갖추고 있는 경우 그 순위에 따른 우선변제권을 행사할 수 있을 뿐이다.

6. 임대인 및 임차인의 권리와 의무

가. 임대인의 권리와 의무

1) 임대인의 권리

① 임대료 지급의 청구: 임대인은 임차인에게 차임을 지급할 것을 청구할 수 있다.
② 임대료 증액의 청구: 임대인은 임대차 계약 기간 중에 약정한 차임이나 보증금이 임대주택에 대해 조세, 공과금, 그 밖의 부담의 증가 등으로 변동이 필요한 경우 5% 범위 내에서 그 증액을 청구할 수 있다.
③ 임대주택의 반환청구: 임대차 계약이 종료되면 임대물의 반환을 청구할 수 있으며 임대물의 원상회복을 요구할 수 있다.
④ 임대주택의 보전에 필요한 행위

2) 임대인의 의무

① 임대주택의 수선 의무: 임대인은 임차인이 임대차 기간 중 그 주택을 사용·수익하는데 필요한 상태를 유지하게 할 수선 의무를 가진다.
② 임대보증금 반환 의무: 임대차가 종료된 경우 임차인에게 보증금을 반환할 의무가 있으며, 임차보증금의 반환 의무는 임차주택의 반환 의무와 동시이행 관계에 있다.

나. 임차인의 권리와 의무

1) 임차인의 권리

① 임대한 주택을 사용·수익할 권리
② 차임 감액 청구권

2) 임차인의 의무

① 차임 지급 의무

② 임대차 종료 시 임차 주택 반환 및 원상회복 의무

Ⅲ. 상가건물 임대차보호법

1. 상가건물 임대차보호법의 목적

상가건물 임대차에 관하여 「민법」에 대한 특례를 규정하여 국민 경제생활의 안정을 보장함을 목적으로 한다.

2. 적용 범위

가. 보증금이 일정 금액 이하의 임차인

1) 서울특별시: 9억 원

2) 「수도권정비계획법」에 따른 과밀억제권역(서울특별시는 제외한다) 및 부산광역시: 6억 9천만 원

3) 광역시(「수도권정비계획법」에 따른 과밀억제권역에 포함된 지역과 군 지역, 부산광역시는 제외한다), 세종특별자치시, 파주시, 화성시, 안산시, 용인시, 김포시 및 광주시: 5억 4천만 원

4) 그 밖의 지역: 3억 7천만 원

나. 임차인이 사업자등록을 신청한 자

건물이 사업자등록 대상이 되어야 하므로 임차인은 사업자등록을 신청한 자라야 한다. 임대인은 사업자등록을 신청할 필요가 없다. 따라서 영업용 건물이 아닌 종교·자산 단체 등 비영리 단체의 건물 임대차에는 상가건물 임대차보호법이 적용되지 않는다.

사례 **동창회 사무실도 상가건물 임대차보호법이 적용되는지**

Q. 갑동창회는 서울 소재 을 소유 건물을 2년간 임차하여 동창회 사무실로 사용하고 있습니다. 그런데, 건물주 을은 계약 만료 3개월 전에 재계약을 하려면 임대료를 45% 올려 달라는 내용증명을 보내왔습니다. 이 경우 갑동창회는 「상가건물 임대차보호법」상 상가임차인으로 인정받아 증액한도 규정이나 재계약 갱신요구권 등의 제반 권리를 주장할 수 있는지요?

A. 「상가건물 임대차보호법」 제1조는 "이 법은 상가건물 임대차에 관하여 민법에 대한 특례를 규정함으로써 국민 경제생활의 안정을 보장함을 목적으로 한다"라고 규정하고 있고, 같은 법 제2조 제1항에 의하면 "이 법은 상가건물(제3조 제1항의 규정에 의한 사업자등록의 대상이 되는 건물을 말한다)의 임대차(임대차 목적물의 주된 부분을 영업용으로 사용하는 경우를 포함한다)에 대하여 적용한다"라고 규정하고 있다.

또한, 같은 법 제3조 제1항은 "임대차는 그 등기가 없는 경우에도 임차인이 건물의 인도와 부가가치세법 제8조, 소득세법 제168조 또는 법인세법 제111조의 규정에 의한 사업자등록을 신청한 때에는 그 다음 날부터 제3자에 대하여 효력이 생긴다"라고 규정하고 있다.

그러므로 위 「상가건물 임대차보호법」은 상가건물의 임대차에 관하여 「민법」에 대한 특례를 규정하고, 국민 경제생활의 안정을 보장함을 목적으로 하며, 그 적용 범위를 사업자등록의 대상이 되는 상가건물로서 영업용으로 사용하는 경우에 국한하고 있다고 하겠다.

따라서 동창회, 동호회 사무실 등 비영리 단체의 건물 임대차에는 「상가건물 임대차보호법」이 적용되지 않을 것으로 보인다.

3. 임차인의 권리

가. 대항력

임대차는 그 등기가 없는 경우에도 임차인이 건물의 인도와 「부가가치세법」 제8조, 「소득세법」 제168조 또는 「법인세법」 제111조에 따른 사업자등록을 신청하면 그 다음 날부터 제3자에 대하여 효력이 생긴다. 임차건물의 양수인(그 밖에 임대할 권리를 승계한 자를 포함한다)은 임대인의 지위를 승계한 것으로 본다.

사례 상가임차인의 대항력 구비 요건

Q. A는 갑 소유 상가건물 중 2층의 10평 정도를 보증금 5,000만 원에 월세 80만 원으로 임차하여 입점하고 사업자등록을 갖춘 임차인이다. 그런데 A는 임차 기간 만료 시 임차보증금을 확실하게 돌려받기 위하여 임대인인 건물주 갑에게 임대차등기를 해 줄 것을 요구하였다. 건물주 갑은 임대차등기에 협조하지 않고 있는데 만일, A가 임대차등기를 하지 않고 있던 중 위 상가건물이 경매된다면, 임차보증금 5,000만 원은 되돌려 받기 어렵다고 들었다. 건물주인 갑의 협조를 얻어 임대차등기를 할 수 없다면 임차보증금을 보호받을 수 있는 방법은 없는지요?

A. 상가임차인의 대항력이란, 임차인이 상가건물에 입점을 하고 사업자등록을 신청한 날 그 다음 날부터 제3자에 대하여 대항할 수 있고 매매, 증여 등으로 임차건물의 소유자가 변경되는 경우에도 임차권은 새로운 소유자에게 승계되는 것이므로 임대차 계약의 존속 기간 동안은 임차건물에서 영업을 할 수 있는 권리를 말한다.

이에 관하여 「상가건물 임대차보호법」 제3조 제1항은 "임대차는 그 등기가 없는 경우에도 임차인이 건물의 인도와 부가가치세법 제8조, 소득세법 제168조 또는 법인세법 제111조의 규정에 의한 사업자등록을 신청한 때에는 그 다음 날부터 제3자에 대하여 효력이 생긴다"라고 규정하고 있고, 보증금의 회수에 관하여 같은 법 제5조 제1항 및 제2항은 "① 임차인이 임차건물에 대하여 보증금 반환 청구 소송의 확정판결 그 밖에 이에 준하는 집행권원에 기한 경매를 신청하는 경우에는 민사집행법 제41조의 규정에 불구하고 반대 의무의 이행 또는 이행의 제공을 집행개시의 요건으로 하지 아니한다. ② 제3

조 제1항의 대항 요건을 갖추고 관할 세무서장으로부터 임대차계약서상의 확정일자를 받은 임차인은 민사집행법에 의한 경매 또는 국세징수법에 의한 공매 시 임차건물(임대인 소유의 대지를 포함한다)의 환가대금에서 후순위권리자 그 밖의 채권자보다 우선하여 보증금을 변제받을 권리가 있다. ③ 임차인은 임차건물을 양수인에게 인도하지 아니하면 제2항의 규정에 의한 보증금을 수령할 수 없다"라고 규정하고 있다. 그러므로 상가임차인이 건물의 인도와 사업자등록을 신청한 때에는 임대인을 비롯한 그 이후의 제3자에 대하여 임대차 기간 동안 그 건물에서 영업을 계속할 수 있는 대항력을 취득하게 된다. 만일 임차인이 건물 인도와 사업자등록신청 전에 임차건물에 대하여 저당권이나 가압류 등의 권리 설정이 없었던 경우에는 임차보증금의 전액을 반환받을 때까지 그 임차건물에서 퇴거당하지 않을 권리가 있다. 반면에, 임차인이 건물 인도(입점)와 사업자등록을 하기 전에 당해 건물에 저당권이나 가등기, 가처분등기가 이미 설정되어 있었고 그 후 건물이 경매로 소유자가 변경된 경우 그에 대하여는 대항력이 없어 임차권을 주장할 수 없으므로 임차보증금을 받지 못하고 퇴거당할 수도 있을 것이다.

나. 우선변제권

대항 요건을 갖추고 관할 세무서장으로부터 임대차계약서상의 확정일자를 받은 임차인은 「민사집행법」에 따른 경매 또는 「국세징수법」에 따른 공매 시 임차건물(임대인 소유의 대지를 포함한다)의 환가대금에서 후순위권리자나 그 밖의 채권자보다 우선하여 보증금을 변제받을 권리가 있다.

다. 소액보증금의 우선특권

① 임차인은 보증금 중 일정액을 다른 담보물권자보다 우선하여 변제받을 권리가 있다. 이 경우 임차인은 건물에 대한 경매신청의 등기 전에 대항력을 갖추어야 한다.

② 우선변제를 받을 임차인 및 보증금 중 일정액의 범위와 기준은 임대건물가액(임대인 소유의 대지가액을 포함한다)의 2분의 1 범위에서 해당 지역의 경제 여건, 보증금 및 차임 등을 정한다.

3) 우선변제를 받을 임차인의 범위

우선변제를 받을 임차인의 범위	우선변제를 받을 보증금의 범위
서울특별시: 6천 500만 원	서울특별시: 2천 200만 원
「수도권정비계획법」에 따른 과밀억제권역(서울특별시는 제외한다): 5천 500만 원	「수도권정비계획법」에 따른 과밀억제권역(서울특별시는 제외한다): 1천 900만 원
광역시(「수도권정비계획법」에 따른 과밀억제권역에 포함된 지역과 군 지역은 제외한다), 안산시, 용인시, 김포시 및 광주시: 3천 800만 원	광역시(「수도권정비계획법」에 따른 과밀억제권역에 포함된 지역과 군 지역은 제외한다), 안산시, 용인시, 김포시 및 광주시: 1천 300만 원
그 밖의 지역: 3천만 원	그 밖의 지역: 1천만 원

4. 임차권등기명령

가. 임차권등기명령신청

임대차가 종료된 후 보증금을 돌려받지 못한 임차인은 임차건물의 소재지를 관할하는 지방법원, 지방법원지원 또는 시·군법원에 임차권등기명령을 신청할 수 있다.

나. 대항력 및 우선변제권 취득

임차권등기명령의 집행에 따른 임차권등기를 마치면 임차인은 대항력과 우선변제권을 취득한다. 다만, 임차인이 임차권등기 이전에 이미 대항력 또는 우선변제권을 취득한 경우에는 그 대항력 또는 우선변제권이 그대로 유지되며, 임차권등기 이후에는 대항 요건을 상실하더라도 이미 취득한 대항력 또는 우선변제권을 상실하지 아니한다.

다. 임차권등기 후 전입한 소액임차인의 지위

임차권등기명령의 집행에 따른 임차권등기를 마친 건물(임대차의 목적이 건물의 일부분인 경우에는 그 부분으로 한정한다)을 그 이후에 임차한 임차인은 우선변제를 받을 권리가 없다.

라. 비용 부담

임차인은 임차권등기명령의 신청 및 그에 따른 임차권등기와 관련하여 든 비용을 임대인에게 청구할 수 있다.

사례 계약기간 만료이전 상가임대차 계약의 해지

Q. A는 의류 판매를 목적으로 점포 1칸을 보증금 900만 원, 월세 10만 원으로 1년간 임차하였으나, 영업을 시작한 지 3개월이 지난 시점에서 A의 사정으로 장사를 계속할 수 없게 되어 임대인에게 계약 해지를 요구하였다. 임대인은 계약 기간 만료 시까지인 9개월간의 월세를 모두 지불해야 보증금을 반환해 주겠다고 하는데, 임대인의 요구가 정당한가?

A. 「민법」 제635조는 "토지, 건물 기타 공작물에 관하여 임대차 기간의 약정이 없는 때에는 당사자가 언제든지 계약 해지의 통고를 할 수 있고, 임대인이 통고한 경우에는 임차인이 통고를 받은 날로부터 6월, 임차인이 통고한 경우에는 임대인이 통고를 받은 날로부터 1월의 기간이 경과하면 해지의 효력이 생긴다"라고 규정하고 있으며, 같은 법 제636조는 "임대차 기간의 약정이 있는 경우에도 당사자 일방 또는 쌍방이 그 기간 내에 해지할 권리를 보류한 때에는 민법 제635조를 준용한다"라고 규정하고 있다.

한편, 「상가건물 임대차보호법」 제9조 제1항은 "기간의 정함이 없거나 기간을 1년 미만으로 정한 임대차는 그 기간을 1년으로 본다. 다만, 임차인은 1년 미만으로 정한 기간이 유효함을 주장할 수 있다"라고 규정하고 있어, 최소 1년의 임대차 기간을 보장해 주고 있는데 이 규정도 임차인에게 무한정의 계약해지권을 부여하고 있는 것은 아니다. 따라서 위 사례에서와 같이 임대차계약 기간을 약정하면서 특별히 해지권을 유보한 것이 아니고 임차인의 개인적 사정으로 계약 만료 기간 전에 계약을 해지하고자 하는 경우에는 임차인이 일방적으로 계약을 해지할 수는 없다고 할 것이고 당초의 계약 내용대로 이행하든지 남은 월세를 주고 합의해지를 하여야 할 것이다.

사례 상가임대차계약의 종료

Q. A는 갑 소유 건물을 보증금 7,000만 원에 월 100만 원으로 임차하여 영업하고 있으나 2개월 후면 임대차계약 기간이 만료될 예정입니다. 그런데 최근 임대인 갑의 경제 사정이 안 좋아 보이는바, 만일 임차 기간 만료 시 임차보증금을 받지 못할 경우 임차보증금만 확보해 둘 방법이 있다면 월세 부담이라도 줄일 수 있으므로 건물을 비

우고 싶은데 방법이 없는지요?

A. 「상가건물임대차보호법」 제3조 제1항은 “임대차는 그 등기가 없는 경우에도 임차인이 건물의 인도와 부가가치세법 제8조, 소득세법 제168조 또는 법인세법 제111조의 규정에 의한 사업자등록을 신청한 때에는 그 다음 날부터 제3자에 대하여 효력이 생긴다”라고 규정하고 있고, 같은 법 제5조 제2항은 “제3조 제1항의 대항 요건을 갖추고 관할 세무서장으로부터 임대차계약서상의 확정일자를 받은 임차인은 민사집행법에 의한 경매 또는 국세징수법에 의한 공매 시 임차건물(임대인 소유의 대지를 포함한다)의 환가대금에서 후순위권리자 그 밖의 채권자보다 우선하여 보증금을 변제받을 권리가 있다”라고 규정하고 있으며, 같은 법 제6조는 “① 임대차가 종료된 후 보증금을 돌려받지 못한 임차인은 임차건물의 소재지를 관할하는 지방법원, 지방법원지원 또는 시·군법원에 임차권등기명령을 신청할 수 있다…(중략)…⑤ 임차권등기명령의 집행에 따른 임차권등기를 마치면 임차인은 제3조 제1항에 따른 대항력과 제5조 제2항에 따른 우선변제권을 취득한다. 다만, 임차인이 임차권등기 이전에 이미 대항력 또는 우선변제권을 취득한 경우에는 그 대항력 또는 우선변제권이 그대로 유지되며, 임차권등기 이후에는 제3조제1항의 대항 요건을 상실하더라도 이미 취득한 대항력 또는 우선변제권을 상실하지 아니한다. ⑥ 임차권등기명령의 집행에 따른 임차권등기를 마친 건물(임대차의 목적이 건물의 일부분인 경우에는 그 부분으로 한정한다)을 그 이후에 임차한 임차인은 제14조에 따른 우선변제를 받을 권리가 없다”라고 규정하고 있다.

그러므로 임대차계약이 종료되었으나 임대인의 사정으로 임차보증금을 돌려받지 못한 채 임차인이 사업장을 옮기는 등으로 건물을 비워 주고자 할 사정이 있는 경우에는 상가건물 임대차보호법상 임차권등기명령 제도를 이용하여 임차보증금을 확보해 두는 방법이 있을 것이다.

이와 같은 ‘임차권등기명령 제도’란 임대차 기간이 종료되었으나 임차보증금을 반환받지 못한 채 사업장을 이전하거나 폐업신고 등을 하는 경우 상가건물임차인이 당해 건물 소재지 관할 법원에 임차권등기를 해 둠으로써 임차건물의 경매 시 이미 취득한 대항력이나 우선변제권의 효력을 주장할 수 있는 제도를 말하는 것으로써, 임차권등기명령의 신청은 임차건물 소재지 관할 지방법원이나 지방법원지원 또는 시·군법원에 할 수 있다.

상가임차인이 임차권등기 이전에 대항력 및 우선변제권을 이미 취득한 경우에는 임차인이 건물의 점유와 사업자등록의 대항 요건을 상실하더라도 대항력이나 우선변제권은 소멸되지 않고 그대로 유지되며, 임차권등기가 경료된 상가건물에 다른 새로운 임차인이 입점할 경우에도 그 새로운 임차인의 대항력과 우선변제권은 인정되지 않는다 하겠다.

그리고 임차권등기명령신청을 기각하는 결정에 대하여 임차인은 항고할 수 있고, 임차권등기명령신청 및 그에 따른 임차권등기와 관련하여 소요된 비용을 임대인에게 청구할 수 있을 것이다(같은 법 제6조 제4항 및 제8항).

따라서 상가임차인인 A가 임대차계약 기간이 만료되어 점포를 비워 주더라도 임대인의 사정으로 받지 못한 임차보증금에 대하여는 「상가건물 임대차보호법」상 임차권등기명령 제도를 이용함으로써, 위 임차건물이 경매될 경우에도 이미 확보해 둔 임차인의 우선변제권을 행사할 수 있을 것이다.

5. 임대차 기간 등

가. 임대차 기간

기간을 정하지 아니하거나 기간을 1년 미만으로 정한 임대차는 그 기간을 1년으로 본다. 다만, 임차인은 1년 미만으로 정한 기간이 유효함을 주장할 수 있다. 임대차가 종료한 경우에도 임차인이 보증금을 돌려받을 때까지는 임대차 관계는 존속하는 것으로 본다.

나. 계약갱신 요구

1) 계약갱신 요구

임대인은 임차인이 임대차 기간이 만료되기 6개월 전부터 1개월 전까지 사이에 계약갱신을 요구할 경우 정당한 사유 없이 거절하지 못한다. 다만, 일정한 경우에는 거절할 수 있다.

2) 계약갱신 거절 사유

① 임차인이 3기의 차임액에 해당하는 금액에 이르도록 차임을 연체한 사실이 있는 경우[67]

② 임차인이 거짓이나 그 밖의 부정한 방법으로 임차한 경우

③ 서로 합의하여 임대인이 임차인에게 상당한 보상을 제공한 경우

④ 임차인이 임대인의 동의 없이 목적 건물의 전부 또는 일부를 전대(轉貸)한 경우

⑤ 임차인이 임차한 건물의 전부 또는 일부를 고의나 중대한 과실로 파손한 경우

⑥ 임차한 건물의 전부 또는 일부가 멸실되어 임대차의 목적을 달성하지 못할 경우

⑦ 임대인이 목적 건물의 전부 또는 대부분을 철거하거나 재건축하기 위하여 목적 건물의 점유를 회복할 필요가 있는 경우

⑧ 그 밖에 임차인이 임차인으로서의 의무를 현저히 위반하거나 임대차를 계속하기 어려운 중대한 사유가 있는 경우

3) 계약갱신 요구의 범위

임차인의 계약갱신요구권은 최초의 임대차 기간을 포함한 전체 임대차 기간이 10년을 초과하지 아니하는 범위에서만 행사할 수 있다.

4) 차임 등의 증감청구권

① 차임 또는 보증금이 임차건물에 관한 조세, 공과금, 그 밖의 부담의 증감이나 「감염병의 예방 및 관리에 관한 법률」 제2조 제2호에 따른 제1급감염병 등에 의한 경제 사정의 변동으로 인하여 상당하지 아니하게 된 경우에는 당사자는 장래의 차임 또는 보증금에 대하여 증삼을 청구할 수 있다. 그러나 증액의 경우에는 대통령령으로 정하는 기준에 따른 비율을 초과하지 못한다(2020. 9. 29. 개정).

② 증액 청구는 임대차 계약 또는 약정한 차임 등의 증액이 있은 후 1년 이내에는 하지 못한다.

67 코로나 19의 여파로 국내 소비 지출이 위축되고 상가임차인의 매출과 소득이 급감하고 있는 가운데, 임대료가 상가임차인의 영업 활동에 큰 부담이 되고 있는 실정이다. 그런데 현행법에 따르면 차임연체액이 3기의 차임액에 달하는 경우 등은 계약의 해지, 계약갱신의 거절 또는 권리금 회수기회 제외 사유에 해당하여 많은 임차인이 소득 감소에 따른 차임연체로 영업 기반을 상실할 위기에 처하고 있다. 따라서 제10조의9(계약 갱신 요구 등에 관한 임시 특례)를 신설 규정하였다: 임차인이 이 법(법률 제17490호 상가건물 임대차보호법 일부 개정 법률을 말한다) 시행일부터 6개월까지의 기간 동안 연체한 차임액은 제10조 제1항 제1호, 제10조의4 제1항 단서 및 제10조의8의 적용에서는 차임연체액으로 보지 아니한다. 이 경우 연체한 차임액에 대한 임대인의 그 밖의 권리는 영향을 받지 아니한다.

③「감염병의 예방 및 관리에 관한 법률」 제2조 제2호에 따른 제1급감염병에 의한 경제 사정의 변동으로 차임 등이 감액된 후 임대인이 제1항에 따라 증액을 청구하는 경우에는 증액된 차임 등이 감액 전 차임 등의 금액에 달할 때까지는 같은 항 단서를 적용하지 아니한다.

④ 월 차임 전환 시 산정률의 제한

보증금의 전부 또는 일부를 월 단위의 차임으로 전환하는 경우에는 연 1할 2푼을 초과할 수 없다.

5) 증액청구 범위

갱신되는 임대차는 전 임대차와 동일한 조건으로 다시 계약된 것으로 본다. 다만, 차임과 보증금은 임차건물에 관한 조세, 공과금, 그 밖의 부담의 증감이나 경제 사정의 변동으로 인하여 상당하지 아니하게 된 경우에는 당사자는 장래의 차임 또는 보증금에 대하여 증감을 청구할 수 있다. 그러나 증액청구는 청구 당시의 차임 또는 보증금의 100분의 5의 금액을 초과하지 못한다.

다. 묵시적 갱신

임대인이 임대차 기간이 만료되기 6개월 전부터 1개월 전까지 사이에 임차인에게 갱신 거절의 통지 또는 조건 변경의 통지를 하지 아니한 경우에는 그 기간이 만료된 때에 전 임대차와 동일한 조건으로 다시 임대차한 것으로 본다. 이 경우에 임대차의 존속 기간은 1년으로 본다.

묵시적 갱신이 이루어진 경우 임차인은 언제든지 임대인에게 계약해지의 통고를 할 수 있고, 임대인이 통고를 받은 날부터 3개월이 지나면 효력이 발생한다.

사례 상가임대인이 임대차 기간이 만료된 3개월 후 보증금증액을 요구한 경우

Q. A는 부산 소재 갑 소유 상가건물을 보증금 6,000만 원을 내고 임차하여 장사를 하고 있다. 그런데 임대인 갑은 1년의 계약 기간이 만료한 지 3개월이 지난 최근에 보증금 2,000만 원을 더 올려 달라고 요구하였고 올려 주지 않으려면 가게를 비워 달라고 한다. 지금은 장사가 잘 되는 때라 점포를 그냥 비워 주자니 아까운 상황인바, 사

람들 말로는 약정 기간이 만료하여도 임대인으로부터 재계약 조건에 관한 아무런 통지를 받지 않았다면 자동 갱신된 것으로 보아 계속 점포를 사용할 수 있다고 하는데 그것이 사실인가?

A. 상가임차인의 계약갱신의 요구 등에 관하여 「상가건물 임대차보호법」 제10조는 "① 임대인은 임차인이 임대차 기간 만료 전 6월부터 1월까지 사이에 행하는 계약갱신 요구에 대하여 정당한 사유 없이 이를 거절하지 못한다. ② 임차인의 계약갱신요구권은 최초의 임대차 기간을 포함한 전체 임대차 기간이 10년을 초과하지 않는 범위 내에서만 행사할 수 있다. ③ 갱신되는 임대차는 전 임대차와 동일한 조건으로 다시 계약된 것으로 본다. 다만, 차임과 보증금은 제11조의 규정에 의한 범위 안에서 증감할 수 있다. ④ 임대인이 제1항의 기간 이내에 임차인에 대하여 갱신거절의 통지 또는 조건의 변경에 대한 통지를 하지 아니한 경우에는 그 기간이 만료된 때에 전 임대차와 동일한 조건으로 다시 임대차한 것으로 본다. 이 경우에 임대차의 존속 기간은 1년으로 본다. ⑤ 제4항의 경우 임차인은 언제든지 임대인에게 계약해지의 통고를 할 수 있고, 임대인이 통고를 받은 날부터 3개월이 지나면 효력이 발생한다"라고 규정하고 있다.

또한, 임대차 기간에 관하여 같은 법 제9조는 "① 기간의 정함이 없거나 기간을 1년 미만으로 정한 임대차는 그 기간을 1년으로 본다. 다만, 임차인은 1년 미만으로 정한 기간이 유효함을 주장할 수 있다"라고 규정하고 있고, 차임 등의 증감청구권에 관하여 같은 법 제11조는 "① 차임 또는 보증금이 임차건물에 관한 조세, 공과금 그 밖의 부담의 증감이나 경제 사정의 변동으로 인하여 상당하지 아니하게 된 때에는 당사자는 장래에 대하여 그 증감을 청구할 수 있다. 그러나 증액의 경우에는 대통령령이 정하는 기준에 따른 비율을 초과하지 못한다. ② 제1항의 규정에 의한 증액청구는 임대차 계약 또는 약정한 차임 등의 증액이 있은 후 1년 이내에는 이를 하지 못한다"라고 규정하고 있으며, 차임 또는 보증금의 증액청구는 청구 당시의 차임 또는 보증금의 100분의 5의 금액을 초과하지 못한다"라고 규정하고 있다.

따라서 임대차 기간 만료 전 6월부터 1월까지 사이에 갱신거절의 통지 또는 조건의 변경에 대한 통지를 하지 아니한 경우에는 그 기간이 만료된 때에 전 임대차와 동일한 조건으로 다시 임대차한 것으로 보되, 임대차의 존속 기간은 정함이 없는 것으로 보고 있으므로 같은 법 제9조 제1항의 규정에 따라 그 임대차 기간은 1년으로 볼 것이다.

이 경우 임차인은 언제든지 임대인에 대하여 계약해지의 통고를 할 수 있고, 임대인이 그 통고를 받은 날부터 3월이 경과하면 그 효력이 발생한다. 따라서 임차인은 갱신된 임대차 기간 1년을 주장하거나 해지를 통고할 수 있는 반면 임대인은 갱신된 임대차 존속 기간 중 다른 특별한 사유가 없는 한 계약해지의 통고를 할 수 없다.

Ⅰ. 서설

1. 소비자의 개념

사업자가 제공하는 물품 또는 용역을 소비 생활을 위하여 사용하는 자로서 사용하는 자 또는 생산 활동을 위하여 사용하는 자로서 대통령령이 정하는 자라고 정의하고 있다.[68]

2. 소비자기본법의 연혁

1970년대 이후로 우리나라에서 소비자 운동이 활성화된 이래로 소비자단체들의 지속적인 노력의 결실로 1980년 1월 4일 소비자보호법이 제정되어 1982년 9월 13일부터 시행되었다. 이러한 소비자보호법은 1986년 전면 개정을 시작으로 수차례 개정 작업이 이루어졌으며 2006년 개정에서 법의 명칭을 소비자기본법으로 하는 등 전면적인 개정이 이루어졌다.

새로운 소비자기본법은 11장, 86개 조문으로 구성되어 있다.

3. 소비자법령

소비자와 관련되는 법은 각 분야마다 다양하게 나누어 볼 수 있지만 소비자 일반 관련법과 특수거래 관련법을 정리하면 아래 표와 같다.

68 소비자기본법 제2조 1호.

소비자 일반 관련 법률

소비자기본법	소비자기본법 시행령
소비자분쟁해결 기준	소비자생활협동조합법
소비자생활협동조합법 시행령	소비자생활협동조합법 시행규칙
제조물책임법	여신전문금융업법
여신전문금융업법 시행령	여신전문금융업법 시행규칙
주세법	주세법 시행령
주세법 시행규칙	담배사업법
담배사업법시행령	담배사업법 시행규칙
증권관련 집단소송법	유사수신행위의규제에관한법률
유사수신행위의규제에관한법률시행령	

특수거래 관련 법률

방문판매 등에 관한 법률	방문판매 등에 관한 법률 시행령
방문판매 등에 관한 법률 시행규칙	할부거래에 관한 법률
할부거래에 관한 법률 시행령	할부거래에 관한 법률 시행규칙
약관의 규제에 관한 법률	약관의 규제에 관한 법률 시행령
표시·광고의 공정화에 관한 법률	표시·광고의 공정화에 관한 법률 시행령
전자상거래 등에서의 소비자보호에 관한 법률	전자상거래 등에서의 소비자보호에 관한 법률 시행령
전자상거래 등에서의 소비자보호에 관한 법률 시행규칙	

Ⅱ. 특수거래 관련 법률

1. 방문판매 등에 관한 법률

가. 법률 제정 목적

이 법은 방문판매, 전화권유판매, 다단계판매, 계속거래 및 사업권유거래 등에 의한 재화 또는 용역의 공정한 거래에 관한 사항을 규정함으로써 소비자의 권익을 보호하고 시장의 신뢰성 제고를 통하여 국민경제의 건전한 발전에 이바지함을 목적으로 하고 있다.

나. 방문판매·전화권유 판매의 의의

방문판매는 재화 또는 용역의 판매를 업으로 하는 자가 방문하는 방법으로 그 영업소·대리점 기타 총리령이 정하는 영업장소 아닌 장소에서 소비자에게 권유하여 계약의 청약을 받거나 계약을 체결하여 재화 또는 용역을 판매한 것을 말한다.

다. 계약의 철회와 취소

청약의 의사표시가 상대방에게 도달된 이후에는 이를 철회할 수 없다는 것이 민법상의 원칙이다.

하지만, 소비자 보호를 위한 관련법은 충동구매로부터 소비자들을 보호하기 위해 일정 기간 재고해 본 후 계약 체결 의사를 철회할 수 있도록 청약철회권을 인정하고 있다.

1) 철회권 행사 기간

① 계약서를 교부받은 날부터 14일 이내(계약서를 교부받은 때보다 재화의 공급이 늦게 이루어진 경우에는 재화를 공급받거나 공급이 개시된 날부터 14일 이내)

② 재화 등의 내용이 표시·광고의 내용과 다르거나 계약 내용과 다르게 이행된 경우에는 당해 재화 등을 공급받은 날부터 3월 이내, 그 사실을 안 날 또는 알 수 있었던 날부터 30일 이내

2) 청약의 철회권 행사 방법

소비자는 계약에 관한 청약철회 또는 계약의 해제를 서면으로 하는 경우 서면을 발송한 날에 철회 또는 해제의 효력이 발생한다. 계약에 관한 청약을 철회하거나 해제한 경우 소비자는 이미 인도받은 재화를 반환하여야 하며, 판매자는 재화를 받은 날부터 3일 이내에 대금을 환불하여야 한다. 재화의 반환 비용은 판매자 측에서 부담하며, 판매자는 소비자에게 청약의 철회 또는 계약의 해제를 이유로 위약금 또는 손해배상을 청구할 수 없다.

라. 소비자에게 불리한 계약서의 효력

일반적으로 계약은 당사자 간에 합의한 계약서의 내용에 따라 이행되는 것이 원칙이다. 그러나 계약서 내용으로 소비자의 철회권을 행사하지 못하게 하거나 소비자에게 손해 배상 등의 책임을 지도록 하는 것은 소비자 보호 관련법에 위반된다. 소비자 보호 관련 법률

은 상대적으로 약자인 소비자를 보호하기 위해 마련된 법률이므로, 계약서에 기재되어 있더라도 법 규정에 반하거나 소비자에게 불리한 계약은 효력이 없다(방문판매법 45조).

사례 **출판사 영업사원이 방문판매한 책을 반품할 수 있는지**

Q. 저는 6살 아이를 둔 가정주부인데, 집으로 갑 회사의 영업사원이라는 을이 찾아와 24만 원만 내면 매주 2시간씩 가정방문을 하여 아이의 영재교육을 시켜 주겠다며 장시간 영재교육의 필요성을 강조하자, 영재교육을 시키지 않으면 제 아이만 뒤떨어질 것 같은 불안감을 느껴 6개월 할부로 구매키로 하고 신용카드로 결제하였습니다. 그런데 5일 후 집으로 배달된 도서를 보니 책의 내용이 너무 조잡하여 청약을 철회하려고 마음먹고 계약서에 적힌 갑 회사의 전화번호와 주소로 연락을 시도하였지만 연락이 되지 않습니다. 청약을 철회할 방법이 없는지요?

A. 청약의 철회에 관하여 「방문판매 등에 관한 법률」에서는, 방문판매 또는 전화권유판매의 방법으로 재화 등의 구매에 관한 계약을 체결한 소비자는 ① 같은 법 제7조 제2항의 규정에 의한 계약서를 교부받은 날부터 14일(다만, 그 계약서를 교부받은 때보다 재화 등의 공급이 늦게 이루어진 경우에는 재화 등을 공급받거나 공급이 개시된 날부터 14일), ② 같은 법 제7조 제2항의 규정에 의한 계약서를 교부받지 아니한 경우, 방문판매자 등의 주소 등이 기재되지 아니한 계약서를 교부받은 경우 또는 방문판매자 등의 주소 변경 등의 사유로 위 기간 이내에 청약철회 등을 할 수 없는 경우에는 그 주소를 안 날 또는 알 수 있었던 날부터 14일의 기간(거래 당사자 사이에 위 규정의 각 기간보다 긴 기간으로 약정한 경우에는 그 기간) 이내에 당해 계약에 관한 청약철회 등을 할 수 있다고 규정하고 있다(같은 법 제8조 제1항).

그러므로 귀하는 갑 회사의 주소를 안 날 또는 알 수 있었던 날부터 14일 내에 위약금 없이 청약을 철회할 수 있을 것이다. 이 경우에 청약철회를 요구하는 내용의 서신을 3통 작성한 후 우체국에 가셔서 이를 내용증명우편으로 발송해 두면 후일의 법적 분쟁이 발생한 때에 유력한 증거로 사용할 수 있을 것이며, 청약철회 등의 의사표시가 기재된 서면을 발송한 날에 청약철회의 효과가 발생하게 된다(같은 법 제8조 제4항).

그러나 ① 소비자에게 책임 있는 사유로 재화 등이 멸실 또는 훼손된 경우(다만, 재화 등의 내용을 확인하기 위하여 포장 등을 훼손한 경우를 제외), ② 소비자의 재화 등의 사용 또는 일부 소비에 의하여 그 가치가 현저히 감소한 경우, ③ 시간의 경과에 의하여 재판매가 곤란할 정도로 재화 등의 가치가 현저히 감소한 경우, ④ 복제가 가능한 재화 등의 포장을 훼손한 경우{②, ③, ④의 사유로 청약철회 등이 불가능한 재화 등의 경우에는 방문판매자 등이 그 사실을 재화 등의 포장 기타 소비자가 쉽게 알 수 있는 곳에 명기하거나 시용(試用) 상품을 제공하는 등의 방법으로 재화 등의 사용이나 일부 소비에 의하여 청약철회 등의 권리의 행사가 방해받지 아니하도록 조치를 취한 경우에 한함}, ⑤ 그 밖에 거래의 안전을 위하여 대통령령이 정하는 경우{소비자의 주문에 의하여 개별적으로 생산되는 재화 등에 대하여 청약의 철회 및 계약의 해제를 인정하는 경우 같은 법 제2조 제2호의 규정에 의한 방문판매자 또는 같은 조 제4호의 규정에 의한 전화권유판매자에게 회복할 수 없는 중대한 피해가 예상되는 경우로서 사전에 당해 거래에 대하여 별도로 그 사실을 고지하고 소비자의 서면(전자문서를 포함)에 의한 동의를 얻은 경우}에는 청약철회 등을 할 수 없다(같은 법 제8조 제2항, 제6항, 같은 법 시행령 제11조).

그런데 「방문판매 등에 관한 법률」 제8조 제1항에서 규정한 청약철회 기간이 지났거나, 제8조 제2항에 의해 청약철회 등을 할 수 없는 경우라도 재화 등의 내용이 표시·광고의 내용과 다르거나 계약 내용과 다르게 이행된 경우에는 당해 재화 등을 공급받은 날부터 3월 이내, 그 사실을 안 날 또는 알 수 있었던 날부터 30일 이내에 청약철회 등을 할 수 있다(같은 법 제8조 제3항).

한편, 청약철회의 효과를 보면, 소비자는 이미 공급받은 재화 등을 반환하여야 하고, 방문판매자 등(소비자로부터 재화 등의 대금을 지급받은 자 또는 소비자와 방문판매자 등에 관한 계약을 체결한 자를 포함)은 재화 등을 반환받은 날부터 3영업일 이내에 이미 지급받은 재화 등의 대금을 환급하여야 하고, 대금의 환급을 지연한 때에는 그 지연기간에 따라 대통령령으로 정하는 이자율(연 100분의 24)을 곱하여 산정한 지연이자(지연손해금)를 지급하여야 한다(같은 법 제9조 제1항, 제2항, 같은 법 시행령 제11조의2).

그리고 방문판매자 등은 소비자가 신용카드 등으로 대금을 지급한 때에는 지체 없이 당해 신용카드 등 대금 결제 수단을 제공한 사업자(결제업자)에게 재화 등의 대금의 청구를 정지 또는 취소하도록 요청하여야 하고, 방문판매자 등이 결제업자로부터 당해 재화 등의 대금을 이미 지급 받은 때에는 지체 없이 이를 결제업자에게 환급하고 그 사실을 소비자에게 통지하여야 하며(같은 법 제9조 제3항), 방문판매자 등으로부터 재화 등의 대금을 환급받은 결제업자는 지체 없이 소비자에게 이를 환급하거나 환급에 필요한 조치를 취하여야 한다(같은 법 제9조 제4항). 이에 위반하면 1천만 원 이하의 과태료에 처해진다(같은 법 제58조 제1항 제1호).

2. 할부거래에 관한 법률

가. 법률 제정 목적

할부계약에 의한 거래를 공정하게 함으로써 소비자 등의 이익을 보호하고 국민 경제의 건전한 발전에 이바지함을 목적으로 한다.

나. 할부거래의 의의

할부거래란 물건의 대금 또는 용역의 대가를 2월 이상의 기간에 걸쳐 3회 이상 나누어 지급하는 거래를 할부거래라고 한다. 할부거래를 할 때에는 매도인, 매수인의 성명 및 주소, 목적물의 내용 및 인도 시기, 현금 가격 및 할부 가격, 할부금의 금액, 자금 회수 및 시기 등을 기재하여 서면으로 체결해야 한다. 최근에는 신용카드를 이용한 할부거래가 대부분을 차지하기 때문에 별도의 할부거래 계약서를 작성하지 않고 현금 가격 및 할부 기간이 표기된 신용카드 전표로 대체되는 경우가 많다.

다. 청약의 철회

1) 청약의 철회권 행사 기간

계약서를 교부받은 날 또는 계약서를 교부받지 아니한 경우에는 목적물의 인도 등을 받은 날부터 7일 이내에 청약을 철회할 수 있다.

2) 청약의 철회권 행사 방법

매수인이 계약에 관한 청약을 철회하고자 하는 때에는 철회 기간 내에 매도인에게 철회의 의사표시가 기재된 서면을 발송하여야 하며, 발송하는 날에 철회의 효력이 생긴다.

사례 할부거래에서 계약철회가 가능한 경우

Q. 갑은 가전제품 판매상 을로부터 100만 원 상당의 냉장고를 12개월 할부로 구입하였습니다. 그런데 갑이 냉장고를 인도받은 후, 할부계약의 청약을 철회할 수 있는지?, 만일 갑이 3회까지 할부금을 지급하였으나, 그 후 연 3회에 걸쳐 할부금을 지급하지 않았다면 을은 어떤 법적 조치를 취할 수 있는지요?

A. 「할부거래에 관한 법률」에서 소비자는 ① 계약서를 받은 날부터 7일. 다만, 그 계약서를 받은 날보다 재화 등의 공급이 늦게 이루어진 경우에는 재화 등을 공급받은 날부터 7일, ② 계약서를 받지 아니한 경우, 할부거래업자의 주소 등이 적혀 있지 아니한 계약서를 받은 경우, 할부거래업자의 주소 변경 등의 사유로 제1호의 기간 이내에 청약을 철회할 수 없는 경우에는 그 주소를 안 날 또는 알 수 있었던 날 등 청약을 철회할 수 있는 날부터 7일, ③ 계약서에 청약의 철회에 관한 사항이 적혀 있지 아니한 경우에는 청약을 철회할 수 있음을 안 날 또는 알 수 있었던 날부터 7일, ④ 할부거래업자가 청약의 철회를 방해한 경우에는 그 방해 행위가 종료한 날부터 7일의 기간(거래당사자가 그보다 긴 기간을 약정한 경우에는 그 기간을 말함) 이내에 할부계약에 관한 청약을 철회할 수 있다고 규정하고 있다(같은 법 제8조 제1항).

그런데 소비자는 ① 소비자에게 책임 있는 사유로 재화 등이 멸실되거나 훼손된 경우. 다만, 재화 등의 내용을 확인하기 위하여 포장 등을 훼손한 경우는 제외, ② 사용 또는 소비에 의하여 그 가치가 현저히 낮아질 우려가 있는 것으로서 대통령령으로 정하는 재화 등{선박법에 따른 선박, 항공법에 따른 항공기, 철도사업법 및 도시철도법에 따른 궤도를 운행하는 차량, 건설기계관리법에 따른 건설기계, 자동차관리법에 따른 자동차, 설치에 전문 인력 및 부속자재 등이 요구되는 것으로서 고압가스안전관리법 제3조 제4호에 따른 냉동기, 전기냉방기(난방 겸용인 것을 포함), 보일러에 해당하는 재화를 설치한 경우}을 사용 또는 소비한 경우, ③ 시간이 지남으로써 다시 판매하기 어려울 정도로 재화 등의 가치가 현저히 낮아진 경우, ④ 복제할 수 있는 재화 등의 포장을 훼손한 경우, ⑤ 그 밖에 거래의 안전을 위하여 대통령령으로 정하는 경우(할

부 가격이 10만 원 미만인 할부계약. 다만, 여신전문금융업법에 따른 신용카드를 사용하여 할부거래를 하는 경우에는 할부 가격이 20만 원 미만인 할부계약, 소비자의 주문에 따라 개별적으로 제조되는 재화 등의 공급을 목적으로 하는 할부계약)에는 위 규정에 따른 청약의 철회를 할 수 없고, 다만 할부거래업자가 청약의 철회를 승낙하거나, 청약을 철회할 수 없는 재화 등에 대하여는 그 사실을 재화 등의 포장이나 그 밖에 소비자가 쉽게 알 수 있는 곳에 분명하게 표시하거나 시용(試用) 상품을 제공하는 등의 방법으로 소비자가 청약을 철회하는 것이 방해받지 아니하도록 조치를 하지 아니한 경우에는 위 ②, ③, ④에 해당하는 경우에도 청약을 철회할 수 있다고 규정하고 있다(같은 법 제8조 제2항, 같은 법 시행령 제6조).

소비자가 위 규정에 따라 청약을 철회할 경우 위 규정에 따른 기간 이내에 할부거래업자에게 청약을 철회하는 의사표시가 적힌 서면을 발송하여야 하고, 이 경우 청약의 철회는 위 서면을 발송한 날에 그 효력이 발생한다(같은 법 제8조 제3항, 제4항).

할부거래업자 또는 신용제공자는 소비자가 청약을 철회함에 따라 소비자와 분쟁이 발생한 경우 분쟁이 해결될 때까지 할부금 지급거절을 이유로 해당 소비자를 약정한 기일 이내에 채무를 변제하지 아니한 자로 처리하는 등 소비자에게 불이익을 주는 행위를 하여서는 아니 된다고 정하고 있으며(같은 법 제10조 제8항), 할부거래업자는 소비자가 제8조에 따라 청약을 철회한 경우 공급받은 재화 등의 반환에 필요한 비용을 부담하며, 소비자에게 청약의 철회를 이유로 위약금 또는 손해배상을 청구할 수 없다(같은 법 제10조 제10항).

따라서 위 사례에서 냉장고는 청약철회가 제한되는 재화 등에 해당되지 않으므로 「할부거래에 관한 법률」 제8조 제1항에서 정한 기간 내라면 특별한 사정이 없는 한 갑은 청약철회의 의사표시를 서면으로 발송하여 청약을 철회할 수 있을 것으로 보인다. 한편 만약 청약을 철회할 수 있는 기간이 지나 철회를 할 수 없는 상황에서 갑이 할부금 납입을 연체하고 있는 경우라면, 을은 갑에 대하여 미지급된 할부금을 청구하는 민사소송을 제기하거나, 할부계약을 해제하고 냉장고의 반환을 청구하는 등의 조치를 취할 수 있을 것으로 보인다.

3. 통신판매와 법

가. 법률 제정 목적

전자상거래 등에서의 소비자에 관한 법률을 제정하여 전자상거래에서 통신판매업자 등이 준수하여야 할 사항을 규정하고, 법령상 의무를 위반한 자에 대한 시정명령·과징금 제도 등을 도입함으로써 공정거래를 도모함과 아울러 소비자의 권익을 보호하고 있다.

나. 통신판매의 의의

통신판매는 우편·전기통신 그 밖의 총리령이 정하는 방법에 따라 재화 또는 용역의 판매에 관한 정보를 제공하고 소비자의 청약에 의하여 재화 또는 용역을 판매하는 것을 말한다.

다. 청약의 철회

계약 내용에 관한 서면을 교부받은 날부터 7일 이내(서면을 교부받은 때보다 재화 등의 공급이 늦게 이루어진 경우에는 재화 또는 용역의 공급을 받거나 공급이 개시된 날부터 7일 이내)에 하여야 한다. 재화 등의 내용이 표시·광고의 내용과 다르거나 계약 내용과 다르게 이행된 경우에는 당해 재화 등을 공급받은 날부터 3월 이내, 그 사실을 안 날 또는 알 수 있었던 날부터 30일 이내에 청약철회가 가능하다.

사례 전자상거래로 구입한 주문 제작 구두에 대한 환급 요구

Q. 전자상거래로 구두를 주문한 후 상품을 받아 보니 사이즈가 맞지 않아 판매자에게 반품을 요청하자, "주문 제작 상품이어서 수선만 가능하고 교환이나 환급은 불가하다"라고 한다. 사이트상 옵션으로 "사이즈와 굽 높이"만 선택하였는데 이것을 주문 제작 상품이라고 할 수 있을까?

A. 「전자상거래 등에서의 소비자보호에 관한 법률」 제17조 2항 제5호 및 동법 시행령 제21조에서 규정하고 있는 청약철회 등의 제한 사유인 "소비자 주문에 의하여 개별적으로 생산되는 재화"란 특정 소비자의 신체 치수나 디자인 등을 고려하여 만든 "맞춤형 주문 제작 상품"으로 청약철회 시 다른 소비자에게 재판매가 곤란한 재화를 의미

한다.

사례의 경우, 이미 디자인과 색상이 고정되어 있고 단지 사이즈와 굽 높이만 소비자가 선택하는 것에 불과한 제품으로, 이는 주문을 받은 후 생산업체에 의뢰하여 재고 상품이 있으면 배송하고 재고 상품이 없으면 배송하지 못하는 규격화된 제품에 해당하며, 이는 동법 및 동법 시행령에서 규정한 청약철회 등의 제한 사유인 '소비자의 주문에 의하여 개별적으로 생산되는 재화'라고 할 수 없다.

또한, 구입 당시에 주문체결 당시 '교환 및 환급불가'라는 의사표시의 합치가 있었는지도 중요한 사항이다. 「전자상거래 등에서의 소비자보호에 관한 법률」 제17조1항 2항 제35조 및 시행령 제21조에서 주문제작 상품임을 이유로 청약철회를 거부하는 경우에는 사전에 당해 거래에 대하여 별도로 그 사실을 고지하고 소비자의 서면(전자문서를 포함)에 동의를 얻은 경우를 의미한다.

따라서 판매자가 소비자에게 계약이 체결될 당시에 "주문 제작 상품이므로 차후 교환 또는 환급이 불가하다"라는 점을 사전에 고지하지 않았다면, 판매자는 이 구두 건에 대해 청약철회(반품) 해 주는 것이 적정하다.

사례 **수영복 및 속옷에 대한 청약철회 가능 여부**

Q. 휴가철을 맞아 인터넷 쇼핑몰에서 비키니 수영복을 구입하였다. 이틀 후 제품을 배송 받아 시착을 해 보니 사이즈가 맞지 않아 게시판을 통해 환불을 요청하였다. 이에 판매자는 수영복은 속옷류로 분류되어 교환 및 환불이 불가능하며 이를 사이트에 표기하였으므로 환불할 수 없다고 한다. 이러한 판매자의 주장은 부당하다고 생각되는데 구제받을 수 있는 방법이 있는가?

A. 전자상거래를 통하여 재화를 구매한 경우에는 전자상거래 등에서의 소비자보호에 관한 법률이 적용된다. 동법 제17조 제1항 제1호에 따르면 소비자는 재화를 공급받은 날로부터 7일 이내에 청약철회를 할 수 있다. 다만 동 조 제2항에 따라 소비자에게 책임 있는 사유로 재화가 훼손되거나 소비자의 사용에 의하여 재화의 가치가 현저히 감소한 경우 및 시간의 경과에 의하여 재판매가 곤란할 정도로 재화의 가치가 현저히 감소한 경우 등에는 청약철회가 제한된다. 원칙적으로 수영복에 대해서도 청약철회 기간

을 준수하였다면 청약철회가 가능하다. 다만, 이는 재화가 훼손되지 않았음을 전제로 하는 것으로 수영복은 외의류와는 달리 시착을 하는 과정에서 오염이 발생할 가능성이 크기 때문에 오염방지 테이프를 제거하지 않고 시착을 하거나 오염방지 테이프가 없는 경우에는 속옷을 입고 시착을 하는 등 각별한 주의를 할 필요가 있다. 이는 속옷 역시 마찬가지이다. 또한 판매자가 사이트에 교환 및 환급이 불가능함을 표기하였다고 하더라도 이는 판매자의 일방적인 고지로서 아무런 법적 효력이 없으므로 소비자의 청약철회를 제한할 수 있는 사유가 되지 않는다.

사례 할부 구입한 상품 훼손 시 철회 가능 여부

Q. 광고를 보고 손해사정인 교재를 할부로 구입하였다. 그러나 시험 합격이 어렵다고 하고 합격한다 하더라도 자격증 활용 여부가 의심스러워 철회를 요청하였다. 그런데 교재를 보관하다가 교재의 상당 부분이 물에 젖었다. 판매처에서는 이것을 이유로 철회 요청을 거절하고 있다. 이 경우 청약철회를 할 수 있을까?

A. 구입한 물품을 훼손시킨 경우에는 청약철회를 할 수 없다. 소비자가 청약철회권을 행사할 경우에는 이미 인도 받은 물품을 반환하여야 할 의무가 있다. 또한 '전자상거래 등에서의 소비자보호에 관한 법률' 및 '할부거래에 관한 법률'에 의거 구입자에게 책임 있는 사유로 목적물이 멸실 또는 훼손된 경우에는 구입자는 계약에 관한 청약을 철회할 수 없게 되어 있다. 따라서 일단 구입한 물품이라도 구입의 의사를 확정하지 않은 상태이거나 청약철회를 하려는 경우에는 물품을 원상태대로 잘 보관하여야 할 것이다. 물론 교재의 상태에 따라서는 사업자와의 협의를 통하여 교재 훼손에 대한 손해를 배상 후 계약 해제하는 경우도 생각해 볼 수 있겠으나, 방문판매 교재인 경우에는 영업수당 등 판매마진이 높은 편이기 때문에 사업자 측에서 이에 응하지 않는 경향이 많으므로 보관에 유의하여야 할 것이다.

사례 **미성년자가 노상에서 유인되어 체결한 다이어트 식품 구입 계약 취소 요구**

Q. 미성년자인 고등학생 딸이 2010년 6월경 길거리에서 특판 기간 동안에 구입 가격의 50%를 할인해 준다는 판매원의 권유로 건강식품을 50만 원에 할부로 구입하기로 약정하고 2만 원을 계약금으로 지급하였다. 계약금 지급 당시 판매원이 제품을 개봉해서 복용 방법 등을 설명하여 일부 섭취하였으나 제품에 대해 신뢰성도 떨어질 뿐만 아니라, 미성년자가 계약을 한 부분에 문제가 있다고 여겨지는데 보상 받을 수 있는 방법이 없을까요

A. 현행 「민법」상 미성년자가 법정대리인의 동의 없이 행한 법률행위는 미성년자 본인이나 법정대리인이 취소할 수 있으며 현존 이익의 한도 내에서 반환하면 된다. 따라서 미성년자인 고등학생 딸이 구입한 다이어트 식품에 대해서 취소가 가능하다.

Ⅲ. 제조물책임법

1. 서설

가. 제조물책임법의 의의

제조물책임법이란 제조업자가 제조물의 결함으로 인해 생명·신체·재산상의 손해를 입은 사람에 대하여 제조업자의 고의나 과실에 관계없이 손해배상 책임을 지도록 제정된 법을 말한다.

나. 제조물책임법의 제정 이유

우리나라에서도 제조물에 의해서 발생하는 소비자의 피해가 날로 증가하고 있다. 압력밥솥이 갑자기 폭발하여 주부가 화상을 입기도 하고, 학교급식에 의한 학생들의 식중독 사건도 자주 발생하고 있다. 이러한 생산자의 부주의나 제품의 결함 등으로 인하여 피해를 입는 경우가 계속적으로 증가하고 있다. 종래 제조물책임법이 시행되기 이전에는 위와 같

은 피해자가 보상을 받기 위해서는 민법 제750조에 의한 '불법 행위에 의한 손해배상'을 통하여야만 피해의 보상을 받을 수 있었다. 그러나 민법에 의한 피해보상 규정은 소비자가 피해자의 과실을 직접 증명해야 함으로 피해보상을 받는 것이 쉽지 않았다. 이러한 이유로 만들어진 것이 바로 제조물책임법이며 제조물책임법의 근본 목적은 피해자의 구제에 있다.

2. 제조물책임법상의 결함

제조물책임법은 제조물의 제조·설계 또는 표시상의 결함과 보통 사람들이 기대할 수 있는 정도의 제품 안전성의 부족을 통틀어 결함이라고 규정하고 있다.

가. 제조상의 결함

제조상의 결함이란 제조물이 원래 의도한 설계와 다르게 제조, 가공됨으로써 안전하지 못하게 된 경우를 말한다. 예를 들면, 식품의 제조 과정에 이물질이 들어가는 경우, 전자제품의 제조 과정에서 부적합한 재료가 사용되거나 조립이 부정확해서 안전성이 떨어진 경우 등이 있다.

나. 설계상의 결함

설계상의 결함이란 제조업자가 소비자를 고려하여 합리적으로 안전하게 설계하였다면 피해를 줄이거나 피할 수 있었음에도 그렇게 하지 않아 제조물이 안전하지 못하게 된 경우를 말한다. 예를 들면, 녹즙기 제조업자에게는 녹즙기 이용자의 손가락이 잘려 나가지 않도록 녹즙기를 설계할 책임이 있다.

다. 표시상의 결함

표시상의 결함이란 제조업자가 제조물의 올바른 사용법에 대한 설명이나 지시, 제조물의 위험성에 대한 경고 등의 표시를 하였더라면 제조물에 의해 생길 수 있는 피해를 줄이거나 피할 수 있었음에도 그렇게 하지 않은 경우를 말한다. 다림질할 때에 옷감에 따라 유지해야 할 적정 온도를 다리미에 표시하지 않아 의류가 손상된 경우가 표시상의 결함에 해당한다.

라. 기타 일반적으로 기대할 수 있는 제품 안전성의 부족

제조물의 특성, 통상적인 사용 방법, 유용성과 위험성, 소비자가 입은 피해의 정도, 가격 대비 효과, 일반적인 사용 시간, 피해 발생의 개연성 및 위험의 회피 가능성 등 제조물에 관한 여러 사정 등을 고려하여 판단하게 된다.

3. 제조업자가 책임지지 않는 경우

피해자는 원칙적으로 제조물의 결함 사실과 손해 발생의 사실, 그리고 제조물의 결함과 손해 발생의 인과 관계를 입증할 책임이 있다. 이때, 피해자가 자신의 피해 사실을 입증하지 못하면 제조업자 등에게 책임을 물을 수 없게 된다. 그리고 제조업자 등이 제조물에 결함이 없다거나 소비자가 입은 손해의 원인이 제조물의 결함이 아닌 다른 데 있다는 것을 입증하는 경우에도 책임을 면할 수 있다.

제조업자가 책임을 면할 수 있는 경우

① 제조업자가 물건을 유통시킬 생각이 없었는데도 도난 등의 사고로 유통된 경우

② 제조업자가 물건을 공급한 당시의 과학적·기술적 수준으로는 결함의 존재를 발견할 수 없었을 경우

③ 제조업자가 물건을 공급하기 위해 법령에 의한 기준을 준수한 것이 결과적으로 소비자에게 손해를 불러일으킨 경우

④ 원재료 또는 부품을 사용하여 만들어진 물건이 제조업자의 설계나 제작 지시로 인해 결함이 생긴 경우 원재료나 부품을 제조한 자

그러나 면책 사유에 해당하더라도 제조업자가 제조물을 공급한 후에 해당 제조물에 결함이 존재한다는 사실을 알거나 알 수 있었음에도 그 결함에 의한 손해의 발생을 방지하기 위한 적절한 조치를 하지 아니한 때에는 ②, ③, ④의 면책 사유를 주장할 수 없다.

4. 제조물책임법의 적용 범위

제조물책임법은 제조물의 결함으로 생긴 손해는 제조업자 등의 고의나 과실과 관계없이 손해 배상을 하도록 하고 있다(무과실 책임). 다만, 앞서 살펴본 바와 같이 제조업자의 배상 의무는 피해자의 '생명·신체 또는 재산에 대한 손해'에 대한 것으로 제한되고, 결함이 있는 제조물 자체는 계약 당사자인 유통업자나 판매자에게 구제받아야 한다. 예를 들면, 결함이 있는 녹즙기로 인해 손을 다쳤을 경우 치료비는 제조업자에게 배상받고 불량품인 녹즙기는 판매업자에게 수리, 교환이나 환불받을 수 있다.

5. 제조물책임법의 소멸시효

가. 제조물책임법의 일반소멸시효

제조물의 결함으로 인하여 제조업자에게 손해를 물을 수 있는 기간은 피해자 또는 그 법정대리인이 손해 및 손해배상책임을 지는 자를 안 날부터 3년간 이를 행사하지 아니하면 시효로 인하여 소멸한다(제조물책임법 제7조1항).

나. 특별소멸시효

일반적으로 제조물에 대하여 책임을 물을 수 있는 것은 3년이다. 그러나 제조물에 의하여 피해를 입는 상황은 피해를 바로 알 수도 있지만, 시간이 지난 후에 피해가 발견되는 경우도 있다. 그에 따라서 제조물책임법에 의한 손해배상의 청구권은 제조업자가 손해를 발생시킨 세조물을 공급한 날부터 10년 이내에 이를 행사하여야 하지만, 신체에 누적되어 사람의 건강을 해하는 물질에 의하여 발생한 손해 또는 일정한 잠복 기간이 경과한 후에 증상이 나타나는 손해에 대하여는 그 손해가 발생한 날부터 기산하여 소멸시효를 적용한다(제조물책임법 제7조2항).

담배소송 사건(대법원 2014. 4. 10. 선고 2011다22092 판결)

【판시 사항】

① 제조물에 설계상의 결함이 있는지 판단하는 기준

② 국가 등이 제조한 담배에 설계상의 결함이 있는지 문제 된 사안에서, 담배에 설계상의 결함이 있다고 보기 어렵다고 본 원심 판단을 수긍한 사례

③ 제조물에 관한 표시상의 결함에 대하여 불법 행위 책임이 인정되는지 여부(적극) 및 제조물에 표시상의 결함이 존재하는지 판단하는 기준

④ 국가 등이 제조·판매한 담배에 표시상의 결함이 존재하는지 문제 된 사안에서, 담배에 표시상의 결함이 있다고 보기 어렵다고 본 원심 판단을 수긍한 사례

⑤ 30갑년 이상의 흡연력을 가진 갑과 40갑년 이상의 흡연력을 가진 을이 폐암의 일종인 비소세포암과 세기관지 폐포세포암 진단을 받게 되자, 담배를 제조·판매한 국가 등을 상대로 손해배상을 구한 사안에서, 갑, 을의 흡연과 폐암 발병 사이에 인과관계가 인정되지 않는다고 본 원심 판단을 수긍한 사례

【판결 요지】

① 일반적으로 제조물을 만들어 판매하는 사람은 제조물의 구조, 품질, 성능 등에서 현재의 기술 수준과 경제성 등에 비추어 기대 가능한 범위 내의 안전성을 갖춘 제품을 제조하여야 하고, 이러한 안전성을 갖추지 못한 결함으로 인하여 사용자에게 손해가 발생한 경우에는 불법 행위로 인한 배상책임을 부담하게 되는데, 그와 같은 결함 중 주로 제조자가 합리적인 대체설계를 채용하였더라면 피해나 위험을 줄이거나 피할 수 있었음에도 대체설계를 채용하지 아니하여 제조물이 안전하지 못하게 된 경우를 말하는 이른바 설계상의 결함이 있는지는 제품의 특성 및 용도, 제조물에 대한 사용자의 기대의 내용, 예상되는 위험의 내용, 위험에 대한 사용자의 인식, 사용자에 의한 위험 회피의 가능성, 대체설계의 가능성 및 경제적 비용, 채택된 설계와 대체설계의 상대적 장단점 등 여러 사정을 종합적으로 고려하여 사회통념에 비추어 판단하여야 한다.

② 국가 등이 제조한 담배에 설계상의 결함이 있는지 문제 된 사안에서, 담뱃잎을 태워 연기를 흡입하는 것이 담배의 본질적 특성인 점, 니코틴과 타르의 양에 따라 담배의 맛이 달라지고 담배 소비자는 자신이 좋아하는 맛이나 향을 가진 담배를 선택하여 흡연하는 점, 담배 소비자는 안정감 등 니코틴의 약리 효과를 의도하여 흡연을 하는 점 등에 비추어 국가 등이 니코틴이나 타르를 완전히 제거할 수 있는 방법이 있다 하더라도 이를 채용하지 않은 것 자체를 설계상 결함이라고 볼 수 없고, 달리 흡연으로 인한 담배 소비자의 피해나 위험을 줄일 수 있는 합리적 대체설계를 채용할 수 있

었는데도 이를 채용하지 않았다고 인정할 증거가 없으므로 담배에 설계상의 결함이 있다고 보기 어렵다고 본 원심 판단을 수긍한 사례

③ 제조상 내지 설계상의 결함이 인정되지 아니하는 경우라 할지라도, 제조업자 등이 합리적인 설명, 지시, 경고 기타의 표시를 하였더라면 당해 제조물에 의하여 발생될 수 있는 피해나 위험을 줄이거나 피할 수 있었음에도 이를 하지 아니한 때에는 그와 같은 표시상의 결함(지시·경고상의 결함)에 대하여도 불법 행위로 인한 책임이 인정될 수 있고, 그와 같은 결함이 존재하는지에 대한 판단을 할 때에는 제조물의 특성, 통상 사용되는 사용 형태, 제조물에 대한 사용자의 기대의 내용, 예상되는 위험의 내용, 위험에 대한 사용자의 인식 및 사용자에 의한 위험회피의 가능성 등 여러 사정을 종합적으로 고려하여 사회통념에 비추어 판단하여야 한다.

④ 국가 등이 제조·판매한 담배에 표시상의 결함이 존재하는지 문제 된 사안에서, 언론보도와 법적 규제 등을 통하여 흡연이 폐를 포함한 호흡기에 암을 비롯한 각종 질환의 원인이 될 수 있다는 것이 담배 소비자들을 포함한 사회 전반에 널리 인식되게 되었다고 보이는 점, 흡연을 시작하는 것은 물론이고 흡연을 계속할 것인지는 자유의지에 따른 선택의 문제로 보일 뿐만 아니라 흡연을 시작하는 경우 이를 쉽게 끊기 어려울 수도 있다는 점 역시 담배 소비자들 사이에 널리 인식되어 있었던 것으로 보이는 점 등에 비추어 담배 제조자인 국가 등이 법률의 규정에 따라 담뱃갑에 경고 문구를 표시하는 외에 추가적인 설명이나 경고 기타의 표시를 하지 않았다고 하여 담배에 표시상의 결함이 있다고 보기 어렵다고 본 원심 판단을 수긍한 사례

⑤ 30갑년 이상의 흡연력을 가진 갑과 40갑년 이상의 흡연력을 가진 을이 폐암의 일종인 비소세포암과 세기관지 폐포세포암 신단을 받게 되자, 담배를 제조·판매한 국가 등을 상대로 손해배상을 구한 사안에서, 폐암은 흡연으로만 생기는 특이성 질환이 아니라 물리적, 생물학적, 화학적 인자 등 외적 환경인자와 생체 내적 인자의 복합적 작용에 의하여 발병할 수 있는 비특이성 질환인 점, 비소세포암에는 흡연과 관련성이 전혀 없거나 현저하게 낮은 폐암의 유형도 포함되어 있는 점, 세기관지 폐포세포암은 선암의 일종인데 편평세포암이나 소세포암에 비해 흡연과 관련성이 현저하게 낮고 비흡연자 중에도 발병률이 높게 나타나 흡연보다는 환경오염 물질과 같은 다른 요인에 의한 것일 가능성이 높은 점 등에 비추어 흡연과 비특이성 질환인 비소세포암, 세기관지 폐포세포암의 발병 사이에 역학적 인과관계가 인정될 수 있다고 하더라도 어느 개

인이 흡연을 하였다는 사실과 비특이성 질환에 걸렸다는 사실이 증명되었다고 하여 그 자체로 양자 사이의 인과관계를 인정할 만한 개연성이 증명되었다고 단정하기는 어렵다는 등의 이유로 갑, 을의 흡연과 폐암 발병 사이의 인과관계가 인정되지 않는다고 본 원심 판단을 수긍한 사례

Ⅳ. 소비자 피해 구제 방법 및 절차

1. 피해 구제 방법

가. 당사자 간 합의에 의한 해결

소비자는 물건을 사용하거나 서비스를 이용하는 과정에서 발생한 피해에 대해 일차적으로 사업자에게 구제를 요청할 수 있다. 이렇게 거래 당사자 사이의 합의로 문제를 해결하는 것은 불필요한 비용과 시간 낭비를 막고 문제를 원만히 해결할 수 있는 바람직한 구제 방법이다. 대부분의 사업자는 소비자 상담실에 전담 직원을 두어 신속히 피해 구제 조치를 하도록 하고 있다.

나. 소비자 단체 및 한국소비자원에 의한 해결

당사자 사이에 합의가 되지 않거나 의견 충돌이 있을 때에는 민간 소비자 단체를 이용하여 피해를 구제받을 수 있다(소비자기본법 제28조).

소비자 단체들은 소비자 피해 및 불만을 처리하기 위해 소비자에게 정보를 제공하고 양 당사자에게 합의를 권고하여 피해를 구제하고 있다. 합의가 되지 않는 경우에는 한국소비자원에 피해 구제 신청을 하거나 한국소비자원 소비자분쟁조정위원회에 분쟁 조정을 신청할 수 있다.

다. 행정 기관 등에 의한 해결

국가는 지방자치단체 등의 행정 기관이나 공공 기관에서도 관련 법률에 따라 소비자의

불만과 피해 구제를 위한 기구를 설치하고 있다. 지방 자치 단체의 경우 소비자 보호과나 지역 경제과(광역 단체의 경우 소비 생활 센터) 등에서, 국가의 경우 별도의 기관(예: 식품의약품안전청)이나 자체 민원실을 통해 소비자 피해를 구제하고 있다.

라. 소송에 의한 해결

다른 방법들을 통해 피해를 구제받지 못하였다면 민사 소송을 통해 소비자 피해를 구제받을 수 있다. 법원의 판결에 의한 구제는 다른 피해 구제 방법들보다 강제적이고 최종적인 방법이 된다.

2. 소비자 피해 구제 절차

가. 피해구제 신청

소비자는 피해가 발생하면 피해구제 신청 전 먼저 상담을 받아야 하며 소비자 상담으로 문제가 해결되지 않을 경우 피해구제를 신청할 수 있다. 피해구제가 신청되면 30일 이내에 처리하여야 하며 경우에 따라 90일까지 연장이 가능하다

나. 사업자 통보

피해구제가 접수되면 해당 사업자에게 피해구제 접수 사실이 통보되며 접수 사실을 통보받은 사업자는 사건 발생 경위 등에 대한 해명과 합의 의사 등의 의사를 전달 할 수 있다.

다. 사실조사

소비자의 주장과 사업자의 해명을 토대로 '서류검토', '시험검사', '현장조사', '전문가자문' 등을 통해 사실조사를 실시한다.

라. 합의권고

사실조사를 바탕으로 관련 법률 및 규정에 따라 공정하고 객관적으로 양당사자에게 합의를 권고하며 합의가 이루어질 경우에는 사건은 종결된다. 그러나 사실조사 결과 사업자에게 귀책사유가 없는 것으로 경우에는 합의권고 없이 사건이 종결된다.

마. 소비자분쟁조정위원회 조정

합의가 이루어지지 않은 경우 소비자분쟁조정위원회에 조정을 신청하여 해결 할 수 있다.

기타 소비자 관련 분쟁 사례

사례 영어학원 수강 중 중도 해지 시 수강료 환급 가능 여부

Q. 영어회화학원 2개월 과정을 등록하고 수강료 25만 원을 현금으로 지급하였다. 한 달 수강 후 개인 사정으로 잔여 수강료 환급을 요구하니 원래 1개월에 15만 원이라며 10만 원만 환급하겠다고 한다. 이 경우 환급 기준은 어떻게 되는가?

A. 환급 금액은 소비자기본법시행령 제8조에 따라 거래 시 교부된 영수증 등에 적힌 물품 등의 가격을 기준으로 한다. 다만, 영수증 등에 적힌 가격에 대하여 다툼이 있는 경우에는 영수증 등에 적힌 금액과 다른 금액을 기준으로 하려는 자가 그 다른 금액이 실제 거래 가격임을 입증하여야 한다.

따라서 위 소비자의 경우 교부받은 영수증 또는 수강증에 수강료가 25만 원이라 명시되어 있다면 1/2 해당액인 125,000원을 환급받을 수 있다.

사례 지방 이전으로 수강 불가에 따른 잔여기간에 대한 수강료 환급

Q. A는 2020. 3. 22. 승무원 서비스 과정을 총 3개월간 수강하기로 계약하고 1,390,000원을 현금으로 결제하였다. 같은 해 4. 28. 개인 사정으로 갑자기 지방으로 내려가게 되어 수강 해지 및 환급을 요구하였으나 사업자는 주말반으로의 변경 또는 수강 보류 신청을 하라고 권유하였다. 같은 해 5.3. 보류 신청 후 환급 가능 여부를 문의한바 가능하다고 하여 보류신청서를 작성하였으나, 이후 같은 해 7.5. 학원 수강이 어려워 사업자에게 계약 해지 및 잔여 수강료 환급을 요구하였는데 보류신청서상에 환급이 안 된다는 문구가 있다는 이유로 환급을 거절하였다. 이 경우 수강하지 않은 잔여기간에 대한 수강료 환급이 가능한가?

A. 「학원의 설립·운영 및 과외교습에 관한 법률」 및 동법 시행령에 학습자가 본인의

의사로 수강을 포기한 경우, 학원의 설립·운영자 및 교습자는 관련 규정에 따라 수강료를 환급하도록 규정하고 있으며, 이는 학습자가 선불로 지급한 수강료 중 수업을 받지 않은 나머지 기간에 대하여 환급받을 권리를 규정한 것이므로 '학습자가 본인의 의사로 수강을 포기한 경우'에 '수강 연기 신청을 한 후 수강을 포기한 학습자'를 제외할 아무런 이유가 없으므로 학습자에게 반환해야 할 수강료를 반환하지 않겠다는 약관은「약관의 규제에 관한 법률」제9조의 계약의 해지로 인한 고객의 원상회복 청구권을 부당하게 포기하도록 하는 조항에 해당하여 그 효력을 인정받을 수 없다. 이 경우, 사업자에게 수강 보류 신청 후 해지에 따라 수강하지 못한 1개월분 수강료 695,000원 환급하는 것이 적절한 것으로 판단된다.

사례 **고시원 이용 계약 해지 시 잔여금 산정 기준**

Q. 고시원 운영업자와 1개월 고시원 이용 계약을 체결하고 대금을 지불하였으나, 이후 사정상 퇴실이 불가피하여 중도 해지를 요구 시 피신청인이 자체 규정을 근거로 환급 불가 및 지연을 주장할 경우 어떻게 해야 하나요?

A. 고시원 이용 계약을 해지할 경우 계약서의 내용이 판단 기준의 근거가 되나,「약관규제에 관한 법률」제9조(계약의 해제·해지)에 따라 고객에게 부당하게 불리한 약관 조항은 무효가 된다. 이처럼 약관 조항이 무효일 경우,「소비자분쟁해결기준」(고시원 운영업, 공정거래위원회 고시)이 분쟁해결의 기준이 된다.

소비사의 귀책사유로 고시원 이용 계약을 해지할 경우, 관련 환불 규정은 이용 개시일을 기준으로 다음과 같다.

ㅁ 개시일 이전: 이용 금액 전액 환급

ㅁ 개시일 이후

- 이용료 징수 기간이 1월 이내
  - 계약 기간의 1/3 경과 전: 이용 금액의 2/3 해당액 환급
  - 계약 기간의 1/2 경과 전: 이용 금액의 1/2 해당액 환급
  - 계약 기간의 1/2 이후: 미환급
- 이용료 징수 기간이 1월 초과

-반환사유가 발생한 당해 월의 반환 대상 이용료(이용료 징수 기간이 1월 이내인 경우에 따라 산출된 이용료를 말한다)와 나머지 월의 이용료 전액을 합산한 금액

1개월을 초과하는 계약을 체결하는 경우에는 나중에 잔여금 환급과 관련한 분쟁의 발생 가능성이 있으므로 월 단위로 계약을 체결하는 것이 좋으며, 계약서를 작성한 후에는 계약서 사본 및 영수증을 수령하여 잘 보관해야 한다.

만일 계약 당시 계약서를 작성하지 않았거나 계약서에 환불 규정에 대한 설명이 없는 경우에는 「소비자분쟁해결기준」에 따른 환급 규정을 참고하여 사업자에게 환급을 요구하고, 사업자가 환급을 거부하는 경우 내용증명 우편으로 계약해지에 따른 잔여금 환급을 요구하여 추후 분쟁 발생 시 입증 자료로 제시한다.

사례 식당에서 신발이 분실되었을 때 배상받을 수 있나요?

Q. 식당 등에서 식사 후 신발이 분실된 것을 알았을 때 배상받을 수 있나요?

A. 상법 제152조[69] 제3항에 따르면 식당에서 흔히 볼 수 있는 "신발 분실 시 책임지지 않음" 등의 문구를 써 놓았다고 하여 업주의 배상책임이 없어지는 것이 아님을 알 수 있다. 식당 주인이 잠금이 가능한 신발장을 구비하였는지, 신발 개인 보관이 가능한 비닐봉투 등을 제공하였는지, CCTV 등을 설치하였는지 등 신발이 분실되지 않도록 어느 정도 주의를 기울였고 또한 그것을 입증 가능한지에 따라, 혹은 신발을 사용한 연수에 따라 구체적인 배상 비율이 달라질 수는 있지만, 기본적으로 신발 분실 시에 업주가 그 가액을 배상해야 한다.

69 상법 제152조(공중접객업자의 책임)
① 공중접객업자는 자기 또는 그 사용인이 고객으로부터 임치(任置)받은 물건의 보관에 관하여 주의를 게을리하지 아니하였음을 증명하지 아니하면 그 물건의 멸실 또는 훼손으로 인한 손해를 배상할 책임이 있다.
② 공중접객업자는 고객으로부터 임치받지 아니한 경우에도 그 시설 내에 휴대한 물건이 자기 또는 그 사용인의 과실로 인하여 멸실 또는 훼손되었을 때에는 그 손해를 배상할 책임이 있다.
③ 고객의 휴대물에 대하여 책임이 없음을 알린 경우에도 공중접객업자는 제1항과 제2항의 책임을 면하지 못한다.

사례 펜션 취소 시 취소수수료 발생 여부

Q. 펜션을 예약 후 입금을 하고 당일 취소를 요청하자 사업자는 자체 펜션 환불 규정에 따라 취소수수료를 공제하고 환불하겠다고 한다. 예약을 한 당일에 취소를 하였는데 취소수수료를 내야 하는가?

A. 예약 후 7일 내에 예약 취소 시 재예약이 가능한 기간이 남아 있을 경우 전액 환불하여야 하는데, 이때 취소수수료를 부과할 경우 청약철회를 이유로 위약금 등의 청구를 금지한 「전자상거래 등에서의 소비자보호에 관한 법률」에 위반된다.

* 재예약이 가능한 기간은 성수기에는 10일 이상, 비수기에는 2일 이상으로 이는 소비자분쟁해결기준의 숙박업 보상기준에 따른 것으로, 그보다 짧은 기간이 남아 있을 경우에는 소비자분쟁해결기준에 따라 취소수수료를 공제 후 환급받을 수 있다.

사례 교환받은 스마트폰의 품질 보증 기간 기산점 문의

Q. 2019. 6. 1. 스마트폰 구입 후 하자가 발생하여 2019. 7. 1. 신품 교환을 받았다. 그러나 교환받은 제품에서도 하자가 발생하여 2020. 6. 10. 사업자에게 수리를 요구하자 품질 보증 기간인 1년이 경과하여 유상수리를 받으라고 합니다. 무상수리를 받을 수 없는가?

A. '스마트폰' 관련 소비자분쟁해결기준에서는 스마트폰의 품질 보증 기간은 1년이며, 교환 받은 제품의 품질 보증 기간은 교환 받은 날로부터 기산한다고 규정하고 있다. 따라서 품질 보증 기간은 제품을 교환받은 2019. 7. 1.부터 기산하며, 2020. 6. 10.은 1년이 경과하지 않았으므로 정상적인 사용 상태에서 발생한 하자라면 무상수리를 받을 수 있다.

Ⅰ. 서설

1. 지식재산권의 의의 및 구성

지식재산권[70]이란 인간의 지적인 창작 활동의 결과물을 다른 사람이 일정한 방법으로 이용하는 것을 허락하거나 금지할 수 있도록 법으로 정한 권리를 말한다.

인간의 지적 활동의 산물인 아이디어, 독창적인 표현, 표시 등은 외부에 특정한 형태를 갖추지 못한 무형의 산물로써 전통적인 법체제에서는 이들의 창작자에게 배타적 지배권을 인정하지 않았었다. 그러나 19세기 이후 근대법체제가 확립되면서 이러한 무형재산의 보호를 위해 각각의 법체계가 형태를 갖추고 있다.

우리 헌법 제23조는 사적소유권을 인정하고 있지만 여기서의 소유권의 대상은 유형의 재화를 의미한다. 아이디어나 예술적 표현 등의 무형적인 재화는 일반재산권을 보호하는 민법과 같은 일반 법률에 의해 보호되지 않는다. 따라서 발명·창작자의 노력의 산물인 무체재산권에 대해서는 별도의 지배권을 인정할 수 있는 근거가 마련되어야만 특정 권리로서 보호될 수 있다.

이에 대해 헌법 제22조[71]에서 "발명가, 저작자, 예술가의 권리보호"를 규정함으로써 일반재산권과 구분되는 예술가의 아이디어나 표현들을 보호하는 법률을 제정할 의무를 부과하고 있다. 다만 헌법은 이러한 무형재산은 "법률로써 보호한다"라고 규정하고 있을 뿐이므로 이를 보호하는 법률이 존재하는 경우에만 보호될 수 있다. 이에 따라 특허법, 저작권

70 일반재산권과 구별하여 무채재산권이라고도 하고, 이 권리의 배타적 성격에 주목하여 지적소유권이라 하기도 하였으며, 최근까지는 지적재산권이라는 용어가 널리 사용되었으나 2011년 지식재산기본법의 재정으로 공식 용어로 자리잡았다.

71 헌법 제22조 제2항 저작자·발명가·과학기술자와 예술가의 권리는 법률로써 보호한다.

법, 상표법, 실용신안법 등이 제정되어 일정한 요건을 갖춘 발명, 창작품 등을 보호하고 있다.

2. 지식재산권의 체계

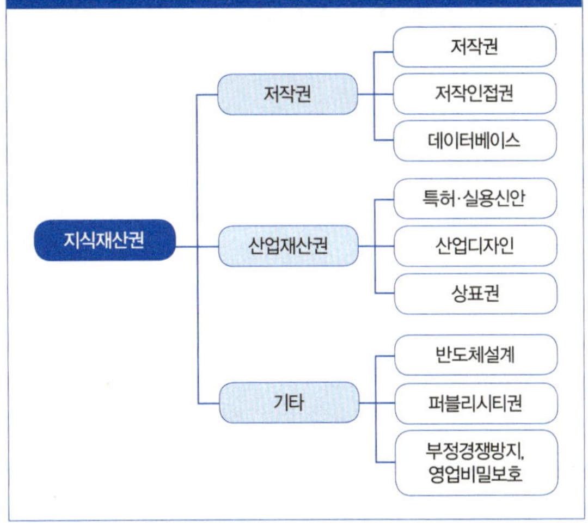

지식재산권의 체계[72]

현행법에서 인정하는 지식재산권으로는 저작권, 저작인접권, 데이터베이스, 특허권, 실용신안권, 디자인권, 상표권 등이 있으며, 보호 대상에 따라 창작물을 보호하는 권리와 영업표지를 보호하는 권리로, 권리부여의 목적에 따라 특허발명이나 실용적인 고안, 심미적인 의장과 같은 산업에 유용한 신규의 창작에 대한 권리와 상호, 상표, 영업표 등 영업상 유용한 표지에 대한 권리인 산업재산권과 학문이나 예술에 관한 정신적 창작물을 대상으로 하는 권리인 저작권 등으로 분류할 수 있다. 지식재산권법의 체계를 정리하면 아래 표와 같다.

본 교재에서는 아래의 여러 권리들 중 저작권 부분만 다루고자 한다.

Ⅱ. 저작권법

1. 서설

저작권이란 시, 소설, 음악, 미술, 영화, 연극, 컴퓨터프로그램 등과 같은 '저작물'에 대하여 창작자가 가지는 권리를 말한다.

저작권은 토지와 같은 부동산과 마찬가지로 매매하거나 상속할 수 있고, 다른 사람에게

72 임원선, 저작권법, 한국저작권위원회, 2012, 22면.

빌려 줄 수도 있다. 만일 어떤 사람이 허락을 받지 않고 타인의 저작물을 사용한다면 저작권자는 그를 상대로 민사상의 손해배상을 청구할 수 있고, 그 침해자에 대하여 형사상 처벌을 요구할 수도 있다. 저작권은 저작인격권과 저작재산권으로 구분한다.

2. 저작물

가. 의의

저작물이란 인간의 사상 또는 감정을 표현한 창작물을 말한다. 저작권의 보호를 받는 창작물이 되기 위해서는 작가의 독자적인 창작성을 가지고 있어야 하며, 사상 또는 감정을 담고 있는 표현물이어야 한다. 따라서 원칙적으로 존재하는 상황을 그대로 전달하는 데 불과한 단순한 사실의 전달은 저작권 보호의 대상인 창작물의 요건으로서 창작성이 결여된 것으로 보고 있다.[73]

사례 **신문기사 등을 정리한 자료가 저작권의 보호를 받는 저작물에 해당하는지?**

Q. '소녀시대 윤아, 짱'이라는 자신의 전용 블로그를 운영하고 있는 갑은 지난 한 해 동안 윤아의 활동을 보도한 신문기사를 전부 스크랩해서 정리한 다음 자신의 블로그에 올려 두었다. 갑의 블로그를 방문한 을은 1년 동안 윤아의 활동 사항이 정리된 갑의 블로그 내용을 그대로 복사하여 자신의 블로그에 옮겨 놓았다. 우연히 을의 블로그를 방문한 갑은 자신의 블로그에 있는 내용이 을에게 그대로 옮겨진 것을 보고 자신이 한 해 동안 고생해서 모은 자료를 무단으로 이용한 것을 문제 삼아 저작권침해 혐의로 형사 고발하였다. 갑의 저작권 침해 주장은 타당한가?

A. 유명 연예인의 지난 기사와 활동에 대한 보도 내용은 원칙적으로 저작권을 인정하기 어렵고 특히 그와 같은 기사를 모아서 자신의 블로그에 종합해 놓은 것만으로는 자신의 독창적인 창작성이 없기 때문에 저작권을 인정하기가 어렵다. 다만, 예외적으로 기존의 사실 혹은 기타 타인의 저작물을 데이터베이스로 정리하거나, 종합적으로 새롭게 편성한 경우에는 편성물 자체에 대한 편집저작권 혹은 데이터베이스저작권이

73 오승환, 과학기술과 법, 기한재, 2011, 224면.

인정된다.

나. 보호되는 저작물과 보호되지 않는 저작물

1) 보호되는 저작물

저작물이라고 하더라도 모두가 우리나라에서 보호되는 것은 아니다. 저작물이 우리나라에서 보호를 받으려면 저작자와 관련하여 다음 세 가지 중 하나에 해당하여야 한다.

① 우리나라 사람이 창작한 저작물

② 우리나라가 가입한 조약에 의해 보호되는 저작물

③ 우리나라에서 상시 거주하는 외국인의 저작물 또는 우리나라에서 최초로 공표된 저작물

2) 보호받지 못하는 저작물

저작권법은 몇몇 저작물에 관해서는 아예 보호받지 못하는 저작물로 규정하여 처음부터 일반 국민의 공유물로 하고 있다. 구법에서는 이를 비저작물(非著作物)이라 하여 원천적으로 그 저작물성을 부인하는 방법을 택하였으나, 현행 저작권법에서는 원칙적으로 그 저작물성은 인정하면서 공중의 자유 이용에 제공한다는 취지를 달성하고 있다.

저작권법상 보호를 받지 못하는 저작물에는 다음과 같은 것들이 있다.

① 헌법·법률·조약·명령·조례 및 규칙

② 국가나 지방자치단체의 고시·훈령·공고 등

③ 법원의 판결·결정·명령 및 심판이나 행정심판 절차, 그 밖의 이와 유사한 절차에 의한 의결·결정 등

④ 국가 또는 지방자치단체가 작성한 것으로서 상기의 편집물 또는 번역물

⑤ 사실의 전달에 불과한 시사 보도

그러나 보호받지 못하는 저작물의 편집일지라도 이들의 선택·배열 등에 창작성이 인정될 수 있는 경우에는 따로 편집저작물로서 보호된다. 한편, ⑤의 사실의 전달에 불과한 시사 보도란 시사성을 띤 소재를 기자 등이 주관적인 비평이나 논평 없이 그대로 전달하는 것을 말하며, 단순한 시사 보도에 함께 게재되어 있는 사진의 학술·예술적 창작성을 인정할 수 있는 경우에는 그 사진만 따로 보호의 대상이 된다. 한편, 미국 등에서는 정부가 저

작자인 경우 저작권을 보호받지 못하지만 우리나라에서는 정부 저작물이라 하더라도 보통의 저작물과 마찬가지로 저작권 보호를 받는다.

다. 저작물의 종류

저작권법상 예시되어 있는 저작물의 종류는 어문저작물, 음악저작물, 연극저작물, 미술저작물, 건축저작물, 사진저작물, 영상저작물, 도형저작물, 컴퓨터프로그램저작물, 2차적 저작물, 편집저작물로 구분되어 있으나, 이는 하나의 예시이기 때문에 이 밖에도 다른 형태의 저작물이 있을 수도 있다.[74]

1) 어문저작물

단순히 서적, 잡지, 팸플릿 등만이 여기에 해당되는 것이 아니라, 문자화된 저작물과 연술 등과 같은 구술적인 저작물이 모두 여기에 포함된다. 일반적으로 카탈로그나 계약 서식 등은 저작물로 인정되지 않으나, 표현의 방법이 독창적인 경우에는 저작물로 인정될 수도 있다.

2) 음악저작물

음악저작물이란 클래식, 팝송, 가요 등 음악에 속하는 모든 저작물을 말한다. 음악저작물에는 악곡 외에 언어를 수반하는 오페라, 뮤지컬 등도 모두 포함된다. 즉흥 음악과 같이 악곡이나 가사가 고정되어 있지 않은 것도 독창성이 있으면 음악저작물로 보호받을 수 있다.

3) 연극저작물

이 저작물 속에는 연극, 무용, 무언극 등과 같이 인간의 사상이나 감정을 신체의 동작으로 표현한 것은 모두 포함된다. 연극이나 무용 그 자체는 하나의 실연이므로 저작인접권의 보호대상에 속하지만, 무보(舞譜) 등은 연극저작물로 보호된다.

4) 미술저작물

미술저작물이란 형상 또는 색채에 따라 미적으로 표현된 것을 뜻하며, 회화, 서예, 조각, 공예, 응용미술저작물 등이 포함된다. 흔히 미술 작품과 같은 저작물의 경우에는 그 저작

74 저작권법 제4조.

물을 소유하는 사람이 모든 저작권을 행사할 수 있다고 생각하기 쉽지만 이는 잘못이다. 즉, 미술작품의 소유권과 저작권은 구별되어야 한다.

5) 건축저작물

건축저작물이란 건축물을 건축하기 위한 설계도, 모형과 건축된 건축물을 포함한다. 통상적인 형태의 건물이나 공장 등은 건축저작물에 포함되지 않으며, 사회통념상 미적인 가치가 인정되는 것만이 저작권으로 보호된다.

6) 사진저작물

저작권법상 사진저작물이란 단순히 기계적인 방법을 통하여 피사체를 다시 재현한 것이 아니라 사진작가의 사상·감정을 창작적으로 표현한 사진으로서 독창적이면서도 미적인 요소를 갖춘 것이어야 한다. 다만, 인물사진의 경우 초상권과 경합하여 일부 권리가 제한된다.

사례 인터넷 사이트에 게제 된 사진을 복제한 경우 저작권 침해 여부(서울중앙지법 2005. 7. 22. 선고 2005나3518 판결)

Q. A는 프리랜서 사진작가로 국내의 아름다운 자연풍경을 촬영한 후 이를 자신의 사진집으로 출간하는 한편, 홍보 목적으로 인터넷 사이트상에 게시하였는바, 위 인터넷 사이트상에는 '본 사이트의 이미지(사진 작품)를 무단으로 복제하는 것을 금합니다(저자권법 제98조의 권리의 침해죄)'라는 문구가 기재되어 있다. B는 2003년 8월 ~ 9월 경 어느 날 동료 직원의 소개로 A가 홍보 목적으로 자신이 촬영한 풍경 사진들을 게시해 놓은 인터넷 사이트상에 접속하게 되었다. B는 A가 게시해 놓은 풍경사진들을 감상하다가 자신의 마음에 드는 사진들만 따로 저장해 놓고 나중에 다시 감상하고픈 생각이 들자, 위 풍경 사진들 중 자신의 마음에 드는 사진 13장을 복제한 다음 위 복제한 사진들을 "내저장함"이라는 디렉토리 내에 저장해 두었다.

이에 A는 B가 인터넷 사이트상에 게시해 놓은 자신의 사진들을 무단으로 복제한 것을 알고 B를 저작권법 위반으로 형사고소를 하는 한편, 사진 1장당 통상 150만 원의 사용료를 받을 수 있음을 전제로, B의 저작권 침해 행위로 인하여 총 1,950만 원

(사진 1장당 150만 원 × 13장)의 재산상 손해를 입었다고 주장하고 있다.

첫째, 프리랜서 사진작가가 홍보 목적으로 인터넷 사이트상에 게시한 풍경 사진이 저작권법에 의해 보호되는 저작물에 해당하는지?

둘째, 홍보 목적으로 인터넷 사이트에 게시된 프리랜서 사진작가의 풍경 사진 중 13장을 복제하여 이를 "내저장함"이라는 디렉토리 내에 저장해 둔 경우, 저작권 침해 행위에 해당하는지?

셋째, 인터넷 사이트상에 게시된 풍경 사진을 복제한 저작권 침해 행위로 인한 손해액 산정

A. 저작권 침해 여부 및 손해배상액 산정에 대하여 나누어 살펴보면 아래와 같다.

첫째, 프리랜서 사진작가가 홍보 목적으로 인터넷 사이트상에 게시해 놓은 사진들은, 피사체의 선정, 구도의 설정, 빛의 방향과 양의 조절, 카메라 각도의 설정, 셔터의 속도, 셔터찬스의 포착 등과 같은 촬영 방법과 현상 및 인화 등의 과정에서 촬영자인 사진작가의 개성과 창조성이 뚜렷이 반영되어 있어 예술적 창작성이 인정되므로 저작권법에 의하여 보호되는 저작물에 해당된다.

둘째, 홍보 목적으로 인터넷 사이트에 게시된 프리랜서 사진작가의 풍경 사진 중 13장을 복제하여 이를 "내저장함"이라는 디렉토리 내에 저장해 둔 경우, 저작권 침해 행위에 해당한다.

셋째, 사례의 사진들은 예술적 창작성이 인정되어 저작권법에 의하여 보호되는 저작물에 해당된다. 따라서 B는 A의 승낙도 없이 인터넷 사이트상에 게시된 A의 사진들을 무단으로 복제함으로써 위 사진저작물에 관하여 A의 저작권을 침해하였으므로, B는 위와 같은 저작권 침해 행위로 인하여 A가 입은 손해를 배상할 책임이 있다고 할 것이다. 손해배상의 범위[75]와 관련하여 A는 자신의 인터넷 홈페이지에 사진 1장당 사

75 제125조(손해배상의 청구)
① 저작재산권 그 밖에 이 법에 따라 보호되는 권리(저작인격권 및 실연자의 인격권을 제외한다)를 가진 자(이하 "저작재산권자등"이라 한다)가 고의 또는 과실로 권리를 침해한 자에 대하여 그 침해 행위에 의하여 자기가 받은 손해의 배상을 청구하는 경우에 그 권리를 침해한 자가 그 침해 행위에 의하여 이익을 받은 때에는 그 이익의 액을 저작재산권자 등이 받은 손해의 액으로 추정한다.
② 저작재산권자 등이 고의 또는 과실로 그 권리를 침해한 자에 대하여 그 침해 행위에 의하여 자기가 받은 손해의 배상을 청구하는 경우에 그 권리의 행사로 통상 받을 수 있는 금액에 상당하는 액을 저작재산권자 등이 받은 손해의 액으로 하여 그 손해배상을 청구할 수 있다.
③ 제2항의 규정에 불구하고 저작재산권자 등이 받은 손해의 액이 제2항의 규정에 따른 금액을 초과하는 경우에는

용 가격을 150만 원이라고 게시해 놓았으며, 2004. 6. 24. 갑 회사에 자신의 사진 1장을 150만 원에 대여한 사실이 있다. 그러나 이러한 사실만으로는 A가 위 사례의 사진의 저작권 행사로 통상 사진 1장당 150만 원을 얻을 수 있다고 인정하기는 어렵다. 또한 사례의 사진을 ① B가 상업적인 목적으로 이용하거나 타인에게 공개할 의사로 A의 사진들을 복제한 것이 아니라, B의 마음에 드는 사진들만 따로 모아 놓고 이를 나중에 다시 감상하고픈 생각에 A가 인터넷 사이트상에 게시해 놓은 사진들을 복제하기에 이른 점, ② B가 인터넷 사이트상에 게시해 놓은 A의 사진들 중 비교적 소량인 자신의 마음에 드는 사진 13장만 복제하였던 점, ③ A가 B를 저작권법 위반으로 형사고소하자, B가 즉시 디렉토리 내에 저장해 두었던 사진들을 삭제한 점, ④ B가 A의 사진들을 무단으로 복제한 자신의 잘못을 뉘우치고, A와 합의하기 위해 계속 노력해 온 점 등을 참작하면, A가 저작권 침해 행위로 인하여 총 1,950만 원(사진 1장당 150만 원 × 13장)의 재산상 손해를 입었다고 주장하나 A의 손해액은 최대한 130만 원(사진 1장당 10만 원 × 13장)이라고 봄이 상당하다.

7) 영상저작물

영상저작물이란 음의 수반 여부에 관계없이 연속적인 영상이 수록된 창작물로서, 기계 또는 전자 장치에 의하여 재생하거나 볼 수 있는 것을 말한다. 통상적으로 영화, TV 필름, 비디오테이프 등이 이 범주에 포함된다.

8) 도형저작물

도형저작물이란 지도 또는 모형 등으로 표현된 저작물로서, 평면이나 공간에 선이나 형태로 표현된 점에서 미술저작물과 유사하나 학술적 내용의 표현이라는 점에서 차이가 있다.

9) 컴퓨터 프로그램 저작물

컴퓨터 내에서 특정한 결과를 얻기 위하여 직접 또는 간접으로 사용되는 일련의 지시, 명

그 초과액에 대하여도 손해배상을 청구할 수 있다.
④ 등록되어 있는 저작권, 배타적발행권(제88조 및 제96조에 따라 준용되는 경우를 포함한다), 출판권, 저작인접권 또는 데이터베이스제작자의 권리를 침해한 자는 그 침해 행위에 과실이 있는 것으로 추정한다.
제126조(손해액의 인정)
법원은 손해가 발생한 사실은 인정되나 제125조의 규정에 따른 손해액을 산정하기 어려운 때에는 변론의 취지 및 증거조사의 결과를 참작하여 상당한 손해액을 인정할 수 있다.

령으로 표현된 컴퓨터프로그램도 저작물에 포함된다. 종전에는 컴퓨터프로그램에 대하여 별도법인 '컴퓨터프로그램보호법'에서 보호하였으나, 2009년 저작권법 개정을 통해 일반 저작물과 같이 저작권법에서 보호하도록 하였다.

10) 2차적 저작물

2차적 저작물이란 기존의 원저작물을 번역·편곡·변형·각색·영상 제작, 그 밖의 방법으로 작성한 창작물을 뜻한다(제5조). 예를 들면, 소설을 영화로 만드는 경우 그 영화는 2차적 저작물이 되며, 외국 소설을 한국어로 번역하는 경우에는 그 번역물이 2차적 저작물이 된다.

11) 편집저작물

편집저작물이란 편집물로서 그 소재나 구성 부분의 저작물성 여부와 관계없이 소재의 선택 또는 배열에 창작성이 있는 저작물을 말한다. 이 경우, 편집물에는 논문, 수치, 도형, 기타 자료의 집합물로서 이를 정보처리장치를 이용하여 검색할 수 있도록 체계적으로 구성한 것(데이터베이스)을 포함한다(제6조). 편집저작물의 대표적인 예로는 백과사전이나 명시선집 등을 들 수 있다.

3. 저작자

가. 저작자와 저작권

저작물을 창작한 자를 저작자라고 한다. 그러나 실제로 창작한 사람이 누구인지를 안다는 것이 어렵기 때문에 그 저작자의 원작품이나 그 복제물에 성명이나 예명이 표시된 자가 저작자로 추정되며, 이러한 표시가 없는 경우에는 그 작품의 발행자나 공연자가 그 저작물의 저작자로 추정된다(저작권법 제8조).

저작자는 자기의 저작물에 대한 저작권, 즉 저작인격권과 저작재산권을 가진다. 이러한 저작권은 저작한 때부터 발생하며, 저작권 등록이나 납본 등과 같은 어떠한 절차나 형식의 이행을 필요로 하지 아니한다(저작권법 제10조).

저작자는 한 사람이 될 수도 있고, 여러 사람이 되는 경우도 있다. 2인 이상이 되는 경우에는 공동저작자가 되며, 그 저작물에 대한 권리는 모두 공동으로 가지게 된다.

나. 창작자와 저작권

만들어 낸 저작물로서 '법인 등의 명의'로 공표되는 경우이다. 저작권법상 이를 '업무상저작물'이라고 하는 바, 회사, 단체, 그 밖의 사용자의 기획하에 작성되고 회사 등의 명의로 공표된 업무상 저작물의 저작자는 회사 등이 된다. 그러나 계약 또는 근무 규칙에 다른 정함이 있는 때에는 실제의 창작자가 저작자가 될 수도 있다(저작권법 제9조).

영상저작물도 실제의 창작자와 저작권자가 다른 경우에 해당된다. 영상저작물은 원작자, 시나리오작가, 감독, 배우, 촬영자, 작곡가, 미술가 등 많은 사람들의 공동 작업에 의해 만들어지는 종합예술 작품이므로, 실제의 창작자 모두가 저작자로서 권리를 행사하게 되면 영상저작물의 유통이 매우 어렵게 된다. 따라서 영상저작물의 경우에는 원칙적으로 영상제작자가 영상저작물의 이용에 필요한 권리를 행사한다(저작권법 제75조). 그러나 영상저작물에 포함된 음악, 시나리오 등을 개별 저작물로서 이용할 때에는 음악가, 시나리오작가 등은 저작권자로서 권리행사가 가능하다.

다. 저작자와 저작권자

저작자가 저작권을 양도한다고 해도 저작인격권은 여전히 저작자에게 남아 있게 되므로, 통상 저작권자라고 할 때에는 저작재산권자를 의미한다. 저작권 이전의 경우에는 양수자, 상속인이 저작권자가 된다. 그뿐만 아니라, 공모에 의한 저작물의 당선, 다른 사람의 부탁을 받고 저작물을 작성하여 그 촉탁자의 명의로 이를 공표하는 경우, 초상화를 부탁하거나 사진을 찍는 경우 등에서도 당사자 간의 계약에 의해 저작권의 귀속 여부가 결정되어 저작자와 저작재산권자가 처음부터 분리될 수가 있다.

2인 이상이 공동으로 저작물을 창작한 경우에는 그 저작물에 대한 저작권은 각자가 기여한 부분의 비율에 따라 분배되지만, 그 비율을 입증하기 곤란할 경우에는 각자의 지분이 균등한 것으로 추정한다. 공동저작물의 저작재산권의 행사는 저작자 전원의 합의에 의해서만 가능하다(제15조 및 제48조).

4. 저작권

우리나라에서의 저작자의 권리, 즉 저작권은 저작인격권과 저작재산권으로 나누어지며, 이러한 저작권은 저작한 때로부터 발생하고 등록이나 납본과 같은 절차가 필요한 것은 아니다.

가. 저작인격권

1) 의의

저작인격권이란 저작자가 자신의 저작물에 대해 가지는 인격적 권리를 말한다. 이는 저작물을 저작자의 인격적 발현 또는 분리체로 봄으로써 다른 사람이 그 저작물을 다루는 데에 저작자의 인격이 존중되고 훼손되지 않도록 하여야 한다는 취지에서 부여되는 권리이다.

2) 저작인격권의 종류

저작인격권에는 공표권, 성명표시권, 동일성유지권이 포함된다. 저작자의 인격권은 저작권법 이외의 다른 법률, 예를 들면 민법에 의해서 보호를 받을 수도 있지만, 민법과 같은 일반법에 의한 보호만으로는 불충분하기 때문에 저작권법에 특별 규정을 두고 있다.

① 공표권

저작물을 작성하였을 때 저작자는 자기의 저작물을 공연·방송 또는 전시, 그 밖의 방법으로 일반 공중에게 공개하거나 발행할 수 있는 공표권을 가진다(제11조). 이 공표권은 공표할 권리와 공표하지 아니할 권리를 포함하기 때문에, 저작자 본인이 공표를 원하지 않는 경우 이 의사에 반하여 타인이 그 저작물을 공표하는 것은 저작인격권의 침해가 된다.

② 성명표시권

저작자는 저작물의 원작품이나 그 복제물에, 또는 저작물을 공표할 때 그 저작물의 저작자임을 주장할 수 있다. 즉, 저작자로서의 성명을 표시할 권리를 가진다(제12조). 성명은 실명이건 예명 또는 이명이건 저작자의 자유의사에 따라 표시할 수 있으며, 이 성명표시권에는 성명을 표시하지 않을 권리도 포함된다.

③ 동일성유지권

저작물은 저작자의 인격의 표현물이라고 할 수 있는 바, 저작자는 자기 저작물의 내용·형식 및 제호를 원래의 상태대로 유지할 권리를 가진다(제13조). 따라서 다른 사람이 함부로 어떤 저작물의 내용이나 형식, 제호를 변경하는 것은 저작자의 동일성유지권을 침해하는 것이 된다. 물론 저작자는 자기 저작물의 내용·형식·제호를 변경할 수 있다.

영상저작물도 실제의 창작자와 저작권자가 다른 경우에 해당된다. 영상저작물은 원작자, 시나리오작가, 감독, 배우, 촬영자, 작곡가, 미술가 등 많은 사람들의 공동 작업에 의해 만들어지는 종합예술 작품이므로, 실제의 창작자 모두가 저작자로서 권리를 행사하게 되면 영상저작물의 유통이 매우 어렵게 된다. 이 때문에, 영상저작물의 경우에는 원칙적으로 영상제작자가 영상저작물의 이용에 필요한 권리를 행사한다(제100조). 그러나 영상저작물에 포함된 음악, 시나리오 등을 개별 저작물로서 이용할 때에는 음악가, 시나리오작가 등은 저작권자로서 권리행사가 가능하다.

사례 성명표시권과 동일성유지권

Q. B일보사가 A가 촬영한 사진을 자신들의 웹사이트에 게재하였다. 이 사진은 사진작가인 A가 B일보사에 재직할 당시 직접 촬영하였지만 B일보에 게재되거나 B일보 명의로 공포된 적은 없다. 이 경우 성명표시권과 동일성유지권 침해 여부는?

A. 사진작가인 A가 B일보사에 재직할 당시 직접 촬영하였지만 B일보에 게재되거나 B일보 명의로 공포된 적이 없으므로 사례의 사진은 업무상 저작물이 아니다. 사진저작자는 사신작가인 A이다. 또한 B가 자신의 웹사이트에 사진 1, 2를 게재하는 데 A가 사진저작자임을 알 수 있는 어떠한 표시도 하지 않았고, 사진 외관의 일부를 삭제함으로써 그 사진의 형식을 변경하였으며, 사진 2의 경우에는 A가 부여한 제호를 변경하였으므로 B는 사진 1, 2에 관하여 A의 저작인격권 중 성명표시권과 동일성유지권을 침해하였다.

나. 저작재산권

1) 의의

저작재산권은 저작물에 관한 저작자의 인격을 보호하기 위한 저작인격권과는 달리 저작물을 일정한 방식으로 이용하는 것으로부터 발생하는 경제적 이익을 보호하기 위한 권리이다.

2) 저작재산권 종류

① 복제권

복제권이란 저작권 가운데서도 가장 기본적인 권리의 하나로, 복제의 개념은 단순한 복사라는 의미를 넘어서 인쇄, 사진, 녹음, 녹화 등의 방법으로 유형물로 다시 제작하는 것을 말한다. 예를 들면 소설 원고의 출판, 논문의 복사, 강연을 녹음테이프에 수록하는 것, 음악을 음반에 수록하는 것 등이 모두 복제에 해당한다. 이 밖에도, 건축물의 경우에는 그 건축을 위한 모형 또는 설계도서에 따라 시공하는 것도 복제의 개념 속에 포함되며, 공연, 방송 또는 실연을 녹음하거나 녹화하는 것도 복제에 포함된다. 따라서 일반적인 경우 이러한 복제 행위를 하고자 하는 때에는 저작권자의 허락을 받아야만 한다.

② 공연권

공연권이란 그 저작물을 일반 공중이 직접 보거나 듣게 할 수 있는 권리를 뜻한다. '공연'이란 저작물을 상연, 연주, 가창, 상영, 그 밖의 방법으로 일반 공중에게 공개하는 것을 말하며 공연, 방송, 실연의 녹음·녹화물을 재생하여 일반 공중에게 공개하는 것도 포함한다. 즉, 판매용 음반을 방송국이나 음악감상실 등에서 구입하여 시청자나 손님에게 틀어 주거나 노래방, 단란주점 등에서 손님에게 노래반주기를 틀어 주는 것도 공연의 범위에 해당하므로 저작권자의 허락을 받아야 한다.

③ 공중송신권

저작자는 자신의 저작물을 공중송신할 권리를 가진다. 공중송신이란 저작물이나 실연, 음반, 방송 또는 데이터베이스를 공중이 수신하거나 이에 접근하게 할 목적으로 무선 또는 유선통신의 방법에 의하여 송신하거나 이용에 제공하는 것을 말한다. 공중송신에는 구체적으로 기존의 방송과 전송 그리고 새로운 개념인 디지털음성송신이 포괄된다. 또한 그 밖에 기술의 발전에 따라 새롭게 등장하는 다른 송신 형태도 공중을 대상으로 한다면 이에 해당된다. 따라서 비록 기존의 특정한 송신 형태로 분류되지 않더라도 저작권자는 이에 대하여 통제권을 가지게 된다.

• 방송권

방송권이란 공중송신 중 공중이 동시에 수신하게 할 목적으로 무선 또는 유선통신의 방법에 의하여 음성, 음향 또는 영상 등을 송신할 권리를 말한다. 아마추어 방송은 일반 공중에게 수신하게 하는 것이 목적이 아니므로 방송에 포함되지 않는다. 재방송이나 중계방송도 모두 방송권의 대상이 되며, 저작권자에게 허락을 받지 않고 방송한 경우는 저작권 침해가 된다.

• 전송권

전송권이란 공중송신 중 공중의 구성원이 개별적으로 선택한 장소와 시간에서 접근할 수 있도록 저작물 등을 이용에 제공할 권리이며, 그에 따라 이루어지는 송신권을 포함한다. PC통신이나 인터넷 등을 통해 이용자가 개별적으로 원하는 시간과 장소에 저작물을 전달하는 형태의 자료 이용이 급증하고 있으므로, 전송권은 이러한 점을 고려하여 WIP·저작권조약(WCT)의 공중전달권을 국내에 수용한 것이다. 이러한 전송권은 기존의 공연·방송·배포 개념과 달리 1대1, 이시송신, 쌍방향성 및 무형성을 특징으로 한다.

• 디지털음성송신권

디지털음성송신권이란 공중송신 중 공중에게 동시에 수신하게 할 목적으로 공중의 구성원의 요청에 의하여 개시되는 디지털 방식의 음을 송신할 권리를 말하며, 전송은 제외된다. 이것은 구체적으로 음반을 공중이 동시에 수신하게 할 목적으로 인터넷 스트리밍 기술을 활용하여 실시간으로 송신하는 것을 말한다.

④ 전시권

전시권이란 회화, 조각, 응용미술 작품과 같은 미술저작물뿐만 아니라 건축, 사진까지 모두 포함하는 저작물의 전시에 관한 권리이다. 미술 작품의 원작품을 가지고 있는 사람은, 그 원작품을 전시할 수는 있지만 그 저작물의 복제물을 전시할 수 있는 권리도 아울러 가지는 것은 아니라는 것에 주의해야 한다. 또한, 원작품이라 하더라도 가로, 공원, 건축물의 외벽, 그 밖의 일반 공중에게 개방된 장소에 항시 전시하는 경우에는 그 미술 작품을 누구나 복제할 수 있게 되므로 저작권자의 허락을 받아야만 한다.

• 배포권

배포권이란 저작물의 원작품 또는 그 복제물을 판매, 대여, 대출, 점유 이전, 기타의 방법으로 일반 공중에게 제공하는 권리를 말한다. 배포권은 기본적으로 복제권에서 유래된 권리로 이해된다. 그런데 저작권자가 일단 어느 원작품 또는 그의 복제물을 공중에게 배포한 때에는 그 배포권이 소멸한다(일차 배포의 원칙). 따라서 누구든 정당하게 취득한 저작물의 원작품 또는 그 복제물을 저작권자의 허락 없이 다른 사람에게 판매, 대여 기타의 방법으로 양도할 수 있다. 그런데 특정한 경우에 이러한 일차 배포의 원칙이 제한되는데, 그것이 대여권 또는 수입권의 예이다.

• 대여권

대여권이란 상업적인 목적으로 저작물의 복제물을 대여하는 경우 저작권자가 이를 허락할 수 있는 권리이며, 수입권이란 일정한 지역(보통은 국가) 외부에서의 저작물의 복제물 수입을 금지할 수 있는 권리를 말한다. 현재 우리 저작권법은 음반과 컴퓨터프로그램(컴퓨터프로그램보호법)에 대해서만 대여권을 인정하고 있으며, 수입권은 인정하고 있지 않다.

• 2차적 저작물 등의 작성권

저작자는 그 저작물을 원저작물로 하는 2차적 저작물 또는 그 저작물을 구성 부분으로 하는 편집저작물을 작성할 권리를 가지므로, 2차적 저작물이나 편집저작물을 작성하기 위해서는 원저작자의 허락을 받아야 한다. 특히, 원저작물을 변형, 각색하는 경우에는 원저작물의 내용의 변경이나 내용의 동일성을 침해할 우려가 많으므로 그 이용 계약을 매우 엄격하게 해 두지 않으면 분쟁이 일어날 우려가 있다.

사례 생활한복이 저작권법의 보호 대상이 되는 저작물인지

Q. A는 산업상의 대량 생산에 이용할 목적으로 독창적인 생활한복을 창작하였으나, 디자인등록을 하지는 않았습니다. 그러나 B가 위 생활한복을 모방하여 제작·판매하고 있습니다. 이 경우 A는 B를 「저작권법」 위반으로 문제 삼을 수 있는지요?

A. 「저작권법」 제136조 제1항은 "저작재산권 그 밖에 이 법에 따라 보호되는 재산적 권리(데이터베이스제작자의 권리는 제외)를 복제·공연·공중송신·전시·배포·대여·2차적 저작물 작성의 방법으로 침해한 자는 5년 이하의 징역 또는 5천만 원 이하의 벌금에 처하거나 이를 병과(併科)할 수 있다"라고 규정하고 있다.

그리고 같은 법 제4조 제1항[76] 제4호에서는 저작물의 예시의 하나로서 "회화·서예·조각·공예·응용미술저작물 그 밖의 미술저작물"을 들고 있으며, 같은 법 제2조 제15호에서는 응용미술저작물의 정의를 "물품에 동일한 형상으로 복제될 수 있는 미술저작물로서 그 이용된 물품과 구분되어 독자성을 인정할 수 있는 것을 말하며, 디자인 등을 포함한다"라고 규정하고 있다.

위 사례에서 A가 창작한 생활한복은 응용미술 작품으로 볼 수 있을 것인데, 응용미술 작품이 저작물로 보호되기 위한 요건에 관하여 판례는 "저작권법 제4조 제1항 제4호에 의하면, 저작물의 예시로서 '응용미술 작품'을 들고 있으나 저작권법에 의하여 보호되는 저작물이기 위해서는 어디까지나 문학, 학술 또는 예술의 범위에 속하는 창작물이어야 하고, 본래 산업상의 대량 생산에의 이용을 목적으로 하여 창작되는 응용미술품 등에 대하여 의장법(현행 디자인보호법) 외에 저작권법에 의한 중첩적 보호가 일반적으로 인정되게 되면 신규성 요건이나 등록요건, 단기의 존속 기간 등 의장법의 여

76 제4조(저작물의 예시 등)

① 이 법에서 말하는 저작물을 예시하면 다음과 같다.

1. 소설 · 시 · 논문 · 강연 · 연설 · 각본 그 밖의 어문저작물
2. 음악저작물
3. 연극 및 무용 · 무언극 그 밖의 연극저작물
4. 회화 · 서예 · 조각 · 판화 · 공예 · 응용미술저작물 그 밖의 미술저작물
5. 건축물 · 건축을 위한 모형 및 설계도서 그 밖의 건축저작물
6. 사진저작물(이와 유사한 방법으로 제작된 것을 포함한다)
7. 영상저작물
8. 지도 · 도표 · 설계도 · 약도 · 모형 그 밖의 도형저작물
9. 컴퓨터프로그램저작물

러 가지 제한 규정의 취지가 몰각되고 기본적으로 의장법에 의한 보호에 익숙한 산업계에 많은 혼란이 우려되는 점 등을 고려하면, 이러한 응용미술 작품에 대하여는 원칙적으로 의장법에 의한 보호로써 충분하고 예외적으로 저작권법에 의한 보호가 중첩적으로 주어진다고 보는 것이 의장법 및 저작권법의 입법취지라 할 것이므로 산업상의 대량생산에의 이용을 목적으로 하여 창작되는 모든 응용미술작품이 곧바로 저작권법상의 저작물로 보호된다고 할 수는 없고, 그중에서도 그 자체가 하나의 독립적인 예술적 특성이나 가치를 가지고 있어 위에서 말하는 예술의 범위에 속하는 창작물에 해당하여야만 저작물로서 보호된다고 할 것이다"라고 하였으며(대법원 1996. 2. 23. 선고 94도3266 판결), 상업적인 대량 생산에의 이용 또는 실용적인 기능을 주된 목적으로 하여 창작된 생활한복은 저작권법의 보호 대상이 되는 저작물에 해당하지 않는다고 판시한 바 있다(대법원 2000. 3. 28. 선고 2000도79 판결).

따라서 위 사례에서 A는 그가 창작한 생활한복에 관하여 저작권으로 보호받지는 못할 것으로 보인다. 그리고 저작권은 저작물을 창작한 때부터 발생하며, 어떠한 절차나 형식의 이행을 필요로 하지 않지만(저작권법 제10조 제2항), 디자인권의 경우는 「디자인보호법」 제39조 제1항에서 "디자인권은 설정 등록에 의하여 발생한다"라고 규정하고 있으므로, 위 사안에서 A는 디자인 설정 등록을 하여야 디자인권의 보호를 받을 수 있을 것으로 보인다.

다. 저작권의 제한

1) 권리제한의 의의

각국의 저작권제도는 공중의 자유 이용 상태에 놓여 있던 저작물에 어떤 형태로든 독점적인 권리를 부여하기 시작한 데에서 출발하였다고 할 수 있다. 상대적으로 인정되지 않고 있던 저작자의 권리를 보호하기 위해서 저작권 제도가 갖추어지기 시작하였지만, 저작물의 모든 이용 양태에 이르기까지 영구히 저작자의 독점적인 권리가 미치게 한다면 일반 공중이 그 저작물을 이용하기가 매우 불편해지고, 학문과 예술의 전파·발전에도 지장을 초래하게 될 것이다. 또한, 어떤 저작물이건 완전히 저작자의 창작에 의한 것이라고 보기 어렵고 오히려 저작자 당대까지 전승되어 온 학문·예술의 영향을 입고 있는 것이라는 점을 감안한다면 이러한 보호는 지나친 것이라고 할 수 있다.

이러한 바탕에서 우리 저작권법 제1조는 "이 법은 저작자의 권리와 이에 인접하는 권리를 보호하고, 저작물의 공정한 이용을 도모함으로써 문화의 향상 발전에 이바지함을 목적으로 한다"라고 하여, '저작자의 권리 보호'와 '저작물의 공정한 이용'이라는 2가지 축의 형평을 기할 것을 천명하고 있다.

'저작물의 공정한 이용'은 저작자의 권리를 본질적으로 침해하지 않는 범위 내에서 저작자의 권리의 제한이라는 형태로 나타난다. 우리 저작권법에서는 저작재산권의 제한, 강제허락, 보호 기간의 한정 등의 규정을 통해 저작물의 공정한 이용을 도모하고 있다.

2) 저작재산권의 제한

토지와 같은 부동산도 공공의 목적을 위하여 그 재산권의 행사가 제한될 수 있다. 저작권도 이러한 목적을 위하여 그 재산권의 행사가 제한될 수 있다. 그러나 공익을 이유로 저작자의 재산권이 무한정하게 제한을 받아서는 안 된다. 따라서 저작권법 제23조에서 제38조까지 저작자의 재산권이 제한되는 범위를 엄격히 규정해 두고 있다.

① 재판 절차를 위하여 필요한 경우이거나 입법, 행정의 목적을 위한 내부 자료로 필요한 경우

② 고등학교 이하의 학교교육 목적상 필요한 교과용 도서에 게재하는 경우와 초·중·고·대학교 및 국·공립교육기관에서 교육 목적상 저작물을 방송하거나 복제하는 경우(다만, 대학교 및 기타 교육기관의 경우는 보상금을 지급해야 함)

③ 비영리 목적으로 어떠한 대가도 받지 않고 저작물을 공연 또는 방송하는 경우와 직접적인 대가를 받지 않고 음반이나 비디오테이프를 재생하는 경우(다만, 무도장이나 음악감상실 등은 제외)

④ 사적 이용을 위하여 가정 등에서 복제하는 경우

⑤ 보도, 비평, 교육, 연구 등을 위하여 정당한 범위 안에서 인용하는 경우

⑥ 도서관 등에서 이용자의 요구에 의하여 일부를 복제하는 경우와 자료의 보존을 위하여 복제하는 경우

⑦ 비영리 목적의 시험 문제로 복제하는 경우

⑧ 점자로 복제하는 경우

⑨ 방송사업자가 자체 방송을 위하여 일시적으로 녹음·녹화하는 경우

⑩ 미술저작물 등(사진저작물, 건축저작물 포함)의 소유자 등이 그 저작물의 원작품에 의하여 전시를 하는 경우와 가로, 공원 등에 전시된 저작물을 복제하는 경우(다만, 건축물을 건축물

로, 조각을 조각으로, 회화를 회화로, 가로·공원 등에 항시 전시할 목적으로 복제하는 경우는 제외)

⑪ 기타 학교교육 목적상 또는 사적 이용 등을 위하여 저작물을 번역, 편곡, 개작하는 경우 등이 이에 속한다.

다만, 컴퓨터프로그램의 경우 일반저작물과 다른 프로그램만의 특성을 고려하여 별도의 저작재산권 제한 규정을 두고 있다.

• 재판 또는 수사를 위하여 복제하는 경우

• 학교 및 교육기관에서 교육을 담당하는 자가 수업과정에 제공할 목적으로 복제 또는 배포하는 경우

• 학교의 교육목적을 위한 교과용 도서에 게재하기 위하여 복제하는 경우(보상금 지급)

• 가정과 같은 한정된 장소에서 개인적인 목적(영리를 목적으로 하는 경우 제외)으로 복제하는 경우

• 학교의 입학시험이나 그 밖의 학식 및 기능에 관한 시험 또는 검정을 목적(영리를 목적으로 하는 경우 제외)으로 복제 또는 배포하는 경우

• 프로그램의 기초를 이루는 아이디어 및 원리를 확인하기 위하여 프로그램의 기능을 조사, 연구, 시험할 목적으로 복제하는 경우(정당한 권한에 의하여 프로그램을 이용하는 자가 해당 프로그램을 이용 중인 때에 한함)

사례 **유명 가수의 가창을 흉내 낸 동영상이 저작권 침해에 해당하는지 여부(서울남부지방법원 2010. 2. 18. 선고 2009가합18800 판결)**

Q. A는 다섯 살 된 자신의 딸이 의자에 앉아 '미쳤어'라는 제목의 음악저작물을 부르면서 춤을 추는 것을 촬영한 동영상(UCC)을 인터넷 블로그에 게시하였다. 이에 대하여 B가 위 동영상이 자신이 신탁받아 관리하는 저작권을 침해하였음을 이유로 그 블로그 서비스를 제공하는 인터넷 포털 서비스회사에 대하여 복제, 전송의 중단 조치를 요청하였고, 이에 그 포털 서비스회사가 위 동영상의 복제, 전송을 중단하는 조치를 취하였다. 이에 A는 위 동영상이 해당 음악저작물의 저작권을 침해한 바가 없다고 주장하여 소송을 제기하였다. A의 청구는 인용될 것인가?

A. 사례의 경우 동영상이 저작재산권 제한 규정 중 「저작권법」 제28조의 '공표된 저작

물의 인용'에 해당하여 정당화 될 수 있는지가 문제된다. 법원은, "이 사건과 같이 어떠한 기본권 주체가 다른 기본권 주체의 저작물을 사용하여 새로운 창작물을 창조하여 공개하는 경우, 일방 기본권 주체의 표현의 자유 및 문화·예술의 자유라는 기본권이 상대방 기본권 주체의 저작재산권이라는 기본권과 충돌하는 상황이 초래된다. 이러한 충돌을 조화롭게 해결하기 위하여 기본권 제한의 문제가 대두되는데, 우리 「헌법」은 '국민의 모든 자유와 권리는 국가안전보장·질서유지 또는 공공복리를 위하여 필요한 경우에 한하여 법률로써 제한할 수 있다'(「헌법」 제37조 제2항 참조)는 일반 규정을 두면서 좀 더 구체적으로 재산권에 있어서는 '재산권의 행사는 공공복리에 적합하도록 하여야' 하며 '그 내용과 한계는 법률로 정한다'는 내용의 제한(「헌법」 제23조 제1, 2항 참조)을 두고 있다. 이러한 취지하에 저작재산권 보호 및 제한의 법리를 구체적으로 입법화한 것이 저작권법"이라고 전제하였다. 그리고 다만, 어떠한 경우에 저작재산권이 제한될 수 있는지를 모두 법으로 규정하는 것은 입법기술상 불가능하므로, 우리 「저작권법」상의 제한 규정에서도 불가피하게 추상적인 개념들이 사용되고 있는바, 이러한 추상적 개념들을 구체적인 사안에서 해석하는 데에서는 우리 「헌법」의 이념, 위에서 살펴본 「저작권법」의 목적 및 입법취지를 고려하여 당사자들의 충돌하는 기본권 사이에 세밀한 이익형량과 상위 규범과의 조화로운 해석이 요구된다고 판시하고 있다.

구체적으로 위 사례가 「저작권법」제28조에 해당할 수 있을지 여부에 대하여 법원은, 인용의 '정당한 범위'는 인용저작물의 표현 형식상 피인용저작물이 보족, 부연, 예증, 참고 자료 등으로 이용되어 인용저작물에 대하여 부종적 성질을 가지는 관계(즉, 인용저작물이 주이고, 피인용저작물이 종인 관계)에 있다고 인정되어야 하고, 나아가 정당한 범위 안에서 공정한 관행에 합치되게 인용한 것인지 여부는 인용의 목적, 저작물의 성질, 인용된 내용과 분량, 피인용저작물을 수록한 방법과 형태, 독자의 일반적 관념, 원저작물에 대한 수요를 대체하는지 여부 등을 종합적으로 고려하여 판단하여야 한다고 한 후, 위 동영상은 위 음악저작물을 정당한 범위 안에서 공정한 관행에 합치되게 인용한 것으로 판단된다고 하여, 저작권 침해의 책임을 부정하였다.

사례 무료 영화 상영

Q. 지방자치단체에 소속된 사회복지회관으로 시민들을 위한 무료 영화 상영을 계획하고 있는데, 저작권자의 허락이 필요한지, 대여한 DVD를 이용하는 것은 가능한지?

A. 최근 공공기관에서 시민들에 대한 복지 차원에서, 또는 병원에서 환자의 보호자들이 대기 시간 동안 겪는 지루함을 덜어 주기 위한 목적에서와 같이 다양한 이유에서 무료 영화 상영을 하려는 경우가 많은 것 같다. 영화를 재생의 방법으로 틀어 주는 것은 저작권법상 공연에 해당하는데, 우리 법은 청중이나 관중으로부터 당해 공연에 대한 반대급부를 받지 아니하는 경우에는 판매용 음반 또는 판매용 영상저작물을 재생하여 공중에게 공연할 수 있도록 규정하고 있다. 다만 무조건 허용되는 것은 아니고, 저작재산권자의 경제적 이익이 심각하게 훼손될 우려가 있는 특정한 장소를 따로 정하여 해당 장소에서의 공연 행위를 금지하거나, 발행된 지 6개월이 경과한 판매용 영상저작물만을 공연할 수 있도록 시행령에서 따로 정하고 있다.[77] 본 규정의 적용을 받

77 저작권법 제29조(영리를 목적으로 하지 아니하는 공연·방송)
① 영리를 목적으로 하지 아니하고 청중이나 관중 또는 제3자로부터 어떤 명목으로든지 반대급부를 받지 아니하는 경우에는 공표된 저작물을 공연 또는 방송할 수 있다. 다만, 실연자에게 통상의 보수를 지급하는 경우에는 그러하지 아니하다.
② 청중이나 관중으로부터 당해 공연에 대한 반대급부를 받지 아니하는 경우에는 판매용 음반 또는 판매용 영상저작물을 재생하여 공중에게 공연할 수 있다. 다만, 대통령령이 정하는 경우에는 그러하지 아니하다.

저작권법 시행령 제11조 (판매용 음반 등에 의한 공연의 예외)
법 제29조제2항 단서에서 "대통령령이 정하는 경우"란 다음 각 호의 어느 하나에 해당하는 공연을 말한다. [개정 2008.2.29 제20676호(문화체육관광부와 그 소속기관 직제), 2009.7.22., 2009.8.6, 제21676호(식품위생법 시행령)]
1. 「식품위생법 시행령」 제21조 제8호에 따른 영업소에서 하는 다음 각 목의 공연
가. 「식품위생법 시행령」 제21조 제8호다목에 따른 단란주점과 같은 호 라목에 따른 유흥주점에서 하는 공연
나. 가목에 해당하지 아니하는 영업소에서 하는 공연으로서 음악 또는 영상저작물을 감상하는 설비를 갖추고 음악이나 영상저작물을 감상하게 하는 것을 영업의 주요 내용의 일부로 하는 공연
2. 「한국마사회법」에 따른 경마장, 「경륜·경정법」에 따른 경륜장 또는 경정장에서 하는 공연
3. 「체육시설의 설치·이용에 관한 법률」에 따른 골프장·스키장·에어로빅장·무도장·무도학원 또는 전문체육시설 중 문화체육관광부령으로 정하는 전문체육시설에서 하는 공연
4. 「항공법」에 따른 항공운송사업용 여객용 항공기, 「해운법」에 따른 해상여객운송사업용 선박 또는 「철도사업법」에 따른 여객용 열차에서 하는 공연
5. 「관광진흥법」에 따른 호텔·휴양콘도미니엄·카지노 또는 유원시설에서 하는 공연
6. 「유통산업발전법 시행령」 제3조에 따른 대형마트·전문점·백화점 또는 쇼핑센터에서 하는 공연
7. 「공중위생관리법」 제2조 제1항 제2호 숙박업 및 같은 항 제3호나목의 목욕장에서 영상저작물을 감상하게 하기 위한 설비를 갖추고 하는 판매용 영상저작물의 공연
8. 다음 각 목의 어느 하나에 해당하는 시설에서 영상저작물을 감상하게 하기 위한 설비를 갖추고 발행일부터 6개월

기 위해서는 먼저 청중이나 관중으로부터 '당해 공연에 대한 반대급부'를 받지 않아야 한다. 당해 공연에 대한 입장료 등 직접적인 반대급부만을 받지 않으면 되기 때문에 기업 등 영리를 목적으로 하는 법인 등도 그 주체가 될 수 있으며, 일반 음식점에서 음악 CD를 재생하여 고객들에게 들려주는 것도 가능하다. 이때 판매용 음반 또는 판매용 영상저작물을 재생하는 방법으로 공연해야 하는데, 음악 CD나 영화 DVD, 비디오테이프 등을 재생하는 경우가 이에 해당된다. 대여한 영화 DVD나 비디오테이프를 이용할 수 있는지에 대해 의문을 갖는 경우가 많은데, 법에는 '판매용 영상저작물'이라고만 규정하고 있기 때문에 이에 대해 현재 견해의 차이가 존재한다. 판매용으로 적법하게 나온 영상 DVD라면 대여한 것이라 하여 이를 배척할 이유가 없다는 해석도 있고, 저작재산권 제한 조항이므로 엄격하게 해석해야 할 뿐만 아니라 대여한 영화 DVD를 이용한 공연까지 허용하는 것은 영상제작자의 경제적 이익을 크게 훼손하는 경우에 해당하므로 영상저작물을 구매한 경우에만 본 조의 적용을 받을 수 있다는 견해도 있다. 결국 확정된 법원의 판단이 없는 상황에서 저작권 침해의 가능성 없이 이용하고자 한다면 판매용 DVD를 구매하여 상영해야 할 것이라 생각된다. 마지막으로 저작권법 시행령에서 정하고 있는 예외사유에 해당하지 않아야 하는데, 사례의 사회복지회관은 발행된 지 6개월이 지난 판매용 영상저작물만을 공연할 수 있는 장소에 해당한다. 따라서 사회복지관은 시민들로부터 영화 상영에 대한 반대급부를 받지 않고 발행된 지 6개월이 지난 판매용 영상저작물을 구매하는 때에는 시민들을 대상으로 무료 영화 상영이 가능하다.

이 지나지 아니한 판매용 영상저작물을 재생하는 형태의 공연
가. 국가·지방자치단체(그 소속기관을 포함한다)의 청사 및 그 부속시설
나. 「공연법」에 따른 공연장
다. 「박물관 및 미술관 진흥법」에 따른 박물관·미술관
라. 「도서관법」에 따른 도서관
마. 「지방문화원진흥법」에 따른 지방문화원
바. 「사회복지사업법」에 따른 사회복지관
사. 「여성발전기본법」 제2조 제3호에 따른 여성관련 시설
아. 「청소년활동진흥법」 제10조 제1호가목에 따른 청소년수련관
자. 「지방자치법」 제144조에 따른 공공시설 중 시·군·구민회관

사례 교육목적과 저작물의 이용

Q. 최근 저작권 문제가 부쩍 신경 쓰이는 대학생이다. 정규 수업의 과제를 수행하기 위해 관련 자료를 복사하거나 인터넷에 있는 자료들을 다운로드받아 이용할 때에도 저작권자의 허락이 필요한가?

A. 교육은 교사로부터의 일방적인 지식 전달이 아니라 교사와 학생 간에 쌍방향으로 이루어져야 하며, 오늘날에는 교육을 받는 자의 주체적인 학습이 널리 행해지고 있다는 점을 고려하여 저작권법은 특별법에 따라 설립되었거나 유아교육법, 초·중등교육법 또는 고등교육법에 따른 학교, 국가나 지방자치단체가 운영하는 교육기관에서 교육을 받는 자는 수업목적상 필요하다고 인정되는 경우에는 수업목적상 필요한 범위 내에서 공표된 저작물의 일부분을 복제하거나 전송할 수 있도록 하고 있다. 특히 대면 교육뿐만 아니라 원격교육이 활성화되면서 우리 법은 이를 염두에 두고 그 범위에 전송을 포함하였다. 이에 따라 교육기관에서 교육을 받는 학생이 수업에 따른 과제를 수행하면서 관련된 저작물을 복제하거나 전송하는 방식으로 이용하는 것은 가능하다. 물론 이러한 이용이 허용되는 경우에도 그 범위가 저작물의 통상적 이용과 충돌하거나 저작권자의 이익을 부당하게 해하는 정도가 되어서는 안 될 것이다. 또, 우리 저작권법은 공표된 저작물을 교육·보도·비평·연구 등을 위해서는 정당한 범위 안에서 공정한 관행에 합치되게 이를 인용할 수 있도록 하는 규정을 두고 있으므로, 이러한 인용 규정의 중복 적용도 가능하다. 따라서 학생이 수업 과제를 수행하는 것은 교육 목적에 해당하므로 자신이 직접 기술하는 부분이 양적·질적으로 주(主)가 되면서 표현 형식이나 인용 목적 등에서 피인용저작물을 부연, 예증, 참고자료 등의 종(從)적인 용도로 사용하고, 원저작물의 동일성을 해치지 않도록 각주나 따옴표 등으로 인용 부분을 표시하고 출처를 명시하는 때에는 인용 규정의 적용도 받을 수 있다.

3) 법정허락에 의한 제한

저작재산권이 제한되는 경우를 제외하고는 저작자의 허락을 받아야 저작물을 이용할 수 있다는 것이 원칙이지만, 저작권자를 알 수 없거나 공익상 그 저작물의 이용이 절대 필요한 경우 등에는 보상금을 공탁하거나 지급하고 저작물을 이용할 수도 있다.

① 저작재산권자가 불명하거나 그의 거소를 알 수 없어 협의가 불가능한 경우의 이용
② 저작물의 방송이 공익상 필요하나 저작재산권자와 협의가 성립하지 못한 경우
③ 판매용 음반의 국내 판매 3년 후 다른 판매용 음반에 수록하고자 하나 협의가 성립되지 아니하는 경우

4) 저작권의 보호 기간

① 보호 기간의 원칙

저작재산권은 특별한 규정이 있는 경우를 제외하고는 저작자가 생존하는 동안과 사망한 후 70년간 존속한다. 공동저작물의 저작재산권은 맨 마지막으로 사망한 저작자가 사망한 후 70년간 존속한다.

② 무명 또는 이명 저작물의 보호 기간

무명 또는 널리 알려지지 아니한 이명이 표시된 저작물의 저작재산권은 공표된 때부터 70년간 존속한다. 다만, 이 기간 내에 저작자가 사망한 지 70년이 지났다고 인정할 만한 정당한 사유가 발생한 경우에는 그 저작재산권은 저작자가 사망한 후 70년이 지났다고 인정되는 때에 소멸한 것으로 본다.

③ 업무상저작물의 보호 기간

업무상저작물의 저작재산권은 공표한 때부터 70년간 존속한다. 다만, 창작한 때부터 50년 이내에 공표되지 아니한 경우에는 창작한 때부터 70년간 존속한다.

④ 영상저작물의 보호 기간

영상저작물의 저작재산권은 제39조 및 제40조에도 불구하고 공표한 때부터 70년간 존속한다. 다만, 창작한 때부터 50년 이내에 공표되지 아니한 경우에는 창작한 때부터 70년간 존속한다.

라. 저작권 침해와 구제

1) 저작권 침해

저작권 침해란 법률상 저작권 행사가 제한되는 경우를 제외하고 "저작권자의 허락 없이

저작물을 이용하거나 저작자의 인격을 침해하는 방법으로 저작물을 이용하는 것"이라고 할 수 있다. 그런데 저작권법상 직접적인 침해가 아닌 것도 침해로 간주되는 경우가 있다. 즉, 우리나라에서 만들어졌더라면 다른 사람의 저작권을 침해하는 것으로 될 물건을 우리나라에 배포할 목적으로 수입하는 경우나 저작권을 침해하여 만들어진 물건임을 알면서 배포할 목적으로 소지하는 행위도 저작권의 침해가 된다.

자신의 저작권이 침해되었음을 주장하기 위해서는 저작권이 침해되었다고 주장되는 저작물에 대해 자신이 유효한 저작권을 가지고 있고, 침해자로 주장되는 사람이 그 저작물의 보호되는 부분을 허락 없이 이용하였다는 것을 입증하여야 한다.

2) 침해에 대한 구제

① 민사구제

저작권자는 그 권리를 침해하는 자에 대해서 침해가 현재 이루어지고 있는 경우 침해의 정지를 청구하거나, 침해가 예상되는 경우 침해의 예방 또는 손해배상의 담보 및 침해 행위에 의하여 만들어진 물건의 폐기나 그 밖에 필요한 조치를 청구할 수 있다(제123조). 그러나 침해가 없다는 내용의 판결이 확정된 때에는 신청자는 그 신청으로 인하여 발생한 손해를 배상하여야 한다. 고의 또는 과실로 저작재산권을 침해한 자에 대해서 저작재산권자는 손해배상을 청구할 수 있다. 그 손해배상액은 침해자가 그 침해 행위로 인하여 얻은 이익액 또는 저작재산권자가 권리행사로 통상 얻을 수 있는 금액 등이 기준이 된다(제125조). 또한, 손해액을 산정하기 어려운 때에는 변론의 취지 및 증거조사의 결과를 참작하여 상당한 손해액을 인정할 수 있다(제126조)

저작권자는 고의 또는 과실로 저작인격권을 침해한 자에 대해서도 손해배상을 청구하거나 손해배상과 함께 명예회복에 필요한 조치를 청구할 수 있다(제127조).

② 형사적 제재

저작권의 침해에 대한 형사상의 벌칙으로 저작재산권 등의 권리를 침해한 경우에는 5년 이하의 징역 또는 5,000만 원 이하의 벌금에 처하거나 이를 병과할 수 있도록 규정되어 있다. 저작인격권을 침해하여 저작자의 명예를 훼손시키거나 허위등록을 한 경우에는 3년 이하의 징역 또는 3,000만 원 이하의 벌금에 처하며, 출처 명시를 위반한 경우에는 500만 원 이하의 벌금에 처한다.

그리고 저작자가 아닌 자를 저작자로 표시하여 저작물을 공표하거나 저작자 사후에 인격권을 침해한 자, 허가를 받지 아니하고 신탁의 저작권위탁관리업을 한 자, 불법 복제된 외국 음반을 수입하거나 배포 목적으로 소지한 자 등에 대해서는 1년 이하의 징역 또는 1,000만 원 이하의 벌금에 처한다.

한편, 저작권 침해와 관련된 형사처벌은 친고죄로서 침해받은 자로부터 고소가 있어야 한다. 다만, 영리를 위하여 상습적으로 저작재산권 등을 복제 등의 방법으로 침해한 자, 업으로 또는 영리 목적으로 권리관리정보를 제거 등을 한 자, 저작권 허위등록, 저작자가 아닌 자의 저작자 표시, 저작자 사후의 저작인격권 침해, 무허가 저작권위탁관리업 운영 등의 경우는 그러하지 아니하다. 또한 프로그램의 저작권의 침해하여 만들어진 프로그램의 복제물을 그 사실을 알면서 취득한 자가 이를 업무상 이용하는 경우에는 피해자의 명시적 의사에 반하여 처벌하지 못한다.

Ⅲ. 저작인접권

1. 서설

저작인접권이란 저작물의 복제·전파기술의 발달로 전통적인 저작권의 보호 외에 저작물의 실연, 녹음 및 방송을 통하여 저작물의 배포, 전파에 기여한 사람들에게 부여하는 권리를 말하고 이러한 권리를 가진 사람을 저작인접권자라고 한다. 저작권법상 저작인접권자로 보호를 받는 자는 실연자, 음반제작자, 방송사업자이다.

2. 보호 대상

저작인접권의 보호 대상은 실연, 음반, 방송이나 모든 실연, 음반, 방송이 보호되는 것은 아니며, 저작권법에 그 구체적인 적용 범위를 정하고 있다(제64조).

가. 실연

1) 대한민국 국민이 행하는 실연

2) 대한민국이 가입 또는 체결한 조약에 따라 보호되는 실연

3) 제2호 각 목의 음반에 고정된 실연

4) 제3호 각 목의 방송에 의하여 송신되는 실연(송신 전에 녹음 또는 녹화되어 있는 실연을 제외한다)

나. 음반

1) 대한민국 국민을 음반제작자로 하는 음반

2) 음이 맨 처음 대한민국 내에서 고정된 음반

3) 대한민국이 가입 또는 체결한 조약에 따라 보호되는 음반으로서 체약국 내에서 최초로 고정된 음반

4) 대한민국이 가입 또는 체결한 조약에 따라 보호되는 음반으로서 체약국의 국민(당해 체약국의 법률에 따라 설립된 법인 및 당해 체약국 내에 주된 사무소가 있는 법인을 포함한다)을 음반제작자로 하는 음반

다. 방송

1) 대한민국 국민인 방송사업자의 방송

2) 대한민국 내에 있는 방송설비로부터 행하여지는 방송

3) 대한민국이 가입 또는 체결한 조약에 따라 보호되는 방송으로서 체약국의 국민인 방송사업자가 당해 체약국 내에 있는 방송설비로부터 행하는 방송

3. 저작인접권의 내용

가. 실연자의 권리

실연은 저작물을 연기, 무용, 연주, 연술, 그 밖의 예능적 방법으로 표현하는 것을 말하며, 저작물이 아닌 곡예나 요술 등을 이와 유사한 방법으로 표현하는 것을 포함한다. 실연자에는 실연을 직접 하는 자뿐만 아니라 실연을 지휘, 연출 또는 감독하는 자도 포함된다. 실연자는 자신의 실연에 대하여 성명표시권, 동일성유지권을 가지며, 재산권으로는 복제

권, 배포권(실연의 복제물이 실연자의 허락을 받아 판매 등의 방법으로 거래에 제공되는 경우 제외), 대여권(그의 실연이 판매용 음반을 영리를 목적으로 대여하는 경우), 공연권(그 실연이 방송되는 실연인 경우 제외), 방송권(실연자의 허락을 받아 녹음된 경우 제외), 전송권, 판매용 음반에 대한 방송보상청구권, 판매용 음반에 대한 디지털음성송신보상청구권, 판매용 음반에 대한 공연보상청구권을 가진다.

수백 곡의 음악을 사용하는 방송사업자나 디지털음성송신사업자가 모든 실연자와 접촉하여 보상금을 지급한다는 것이 현실적으로 어렵다는 점을 감안하여, 저작권법은 실연자의 보상금청구권을 '실연을 업으로 하는 자'로 구성된 단체가 행사하도록 하고 있다. 방송사업자의 실연자 단체에 대한 보상금 지급의 경우, 그 보상금 액수는 이 단체와 방송사업자가 매년 협의하여 정하도록 규정하고 있다. 만약 협의가 성립되지 아니하는 경우에는 방송사업자나 그 단체는 저작권위원회에 조정을 신청할 수 있다. 한편, 디지털음성송신사업자의 실연자 단체에 대한 보상금 지급의 경우, 보상금 액수는 이 단체와 디지털음성송신사업자가 매년 정하도록 하고 있으며, 협의가 성립되지 아니한 경우에는 문화체육관광부장관이 정하여 고시하는 금액을 지급한다.

보상청구권은 저작권법상 그 단체의 소속원이 아닌 실연자라도 그 단체에 요청하면 보상금청구권을 대신 행사해 주도록 규정하고 있어 모든 실연자가 반드시 그 단체에 가입해야 하는 것은 아니다.

한편, 2인 이상이 공동으로 합창, 합주 또는 연극 등을 실연한 경우에 그 실연자의 권리는 공동으로 실연한 자가 선출하는 대표자가 이를 행사하며, 대표자의 선출이 없는 경우에는 지휘자 또는 연출자 등이 이를 행사한다. 그러나 독창 또는 독주가 함께 실연된 경우에는 반드시 독창자 또는 독주자의 동의를 받아야 한다.

나. 음반제작자의 권리

음반제작자는 음반의 복제권, 배포권, 대여권(판매용 음반을 영리를 목적으로 대여하는 경우), 전송권, 판매용 음반에 대한 방송보상청구권, 판매용 음반에 대한 디지털음성송신보상청구권, 판매용 음반에 대한 공연보상청구권을 가진다. 보상청구권의 행사 방법은 실연자의 경우와 같다.

음반은 음이 유형물에 고정된 것을 말하며, 음이 영상과 함께 고정된 것은 제외한다. 따라서 디스크, 테이프, 콤팩트디스크 등이 포함되며, 자연음, 기계음을 녹음한 경우에도 음반으로서 보호되나 영화필름의 배경음악이나 비디오테이프의 음성 부분은 음반에 해당되지 아니한다.

다. 방송사업자의 권리

방송사업자는 그의 방송을 녹음, 녹화, 사진, 그 밖의 이와 유사한 방법으로 복제하거나 동시 중계 방송할 권리를 가진다. 방송사업자의 복제권은 방송의 녹음·녹화뿐만 아니라 그 녹음·녹화물을 또다시 복제하는 것에도 미친다. 다시 말하면, TV 연속극을 녹화하여 판매한 비디오테이프를 다른 사람이 임의로 복제하여 이용할 수 없다는 것이다. 다만, 종합유선방송법상 유선방송사업자에게 공중파방송의 동시 재송신 의무를 두고 있어 그 범위 내에서 방송사업자의 동시중계방송권이 제한된다.

4. 저작인접권의 제한 및 등록

저작인접권도 저작권과 마찬가지로 일정한 경우에는 그 권리의 행사가 제한되며, 저작인접권의 등록 역시 저작권의 규정이 그대로 준용된다.

제4편

직장생활과 법률관계

제1장 근로자와 법률관계

제2장 산업재해보상보험 제도

제3장 직장 내 성희롱 및 직장 내 괴롭힘 금지

제1장

근로자와 법률관계

Ⅰ. 총설

1. 근로기준법의 적용 범위

가. 근로기준법의 적용 사업

근로기준법 제11조 제1항에서 "이 법은 상시 5명 이상의 근로자를 사용하는 모든 사업장에 적용한다. 다만 동거하는 친족만을 사용하는 사업 또는 사업장과 가사사용인에 대하여는 적용하지 아니한다. 그리고 제2항에서는 상시 4명 이하의 근로자를 사용하는 사업 또는 사업장에 대하여는 대통령령으로 정하는 바에 따라 이 법의 일부 규정을 적용할 수 있다[78]"라고 규정하고 있다. 또한 제12조에서는 "이 법과 이 법에 따른 대통령령은 국가, 특별시·광역시·도, 시·군·구, 읍·면·동, 그 밖에 이에 준하는 것에 대하여도 적용된다"라고 규정함으로서 근로기준법의 적용을 받는 사업 또는 사업장의 범위를 정하고 있다. 따라서 사업이 계속적으로 행하여지는 것으로서 상시 5명 이상의 근로자를 사용하고 있다면 사기

78 상시 4명 이하의 근로자를 사용하는 사업 또는 사업장에 적용하는 법규정

구분	적용법규정
제1장 총칙	제1조부터 제13조까지의 규정
제2장 근로계약	제15조, 제17조, 제18조, 제19조 제1항, 제20조부터 제22조까지의 규정, 제23조 제2항, 제26조, 제35조부터 제42조까지의 규성
제3장 임금	제43조부터 제45조까지의 규정, 제47조부터 제49조까지의 규정
제4장 근로 시간과 휴식	제54조, 제55조, 제63조
제5장 여성과 소년	제64조, 제65조 제1항·제3항(임산부와 18세 미만인 자로 한정한다), 제66조부터 제69조까지의 규정, 제70조 제2항·제3항, 제71조, 제72조, 제74조
제6장 안전과 보건	제76조
제8장 재해보상	제78조부터 제92조까지의 규정
제11장 근로감독관 등	제101조부터 제106조까지의 규정
제12장 벌칙	제107조부터 제116조까지의 규정(제1장부터 제6장까지, 제8장, 제11장의 규정 중 상시 4명 이하 근로자를 사용하는 사업 또는 사업장에 적용되는 규정을 위반한 경우로 한정한다)

업은 물론 국가 또는 지방자치단체에 의한 사업 등도 모두 근로기준법의 적용 대상 사업이 된다.

나. 근로기준법의 내용

근로기준법은 1953년 5월 10일 노동보호법으로 제정된 이래 10회에 걸쳐 부분적으로 개정되었고, 1997년 3월 13일 재제정의 형식으로 개편되었으며, 이후에는 2003년 9월 15일 주 40시간제 시행을 골자로 하는 대폭적인 개정과 2007년 4월 11일 알기 쉬운 법령정비 차원에서 조문 배열을 정리하고 쉬운 문구로 바꾸는 전부 개정 등이 있었다. 2012년 2월 1일에 악의·상습적인 임금 체불 사업주의 명단을 공개할 수 있도록 하여 임금 체불을 예방하고, 도급사업 근로자의 임금을 보호하기 위하여 체불임금 지급 연대책임의 범위를 귀책사유가 있는 모든 상위 수급인으로 확대하며, 근로자의 휴가 사용이 촉진되도록 제도를 개선하고, 유산·사산 위험이 있는 경우에는 산전후휴가를 출산 전에 나누어 사용할 수 있도록 함으로써 임신 중인 여성 근로자에 대한 보호를 강화하기 위한 일부 개정이 있었다. 또한 2019년 1월 15일 직장 내 괴롭힘 금지를 신설하였다. 현재는 총 12장 116조 및 부칙으로 구성되어 있다. 세부 내용은 다음 표와 같다.

근로기준법의 구성 및 내용[79]

구분	내용
제1장 총칙 (제1조~제14조)	근로기준법의 목적과 기본원칙, 근로자 · 사용자 · 근로 · 근로계약 · 임금 · 평균임금 · 소정 근로 시간 · 단시간근로자 등의 정의, 강제근로 및 폭행 금지 등의 기본적 인권보호에 관한 사항, 공민권행사의 보장, 적용 범위 등을 규정
제2장 근로계약 (제15조~제42조)	근로계약의 총칙적 사항과 부수적 사항, 해고 등의 제한, 경영상 이유에 의한 해고의 제한, 해고의 예고, 해고사유 등의 서면통지, 부당해고 등의 구제신청, 퇴직급여 제도, 미지급 임금에 대한 지연이자, 금품청산, 임금채권의 우선변제, 사용증명서, 근로자의 명부, 계약서류의 보존 등을 규정
제3장 임금 제43조~제49조	임금지급 방법, 도급사업에 대한 임금지급, 건설사업에서의 임금지급 연대책임, 건설업의 공사도급에서의 임금특례, 비상시지급, 휴업수당, 임금대장, 임금의 시효 등에 대해서 규정
제4장 근로 시간과 휴식 (제50조~제63조)	법정 기준 근로 시간, 탄력적 근로시간제, 선택적 근로시간제, 연장근로의 제한, 휴게, 휴일, 연장 · 야간 · 휴일근로, 보상휴가제, 근로 시간 계산의 특례, 근로 시간 및 휴게 시간의 특례, 연차유급휴가, 연차유급휴가의 사용촉진, 유급휴가의 대체, 근로 시간 · 휴일 · 휴게의 적용제외 규정
제5장 여성과 소년 (제64조~제75조)	연소자의 최저연령과 취직인허증 및 연소자 증명서, 연소자의 기준 근로 시간 제한, 여성과 연소자에 대한 연장근로와 야간근로 및 휴일근로 제한, 생리휴가, 임산부의 보호휴가, 태아검진 시간의 허용, 육아 시간 등의 근로 조건에 대해서 규정

79 현창종, 근로기준법실무, 중앙경제사, 2012, 65~66면.

제6장 안전과 보건 (제76조)	근로자의 안전과 보건에 관하여는 산업안전보건법이 정하는 바에 따른다고 규정하고 있다.
제6장의2 직장 내 괴롭힘 금지 (제76조의2~제76조의3)	사용자 또는 근로자는 직장에서의 지위 또는 관계 등의 우위를 이용하여 업무상 적정 범위를 넘어 다른 근로자에게 신체적 · 정신적 고통을 주거나 근무환경을 악화시키는 행위(이하 "직장 내 괴롭힘"이라 한다)를 하여서는 아니 된다(2019. 1. 15. 신설).
제7장 기능습득 제77조	양성공, 수습, 그 밖의 명칭을 불문하고 기능의 습득을 목적으로 하는 근로자의 보호에 관하여 규정
제8장 재해보상 (제78조~제92조)	근로자가 업무상 재해를 당한 경우에 피해근로자나 유족을 보호하기 위해 마련된 규정으로 재해보상의 종류, 재해보상의 방법, 재해보상의 기준 등을 규정
제9장 취업규칙 (제93조~제97조)	취업규칙의 작성 · 신고, 작성 · 변경의 절차, 제재 규정의 제한 및 위반의 효력 등에 대해서 규정
제10장 기숙사 (제98조~제100조)	기숙사에서 생활하는 근로자들을 보호하기 위해 마련된 규정으로, 기숙근로자의 사생활의 자유, 기숙사생활의 자치, 기숙사 생활의 질서 및 기숙사의 설비와 안전보건 등에 대해서 규정
제11장 근로감독관 (제101조~제106조)	근로기준법의 실효성 확보를 위한 감독기관과 감독관의 권한 및 의무 등에 대해서 규정
제12장 벌칙 (제107조~116조)	근로기준법 위반 시 벌칙에 대해서 규정

2. 근로기준법상의 근로자와 사용자

가. 근로자와 사용자의 의미

1) 근로자

직업의 종류와 관계없이 임금을 목적으로 사업이나 사업장에서 사용자에게 그 지휘명령에 따라 근로를 제공하는 자

2) 사용자

사업주 또는 사업경영담당자, 그 밖에 근로자에 관한 사항에 대하여 사업주를 위하여 행위 하는 자

나. 근로자와 사용자와의 관계

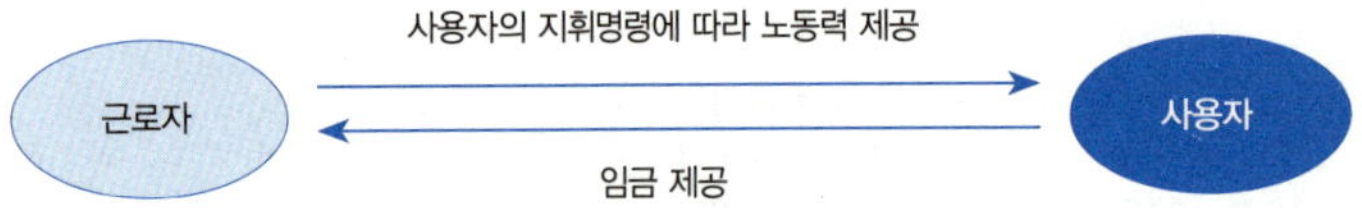

다. 근로자와 사용자의 권리 의무

1) 사용자

① 업무지휘권과 인사권

② 법정기준 이상의 근로 조건 제공 의무

③ 안전하고 인권이 존중되는 근로환경 조성 의무

④ 재해보상 의무

2) 근로자

① 노동력 제공의 대가인 임금수령권

② 사용자의 지휘·명령에 따른 근로의 성실 제공 의무

③ 복무규율의 준수 의무

④ 신의성실의 원칙에 따른 부수적인 의무 이행(개인의 중대한 신상변화 고지, 중대한 영업상의 비밀 준수 등)

3. 근로 조건의 기준과 준수

근로기준법은 헌법에 따라 근로 조건의 기준을 정함으로써 근로자의 기본적 생활을 보장하고 향상시켜 균형 있는 국민 경제의 발전을 꾀하는 것을 목적으로 하고 있다.

근로기준법 제3조에서 "이 법에서 정하는 근로 조건은 최저기준이므로 근로관계 당사자는 이 기준을 이유로 근로 조건을 낮출 수 없다"고 규정하고 있다. 따라서 근로자와 사용자는 근로기준법이 정한 근로 조건 이상의 수준으로 근로 조건을 결정하여야 한다. 근로기준법이 정한 기준에 달하지 못하는 근로 조건을 정한 근로계약은 그 부분에 한하여 무효로 하고, 무효로 된 부분은 근로기준법에 정한 기준에 의한다(법 제15조).

제5조에서는 "근로자와 사용자는 각자가 단체협약, 취업규칙과 근로계약을 지키고 성실하게 이행할 의무가 있다"라고 규정하고 있다.

사례 대학병원의 전공의가 근로기준법상의 근로자에 해당하는지

Q. 저는 갑 대학병원에서 전공의 과정을 밟고 있는 레지던트입니다. 그런데 몇 달 전부터 저에 대한 임금이 지급되지 않고 있어 병원 측에 그 지급을 요구하였으나, 병원 측은 레지던트 과정도 교육의 과정이므로 임금을 지급하지 않아도 되며 그 전에 얼마씩 지급한 것도 장학금 내지 생활비조로 병원 측에서 호의적으로 지급한 것이었다고 말하고 있습니다. 저는 계속 이를 다투었다가는 장래에 좋지 않은 영향을 줄 것도 같아 어떻게 하여야 할지 모르겠습니다. 좋은 방법이 있는지요?

A. 「근로기준법」 제2조 제1항 1호에서는 '근로자'를 "직업의 종류와 관계없이 임금을 목적으로 사업이나 사업장에 근로를 제공하는 자를 말한다"라고 정의하고 있다.

사례의 경우 '전공의' 과정은 '전문의' 자격을 따기 위한 필수적인 수련 과정에 해당한다는 점에서 근로기준법 소정의 '임금을 목적으로 근로를 제공하는 자'에 해당하는지 여부가 다투어질 수 있을 것이다.

이에 관하여 판례는 "인턴 또는 레지던트 등 '수련의', '전공의'의 경우에도 그들이 비록 전문의 시험자격 취득을 위한 필수적인 수련 과정에서 수련병원에 근로를 제공하였다고 하더라도 수련의, 전공의의 지위는 교과과정에서 정한 환자 진료 등 피교육자적인 지위와 함께 병원에서 정한 진료 계획에 따라 근로를 제공하고 그 대가로 임금을 지급받는 근로자로서의 지위를 아울러 가지고 있다 할 것이고, 또한 병원 측의 지휘·감독 아래 노무를 제공함으로써 실질적인 사용·종속관계에 있다고 할 것이므로 전공의는 병원경영자에 대한 관계에서 근로기준법상의 근로자에 해당한다"라고 하였다(대법원 1998. 4. 24. 선고 97다57672 판결, 2001. 3. 23. 선고 2000다39513 판결).

따라서 사례의 경우 「근로기준법」의 보호를 받을 수 있으므로 임금 등의 지급을 구할 권리가 있고, 만일 이로 인해 어떠한 불이익한 처우를 받게 된 경우에는 역시 근로자의 지위에서 권리구제를 받을 수 있을 것이다.

Ⅱ. 근로계약

1. 근로계약의 체결 및 근로 조건 명시

가. 근로계약의 체결

1) 근로계약의 의의

근로계약이란 근로자가 사용자에게 근로를 제공하고 사용자는 이에 대하여 임금을 지급하는 것을 목적으로 체결하는 계약을 말한다. 따라서 근로계약은 근로자가 사용자에게 근로를 제공할 것을 약정하고 사용자는 이에 대하여 임금을 지급할 것을 약정하는 쌍무계약이라 할 수 있으며, 근로자의 임금청구권은 특별한 약정이나 관습이 없으면 근로를 제공함으로써 발생하는 것이고 근로를 제공하지 않는다면 그 대가 관계인 임금청구권을 갖지 못한다고 할 것이다.[80]

2) 근로계약의 체결 방법

① 직접 체결

사용자와 근로자 본인을 당사자로 하여 직접 체결하여야 한다. 미성년자의 경우 미성년자는 스스로가 친권자나 후견인의 동의를 얻어 근로계약을 체결하여야 하며 친권자 등의 대리행위는 인정되지 않는다. 미성년자의 근로계약 해제권자는 미성년자 자신이 되나 근로기준법은 미성년자의 판단능력을 감안하여 근로계약이 미성년자에게 불리하다고 인정하는 경우에는 친권자, 후견인, 고용노동부장관에게 그 해지권을 인정하고 있다(제67조).

② 서면 또는 구두에 의한 체결

근로계약은 특별한 형식을 요구하지 않으므로 구두합의만으로도 성립할 수 있으나 당사자 사이의 분쟁을 예방하기 위하여서는 계약을 서면으로 체결하여 계약 내용을 명확히 하는 것이 필요하다.

80 대법원 2002. 8. 23. 선고 200다60890, 60906판결.

나. 근로 조건의 명시 및 교부의무

1) 근로 조건의 명시사항

근로기준법 제17조 1항에서 "사용자는 근로계약을 체결할 때에 근로자에게 임금, 소정 근로 시간, 휴일, 연차 유급휴가, 그 밖에 대통령령으로 정하는 근로 조건을 명시하여야 한다"라고 규정하고 있다. 또한 근로기준법 시행령 제8조에서는 "법 제17조 제1항에서 '그 밖에 대통령령으로 정하는 근로 조건'이란 취업의 장소와 종사하여야 할 업무에 관한 사항, 법 제93조 제1호부터 12호까지의 규정에서 정한 취업규칙의 필요적 기재사항, 기숙사에 근로자를 기숙하게 하는 경우 기숙사 규칙에 정한 사항을 말한다"라고 규정함으로서 사용자가 근로계약을 체결 또는 변경할 때 근로자에게 근로 조건을 명시하여 명확하게 밝힐 것을 의무화 하고 있다.

2) 근로 조건의 서면명시 및 교부의무

근로기준법 제17조 2항에서 "사용자는 근로계약을 체결할 때 임금의 구성항목·계산 방법·지급 방법 및 소정 근로 시간, 휴일, 연차 유급휴가에 관한 사항이 명시된 서면을 근로자에게 교부하여야 한다. 다만, 본문에 따른 사항이 단체협약 또는 취업규칙의 변경 등 대통령령으로 정하는 사유로 인하여 변경되는 경우에는 근로자의 요구가 있으면 그 근로자에게 교부하여야 한다"라고 규정하여 사용자에게 근로계약 체결 또는 변경할 때 주요 근로 조건에 대해서는 근로자의 요구와 관계없이 서면으로 명시하여 근로자에게 교부하도록 하고 있다.

근로 조건의 서면명시 및 교부

근로자	서면명시(근로자에게 교부)	명시
18세 이상	-임금(구성 항목·계산 방법·지급 방법) -소정 근로 시간 -휴일 -연차 -유급휴가	-취업의 장소와 종사 업무 -취업규칙의 필수적 기재사항 -기숙사 규칙에 정한 사항
18세 미만	전부 서면명시	

3) 근로 조건의 명시사항 위반

사용자가 근로계약을 체결 또는 변경할 경우 의무적으로 명시할 사항을 명시하지 않거나 서면명시·교부의무를 지키지 않으면 500만 원의 이하의 벌금에 처해질 수 있다.[81] 이 조항은 단속 규정이므로 사용자가 이를 위반하더라도 근로계약 자체가 무효가 되는 것은 아니다.

4) 사용자가 명시한 근로 조건이 사실과 다른 경우에 근로자구제

사용자가 근로자를 모집할 때 유리한 조건을 제시하고 실제로는 불리한 근로 조건으로 근로를 시키는 폐단을 없애기 위해 근로기준법 제19조에 근로자의 손해배상청구권과 즉시 근로계약 해제권, 사용자의 귀향여비지급의무를 규정하고 있다.

① 손해배상 청구권

명시된 근로 조건이 사실과 다른 경우 근로자는 명시된 근로 조건의 이행을 요구할 수 있고, 법원에 채무불이행으로 인한 손해배상을 청구할 수 있다. 그러나 법원에 제소하는 것은 비용과 시간이 많이 소요된다. 따라서 근로기준법은 근로자가 노동위원회를 통해 사용자에게 손해배상을 청구할 수 있는 구제절차[82]를 두고 있다. 근로자는 양자를 선택적으로 행사할 수 있다.

② 근로계약 즉시 해제권 및 귀향여비

명시된 근로 조건이 사실과 다른 경우 근로자는 근로관계를 즉시 해제 또는 해지할 수 있으며 그 근로자가 취업을 목적으로 거주를 변경할 때에는 귀향여비를 지급하여야 한다. 귀향여비를 지급하지 않으면 금품청산위반이 된다. 따라서 지급사유 발생일로부터 14일 이내에 지급하여야 하며 당사자가 합의한 경우 그 기일을 연장할 수 있다.

81 근로기준법 제114조(벌칙) 다음 각 호의 어느 하나에 해당하는 자는 500만 원 이하의 벌금에 처한다.
1. 제6조, 제16조, 제17조, 제20조, 제21조, 제22조 제2항, 제47조, 제53조 제3항 단서, 제67조 제1항·제3항, 제70조 제3항, 제73조, 제74조 제6항, 제77조, 제94조, 제95조, 제100조 및 제103조를 위반한 자
2. 제96조 제2항에 따른 명령을 위반한 자

82 근로기준법 시행규칙 제2조(손해배상 청구의 신청) 근로자는 「근로기준법」 제19조 제2항에 따라 사용자의 근로 조건 위반을 이유로 손해배상을 청구하려면 손해배상 청구 신청서에 다음 각 호의 서류를 첨부하여 「노동위원회법」에 따른 지방노동위원회에 제출하여야 한다.
1. 근로계약서 사본
2. 사용자가 근로 조건을 위반하였다는 사실을 증명하는 자료

2. 제한되는 근로계약

가. 위약금 또는 손해배상액 예정

민법 제398조는 채무불이행에 관한 손해배상액과 위약금을 미리 계약으로 예정 또는 약정할 수 있도록 규정하고 있다. 그러나 근로기준법은 제20조에서 "사용자는 근로계약불이행에 대한 위약금 또는 손해배상액을 예정하는 계약을 체결하지 못한다"라고 규정하고 있다. 이는 근로자와 사용자 사이에 위약예정을 인정하게 되면 근로자가 직장을 얻기 위하여 어쩔 수 없어 불리한 근로계약을 체결하고서도 위약금 또는 손해배상금 등의 부담 때문에 근로자가 사용자에게 얽매이게 될 우려가 있다.

나. 전차금상계의 금지

근로기준법 제21조에서 "사용자는 전차금[83]이나 그 밖에 근로할 것을 조건으로 하는 전대채권[84]과 임금을 상계하지 못한다"라고 규정하고 있으며 이를 위반한 계약 또는 의사표시는 사법상 무효이며, 임금 전액이 지급되어야 한다. 따라서 사용자는 전차금을 직접 청구하거나 압류처럼 임금상계 이외의 방법으로 반환받을 수 있다. 다만, 전차금계약 등이 반사회질서에 반하는 법률행위인 경우에는 변제의무가 성립하지 않는다고 보고 있다.[85]

3. 근로 조건의 결정

가. 근로 조건의 기준

근로 조건이란 임금, 근로 시간, 휴일이나 휴가와 같이 근로자가 노동력을 제공한 대가 또는 노동력을 제공하는 조건을 말한다.

헌법은 "근로 조건의 기준은 인간의 존엄성을 보장하도록 법률로써 정한다"라고 규정하고 있다. 근로 조건의 기준을 정한 대표적인 법이 근로기준법이다. 이 법이 정한 근로 조건은 최저기준이므로 근로자와 사용자는 근로기준법이 정한 근로 조건 이상이 수준으로 근

83 취업한 후에 임금에서 변제할 것을 예정하여 근로계약 체결 시에 사용자가 근로자 또는 채권자에게 대부하는 금전을 말한다.

84 전차금 이외에 전차금에 추가해서 근로자 또는 그 친권자 등에게 지급되는 금전으로서 전차금과 동일한 목적을 가지는 것을 말한다.

85 하갑례, 근로기준법, 중앙경제사, 2012, 199면.

로 조건을 결정하여야 한다. 근로 조건은 취업규칙의 작성, 또는 단체협약의 체결로 구체적으로 결정된다.

단체협약이나 취업규칙, 근로계약이 법정 기준보다 낮은 수준의 근로 조건을 정하면 그 부분에 한하여 무효로 되고 무효 된 부분은 「근로기준법」 등 법률로 정한 대로 된다.

나. 노사자치규범의 종류

1) 근로계약

사용자와 근로자가 기본적으로 근로 조건과 권리 의무 등에 관하여 체결하는 계약을 말한다.

2) 취업규칙

사용자가 근로자의 복무규율과 근로 조건 등에 관한 구체적인 사항들을 정한 규칙들의 총체를 취업규칙이라 한다.

3) 단체협약

사용자 또는 사용자 대표와 노동조합이 단체교섭을 통해 근로 조건과 노동조합 활동 등에 관하여 합의하고 체결한 문서를 말한다.

다. 법과 노사자치규범 사이의 효력

1) 상위법우선의 원칙: 헌법 ← 법령 ←노사자치규범(단체협약 ← 취업규칙 ← 근로계약)

2) 유리한 조건 우선의 원칙: 근로자에게 유리한 조건을 정하고 있는 규범이 우선 적용

3) 신법우선의 원칙

4) 특별법 우선의 원칙

사례 **사용자와 근로자 사이에 약정한 위약금예정의 효력**

Q. A는 갑 회사로부터 대학 전학년 장학금을 지급 받는 대신 졸업 후 4년간 갑 회사에 근무하기로 하는 계약을 체결하면서 을을 신원보증인으로 세웠다. 근로계약서에는 회사 입사 포기 시 또는 실근무 4년 이내에 퇴사할 경우 이미 지급된 장학금을 반환하

며, 실근무 1년 이내에 퇴사하는 경우에는 장학금의 60%를 손해배상으로 배상한다는 내용이 있다. 그러나 A는 회사에 입사한 지 3개월 만에 외국 유학 관계로 퇴사하게 되었는데, 이 경우 이미 지급 받은 장학금과 1년 이내 퇴사하는 경우 추가 부담하는 60%의 손해배상액은 어떻게 되며 신원보증인 을은 어떤 책임이 있는가?

A. 「근로기준법」 제20조에서는 근로관계의 당사자인 근로자는 사용자와 실질적으로 대등한 거래관계에 놓일 수 없는 것이 일반적 현실이므로, 근로자의 보호를 위하여 사용자는 근로자와 근로계약의 불이행에 대한 위약금 또는 손해배상액을 예정하는 계약을 체결하지 못한다고 규정하고 있다. 또한 신원보증법에 의한 신원보증계약은 현실적으로 발생한 손해에 대한 책임담보를 전제로 하는 것이기 때문에 위약예정계약으로 볼 수 없으므로, 같은 법 제20조에 위배되지 않으며 판례도 "근로기준법 제20조는 사용자가 근로자와의 사이에서 계약불이행에 대한 위약금 또는 손해배상액을 예정하는 계약의 체결을 금지하는 데 그치는 것이므로, 근로자에 대한 신원보증계약은 이에 해당하지 아니한다"라고 하고 있다(대법원 1980. 9. 24. 선고 80다1040 판결).

따라서 위 사례의 경우 그 갑회사의 입사를 포기할 때 또는 입사 후 실근무 4년 이내에 퇴사할 때에는 지급된 장학금의 전액을 반환한다는 계약은 위약금 또는 손해배상액 예정의 성격이 아니라, 마치 회사가 귀하에게 장학금을 대여해 주었다가 4년 근속하면 상환을 면제해 주되 4년 이내에 퇴사할 경우에는 상환을 면제하지 않는다는 취지로 약정한 경우이므로, 이 조항은 「근로기준법」 제20조에 위배되지 않아 A는 장학금을 반환하여야 할 것으로 보인다. 다만, 나머지 부분, 즉 실근무 1년 이내에 퇴사하는 경우에는 장학금의 60%를 손해배상하여야 한다는 부분은 강행 규정인 「근로기준법」 제20조에 위배된다고 볼 수 있어 무효라 할 것이다(대법원 1978. 2. 28. 선고 77다2479 판결, 1996. 12. 20. 선고 95다52222 판결, 1996. 12. 6. 선고 95다24944 판결).

그리고 신원보증인 을은 A가 갑 회사에 현실적으로 발생시킨 손해가 있다면 이에 대해서 책임이 있다 할 것이다.

사례 미성년자의 근로계약

Q. A는 올해 고등학교를 졸업하고 사회에 첫발을 내딛은 만 18세의 미성년자이다. 부모님은 A가 대학에 진학하기를 원하셨지만 A는 자력으로 취업하여 사회적으로 자립하고 싶은데, 미성년자의 취업에 따른 법률문제는 어떻게 되어 있는지요?

A. 「근로기준법」 제64조 제1항은 15세 미만인 자(「초·중등교육법」에 따른 중학교에 재학 중인 18세 미만인 자를 포함)는 고용노동부장관의 취직인허증을 소지한 자가 아닌 경우에는 근로자로 사용하지 못하게 하고, 같은 법 제67조 제1항은 친권자 또는 후견인은 미성년자의 근로계약을 대리할 수 없다고 규정하고 있는데, 여기에는 법정대리권의 행사뿐만 아니라 미성년자의 위임에 의한 임의대리의 경우도 포함된다고 할 것이다. 이는 비록 미성년자의 동의를 얻었다 하더라도 미성년자에게 불리한 친권남용이 될 가능성이 많기 때문이다.

따라서 미성년자의 근로계약은 친권자 또는 후견인의 동의를 얻어 본인 자신이 체결하는 것이 원칙이라 하겠다. 다만, 친권자, 후견인 또는 고용노동부장관은 근로계약이 미성년자에게 불리하다고 인정하는 경우에는 이를 해지할 수 있다(같은 법 제67조 제2항).

그리고 같은 법 제68조는 "미성년자는 독자적으로 임금을 청구할 수 있다"라고 규정하여 미성년자에게 독자적인 임금청구권을 부여하고 있다. 이는 임금청구를 친권자가 대리로 수행하게 할 경우 친권자 등이 법정대리권을 빙자하여 미성년자가 수령해야 할 임금을 중간에서 수취하여 사용함으로써 미성년자가 반강제적 근로에 종사하게 되는 경우가 생길 여지가 있기 때문이다.

Ⅲ. 근로 시간과 휴식

1. 근로 시간

가. 근로 시간의 개념

근로기준법상 근로 시간이란 "근로자가 사용자의 지휘·감독을 받으며 근로계약상의 근로를 제공하는 시간을 말하며, 근로자가 작업 시간의 도중에 현실로 작업에 종사하지 않은 대기 시간이나 휴식·수면 시간 등이라 하더라도 그것이 휴게 시간으로서 근로자에게 자유로운 이용이 보장된 것이 아니고 실질적으로 사용자의 지휘·감독 아래 놓여 있는 시간이라면 이는 근로 시간에 포함된다고 할 것이다"라고 판시하고 있다.[86]

휴게란 근로 시간 도중에 근로자가 작업에 관하여 사용자의 지휘·감독으로부터 벗어나서 자유로이 이용할 수 있는 시간을 말한다. 근로 시간이 4시간인 경우에는 30분 이상, 8시간인 경우에는 1시간 이상의 휴게 시간을 주어야 한다. 그러나 작업 도중에 1시간의 식사 시간을 부여하면 별도의 휴게 시간을 주지 않아도 된다.[87]

나. 법정 근로 시간

근로기준법은 1일과 1주를 단위로 하여 근로 시간을 제한하고 있는데 이를 법정 근로 시간이라 한다. 이와 같이 법정 근로 시간을 규정하는 이유는 장시간 근로로 발생하는 피로를 회복시켜 근로자의 노동력을 보전하고 근로자가 인간다운 생활을 할 수 있도록 하기 위함이다. 법정 기준 근로 시간을 적용하기 어려운 사업이나 직무의 특수성을 고려하여 근

86 대법원 2006. 11. 23. 선고 2006다41990판결; 대법원 1993. 5. 27. 선고 92다24509판결.

87 대법원 1994. 3. 8. 선고 93다32408판결.

로 시간을 유연하게 적용하는 제도로서 탄력적 근로시간제,[88] 선택적 근로시간제[89] 등을 두고 있다.

근로 시간은 휴게 시간을 제외하고 1일 8시간, 1주 40시간을 초과할 수 없다.[90] 15세 이상 18세 미만인 자의 근로 시간은 1일 7시간, 1주 35시간을 초과할 수 없다. 유해·위험작업의 근로 시간은 1일 6시간, 1주 34시간을 초과하지 못하고 연장근로를 할 수 없다.[91]

다. 연장근로(시간 외 근로)

법정 근로 시간을 초과한 근로를 연장근로라고 한다. 연장근로에는 시간 외 근로, 야간근로, 휴일근로가 있다.

사용자는 부득이 한 경우 근로자 본인의 동의를 얻어 법정 근로 시간을 초과하여 시간 외 근로를 시킬 수 있다. 시간 외 근로 시간은 성인 근로자의 경우 1주 12시간, 18세 미만의 연소자의 경우에는 1일에 1시간, 1주에 6시간, 출산 후 1년 미만의 여성 근로자의 경우

88 제51조(탄력적 근로시간제) ① 사용자는 취업규칙(취업규칙에 준하는 것을 포함한다)에서 정하는 바에 따라 2주 이내의 일정한 단위 기간을 평균하여 1주간의 근로 시간이 제50조 제1항의 근로 시간을 초과하지 아니하는 범위에서 특정한 주에 제50조 제1항의 근로 시간을, 특정한 날에 제50조 제2항의 근로 시간을 초과하여 근로하게 할 수 있다. 다만, 특정한 주의 근로 시간은 48시간을 초과할 수 없다.
② 사용자는 근로자 대표와의 서면 합의에 따라 다음 각 호의 사항을 정하면 3개월 이내의 단위 기간을 평균하여 1주간의 근로 시간이 제50조 제1항의 근로 시간을 초과하지 아니하는 범위에서 특정한 주에 제50조 제1항의 근로 시간을, 특정한 날에 제50조 제2항의 근로 시간을 초과하여 근로하게 할 수 있다. 다만, 특정한 주의 근로 시간은 52시간을, 특정한 날의 근로 시간은 12시간을 초과할 수 없다.
1. 대상 근로자의 범위
2. 단위 기간(3개월 이내의 일정한 기간으로 정하여야 한다)
3. 단위 기간의 근로일과 그 근로일별 근로 시간
4. 그 밖에 대통령령으로 정하는 사항
③ 제1항과 제2항은 15세 이상 18세 미만의 근로자와 임신 중인 여성 근로자에 대하여는 적용하지 아니한다.
④ 사용자는 제1항 및 제2항에 따라 근로자를 근로시킬 경우에는 기존의 임금 수준이 낮아지지 아니하도록 임금보전방안(賃金補塡方案)을 강구하여야 한다.

89 제52조(선택적 근로시간제) 사용자는 취업규칙(취업규칙에 준하는 것을 포함한다)에 따라 업무의 시작 및 종료 시각을 근로자의 결정에 맡기기로 한 근로자에 대하여 근로자 대표와의 서면 합의에 따라 다음 각 호의 사항을 정하면 1개월 이내의 정산 기간을 평균하여 1주간의 근로 시간이 제50조 제1항의 근로 시간을 초과하지 아니하는 범위에서 1주간에 제50조 제1항의 근로 시간을, 1일에 제50조 제2항의 근로 시간을 초과하여 근로하게 할 수 있다.
1. 대상 근로자의 범위(15세 이상 18세 미만의 근로자는 제외한다)
2. 정산 기간(1개월 이내의 일정한 기간으로 정하여야 한다)
3. 정산 기간의 총 근로 시간
4. 반드시 근로하여야 할 시간대를 정하는 경우에는 그 시작 및 종료 시각
5. 근로자가 그의 결정에 따라 근로할 수 있는 시간대를 정하는 경우에는 그 시작 및 종료 시각
6. 그 밖에 대통령령으로 정하는 사항

90 2011. 7.1.부터 상시근로자가 5인 이상 사업정은 주 40시간이 적용된다.

91 산업안전보건법 제46조.

에는 1일 2시간, 1주에 6시간, 1년에 150시간 이내로 할 수 있다.

임산부와 연소자에게 야간근로(오후 10시~오전 6시 사이의 근로)와 휴일근로를 시키려면 본인의 동의(임신 중인 여성의 경우 본인의 명시적 청구)와 근로자 대표와의 합의·고용노동부장관의 인가가 필요하다. 근로기준법의 근로 시간에 관한 규정을 정리하면 다음과 같다.

근로 시간

구분	기준근로시간		연장근로	야간근로 휴일근로	비고
	1일	1주			
남성 근로자	8시간	40시간	당사자합의 1주 12시간	-	근로기준법 제50조, 제53조 제1항
여성 근로자	8시간	40시간	당사자합의 1주 12시간	본인 동의	근로기준법 제70조, 제71조, 제74조 제4항
산후 1년 미만 여성 근로자	8시간	40시간	당사자합의 1일 2시간, 1주 6시간, 1년 150시간	본인동의 고용노동부 장관 인가	근로기준법 제70조, 제71조, 제74조
임신 중인 근로자	8시간	40시간	불가	명시적 청구 고용노동부 장관 인가	근로기준법 제70조, 제74조
18세 미만(연소)근로자	7시간	35시간	당사자합의 1일 1시간 1주 5시간	본인 동의 고용노동부 장관 인가	근로기준법 제69조, 제70조
유해·위험작업근로자	6시간	34시간	불가	-	산업안전보건법 제46조

사용자는 연장근로에 대해 각각 통상임금의 50% 이상을 가산하여 임금을 지급하여야 한다. 다만, 근로자 대표와 서면 합의에 따라 가산임금을 지급하는 것에 갈음하여 보상휴가를 줄 수 있다.

2. 휴일과 휴가

가. 휴일

1) 의의

휴일이란 근로자가 사용자의 지휘·명령으로부터 완전히 벗어나 근로를 제공하지 아니하는 날을 말한다. 휴일은 사용자의 모든 지휘·감독에서 이탈되는 점에 휴가와 유사하나 휴가는 본래 근무일인데도 불구하고 근로 제공의무가 면제되는 데 반하여 휴일은 처음부터 근로 제공 의무가 없는 점이 다르다. 본래 근무일이 아니라는 점에서 휴업일과도 다르다. 휴일에는 노동법에서 정하고 있는 법정휴일과 단체협약이나 취업규칙, 근로계약에서 정하

고 있는 약정휴일이 있다. 휴일·휴가의 특성을 정리하면 다음과 같다.[92]

구분법	법정휴일 · 휴가	약정휴일 · 휴가
휴일	-주휴일(근기법 제55조) -근로자의 날	-공휴일 -회사창립일 -기타휴무일
휴가	-태아 검진 시간(근기법 제74조의2) -연차유급휴가(근기법 제60조) -생리휴가(근기법 제73조) -출산전후휴가(근기법 제74조) -배우자출산휴가(고평법 제18조의2) -육아휴직(고평법 제19조) -가족돌봄휴직(고평법 제22조의2)	-하계휴가 -경조휴가
특징	-의무적으로 부여하되 법정 기준 이상은 노 · 사가 자율적으로 결정 부분적으로 유급을 의무화	-부여 여부, 부여 조건, 부여 일수, 임금지급 여부에 대해 단체협약 · 취업규칙 등을 통해 노 · 사가 결정

2) 법정휴일(주휴일)

법정휴일에는 근로기준법상의 주휴일과 근로자의 날 제정에 관한 법률에 의한 근로자의 날이 있다. 사용자는 근로자에 대하여 1주일에 평균 1회 이상의 유급휴일을 주어야 한다(근기법 제55조). 주 1회의 유급휴일을 가질 수 있는 자는 1주간의 소정의 근로일수를 개근한 자에 한한다. 주휴일은 반드시 일요일에 줄 필요는 없으며 매주 일정한 요일에만 주면 된다. 단체협약이나 취업규칙에서 정한 경우 특정된 주휴일도 근로자의 사전 동의에 의해 다른 날로 대체할 수 있다.

3) 약정휴일

사용자는 근로자에게 법정휴일 이외에 단체협약이나 취업규칙 등에서 별도의 휴일을 부여할 수 있다. 그 휴일을 유급 또는 무급으로 할 것인가는 노사당사자의 약정에 따른다.

휴일은 근로 제공 의무가 없는 날이기 때문에 사용자는 임의로 이를 변경하거나 폐지할 수 없다. 근로자의 동의가 없는 한 사용자는 휴일근로를 시킬 수 없다. 휴일근로에 대하여는 100분의 50 이상의 가산임금을 지급하여야 한다.

92 하갑례, 전게서, 352면.

나. 휴가

1) 의의

본래 근로의무가 있는 날이지만 근로자의 휴가 청구에 의해 근로의무가 면제된 날이다. 휴가에는 근로기준법에서 정하고 있는 법정휴가와 단체협약·취업규칙·근로계약에서 약정한 약정휴가가 있다.

2) 법정휴가

법정휴가에는 근로기준법의 규정에 의한 휴가로서 월차휴가, 연차유급휴가, 생리휴가, 출산전후휴가 등을 말한다. 개정법 이전에는 월차휴가와 생리휴가도 유급으로 인정되었으나 월차휴가는 폐지되었고(제57조), 생리휴가는 무급으로 규정하였다(제73조). 그러나 개정법의 적용이 유예되는 사업 또는 사업장(부칙 제4조)은 기존의 법 규정이 적용되어 월차휴가가 인정되고 생리휴가가 유급으로 된다. 개정법이 적용되는 사업 또는 사업장에서 무급 생리휴가를 노사 간에 약정하거나 폐지된 월차휴가를 약정한 경우에는 약정휴가가 된다.

3) 약정휴가

약정휴가는 노사 간에 단체협약, 취업규칙 등으로 약정한 휴가를 말한다. 통상적으로 경조사 휴가가 이에 해당한다. 이러한 약정휴가를 어떤 것들로 구성할 것인가, 유급으로 할 것인가 또는 무급으로 할 것인가 등의 문제는 노사 간 약정 결과에 따른다.

4) 연차유급휴가

① 의의

사용자는 1년간 80퍼센트 이상 출근한 근로자에게 15일의 유급휴가를 주어야 하며, 계속근로연수가 1년 미만인 근로자 또는 1년간 80퍼센트 미만 출근한 근로자에게 1개월 개근 시 1일의 유급휴가를 주어야 한다. 사용자는 3년 이상 계속 근로한 근로자에 대하여는 매년 8할 이상 출근함에 따라 발생한 연차휴가 일수에 최초 1년을 초과하는 계속근로연수 매 2년에 대하여 1일을 가산한 유급휴가를 주어야 한다. 이 경우 가산휴가를 포함한 총 휴가 일수는 25일을 한도로 한다. 연차휴가산정을 위한 출근율 판단에서 근로자가 업무상의 부상 또는 질병으로 휴업한 기간과 산전·산후의 휴가 기간, 육아휴직으로 휴업한 기간은 출근한 것으로 본다.

② 연차휴가 시기지정권과 시기변경권

사용자는 연차휴가에 대하여 근로자의 청구가 있는 시기에 주어야 하며, 그 기간에 대하여는 취업규칙이나 그 밖의 정하는 바에 의한 통상임금 또는 평균임금을 지급하여야 한다. 다만, 근로자가 청구한 시기에 휴가를 주는 것이 사업운영에 막대한 지장이 있는 경우에는 그 시기를 변경할 수 있다(제60조 제5항).

③ 미사용 연차휴가의 소멸

연차휴가는 1년간 행사하지 아니한 때에는 소멸된다. 다만, 사용자의 귀책사유로 사용하지 못한 경우에는 그러하지 아니하다(제60조 제7항).

④ 연차 유급휴가의 사용 촉진

• 사용자가 제60조 제1항 · 제2항 및 제4항에 따른 유급휴가(계속하여 근로한 기간이 1년 미만인 근로자의 제60조 제2항에 따른 유급휴가는 제외한다)의 사용을 촉진하기 위하여 제60조 제7항 본문에 따른 기간이 끝나기 6개월 전을 기준으로 10일 이내에 사용자가 근로자별로 사용하지 아니한 휴가 일수를 알려주고, 근로자가 그 사용 시기를 정하여 사용자에게 통보하도록 서면으로 촉구, 제1호에 따른 촉구에도 불구하고 근로자가 촉구를 받은 때부터 10일 이내에 사용하지 아니한 휴가의 전부 또는 일부의 사용 시기를 정하여 사용자에게 통보하지 아니하면 제60조 제7항 본문에 따른 기간이 끝나기 2개월 전까지 사용자가 사용하지 아니한 휴가의 사용 시기를 정하여 근로자에게 서면으로 통보하였음에도 불구하고 근로자가 휴가를 사용하지 아니하여 제60조 제7항 본문에 따라 소멸된 경우에는 사용자는 그 사용하지 아니한 휴가에 대하여 보상할 의무가 없고, 제60조 제7항 단서에 따른 사용자의 귀책사유에 해당하지 아니하는 것으로 본다.

• 사용자가 계속하여 근로한 기간이 1년 미만인 근로자의 제60조 제2항에 따른 유급휴가의 사용을 촉진하기 위하여 최초 1년의 근로기간이 끝나기 3개월 전을 기준으로 10일 이내에 사용자가 근로자별로 사용하지 아니한 휴가 일수를 알려주고, 근로자가 그 사용 시기를 정하여 사용자에게 통보하도록 서면으로 촉구할 것. 다만, 사용자가 서면 촉구한 후 발생한 휴가에 대해서는 최초 1년의 근로 기간이 끝나기 1개월 전을 기준으로 5일 이내에 촉구, 이러한 촉구에도 불구하고 근로자가 촉구를 받은 때부터 10일 이내에 사용하지 아니한 휴가의 전부 또는 일부의 사용 시기를 정하여 사용자에게 통보하지 아니하

면 최초 1년의 근로 기간이 끝나기 1개월 전까지 사용자가 사용하지 아니한 휴가의 사용 시기를 정하여 근로자에게 서면으로 통보. 다만, 제1호 단서에 따라 촉구한 휴가에 대해서는 최초 1년의 근로 기간이 끝나기 10일 전까지 서면으로 통보하였음에도 불구하고 근로자가 휴가를 사용하지 아니하여 제60조 제7항 본문에 따라 소멸된 경우에는 사용자는 그 사용하지 아니한 휴가에 대하여 보상할 의무가 없고, 같은 항 단서에 따른 사용자의 귀책사유에 해당하지 아니하는 것으로 본다.

5) 생리휴가

사용자는 여성근로자가 청구하면 월 1일 생리휴가를 주어야 한다. 생리가 없는 임신기간 중에 있는 여성근로자에 대해서는 사용자가 생리휴가를 제공해야 할 의무가 없다.

6) 임산부의 보호 휴가

① 사용자는 임신 중의 여성에게 출산 전과 출산 후를 통하여 90일(한 번에 둘 이상 자녀를 임신한 경우에는 120일)의 출산전후휴가를 주어야 한다. 이 경우 휴가 기간의 배정은 출산 후에 45일(한 번에 둘 이상 자녀를 임신한 경우에는 60일) 이상이 되어야 한다.

② 사용자는 임신 중인 여성 근로자가 유산의 경험 등 대통령령[93]으로 정하는 사유로 제1항의 휴가를 청구하는 경우 출산 전 어느 때라도 휴가를 나누어 사용할 수 있도록 하여야 한다. 이 경우 출산 후의 휴가 기간은 연속하여 45일(한 번에 둘 이상 자녀를 임신한 경우에는 60일) 이상이 되어야 한다.

③ 사용자는 임신 중인 여성이 유산 또는 사산한 경우로서 그 근로자가 청구하면 대통령령[94]으로 정하는 바에 따라 유산·사산 휴가를 주어야 한다. 다만, 인공 임신중절 수술

93 근로기준법 시행령 제43조(유산·사산휴가의 청구 등) ① 법 제74조 제2항 전단에서 "대통령령으로 정하는 사유"란 다음 각 호의 어느 하나에 해당하는 경우를 말한다.
1. 임신한 근로자에게 유산·사산의 경험이 있는 경우
2. 임신한 근로자가 출산전후휴가를 청구할 당시 연령이 만 40세 이상인 경우
3. 임신한 근로자가 유산·사산의 위험이 있다는 의료기관의 진단서를 제출한 경우

94 근로기준법 시행령 제43조 ②법 제74조 제3항에 따라 유산 또는 사산한 근로자가 유산·사산휴가를 청구하는 경우에는 휴가 청구 사유, 유산·사산 발생일 및 임신 기간 등을 적은 유산·사산휴가 신청서에 의료기관의 진단서를 첨부하여 사업주에게 제출하여야 한다.
③사업주는 제2항에 따라 유산·사산휴가를 청구한 근로자에게 다음 각 호의 기준에 따라 유산·사산휴가를 주어야 한다.
1. 유산 또는 사산한 근로자의 임신 기간(이하 "임신 기간"이라 한다)이 11주 이내인 경우: 유산 또는 사산한 날부터 5일까지

(「모자보건법」 제14조 제1항에 따른 경우는 제외한다)에 따른 유산의 경우는 그러하지 아니하다.

④ 제1항부터 제3항까지의 규정에 따른 휴가 중 최초 60일(한 번에 둘 이상 자녀를 임신한 경우에는 75일)은 유급으로 한다. 다만, 「남녀고용평등과 일·가정 양립 지원에 관한 법률」 제18조에 따라 출산전후휴가급여 등이 지급된 경우에는 그 금액의 한도에서 지급의 책임을 면한다.

⑤ 사용자는 임신 중의 여성 근로자에게 시간 외 근로를 하게 하여서는 아니 되며, 그 근로자의 요구가 있는 경우에는 쉬운 종류의 근로로 전환하여야 한다.

⑥ 사업주는 출산전후휴가 종료 후에는 휴가 전과 동일한 업무 또는 동등한 수준의 임금을 지급하는 직무에 복귀시켜야 한다.

⑦ 사용자는 임신 후 12주 이내 또는 36주 이후에 있는 여성 근로자가 1일 2시간의 근로시간 단축을 신청하는 경우 이를 허용하여야 한다. 다만, 1일 근로 시간이 8시간 미만인 근로자에 대하여는 1일 근로 시간이 6시간이 되도록 근로 시간 단축을 허용할 수 있다.

7) 모성보호휴가

모성보호란 생리, 임신, 출산과 같이 여성이 남성에게는 없는 고유한 생리적 기능을 가지는 점을 감안하여 여성과 태아의 건강을 보호하기 위하여 제공되는 휴가를 말한다.

① 배우자 출산휴가

사업주는 근로자가 배우자의 출산을 이유로 휴가를 청구하는 경우에 10일의 휴가를 주어야 하며,[95] 이 경우 사용한 휴가 기간은 유급으로 한다. 배우자 출산휴가는 근로자의 배우자가 출산한 날부터 90일이 지나면 청구할 수 없고, 1회에 한정하여 나누어 사용할 수 있다. 사업주는 배우자 출산휴가를 이유로 근로자를 해고하거나 그 밖의 불리한 처

2. 임신 기간이 12주 이상 15주 이내인 경우: 유산 또는 사산한 날부터 10일까지
3. 임신 기간이 16주 이상 21주 이내인 경우: 유산 또는 사산한 날부터 30일까지
4. 임신 기간이 22주 이상 27주 이내인 경우: 유산 또는 사산한 날부터 60일까지
5. 임신 기간이 28주 이상인 경우: 유산 또는 사산한 날부터 90일까지

95 2013년 2월 1일 이전에는 근로자가 배우자의 출산한 날부터 30일 이내에 배우자의 출산을 이유로 휴가를 청구하는 경우에 3일의 무급휴가를 주도록 남녀고용평등과 일·가정 양립 지원에 관한 법률 제18조의2에서 규정하고 있었다. 상시 300명 미만이 근로자가 있는 사업장의 사업주는 2013년 2월 2일부터 근로자가 배우자의 출산을 이유로 휴가를 청구하는 경우에 5일의 범위 내에서 3일 이상이 휴가를 주어야 한다. 이 경우 사용한 휴가 기간 중 최초 3일은 유급으로 한다. 상시 근로자가 300면 이상인 사업장에서는 2012년 8월 2일부터 5일의 범위에서 3일 이상으로 배우자 출산휴가를 실시하고 있다. 이 경우에도 최초 3일은 유급으로 한다.

우를 하여서는 아니 된다.

② 난임치료휴가

사업주는 근로자가 인공수정 또는 체외수정 등 난임치료를 받기 위하여 휴가를 청구하는 경우에 연간 3일 이내의 휴가를 주어야 하며, 이 경우 최초 1일은 유급으로 한다. 다만, 근로자가 청구한 시기에 휴가를 주는 것이 정상적인 사업 운영에 중대한 지장을 초래하는 경우에는 근로자와 협의하여 그 시기를 변경할 수 있다.

사업주는 난임치료휴가를 이유로 해고, 징계 등 불리한 처우를 하여서는 안 되며, 난임치료휴가의 신청 방법 및 절차 등은 대통령령으로 정한다.

Ⅳ. 임금

1. 임금의 개념

사용자가 근로의 대가로 근로자에게 임금, 봉급, 그 밖에 어떠한 명칭으로든지 지급하는 일체의 금품을 말한다. 임금은 지급의 목적이 근로에 대한 대가로서 사용자의 지휘·감독하에 제공하는 종속노동관계에서의 근로에 대한 대가라야 한다. 따라서 근로의 대가가 아닌 호의적, 은혜적, 실비변상적 급여는 임금이 아니다.

가. 사용자가 지급하는 금품

임금은 사용자가 지급하는 금품이므로 그 성질에서 사용자에게 지급의무가 인정되고 사용자가 근로자에게 직접 개별적으로 지급하는 금품이어야 한다. 지급의무의 발생 근거는 단체협약이나 취업규칙, 급여 규정, 근로계약에 의한 것이든 사용자의 방침이나, 관행에 따라 계속적으로 이루어져 노사 간에 그 지급이 당연한 것으로 여겨질 정도의 관계가 형성된 경우처럼 노동관행에 의한 것이든 상관없다.

나. 명칭을 불문

임금은 그 명칭을 수당으로 하거나 수수료라고 하더라도 근로의 대가로서 사용자가 지급의무에 근거하여 지급하는 것이면 임금이다. 식사의 제공과 같은 현물급여도 사용자가 일률적으로 제공하는 것으로 취업규칙 또는 단체협약에 규정된 경우에는 임금으로 간주되며, 손님으로부터 받는 봉사료만을 위하여 근로하는 경우에도 봉사료를 얻기 위하여 필요한 사용자의 영업설비를 이용하는 이익 자체를 임금으로 볼 수 있다.

임금이 아닌 금품

고객이 종사자에게 지급하는 봉사료

임원(사용자)의 보수

실비 변상적 경비(출장비 등)

일부 근로자에 대한 복리후생적 금품(차량유지비 등)

호의적 · 은혜적 경비(경조사비 등)

부정기적 지급 금품(특별포상금 등)

다. 가족수당이 임금에 해당되는지 여부

가족수당이 임금에 해당되는지 여부에 관해서는 논란이 있지만 대법원은 단체협약 등에 의하여 사용자가 의무적으로 지급하고 있고 부양가족이 있는 근로자에게 일률적으로 지급되어 왔다면 이는 근로의 대가 또는 근로자와 밀접하게 관련된 생활보장적 급여로써 임금에 해당된다는 판결을 내렸다.

사례 현물로 제공한 식권이 근로의 대가인 임금에 해당하는지?

Q. 사용자가 실제 근무를 한 근로자들에 한하여 현물로 제공한 식사는 근로의 대가인 임금에 해당하는지요?

A. 사용자가 단체협약에 따라 오전 근무자에게 1일 2장, 오후 근무자에게 1일 1장의 식권을 제공하여 사용자가 운영하는 식당에서 식사를 할 수 있도록 하였더라도 단체

협약에서 사용자가 근로자들에게 식사를 제공하는 것은 순수 복지후생적인 것이라고 명시하고 있을 뿐만 아니라, 사용자가 근로자들에게 제공한 식권은 2일간 유효하고 식사를 하지 아니한 경우 다른 물품이나 현금으로 대체하여 청구할 수 없는 것이라면 사용자가 실제 근무를 한 근로자들에 한하여 현물로 제공한 식사는 근로자의 복지후생을 위하여 제공된 것으로서 근로의 대가인 임금이라고 보기 어렵다.

2. 임금의 분류

가. 평균임금

1) 의의

근로자가 정상적인 근로를 하지 않거나 퇴직을 하는 경우 근로자의 정상적인 생활을 보장하기 위하여 지급되는 통상적인 생활 임금의 기준액을 말한다. 통상적인 근로를 할 수 없을 때에도 가능한 한 실제 받았던 통상적인 생활 임금에 따른 근로자의 생활을 보장하려는 데 제도적 취지가 있다.

2) 평균임금 산정원칙

산정사유 발생일 이전 3월간에 그 근로자에 대하여 지급된 임금의 총액을 그 기간의 총일수로 나눈 금액을 말하며, 취업 후 3월 미만도 이에 준한다. 산출된 평균임금이 그 근로자의 통상임금보다 저액일 경우에는 그 통상임금액을 평균임금으로 한다.

3) 임금의 총액

평균임금의 산정에서 '지급된 임금의 총액'이라 함은 실제로 지급된 임금뿐만 아니라, 지급이 되시 않았다 하더라도 사유발생일에 이미 채권으로 확정된 임금이 있으면 이를 포함하여야 한다고 해석된다. 그러나 평균임금 산정을 위한 임금 총액에는 임시로 지불된 임금 및 수당과 통화 외의 것으로 지불된 임금은 이를 산입하지 아니한다. 다만, 고용노동부장관이 정하는 것에 대하여는 그러하지 아니하다. '임시로 지불된 임금'이라 함은 임시 또는 돌발적인 사유에 의하여 지급되거나 또는 지급 조건은 사전에 규정되어 있어도 지급사유의 발생이 불확실하거나 매우 드물게 발생하는 경우에 지급되는 것을 말한다. '통화 외의 것으로 지불된 임금'이란 소위 현물급여를 의미하는 것이다. 이와 같은 임금을 평균임금산정에서 제외시키는 이유는 평균임금산정에 현저한 차이가 발생하지 않도록 하기 위함이다.

나. 통상임금

1) 의의

통상의 근로일이나 근로 시간에 대해 통상적으로 지급되는 임금을 말한다. 근로자에게 정기적·일률적으로 소정근로 또는 총근로에 대하여 지급하기로 정하여진 시간급금액·일급금액·주급금액·월급금액 또는 도급금액을 말한다. 즉, 소정의 근로의 양 또는 질에 대하여 지급하기로 된 임금으로서 실제 근무 일수나 수령액에 구애됨이 없이 정기적, 일률적으로 임금산정 기간에 지급하기로 정하여진 고정급 임금을 의미하며, 실제 수령한 임금에 구애됨이 없이 고정적이고 평균적으로 지급되는 일반임금을 의미하는 것이다.

여기에서 일률적으로 지급되는 것이라 함은 모든 근로자들에게 지급되는 것뿐만 아니라 일정한 조건 또는 기준에 달한 모든 근로자에게 지급되는 것도 포함된다고 해석되며, 일정한 조건이란 고정적이고 평균적인 임금을 산출하려는 통상임금의 개념에 비추어 볼 때 고정적인 조건이어야 할 것이다.

2) 시간급 통상임금으로 산정하는 방법

통상임금을 시간급금액으로 산정하는 방법은 다음과 같다.

① 시간급 금액으로 정하여진 임금에 대하여는 그 금액

② 일급금액으로 정하여진 임금에 대하여는 그 금액을 1일의 소정 근로 시간 수로 나눈 금액

③ 주급 금액으로 정하여진 임금에 대하여는 그 금액을 주의 통상임금 산정기준시간수(1주의 소정 근로 시간과 소정 근로 시간 외의 유급 처리되는 시간을 합산한 시간)로 나눈 금액

④ 월급 금액으로 정하여진 임금에 대하여는 그 금액을 월의 통상임금 산정기준시간수(주의 통상임금 산정기준 시간에 1년간의 평균주수를 곱한 시간을 12로 나눈 시간)로 나눈 금액

⑤ 일·주·월 외의 일정한 기간으로 정하여진 임금에 대하여는 제2호 내지 제4호에 준하여 산정된 금액

⑥ 도급금액으로 정하여진 임금에 대하여는 그 임금산정 기간에서 도급제에 의하여 계산된 임금의 총액을 당해 임금산정 기간(임금마감일이 있는 경우에는 임금마감 기간을 말한다)의 총

근로 시간수로 나눈 금액

⑦ 근로자가 받는 임금이 제1호 내지 제6호에서 정한 2이상의 임금으로 되어 있는 경우에는 각 부분에 대하여 제1호 내지 제6호에 의하여 각각 산정된 금액을 합산한 금액

사례 현물로 제공한 식사의 가액 등이 통상임금에 포함되는지

Q. 사용자가 근무일마다 근로자에게 지급한 교통비·승무수당과 현물로 제공한 식사의 가액 및 매월 개근한 무사고 운전사에게 지급한 무사고수당과 노동조합이 단체협약에 따라 근로자들의 교통사고 발생 시 생활안정을 도모하기 위하여 사용자로부터 매월 기금의 형식으로 지급받은 돈을 조합원들에게 운전자보험금이라는 명목으로 분배한 것이 통상임금에 포함되는지요?

A. 사용자가 근무일마다 근로자에게 지급한 교통비·승무수당과 현물로 제공한 식사의 가액 및 매월 개근한 무사고 운전사에게 지급한 무사고수당은 실제 근무일수나 근무실적에 따라 지급액이 변경되어 정기적·일률적으로 지급되는 고정적인 임금이 아니고, 또 노동조합이 단체협약에 따라 근로자들의 교통사고 발생 시 생활안정을 도모하기 위하여 사용자로부터 매월 기금의 형식으로 지급받은 돈을 조합원들에게 운전자보험금이라는 명목으로 분배한 것은 근로의 대상으로 지급된 임금이라 볼 수 없으므로, 이들은 모두 통상임금에 포함되지 않는다(대법원 2002. 7. 23. 선고 2000다29370 판결).

사례 근속수당이 통상임금에 포함되는지

Q. 사용자가 매년 7. 1.을 기준으로 1년 이상 근속한 근로자에게 매 1년 단위로 일정한 금액을 가산하여 지급한 근속수당은 통상임금에 포함되는지?

A. 사용자가 매년 7. 1.을 기준으로 1년 이상 근속한 근로자에게 매 1년 단위로 일정한 금액을 가산하여 지급한 근속수당은 은혜적인 배려에서가 아니라 일정한 근속연수에 이른 근로자에게 실제의 근무성적과는 상관없이 매월 일정하게 지급된 것으로서 정기

적·일률적으로 지급되는 고정적인 임금이므로 통상임금에 포함된다.

3. 임금지급 원칙

근로의 대가인 임금이 완전하고 확실하게 근로자에게 신속하게 귀속되어야 근로자가 보호되기 때문에 법 제43조에서 일정한 원칙을 정하고 있다.

가. 통화지급의 원칙

임금은 통화로 직접 근로자에게 그 전액을 지급하여야 한다. 다만, 법령 또는 단체협약에 특별한 규정이 있는 경우에는 임금의 일부를 공제하거나 또는 통화 이외의 것으로 지급할 수 있다. 통화는 강제통용력이 있는 화폐를 말하며, 어음이나 수표를 비롯한 물건이나 용역은 현물급여이므로 그 지급이 금지된다.

나. 직접지급의 원칙

임금은 근로자 본인에게 직접 지급하여야 한다. 근로자가 임금채권을 제3자에게 양도하더라도 사용자는 제3자나 대리인에게 이를 지급할 수 없다. 다만, 국세징수법에 의한 임금압류나 민사소송법에 의한 임금압류의 경우에는 이 규정이 예외적으로 적용되지 않는다. 임금을 대리수령하여 중간 착취하거나 폭리를 취하는 것을 방지하기 위한 취지이다.

다. 전액지급의 원칙

임금은 법령 또는 단체협약에 특별한 규정이 있는 경우를 제외하고는 그 전액을 근로자에게 지급하여야 한다. 법령에 의한 경우로는 근로소득세, 건강보험료, 국민연금료 등의 원천징수 등이 있고 단체협약에 의한 경우에는 조합비나 상조회비 공제 등이 있다. 단체협약에 조합비공제조항이 있더라도 공제를 반대하는 조합원에게는 공제할 수 없다.

라. 정기지급의 원칙

근로자의 생활 불안을 제거하려는 취지의 규정으로 임금은 매월 1회 이상 일정한 기일을 정하여 지급하여야 한다. 다만, 임시로 지급하는 임금, 수당, 그 밖에 이에 준하는 것 또는 대통령령으로 정하는 임금(1개월 초과 기간 실적의 정근수당, 근속수당, 장려금 등)은 일정 기일에 지급하지 않아도 무방하다(제43조 제2항).

4. 임금채권보장 제도

가. 의의

기업이 도산하여 임금·휴업수당 및 퇴직금을 지급받지 못하고 퇴직한 근로자에게 국가가 사업주를 대신하여 체불금품 중 일정 금액의 체당금(임금·휴업수당 및 퇴직금)을 지급하고, 국가는 근로자에게 지급된 체당금의 범위 내에서 당해 근로자가 사업주에 대하여 가지고 있던 미지급 임금 등의 청구권을 대위하여 행사하는 제도이다.

나. 체당금의 지급사유

1) 재판상 도산

기업이 법원에서 채무자 회생 및 파산에 관한 법률에 의한 파산의 선고, 회생절차 개시의 결정을 받은 경우

2) 사실상 도산

300인 이하 사업주가 경영악화 등으로 인하여 사실상 도산 상태에 빠져 있다는 사실을 지방고용노동관서의 장으로부터 확인을 받은 경우

다. 체당금지급을 위한 사업주 및 근로자 요건

1) 근로자 요건

'퇴직기준일'의 1년 전이 되는 날 이후 3년 이내에 당해 사업장에서 퇴직한 근로자가 해당된다. 여기서의 '퇴식기준일'은 재판상 도산의 경우 회생절차 개시의 결정이 있는 경우 그 신청일, 회생절차 개시의 신청 후 법원이 직권으로 파산의 선고를 한 경우에는 그 신청일 또는 선고일이며, 사실상 도산의 경우는 근로자가 지방고용노동관서의 장에게 '도산 등 사실인정'을 신청한 날이다.

2) 사업주 요건

① 산업재해보상보험법의 적용 대상이 되는 사업주이어야 함.

② 산업재해보상보험법의 적용 대상이 된 후 6월 이상 당해 사업을 행하여야 함.

③ 법원으로부터 재판상 도산을 받았거나 지방고용노동관서의 장으로부터 사실상 도산을 인정받은 경우 여기서의 도산 등 사실인정 사업주 요건으로는 300인 이하 사업장일 것, 사업이 폐지되었거나 폐지 과정에 있을 것(영업 활동이 1월 이상 중단된 경우 등), 임금을 지급할 능력이 없거나 그 지급이 현저히 곤란할 것(사업주가 1월 이상 소재불명인 경우) 등 3가지 요건을 모두 충족해야 한다.

라. 체당금 지급보장액

체당금의 지급사유가 발생한 사업장에서 퇴직한 근로자가 지급보장 받을 수 있는 임금채권의 범위는『최종 3월분의 임금·휴업수당 및 최종 3년간의 퇴직금 중 미지급 금액』으로서 연령에 따라 상한액이 설정됨.

마. 체당금 지급보장 범위

1) 최종 3월분의 임금

퇴직일 또는 사실상 근로관계의 종료일로부터 소급하여 3개월간의 근로로 인하여 지급사유가 발생한 일체의 임금

2) 최종 3월분의 휴업수당

퇴직일 또는 사실상 근로관계의 종료일로부터 소급하여 발생한 3개월간의 휴업수당

3) 최종 3년간의 퇴직금

퇴직일을 기준으로 소급한 3년간의 법정퇴직금(90일분의 평균임금)

사례 부도 3개월 이전에 퇴직한 자의 최종 3개월분 임금의 우선변제 여부

Q. 저는 갑 제조회사에 고용되어 1년간 근무하고 퇴직하였으나 최종 3개월분 임금을 지급받지 못하였습니다. 제가 퇴사하고 3개월이 지나자 갑 회사는 도산하였고, 갑 회

사 명의의 유일한 부동산에는 다수의 근저당권이 설정되어 채권최고금액이 부동산의 시가를 훨씬 초과한 상태입니다. 이 경우 저는 회사가 부도나기 3개월 이전에 퇴사하였으므로 위 3개월분의 임금을 위 근저당채권자보다 우선변제 받을 수 없다고 하는데 사실인지요?

A. 「근로기준법」 제38조 제2항 및 「근로자퇴직급여 보장법」 제11조 제2항은 최종 3개월분의 임금과 재해보상금 및 최종 3년간의 퇴직금은 사용자의 총재산에 대하여 질권 또는 저당권에 의하여 담보된 채권, 조세·공과금 및 다른 채권에 우선하여 변제되어야 한다고 규정하고 있다.

그런데 다른 담보물권 등에 우선하는 최종 3개월분 임금의 범위에 관하여 판례는 "근로기준법 제30조의2 제2항(현행근로기준법 제38조 제2항)에서 규정한 근로자의 최종 3월분의 임금에 대한 우선특권은 사용자의 총재산에 대하여 일반담보물권의 효력을 일부 제한하고 임금채권을 우선변제받을 수 있는 권리로서, 근로자의 최저생활을 보장하고자 하는 공익적 요청에서 나온 규정이므로(대법원 1996. 2. 23. 선고 95다48650 판결), 그 보호되는 임금채권의 범위는 퇴직의 시기를 묻지 아니하고 사용자로부터 지급받지 못한 최종 3개월분의 임금을 말한다고 할 것이고, 반드시 사용자의 도산 등 사업폐지 시로부터 소급하여 3월 내에 퇴직한 근로자의 임금채권에 한정하여 보호하는 취지라고 볼 수 없다"라고 하였다(대법원 1997. 11. 14. 선고 97다32178 판결). 따라서 사례의 경우 갑 회사의 도산 시로부터 3월 이전에 퇴직하였다고 하더라도 최종 3월분의 임금을 다른 근저당채권자보다 우선변제 받을 수 있다 하겠다.

5. 최저임금 제도

가. 목적

최저임금제는 근로자에 대하여 임금의 최저수준을 보장하여 근로자의 생활안정과 노동력의 질적 향상을 꾀함으로써 국민경제의 건전한 발전에 이바지하게 함을 목적으로 한다.

나. 적용

근로자를 사용하는 모든 사업 또는 사업장에 적용된다. 단, 동거의 친족만을 사용하는 사업과 가사사용인, 선원법에 의한 선원 및 선원을 사용하는 선박의 소유자는 제외된다.

다. 최저임금의 결정

고용노동부장관은 다음년도 최저임금을 최저임금위원회의 심의를 거쳐 매년 8. 5.까지 결정하여 지체 없이 고시하여야 하며, 고시된 최저임금은 다음 연도 1. 1.부터 12. 31.까지 효력을 발생한다. 최저임금액에 미달하는 임금을 정한 근로계약은 그 부분에 한하여 이를 무효로 하며, 무효로 된 부분은 최저임금액과 동일한 임금을 지급하여야 한다.

라. 결정 기준

근로자의 생계비, 유사근로자의 임금, 노동생산성 및 소득분배율을 고려하여 업종별 또는 전산업 동일하게 정하고 최저임금액은 시간·일·주 또는 월 단위로 결정하되 반드시 시간급을 명시하여야 한다.

수습 사용 중에 있는 자로서 수습 사용한 날부터 3개월 이내인 사람에 대해서는 시간급 최저임금액에서 100분의 10을 뺀 금액을 그 근로자의 시간급 최저임금액으로 한다.

마. 최근 5년간 최저임금표

연도	적용 대상	최저임금액(원)	인상률(%) (인상액:원)
2021.1.1. ~ 2021.12.31.	모든 사업장	(시간급)8,720 (월급)1,822,480	1.5(130)
2020.1.1. ~ 2020.12.31.	모든 사업장	(시간급)8,590 (월급)1,795,310	2.87(240)
2019.1.1. ~ 2019.12.31.	모든 사업장	(시간급)8,350 (월급)1,745,150	10.9(820)
2018.1.1. ~ 2018.12.31.	모든 사업장	(시간급)7,530 (월급)1,573,770	16.4(1,060)
2017.1.1. ~ 2017.12.31.	모든 사업장	(시간급)6,470 (월급)1,352,230	7.3(440)

Ⅴ. 해고

1. 의의

해고란 사용자가 근로자에게 근로계약을 지속시키기 어려울 정도로 일신상의 사정이 있거나 노사 간의 신뢰관계를 중대하게 해친 잘못이 있는 경우 또는 경영상의 이유로 일방적으로 근로관계를 종료시키는 행위를 말한다.

2. 해고의 종류

해고에는 근로자 또는 사용자 어느 한편의 직접적인 귀책사유 없이 이루어지는 통상해고와 근로자가 중대한 직장 규율 위반 행위를 한 경우에 이루어지는 징계해고, 긴박한 경영상의 필요가 있는 경우 인원 정리의 목적으로 이루어지는 정리해고 등이 있다.

가. 통상해고

1) 의의

근로자가 계약상 노무급부이행에 필요한 정신적·육체적 또는 기타 적격성을 현저히 결하는 사정이 발생하여 그 결과 근로자가 자신의 지위에 상응하여 정당하게 요구되는 업무를 담당할 수 없는 경우에 이루어지는 해고를 말한다.

2) 통상해고의 사유

통상해고에서의 '일신상의 사유'는 근로계약상의 급부의무의 이행에 필요한 정신적·육체적 또는 기타 노무수행상의 적격성을 현저하게 저해하는 사정이 근로자에게 발생하여 그 결과 근로자가 자신의 지위에 상응하여 정당하게 요구되는 업무를 충분히 감당할 수 없게 된 경우를 말한다.

3) 통상해고사유의 사례

① 직무능력의 결여

② 성격상의 부적격성, 중한 질병

③ 경쟁 기업과의 친밀한 관계(근로자가 경쟁 기업주와 인척 관계)

④ 경향 사업체에서 경향에 적합하지 않는 급부를 한 경우(예컨대 기독교 사립학교 교사가 개인적으로 불교로 개종)

⑤ 노무제공 불이행

나. 징계해고

1) 의의

근로자의 고의 및 과실로 근로계약의 의무위반 행위를 한 경우를 비롯하여 다른 동료 근로자와의 관계나 기타 경영 내·외적 제도 및 조직과의 관계 등에서 발생하는 사유로 인한 해고를 말한다.

2) 징계해고의 사유

징계해고의 사유는 일반적으로 취업규칙이나 단체협약에 규정되는데, 근로제공의무를 위반하거나 기업에 대한 충실의무를 위반한 경우 등으로 기업의 경영 질서에 부적격한 경우에 징계로서 행하여지는 해고를 말한다.

행정해석은 근로자 측의 귀책사유로 근무태도 불량, 사업장 내 범법 행위, 경력 위조 등 세 가지를 들고 있다(1984.12.10, 근기1451-24180).

3) 징계해고의 정당성

징계해고는 사유의 정당성, 절차의 정당성, 징계권 남용이 아닐 것이라고 하는 요건이 충족되는 경우에만 징계해고의 정당성이 인정될 수 있다.

4) 징계해고의 절차

징계해고의 절차를 취업규칙이나 단체협약에 규정하고 있다면 이를 지키지 않은 해고는 무효이다(대판 1994.10.25 선고 94다25889). 다만, 다시 절차를 이행하면 정당한 해고가 될 수 있다.

다. 경영상 이유에 의한 해고(정리해고)

1) 의의

근로자의 귀책사유 없이 사용자의 경영상의 이유에 의하여 근로자들을 해고하는 것을 말한다. 사용자 측의 사유에 의한 해고이지만 제24조 제1항 내지 제3항에서 정한 요건을 갖춘 경우에 정당한 사유가 있는 해고로 인정된다(제24조 제5항).

2) 해고의 요건

① 긴박한 경영상의 필요가 있어야 한다.

긴박성의 정도에 관하여 종래의 판례는 구체적으로 인원 정리를 하지 아니하면 기업이 도산이 초래될 고도의 경영위기 상태가 초래되어야 한다(대판1989.5.23, 87다카2132)는 입장이었으나, 최근의 판례는 기업의 도산을 회피하기 위한 정도까지 요구하지는 않으며 객관적으로 볼 때 경영합리화 조치의 합리성이 인정되는 정도로 족하다고 완화된 입장을 취하고 있다(대판1991.12.10,91다8647등). 현행법은 경영악화를 방지하기 위한 사업의 양도·인수·합병은 긴박한 경영상의 필요가 있는 것으로 본다(제24조 제1항).

② 해고를 피하기 위한 노력

사용자는 경영상 해고를 하기 앞서 상당기간 해고를 피하기 위한 노력을 하여야 한다. 해고회피노력을 전혀 하지 않은 경우 해고의 정당성을 인정받을 수 없다(제24조 제2항 전단).

③ 해고 기준에 따라 대상자 선정

합리적이고 공정한 해고 기준을 정하고 이에 따라 그 대상자를 선정하여야 한다. 이 경우 남녀의 성을 이유로 차별하여서는 아니 된다(제24조 제2항 후단).

④ 해고 통보

사용자가 그 사업 또는 사업장의 근로자 대표에게 해고하고자 하는 날의 50일 전까지 이를 통보하고 해고를 피하기 위한 방법 및 해고 기준 등에 관하여 성실히 협의하여야 한다(제24조 제3항). 근로자 대표란 근로자의 과반수로 조직된 노동조합이 있는 경우에는 그 노동조합, 근로자 과반수로 조직된 노동조합이 없는 경우에는 근로자의 과반수를 대표하는 자를 말한다.

⑤ 노동부장관에 신고

대통령령이 정하는 일정 규모 이상의 근로자를 해고하고자 할 때에는 노동부장관에게 신고하여야 한다(제24조 제4항). 그러나 이는 해고의 유효 요건은 아니다(제24조 제5항).

3) 우선재고용

제24조에 따라서 근로자를 해고한 사용자는 근로자를 해고한 날부터 3년 이내에 해고된 근로자가 해고 당시 담당하였던 업무와 같은 업무를 할 근로자를 채용하려 할 경우 제24조에 따라 해고된 근로자가 원하면 그 근로자를 우선적으로 고용하여야 한다(제25조 제1항).

3. 해고 시기의 제한

사용자는 근로자가 업무상 부상 또는 질병의 요양을 위하여 휴업한 기간과 그 후 30일 동안 또는 산전·산후의 여성이 이 법의 규정에 의하여 휴업한 기간과 그 후 30일 동안은 해고하지 못한다. 다만, 사용자가 제84조에 따라 일시보상을 하였을 경우 또는 사업을 계속할 수 없게 된 경우에는 그러하지 아니하다(제23조 제2항).

4. 해고 예고

사용자는 근로자를 해고(경영상 이유에 의한 해고를 포함한다)하려면 적어도 30일 전에 그 예고를 하여야 하고, 30일 전에 예고를 하지 아니하였을 때에는 30일분 이상의 통상임금을 지급하여야 한다. 다만, 천재·사변, 그 밖의 부득이한 사유로 사업을 계속하는 것이 불가능한 경우 또는 근로자가 고의로 사업에 막대한 지장을 초래하거나 재산상 손해를 끼친 경우로서 고용노동부령이 정하는 사유에 해당하는 경우에는 그러하지 아니하다(제26조). 제35조에서 규정하는 해고 예고 적용 예외에 해당하는 자는 해고 예고가 필요 없다.

5. 해고의 절차

사용자는 근로자를 해고하려면 해고 사유와 해고 시기를 서면으로 통지하여야 하고, 서면으로 통지하지 않은 해고는 그 효력이 없다(제27조).

6. 부당해고의 구제 방법

부당해고의 구제 방법은 지방노동위원회에 부당해고 구제 신청을 하거나 법원에 해고 무효 확인 소송을 청구하는 방법 등이 있다.

부당해고로 인정되면 원직에 복직할 수 있고, 해고된 날부터 복직할 때까지의 임금이나 손해배상은 별도의 민사소송을 통해 받을 수 있다.

가. 노동위원회에 부당해고 구제 신청

부당해고 등이 있은 날로부터 3개월 이내에 지방노동위원회에 구제 신청을 한다.

노동위원회는 부당해고에 대해 지체 없이 조사와 당사자 심문을 진행하는 데 당사자의 신청이나 직권에 의해 증인 심문도 할 수 있다. 사업주의 부당해고가 인정되면 구제명령을 하고, 인정되지 않으면 기각결정을 한다.

당사자가 노동위원회의 구제명령이나 기각결정에 대해 이의가 있을 경우에는 명령서나 결정서를 받은 날로부터 10일 이내에 중앙노동위원회에 재심을 청구할 수 있다.

재심결과에도 이의가 있을 경우에는 재심판정서를 받은 날로부터 15일 이내에 행정소송을 제기할 수 있다.

나. 노동부에 진정하기

노동부에 진정서를 접수한 뒤 조사 과정을 거치면 된다. 조사 결과 근로 감독관이 부당해고라고 인정하면 사업주에게 근로자를 원직에 복직시킬 것을 명령한다. 만약, 사업주가 이 명령에 따르지 않을 경우 형사처벌을 받게 된다.

다. 법원에 해고 무효 확인 소송 청구하기

부당해고를 당한 근로자는 부당해고 구제 신청과는 별도로 법원에 해고 무효 확인 소송을 청구할 수 있다. 해고 무효 확인 소송은 통상의 민사 소송 절차를 따라 진행된다.

노동위원회를 통해 구제 받는 경우에도 해고된 날부터 복직할 때까지의 미지급 임금이나 손해배상은 사법적 구제에 의해서만 가능하기 때문에 별도로 소송을 제기해야 한다.

사례 이력서에 허위경력을 기재한 경우 징계사유에 해당되는지

Q. A는 회사 입사 시 제출한 이력서에 허위의 경력을 기재하였고 그 후 시용 기간이 지나 정식 채용되었다. 그런데 이력서에 허위기재한 사실이 발각된다면 취업규칙 등에는 관련규정이 없지만 회사에서 그것을 징계사유로 삼을 수 있는가?

A. 입사 시 이력서나 증명서에 학력 또는 경력을 허위기재한 행위가 징계해고사유에 해당하기 위한 요건 및 그 판단 기준에 관하여 판례는 "기업이 근로자를 고용하면서 학력 또는 경력을 기재한 이력서나 그 증명서를 요구하는 이유는 단순히 근로자의 근로능력을 평가하기 위해서만이 아니라, 노사 간의 신뢰 형성과 기업 질서유지를 위해서는 근로자의 지능과 경험, 교육정도, 정직성 및 직장에 대한 정착성과 적응성 등 전인격적 판단을 거쳐 고용여부를 결정할 필요가 있어 그 판단 자료로 삼기 위한 것이므로, 입사 당시 회사가 그와 같은 허위기재 사실을 알았더라면 근로자를 고용하지 않았을 것으로 보이는 한 이를 해고사유로 들어 해고하는 것이 부당하다고 할 수 없고, 이때 고용계약을 체결하지 아니하였거나 적어도 동일 조건으로는 계약을 체결하지 아니하였을 것으로 인정되는 경우란 기업의 종류나 성격, 허위기재 하거나 은폐한 내용, 고용계약체결 당시의 상황 등에 비추어 그러한 사정이 객관적으로도 인정되는 경우를 말한다"라고 하였다(대법원 1997. 5. 28. 선고 95다45903 판결, 1999. 12. 21. 선고 99다53865 판결).

근로자 채용 시의 허위경력 기재 내지 경력은폐 행위를 징계해고사유로 규정하는 취업규칙의 효력에 관하여는 "근로자의 채용 시의 허위경력 기재 행위 내지 경력은폐 행위를 징계해고사유로 규정하는 취업규칙 등은 허위사항의 기재가 작성자의 착오로 인한 것이거나, 그 내용이 극히 사소하여 그것을 징계해고사유로 삼는 것이 사회통념상 타당하지 않다는 등의 특별한 사정이 있는 경우까지에도 적용되지 않는 한, 정당한 해고사유를 규정한 것으로 유효하고 이에 따른 징계해고는 정당하다"라고 하였다(대법

원 2000. 6. 23. 선고 98다54960 판결).

또한, 이른바 시용 기간이 지난 후에도 근로자 채용 시의 허위경력 기재 내지 경력은폐 행위를 징계해고사유로 할 수 있는지에 관하여 "사용자는 통상적으로 근로자가 이력서 등에 기재한 경력 등을 진실한 것으로 신뢰하는 것이므로, 달리 특별한 사정이 없는 한 사용자에게 근로자의 이력서 등의 기재 내용의 진실 여부를 확인하여야 할 일반적인 의무가 있다고 할 수는 없는 것이고, 허위경력 기재 행위 내지 경력은폐사유가 징계사유로 규정되어 있는 이상 취업규칙 등에서 근로자의 시용 기간 동안에만 이를 징계사유로 삼을 수 있다는 등의 특별한 규정이 있는 경우를 제외하고는 이를 시용 기간이 지난 후에도 징계사유로 삼을 수 있음은 당연하므로 허위경력 기재 행위 내지 경력은폐사유를 시용 기간이 지난 후에는 징계사유로 삼을 수 없다고 할 수 없다"라고 하였다(대법원 1995. 3. 10. 선고 94다14650 판결).

따라서 사례의 경우는 취업규칙에 달리 규정한 바가 없을 경우에도 입사 당시 회사가 그와 같은 허위기재 사실을 알았더라면 고용하지 않았을 것으로 보이는 한 이를 해고사유로 들어 해고하는 것이 부당하다고 할 수 없고, 정식 채용되고 난 후에도 입사 시 경력을 사실과 다르게 기재하여 제출한 행위를 징계사유로 삼을 수 있다 할 것이다.

산업재해보상보험 제도

Ⅰ. 서설

근로자가 직장에서 근무하는 도중에 뜻하지 않은 사고로 피해를 당할 수 있다. 이런 경우 치료비 및 그 손해를 근로자 혼자 부담하는 것은 매우 불공평한데, 근로자의 업무상의 재해를 신속하고 공평하게 보상하며, 재해 근로자의 재활 및 사회 복귀를 촉진하기 위하여 이에 필요한 보험 시설을 설치·운영하고, 재해 예방과 그 밖에 근로자의 복지 증진을 위한 사업을 시행하여 근로자의 보호에 이바지 할 목적으로 산업재산보상보험법을 규정해 두고 있다.

Ⅱ. 산업재해보상보험

1. 의의

산업재해보상보험 사업을 시행하여 근로자의 업무상의 재해를 신속하고 공정하게 보상하며, 재해근로자의 재활 및 사회 복귀를 촉진하기 위하여 이에 필요한 보험 시설을 설치·운영하고, 재해 예방과 그 밖에 근로자의 복지 증진을 위한 사업을 시행하여 근로자 보호에 이바지하는 것을 목적으로 한다. 근로자를 사용하는 모든 사업 또는 사업장에 적용한다.

2. 업무상의 재해의 인정 기준

근로자가 다음 각 호의 어느 하나에 해당하는 사유로 부상·질병 또는 장해가 발생하거나 사망하면 업무상의 재해로 본다. 다만, 업무와 재해 사이에 상당인과관계(相當因果關係)가 없는 경우에는 그러지 않는다. 또한 근로자의 고의·자해 행위나 범죄 행위 또는 그것이 원인이 되어 발생한 부상·질병·장해 또는 사망은 업무상의 재해로 보지 아니한다. 다만, 그 부상·질병·장해 또는 사망이 정상적인 인식능력 등이 뚜렷하게 낮아진 상태에서 한 행위로 발생한 경우로서 대통령[96]으로 정하는 사유가 있으면 업무상의 재해로 본다.

1) 업무상 사고

① 근로자가 근로계약에 따른 업무나 그에 따르는 행위를 하던 중 발생한 사고

② 사업주가 제공한 시설물 등을 이용하던 중 그 시설물 등의 결함이나 관리 소홀로 발생한 사고

③ 사업주가 주관하거나 사업주의 지시에 따라 참여한 행사나 행사 준비 중에 발생한 사고

④ 휴게 시간 중 사업주의 지배 관리하에 있다고 볼 수 있는 행위로 발생한 사고

⑤ 그 밖에 업무와 관련하여 발생한 사고

2) 업무상 질병

① 업무수행 과정에서 물리적 인자(因子), 화학 물질, 분진, 병원체, 신체에 부담을 주는 업무 등 근로자의 건강에 장해를 일으킬 수 있는 요인을 취급하거나 그에 노출되어 발생한 질병

② 업무상 부상이 원인이 되어 발생한 질병

③「근로기준법」 제76조의2에 따른 직장 내 괴롭힘, 고객의 폭언 등으로 인한 업무상 정신적 스트레스가 원인이 되어 발생한 질병

④ 그 밖에 업무와 관련하여 발생한 질병

96 산업재해보상법 시행령 제36조 (자해 행위에 따른 업무상의 재해의 인정 기준) 법 제37조제2항 단서에서 "대통령령으로 정하는 사유"란 다음 각 호의 어느 하나에 해당하는 경우를 말한다. [개정 2020.1.7]
1. 업무상의 사유로 발생한 정신질환으로 치료를 받았거나 받고 있는 사람이 정신적 이상 상태에서 자해 행위를 한 경우
2. 업무상의 재해로 요양 중인 사람이 그 업무상의 재해로 인한 정신적 이상 상태에서 자해 행위를 한 경우
3. 그 밖에 업무상의 사유로 인한 정신적 이상 상태에서 자해 행위를 하였다는 상당인과관계가 인정되는 경우

3) 출퇴근 재해

① 사업주가 제공한 교통수단이나 그에 준하는 교통수단을 이용하는 등 사업주의 지배관리하에서 출퇴근하는 중 발생한 사고

② 그 밖에 통상적인 경로와 방법으로 출퇴근하는 중 발생한 사고

3. 업무 수행 중의 사고

가. 업무상 사고로 인정되는 경우

1) 근로계약에 따른 업무 수행 행위

2) 사업주가 제공한 시설물 등을 이용하던 중 그 시설물 등의 결함이나 관리소홀로 발생한 사고

3) 업무를 준비하거나 마무리하는 행위, 그 밖에 업무에 따르는 필요적 부수 행위

4) 천재지변·화재 등 사업장 내에 발생한 돌발적인 사고에 따른 긴급피난·구조 행위 등 사회통념상 예견되는 행위

5) 근로자가 사업주의 지시를 받아 사업장 밖에서 업무를 수행하던 중에 발생한 사고

6) 업무의 성질상 업무 수행 장소가 정해져 있지 않은 근로자가 최초로 업무 수행 장소에 도착하여 업무를 시작한 때부터 최후로 업무를 완수한 후 퇴근하기 전까지 업무와 관련하여 발생한 사고

나. 업무상 재해로 인정되지 않는 경우

1) 사적인 외출 중의 사고

2) 휴식 시간 중 사업장 밖에서의 사적인 행위

3) 쟁의행위 중 재해

4) 업무이탈 행위나 범죄 행위

4. 산재보험급여의 종류

가. 요양급여

요양급여는 업무상 부상 또는 질병으로 요양이 필요한 경우 지급한다. 공단이 설치한 보

험시설 또는 산재보험지정 의료기관에서 요양하게 된다.

나. 휴업급여

요양으로 인하여 취업하지 못한 기간에 대하여 지급하며 1일당 지급액은 평균임금의 70%로 한다.

다. 장해급여

치료 종결 후 잔존하는 신체장해에 대하여 장해등급에 따라 연금 또는 일시금으로 지급한다.

라. 간병급여

치료 종결 후 상시 또는 수시로 간병이 필요하여 실제로 간병을 받는 경우에 지급한다.

마. 유족급여

업무상 재해로 사망한 근로자의 유족에게 연금 또는 일시금으로 지급한다.

바. 상병보상 연금

2년 이상 요양 중인 재해자 중 폐질 등급 제1급~제3급에 해당하는 경우에 지급한다.

사. 장의비

업무상 재해에 대하여 실제 장제를 행한 자에게 지급한다.

아. 재활급여

5. 업무상 질병의 인정 기준

산업재해보상보험의 급여 대상이 되는 업무상 질병의 인정 기준이 산업구조 및 작업 환경의 변화에 따라 새롭게 나타나는 질병을 제대로 반영하지 못하고 있음에 따라 직업적으로 노출될 가능성이 높고 근로자의 건강에 영향이 큰 불산, 염산 등 유해·위험 요인과 외

상후스트레스장애, 저체온증 등의 질병을 업무상 질병 인정 기준에 추가함으로써 산업재해로부터 근로자 보호를 강화하고, 업무상 질병 인정 기준의 분류 체계를 질병계통별로 체계적으로 재분류하며, 질병 및 유해·위험 요인의 명칭을 현재 사용되고 있는 명칭과 일치하도록 정비하였다.[97]

사례 업무수행 중 감염원에 노출되어 감염된 경우 업무상 질병 인정 여부

자료출처 : 근로복지공단 홈페이지

① 의사 A는 코로나19 확진환자에 대한 진료 및 검사 실시 후 코로나19에 감염되어 산재 신청하였고, 업무 수행 중에 감염원에 노출된 것으로 확인되어 업무상 질병으로 인정함.

② 간호사 B는 병원 내에서 코로나19 확진환자와 접촉으로 감염되어, 업무 수행 중 감염원에 노출된 것으로 추정되므로 업무상 질병으로 인정됨.

③ 병원응급실 안내자로 근무하는 C는 근무 중 메르스(중동호흡기증후군) 확진자에 의해 감염된 사실이 질병관리본부 역학조사 결과 확인되어 업무상 질병으로 인정됨.

④ 간병인으로 근무하는 D는 메르스 보균자였던 동료 근로자와 접촉한 사실이 질병관리본부 자료에서 확인되어 업무상 질병으로 인정됨.

97 산업재해보상보험법 시행령 [별표 3] 업무상 질병에 대한 구체적인 인정 기준(제34조 제3항 관련)
9. 감염성 질병
가. 보건의료 및 집단수용시설 종사자에게 발생한 다음의 어느 하나에 해당하는 질병
1) B형 간염, C형 간염, 매독, 후천성면역결핍증 등 혈액전파성 질병
2) 결핵, 풍진, 홍역, 인플루엔자 등 공기전파성 질병
3) A형 간염 등 그 밖의 감염성 질병
나. 습한 곳에서의 업무로 발생한 렙토스피라증
다. 옥외 작업으로 발생한 쯔쯔가무시증 또는 신증후군 출혈열
라. 동물 또는 그 사체, 짐승의 털·가죽, 그 밖의 동물성 물체, 넝마, 고물 등을 취급하여 발생한 탄저, 단독(erysipelas) 또는 브루셀라증
마. 말라리아가 유행하는 지역에서 야외 활동이 많은 직업 종사자 또는 업무수행자에게 발생한 말라리아
바. 오염된 냉각수 등으로 발생한 레지오넬라증
사. 실험실 근무자 등 병원체를 직접 취급하거나, 이에 오염된 물질을 취급하는 업무로 발생한 감염성 질병

6. 보험급여 산정 기준

① 보험급여를 산정하는 경우 해당 근로자의 평균임금을 산정하여야 할 사유가 발생한 날부터 1년이 지난 이후에는 매년 전체 근로자의 임금 평균액의 증감률에 따라 평균임금을 증감하되, 그 근로자의 연령이 60세에 도달한 이후에는 소비자물가변동률에 따라 평균임금을 증감한다.

② 전체 근로자의 임금 평균액의 증감률 및 소비자물가변동률의 산정 기준과 방법은 대통령령으로 정한다. 이 경우 산정된 증감률 및 변동률은 매년 고용노동부장관이 고시한다.

③ 보험급여(진폐보상연금 및 진폐유족연금은 제외한다)를 산정할 때 해당 근로자의 근로 형태가 특이하여 평균임금을 적용하는 것이 적당하지 아니하다고 인정되는 경우로서 대통령령으로 정하는 경우에는 대통령령으로 정하는 산정 방법에 따라 산정한 금액을 평균임금으로 한다.

④ 보험급여를 산정할 때 진폐 등 대통령령으로 정하는 직업병으로 보험급여를 받게 되는 근로자에게 그 평균임금을 적용하는 것이 근로자의 보호에 적당하지 아니하다고 인정되면 대통령령으로 정하는 산정 방법에 따라 산정한 금액을 그 근로자의 평균임금으로 한다.

⑤ 보험급여(장의비는 제외한다)를 산정할 때 그 근로자의 평균임금 또는 제3항부터 제6항까지의 규정에 따라 보험급여의 산정 기준이 되는 평균임금이 전체 근로자의 임금 평균액의 1.8배(이하 "최고 보상기준 금액"이라 한다)를 초과하거나, 2분의 1(이하 "최저 보상기준 금액"이라 한다)보다 적으면 그 최고 보상기준 금액이나 최저 보상기준 금액을 각각 그 근로자의 평균임금으로 한다. 다만, 휴업급여 및 상병보상연금을 산정할 때에는 최저 보상기준 금액을 적용하지 아니한다.

⑥ 최고 보상기준 금액이나 최저 보상기준 금액의 산정 방법 및 적용 기간은 대통령령으로 정한다. 이 경우 산정된 최고 보상기준 금액 또는 최저 보상기준 금액은 매년 고용노동부장관이 고시한다.

7. 산재 보상 보험급여와 이의 신청

① 보험급여를 받고자하는 경우 해당 보험급여 청구서를 관할 근로복지 공단에 제출한다. 보험급여의 소멸시효는 3년이다.

② 근로복지공단에서 보험급여 지급 여부 및 지급 내용을 결정하여 청구인에게 통보한다.

③ 보험급여 지급에 이의가 있을 경우 1차로 근로복지공단에 심사청구할 수 있으며, 심사결정에 불복할 경우 고용노동부 산업재해보상 보험심사위원회에 재심사를 청구할 수 있다.

④ 재심사 결정에 이의가 있을 결정 내용을 안 날로부터 90일 이내 법원에 행정소송을 제기할 수 있다. 이 경우 심사 청구와 재심사청구를 거치지 아니하고 행정소송을 제기할 수도 있다.

8. 통상의 출퇴근재해보상 제도

통상의 출퇴근재해 도입 이전에는 노동자가 회사차나 회사에서 제공한 차량을 이용하던 중 발생한 사고만 산재보상이 가능하였으나, 2016년 9월 29일 이후 통상적인 경로와 방법(대중교통과 자가용, 도보 등)을 이용하여 출퇴근하는 중 발생하는 사고도 산재보상이 가능하도록 하는 '통상의 출퇴근재해 산재보상 제도' 가 도입되었다.

① 통상의 출퇴근재해 인정 기준

출퇴근 중 발생한 사고이고 통상적인 경로와 방법으로 이동 중 발생한 사고여야 하며, 경로의 일탈 또는 중단이 없어야 한다. 다만, 출퇴근 과정에서 일어날 수 있는 일상생활에 필요한 행위로의 일탈 또는 중단이 발생한 경우 예외적으로 발생한 사고도 산재보상이 가능하다.

② 일상생활에 필요한 행위(산재법 시행령 제35조 제2항)

• 일상생활에 필요한 용품을 구입하는 행위

•「고등교육법」에 따른 학교, 「직업교육훈련촉진법」에 따른 직업훈련기관에서 직업능력개발향상에 기여할 수 있는 교육이나 훈련 등을 받는 행위

• 선거권이나 국민투표권의 행사

• 근로자가 사실상 보호하고 있는 아동 또는 장애인을 보육기관 또는 교육기관에 데려다 주거나 해당 기관으로부터 데려오는 행위

• 의료기관 또는 보건소에서 질병의 치료나 예방을 목적으로 진료를 받는 행위

• 근로자의 돌봄이 필요한 가족 중 의료기관 등에서 요양 중인 가족을 돌보는 행위

• 위의 규정에 준하는 행위로서 고용노동부장관이 일상생활에 필요한 행위라고 인정하는 행위

• 예외적으로 인정되는 일탈 또는 중단의 경우라도 그 전 과정이 보호되는 것이 아니라 이동 중의 재해만 보호

사례 통상의 출퇴근 재해 보상 적용 [2016. 9. 29. 이후]

• 출근길에 서둘러 버스를 타려가다 넘어져 전치 2주 부상을 입은 경우

• 출 · 퇴근길에 만원 지하철을 타다 승객들에게 밀쳐져 전치 3주의 부상을 입은 경우

• 출근을 위해 집을 나서, 버스정류장으로 이동 중 아파트 단지 내 화단에 부딪혀 이마가 찢어진 경우

• 퇴근 후 정상적인 경로로 걸어서 집에 가던 중 자전거를 탄 동네 아이와 충돌하여 엉치뼈가 골절 된 경우

• 만원버스에 몸을 싣고 출근 하던 중 버스 손잡이를 놓치고 넘어져 팔이 부러진 경우

• 평소 회사 통근버스를 이용하여 출퇴근 하던 B씨가 늦잠을 자 부랴부랴 택시를 이용하여 출근 하던 중 교통사고가 난 경우

• 자전거로 출퇴근 하는 A씨가 업무를 종료하고 자전거를 타고 집으로 가다, 집 앞 편의점에 들러 생수를 사고 나오던 중 편의점 문에 손이 끼이는 사고가 발생한 경우

• 용접기술을 배우기 위해 퇴근길에 직업교육훈련기관에서 훈련을 받은 후 귀가하던 중 사고가 발생한 경우

• 당뇨약을 받기 위해 퇴근길에 주치의 병원에 방문하여 약을 처방받고 퇴근하다 발생한 사고

• 출근길에 자녀를 어린이집(학교)에 데려다 주고 통상적인 경로로 출근하던 중 사고가 발생한 경우

사례 정례회식 후 개별모임 중 당한 재해도 산재보험이 적용되는지

Q. 회사에서 정례회식을 마치고 참석근로자의 일부가 술을 더 마시기 위하여 회사 차량으로 이동하던 중 발생된 교통사고로 근로자들이 다친 경우 업무상 재해로 될 수 있는지요?

A. 관련 판례는 "근로자가 근로계약에 의하여 통상 종사할 의무가 있는 업무로 규정되어 있지 아니한 회사 외의 행사나 모임에 참가하던 중 재해를 당한 경우, 이를 업무상 재해로 인정하려면 우선 그 행사나 모임의 주최자, 목적, 내용, 참가 인원과 그 강제성 여부, 운영 방법, 비용 부담 등의 사정들에 비추어 사회통념상 그 행사나 모임의 전반적인 과정이 사용자의 지배나 관리를 받는 상태에 있어야 하고, 또한 근로자가 그와 같은 행사나 모임의 순리적인 경로를 일탈하지 아니한 상태에 있어야 하는바, 사용자가 주최하던 정례회식을 마치고 참석근로자들에게도 귀가를 지시한 후 먼저 귀가한 다음에도 근로자들이 다른 곳에 가서 술을 더 마시기 위하여 사용자 소유의 차량을 함께 타고 가다가 발생한 교통사고로 인하여 근로자들이 사망하거나 다친 경우, 피해 근로자들이 임의로 자기들만의 모임을 계속한 것은 그들의 사적인 행위에 해당하는 것으로서 이를 가리켜 사용자의 지배·관리하의 행사가 계속된 것이라고 볼 수는 없고, 더욱이 피해 근로자들은 당초 행사의 순리적인 경로를 이탈한 것이므로 그 업무수행성을 인정할 수 없어 근로기준법에 의한 재해보상을 받을 수 있는 업무상의 재해에 해당한다고 볼 수 없다"라고 하였다(대법원 1995. 5. 26. 선고 94다60509 판결).

또한, "근로자가 자신이 팀장으로 있는 직원의 인사이동에 따른 회식을 2차까지 마친 후 야간근로자들의 작업 상태를 확인하기 위하여 밤 12시 30분경 음주한 채 자신의 승용차를 운전하여 귀사(歸社) 도중 위 승용차가 도로 우측의 화단분리대에 충돌하고 전복되는 사고가 발생하여 사망한 경우, 위 회식은 그 참석이 강제되지 않았고, 또한 위 회식 후 망인의 귀사 행위도 망인의 임의적인 행위로서 근로의무이행을 위한 업무 수행의 연속이라거나 업무 수행과 관련된 활동이라고 보기 어려우며, 나아가 교통사고는 망인 자신의 자동차 운전 행위에 매개된 음주운전으로 발생된 것으로서 위 망인의 사망을 그 업무 수행을 위한 귀사 과정에서 통상 수반하는 위험의 범위 내에 있는 것이라고 보기 어려워 위 망인의 사망과 업무와의 사이에 상당인과관계를 인정

할 수 없다"라고 한 원심판결을 수긍한 사례가 있고(대법원 1996. 6. 14. 선고 96누3555 판결), "근로자가 출장 중 밤늦게 일을 마치고 부근에서 동료들과 함께 자정이 지날 때까지 저녁식사 겸 술을 마신 다음, 택시로 이동하여 포장마차에서 술을 더 마시고 밖으로 나와 횡단보도를 건너던 중 동료들보다 약 5미터 처져서 뒤늦게 횡단을 하다가 교통사고를 당한 경우, 위 사고가 출장 과정에 당연히 또는 통상 수반되는 행위 중에 발생한 것으로서 업무상의 재해에 해당한다"라고 본 원심판결을 파기한 사례가 있다(대법원 1998. 5. 29. 선고 98두2973 판결, 2002. 12. 27. 2000다18714 판결).

따라서 위 사례의 경우도 피해 근로자들이 정례회식을 마치고도 임의로 자기들만의 모임을 계속한 것으로 이는 사용자의 지배·관리하의 행사가 계속된 것이라고 볼 수는 없고, 당초 행사의 순리적인 경로를 이탈한 것으로 업무수행성을 인정할 수 없어 업무상 재해로 인정될 수 없을 것으로 보인다.

Ⅰ. 서설

1. 의의

'직장 내 성희롱'이란 사업주·상급자 또는 근로자가 직장 내의 지위를 이용하거나 업무와 관련하여 다른 근로자에게 성적 언동 등으로 성적 굴욕감 또는 혐오감을 느끼게 하거나 성적 언동 또는 그 밖의 요구 등에 따르지 아니하였다는 이유로 고용에서 불이익을 주는 것을 말한다.

2. 직장 내 성희롱의 성립 요건

가. 행위자와 피해자 요건의 충족

성희롱 행위자는 사업주, 상급자, 동료, 하급자이며 2007년 12월 21일 남녀고용평등과 일·가정 양립 지원에 관한 법률 제14조의2에 의해 거래처 관계자나 고객 등 제3자의 성희롱 행위로부터 근로자 보호조항 신설됨으로써 고객 등 제3자도 일정 범주 내에서는 행위자에 해당된다.

나. 직장 내 지위의 이용, 또는 업무와의 관련성 유지

직장 내 지위를 이용하거나 업무와 관련하여 이루어져야 한다. 회사 안인지 밖인지는 상관없다. 따라서 야유회, 회식 장소, 출장지 등에서도 발생한다.

다. 성적인 말이나 행동

성적인 언어나 행동을 가하거나 이를 조건으로 해야 한다. 상대방이 원하지 않는 성적 언동이 반복되거나, 단 한 번이라 해도 그 정도가 심하면 성립한다.

라. 성적 굴욕감 또는 혐오감 유발

직장 내에서 사업주가 성적 음담패설, 외모에 대한 평가 등의 발언을 하여 근로자가 굴욕감을 느끼고 근로 의욕이 저하되어 고용 환경을 악화시키면 성립한다. 성적 굴욕감 유발 여부의 판단 기준은 행위자의 의도와는 상관없이 피해자가 어떻게 느꼈는가와 함께 사회통념상 합리적인 사람이 피해자의 입장이라면 문제가 되는 행동에 대하여 어떻게 판단하고 대응하였을 것인가를 고려하여 결정한다.

마. 성적 요구 불응을 이유로 한 고용상 불이익

사업주가 근로자에게 성적인 관계를 요구하였는데 이를 거절하거나, 사내의 공식적인 회식 자리 등에서 사업주가 외설적인 춤을 출 것을 요구하며 포옹하려 하자 이를 거부한 경우에 이를 이유로 채용 탈락, 감봉, 승진 탈락, 전직, 해고 등과 같은 고용상의 불이익을 주는 것을 말한다.

3. 직장 내 성희롱의 유형

어떠한 경우가 성희롱에 해당되는지는 미리 판단하기 곤란하기 때문에 합리적인 차원에서 사례별로 판단되어야 한다. 다음은 직장 내 성희롱이 성립될 수 있는 경우를 예시한 것이다.

가. 육체적 성희롱

회식 자리 등에서 입맞춤을 하거나 포옹하는 등 신체적 접촉 행위, 안마 등을 강요하는 행위, 엉덩이 등 특정 신체 부위를 만지는 행위 등

나. 언어적 성희롱

음란한 농담이나 음담패설, 옷차림·신체·외모에 대한 성적인 비유나 평가, 음란한 내용

의 전화 통화, 회식 자리 등에서 무리하게 옆에 앉혀 술을 따르거나 강요하는 행위 등

다. 시각적 성희롱

외설적인 사진이 담기 달력을 게시하거나 야한 사진을 컴퓨터 배경 화면 등으로 보여 줘 타인에게 성적 불쾌감을 초래하고 그러한 감정을 표현하였음에도 그 행위가 지속되는 경우, 상대방의 특정 신체 부위를 유심히 쳐다보거나 훑어보는 행위 등

라. 노동법상 성희롱과 형법상 성범죄의 차이

차이점	노동법상 성희롱	형법상 성범죄
유형	언어적 · 육체적 · 시각적 성희롱	강간, 강제 추행, 음행 매개, 음화 등 제조 · 판매, 공연 음란, 추행 등
고의 유무	의도 불필요	고의 필요
형벌 유무	형벌보다는 근로관계에서의 불이익을 통해서 규제	국가 형벌권의 발동에 의해 형벌 부과
입증 책임	사업주	검사
강제성	강제력 없어도 성립	강간, 강제 추행과 같은 성폭력의 경우 폭행, 협박 등의 강제력이 동원되어야 성립

Ⅱ. 성희롱에 대한 권리 구제

피해자는 성희롱 행위에 대한 거부 의사를 분명히 밝히고, 적극적인 태도로 행위 중지를 요구해야 한다.

1. 회사 내의 기관에 신고

개인적인 대응으로 해결되지 않는 경우 회사 내 노사협의회 등 고충을 처리할 수 있는 기관에 신고한다. 신고는 전화 무인 응답기, 신고 전용 전화, 사내 통신망 등을 이용할 수 있다. 사업주는 성희롱 사실이 확인되면 성희롱 행위자에 대하여 경고, 견책, 전직, 대기 발령, 정직, 해고 등 징계, 그 밖에 이에 준하는 조치를 취해야 하며, 이를 위반하는 경우에는

5백만 원 이하의 과태료에 처한다(남녀고용평등과 일·가정 양립지원에 관한 법률 제39조 제2항).

2. 고용노동부에 진정 또는 고소·고발

- 사업주가 남녀고용평등과 일·가정 양립지원에 관한 법률에 명시되어 있는 예방 교육, 행위자 조치, 피해 근로자에 대한 고용상의 불이익 금지 조항을 지키지 않았을 경우에는 사업장 소재 지방 고용노동관서에 진정이나 고소·고발을 할 수 있다. 진정이나 고발의 경우 피해 당사자뿐만 아니라 범죄 사실을 알고 있는 제3자도 가능하다(예방 교육, 행위자 조치 조항에 대해서는 진정만 가능).
- 지방 고용노동관서의 장은 관련 법령 위반 여부를 조사한 후 위법 행위에 대하여 즉시 시정 지시(경우에 따라 즉시 과태료 부과)를 하고, 시정하지 아니할 경우에는 과태료 부과 또는 입건 수사하게 된다.

3. 국가인권위원회에 진정

국가인권위원회는 조정을 거쳐 당사자 간 합의가 이루어지지 않는 경우 조정에 갈음하는 결정을 할 수 있는데, ① 인권 침해 및 차별 행위의 중지, ② 원상회복이나 손해 배상 등의 구제 조치, ③ 유사 행위의 재발을 방지하기 위하여 필요한 조치 등을 포함할 수 있다(국가인권위원회법 제42조).

국가인권위원회에 진정을 하려면, 먼저 국가인권위원회 홈페이지에서 진정 서류를 내려받아 직접 또는 인터넷으로 신청하면 된다. 신청이 접수되면 상담 조사관이 조사를 하고, 조사 결과 성희롱으로 결정되면 시정 권고를 한다. 그러나 시정 권고는 강제력이 없기 때문에 가해자에 대한 형사처벌을 원할 경우 고소 등의 형사법적 조치를 취해야 한다.

4. 민사소송 제기

사업주와 성희롱 행위자를 상대로 정신적·물질적 고통을 입은 데 대한 손해 배상을 구하는 민사 소송을 법원에 제기할 수 있다.

Ⅲ. 사업주의 의무

1. 직장 내 성희롱 예방 교육

사업주는 연 1회 이상 직장 내 성희롱 예방을 위한 교육을 실시해야 한다.

2. 직장 내 성희롱 예방 장치 마련

사업주는 성희롱과 관련한 고충 처리 기관이나 절차를 마련해야 한다. 이때 별도의 기구나 절차를 대신하여 기존의 고충 처리 기관, 노사협의회, 고충 처리 위원 제도 등을 활용할 수 있다.

3. 성희롱 행위자에 대한 징계 조치

사업주는 직장 내 성희롱 행위자에 대해 성희롱의 정도, 지속성 등을 감안하여 경고, 견책, 정직, 휴직, 전직, 대기 발령, 해고 등의 적절한 징계 조치를 내려야 한다. 또, 징계 조치 및 절차에 대해 사전에 취업규칙이나 사내 규칙, 단체 협약 등에서 규정하는 것이 바람직하다.

4. 성희롱 피해자에 대한 불이익 조치 금지

사업주는 피해자가 상담·고충을 제기하거나 관계 기관에 진정, 고소 등을 하였다는 이유로 고용상의 불이익 조치를 해서는 안 된다.

5. 고객 등에 의한 성희롱 방지 의무

사업주는 고객 등 업무와 밀접한 관련이 있는 자의 성희롱 행위로 인하여 근로자가 고충 해소를 요청할 경우 근무 장소의 변경, 배치전환 등의 가능한 조치를 취하도록 노력하여야 한다. 사업주는 성희롱 피해를 주장하거나 고객 등으로부터 성적 요구 등에 불응한 것을 이유로 근로자를 해고하거나 그 밖의 불이익한 조치를 하지 못한다.

사례 직장 내 성희롱

Q. 저는 A 회사에 취업하게 되었는데 직상급자인 B 과장은 제가 있는 곳에서 평소 음담패설을 자주하여 불쾌하게 생각하고 있던 차에 급기야 회식 자리에서 공공연히 어깨에 손을 올리는가 하면 자꾸 술을 권하고 따르도록 시켰습니다. 회식 자리가 끝난 후에도 잘 아는 데가 있는데 데이트나 하자고 억지로 손을 잡아끌었습니다. 겨우 불편한 자리를 면하였지만 생각할수록 화가 납니다. 이런 걸로 직장 내 성희롱으로 고발할 수 있나요?

A. 귀하의 직장상사인 과장이 귀하에게 하였던 일련의 과정이 직장 내 성희롱에 해당하는지 여부에 대해서 살펴보면, 우선 해당 과장은 회사 내의 직장상사로 업무상 인과관계가 있는 자로서 일상적인 근무 시간 중이나 업무의 연장선에 있는 회식 자리에서 성적인 언어나 행동에 귀하가 화를 내거나 거부의 의사를 분명히 하였음에도 성적인 비유나 음담패설을 수차례 하였고 일상적인 직장 문화의 하나로 단순히 술을 권하는 정도를 벗어나 억지로 술을 강권하였을 정도라면 귀하를 마치 술집접대여성으로 비하시킬 정도로 성적 굴욕감이나 모욕감을 주었다고 볼 수 있다. 그러나 실제 성희롱 여부에 해당하는지 여부는 이를 획일적으로 판단하는 것이 아니라 당해 사업자의 직장 문화, 평소 직장상사나 동료들과의 관계, 성희롱을 당한 사람의 주관적 상황, 사회일반적인 통념 등을 종합하여 판단한다는 점에 유의해야 한다.

귀하의 경우 일단 사업주에게 직장 내 성희롱에 대한 고충을 먼저 제기할 필요가 있으며, 만일 사업주가 이를 묵인하거나 오히려 피해자에게 그 책임을 돌린다면 고용노동부 또는 고용평등위원회에 진정, 고소할 수 있다. 또한 이러한 진정·고소를 이유로 사업주가 피해자에게 해고·휴직·전직 등의 징계를 행한다면 노동위원회에 구제신청을 할 수 있다. 그리고 과장의 언행이 성추행의 수준이라면 형사적인 책임을 물어야 하고, 사업주와 가해자를 상대로 정신적 피해에 대해서도 민사상 손해를 청구할 수 있다.

Ⅳ. 직장 내 괴롭힘의 금지

직장 내에서의 괴롭힘으로 동료를 사망에 이르게 하는 사고가 발생하는 등 직장 내 괴롭힘으로 인한 문제가 심각해지고 있다. 이에 직장 내 괴롭힘은 근로자의 정신적·신체적 건강에 악영향을 끼칠 뿐만 아니라 기업에도 막대한 비용 부담을 초래하게 되므로 이에 대한 대책이 필요하게 되어 근로기준법에 직장 내 괴롭힘의 금지규정을 신설하게 되었다(신설 2019. 1. 15.).

1. 의의

직장 내 괴롭힘이란 사용자 또는 근로자는 직장에서의 지위 또는 관계 등의 우위를 이용하여 업무상 적정 범위를 넘어 다른 근로자에게 신체적 · 정신적 고통을 주거나 근무환경을 악화시키는 행위를 말한다.

2. 직장 내 괴롭힘 발생 시 조치

① 누구든지 직장 내 괴롭힘 발생 사실을 알게 된 경우 그 사실을 사용자에게 신고할 수 있다. 사용자는 신고를 접수하거나 직장 내 괴롭힘 발생 사실을 인지한 경우에는 지체 없이 그 사실 확인을 위한 조사를 실시하여야 한다.

② 사용자는 조사 기간 동안 직장 내 괴롭힘과 관련하여 피해를 입은 근로자 또는 피해를 입었다고 주장하는 근로자(이하 '피해근로자 등'이라 한다)를 보호하기 위하여 필요한 경우 해당 피해근로자 등에 대하여 근무 장소의 변경, 유급휴가 명령 등 적절한 조치를 하여야 한다. 이 경우 사용자는 피해근로자 등의 의사에 반하는 조치를 하여서는 아니 된다.

③ 사용자는 조사 결과 직장 내 괴롭힘 발생 사실이 확인된 때에는 피해근로자가 요청하면 근무 장소의 변경, 배치전환, 유급휴가 명령 등 적절한 조치를 하여야 한다.

④ 사용자는 조사 결과 직장 내 괴롭힘 발생 사실이 확인된 때에는 지체 없이 행위자에 대하여 징계, 근무 장소의 변경 등 필요한 조치를 하여야 한다. 이 경우 사용자는 징계 등의 조치를 하기 전에 그 조치에 대하여 피해근로자의 의견을 들어야 한다.

⑤ 사용자는 직장 내 괴롭힘 발생 사실을 신고한 근로자 및 피해근로자 등에게 해고나 그 밖의 불리한 처우를 하여서는 아니 된다.

제5편

일상생활과 범죄

제1장 형법 일반론

제2장 일상생활과 범죄

제3장 교통사고와 법률관계

형법 일반론

Ⅰ 서설

형법이라 함은 범죄라는 일정한 행위에 대하여 형벌이라는 일정한 법률적 효과를 부여한 법질서의 전체를 말한다. 형법은 사회질서를 유지하기 위하여 사회공공에 위해를 끼치거나 타인을 해한 자에 대한 제재로서 형벌이라는 특수한 수단을 사용하여 사회를 보호하려는 데에 그 본질이 있다. 이와 같은 형법은 국가와 범인과의 관계를 규율하는 법률로서 공법에 속한다. 형법전 외에도 각종의 법률, 예컨대 국가보안법 · 경범죄처벌법 등에서도 형법에 관한 내용을 담고 있다.

Ⅱ. 죄형법정주의

1. 의의

죄형법정주의는「법률이 없으면 범죄도 없고 형벌도 없다」라는 근대형법의 원칙을 말한다. 즉, 어떠한 행위를 범죄로 인정하여 여기에 어떠한 형벌을 과할 것인가를 재판관의 임의에 맡기는 것이 아니라 범죄와 형벌은 법률의 규정에 따라야 한다는 것이다. 이렇게 함으로써 어떠한 행위를 하지 말아야 하는지를 알 수 있고, 또한 설사 범죄 행위를 하였다고 하더라도 자기가 받아야 할 일정한 형벌 이상은 받을 필요가 없게 된다.

2. 파생원칙

가. 법률주의 원칙

범죄와 형벌은 성문으로 된 법률로 규정하여야 한다는 원칙이다. 여기에서의 법률은 국회에서 제정한 형식적 의미의 법률을 의미한다. 따라서 명령이나 규칙에 의하여 범죄와 형벌을 규정할 수는 없다. 또한 성문법이 아니라면 장기간에 걸쳐 일반적으로 법으로 인정되어 온 관습법이라도 성문법이 아니기 때문에 관습법을 적용하여서도 안 된다.

나. 형벌불소급의 원칙

범죄와 형벌은 범죄 행위를 할 당시의 법률에 의하여 결정되어야 한다는 원칙이다. 만일 행위를 할 당시에는 법률의 규정에 처벌이 없었는데 그 후에 그 행위를 처벌하도록 법을 개정하거나 제정한다면 일반 국민은 법을 신뢰할 수 없고 행동의 자유에 제한을 받게 된다. 그러나 예외적으로 범죄자에게 유리하게 변경된 경우에는 그 변경된 법을 적용할 수 있다.

다. 명확성의 원칙

형법은 어떠한 행위가 범죄가 되고, 그러한 범죄에 대하여 어떠한 형벌을 과할 것인지를 명확하게 규정하여야 한다는 원칙이다. 이러한 내용이 명확하지 않으면 법관이 임의적으로 해석함으로써 죄형법정주의가 무의미해질 수 있다. 예를 들어 단순히 '나쁜 짓을 한 사람은 처벌된다'라고 규정하여서도 안 되고 '이러한 자는 나쁜 짓이 고쳐질 때까지 징역에 처한다' 또는 '1년 이상의 징역에 처한다'라고 규정하여서는 안 된다. 다만 소년법에서는 '장기는 10년, 단기는 5년을 초과하지 못한다'라는 상대적인 부정기형을 규정하고 있다.

라. 유추해석금지의 원칙

법률에 규정이 없는 사항에 대하여 그것과 유사한 성질을 가지는 사항에 관한 법률을 적용하는 것을 말한다. 예를 들어 남의 전화를 몰래 사용한 경우에 처벌 규정이 없음에도 불구하고 전화 사용을 절도로 보아 절도죄로 처벌하여서는 안 된다는 것이다.

마. 적정성의 원칙

범죄와 형벌을 규정할 때에 그 내용이 적정해야 한다는 원칙이다. 즉, 어떠한 행위를 금지할 때에 꼭 필요한 것에 한정되어야 하고, 그 범죄와 형벌 사이에는 적정한 균형이 이루어져야 한다. 예를 들어 절도죄를 범한 자에게 사형을 선고하는 것은 죄와 형벌의 균형이 맞지 않는다.

Ⅲ. 범죄와 형벌

1. 범죄의 의의

범죄의 의의는 광의와 협의 두 가지로 구별할 수 있다. 광의의 범죄는 사회공동생활의 질서를 침해하는 반사회적 행위의 총칭이다. 이를 실질적 의의의 범죄라고도 한다. 협의의 범죄라 함은 법률상 형벌적 효과가 부여되는 구성 요건에 해당하는 위법(위법성), 유책 행위(책임성)이다. 이를 형식적 의의의 범죄라고도 한다. 이러한 협의의 범죄는 사회의 공동법익을 침해하는 행위 중에서 일정한 반사회적 행위에 대하여 국가가 일정한 벌을 과하는 것이 상당하며, 또 필요하다고 생각하여 형법의 각 조문에 열거한 것이다. 법률상 범죄라 하면 이 협의의 범죄를 뜻한다. 따라서 사회공동생활의 질서를 침해한다고 하더라도 법률의 규정에 없으면 처벌할 수 없다.

2. 범죄의 성립 요건

범죄가 성립하기 위해서는 어떠한 행위가 형법상 규정되어 있어야 하며, 그러한 행위가 위법해야 하고, 그 행위자에게는 책임능력이 있어야 한다.

가. 구성 요건 해당성

무엇이 범죄냐 하는 것은 형법의 규정에 의하여야 하는데 그 형벌 법규에 규정된 개념적 요소를 구성 요건이라고 한다. 물론 구성 요건은 구체적으로 명시될 수 없고 항상 추상적 개념으로 표시된다. '살인 또는 상해 기망·배임을 하였다' 하는 경우와 같이 범죄 유형이 규정되어 있는 것이 범죄의 구성 요건이다. 살인 행위가 무엇이고 배임 행위가 무엇인지는 추상적인 개념이다.

나. 위법성

위법성이라 함은 법규의 위반을 의미하며 작위 또는 부작위로서 법령의 명령이나 금지에 위반하는 것이다. 법률규범의 목적은 사회생활의 질서의 유지이므로 위법이라 하면 이러한 질서를 파괴하는 반사회적 행위이다. 무릇 범죄의 구성 요건에 해당하는 행위는 일단 위법한 것으로 추정할 수가 있다. 그러나 다음과 같은 경우에는 위법성이 조각된다.

1) 정당방위

자기 또는 타인의 법익에 대한 현재의 부당한 침해를 방위하기 위한 상당한 이유가 있는 행위를 정당방위라고 한다. 정당방위가 되면 위법성이 소멸되어 범죄가 성립하지 않는다.

방위 행위가 그 정도를 초과한 경우에는 정황(情況)에 따라 그 형을 감경하거나 면제할 수 있다. 야간이나 그 밖의 불안한 상태에서 공포를 느끼거나 경악(驚愕)하거나 흥분하거나 당황하였기 때문에 그 행위를 하였을 때에는 벌하지 아니한다.

2) 긴급피난

자기 또는 타인의 법익에 대한 현재의 위난을 피하기 위한 상당한 이유가 있는 행위를 긴급피난이라고 한다. 정당방위가 부정한 행위에 대한 정당한 반격인 반면 긴급피난은 위법하지 않은 행위를 피하기 위한 행위이다.

사례 스스로 범죄를 범한 자가 긴급피난을 할 수 있는지

Q. 갑은 을女를 성폭행 하려다가 미수에 그쳤지만, 을이 반항하면서 갑의 손가락을 깨물자 갑이 손가락을 비틀어 잡아 뽑다가 을의 치아를 손상시켰다. 이 경우 갑은 어떠한 죄명으로 형사책임을 지게 되는지요?

A. 「형법」 제297조는 "폭행 또는 협박으로 부녀를 강간한 자는 3년 이상의 유기징역에

처한다"라고 규정하고 있고, 같은 법 제301조는 "제297조 내지 제300조(미수범)의 죄를 범한 자가 사람을 상해하거나 상해에 이르게 한 때에는 무기 또는 5년 이상의 징역에 처한다"라고 규정하고 있다. 그러므로 갑이 을의 치아를 손상시킨 것이 위법이라면 강간죄가 아닌 강간치상죄가 문제될 것이다.

그런데 「형법」 제22조 제1항은 긴급피난(緊急避難)에 관하여 "자기 또는 타인의 법익에 대한 현재의 위난을 피하기 위한 행위는 상당한 이유가 있는 때에는 벌하지 아니한다"라고 규정하고 있다. 정당방위와 긴급피난의 차이는 정당방위는 부정한 침해에 대한 방어 행위임을 요하나, 긴급피난의 경우에는 현재의 위난만 있으면 족하고, 부정한 침해가 있는 것을 요하지 않는 점에 있다.

어느 행위가 긴급피난에 해당되어 처벌되지 않으려면 ① 자기 또는 타인의 법익에 대한 현재의 위난이 존재하여야 하고, ② 위난을 피하기 위한 행위이어야 하며, ③ 피난행위가 상당한 이유를 가지고 있어야 한다. 위난의 원인은 묻지 않으며 또한 그것이 사람의 행위에 의한 것이든 자연에 의한 것이든 불문하며, 피난행위란 현재의 위난을 모면하기 위한 일체의 행위를 말한다. 긴급피난의 상당한 이유 즉, 상당성이 인정되기 위해서는 ① 피난행위가 위난에 빠져 있는 법익을 보호하기 위한 유일한 수단이어야 하고(보충성의 원리), ② 긴급피난에 의하여 보호되는 이익이 침해되는 이익보다 커야 하며(균형성의 원리), ③ 피난행위가 위난을 피하기 위한 적합한 수단이어야 한다(적합성의 원리).

그러나 민법상의 긴급피난에 관하여 판례는 "민법 제761조 제2항 소정의 '급박한 위난'에는 가해자의 고의나 과실에 의하여 조성된 위난은 포함되지 아니한다"라고 하였다(대법원 1975. 8. 19. 선고 74다1487 판결, 1981. 3. 24. 선고 80다1592 판결). 또한, "강간 등에 의한 치사상죄에서 사상의 결과는 간음 행위 그 자체로부터 발생한 경우나 강간의 수단으로 사용한 폭행으로부터 발생한 경우는 물론, 강간에 수반하는 행위에서 발생한 경우도 포함하고, 피고인이 스스로 야기한 강간범행의 와중에서 피해자가 피고인의 손가락을 깨물며 반항하자 물린 손가락을 비틀며 잡아 뽑다가 피해자에게 치아결손의 상해를 입힌 행위를 가리켜 법에 의하여 용인되는 피난행위라 할 수 없다"라고 하였다(대법원 1995. 1. 12. 선고 94도2781 판결). 따라서 사례의 경우 갑은 강간치상죄로 처벌받게 될 것으로 보인다.

3) 의무의 충돌

의무의 충돌이란 둘 이상의 의무가 서로 충돌하여 행위자가 하나의 의무만을 이행할 수 있는 긴급한 상태에서 다른 의무를 이행할 수 없게 되어 형법상 구성 요건에 정해진 행위를 하는 것을 말한다. 예를 들어 물에 빠진 두 아들 가운데 한 아들만 구할 수밖에 없어서 한 아들이 익사한 경우이다.

4) 자구 행위

권리자가 그 권리를 침해당한 때에 공권력의 발동에 의하지 않고 자력에 의하여 그 권리를 구제하는 행위를 말한다. 법률에서 정한 절차에 따라서는 청구권을 보전(保全)할 수 없는 경우에 그 청구권의 실행이 불가능해지거나 현저히 곤란해지는 상황을 피하기 위하여 한 행위는 상당한 이유가 있는 때에는 벌하지 아니한다. 그러나 그 행위가 그 정도를 초과한 경우에는 정황에 따라 그 형을 감경하거나 면제할 수 있다.

사례 **돈을 갚지 않을 때 채무자의 물건을 빼앗아 올 수 있는지**

Q. 채무자가 빌려간 돈을 갚지 않아 그의 재산을 무단으로 빼앗아 온 경우 법적으로 문제가 되는지요?

A. 「형법」 제23조는 "법정 절차에 의하여 청구권을 보전하기 불능한 경우에 그 청구권의 실행불능 또는 현저한 실행곤란을 피하기 위한 행위는 상당한 이유가 있는 때에는 벌하지 아니하고, 이러한 행위가 그 정도를 초과한 때에는 정황에 의하여 형을 감경 또는 면제할 수 있다"라고 규정하고 있고, 「민법」 제209조는 "점유자는 그 점유를 부정하게 침입하여 빼앗을 경우 또는 방해하는 행위에 대하여 자력으로 이를 방위할 수 있고, 점유물이 침입 당해 빼앗겼을 경우에 부동산일 때에는 점유자는 빼앗긴 후 즉시 가해자를 배제하여 이를 탈환할 수 있으며, 동산일 때에는 점유자는 현장에서 또는 추적하여 가해자로부터 이를 탈환할 수 있다"라고 규정하고 있다.

그러므로 채권자가 채무자 모르게 그의 물건을 가져오면 절도죄가 되고, 채무자가 가져가지 못하게 하는데도 강제로 가져오면 강도죄가 될 수 있다. 채무자가 돈을 갚을 능력이 있으면서도 빚을 갚지 않고 미루기만 하는 경우 채권자 측에서 간혹 홧김에 상대방의 물건을 가져와서 그 결과 형사상 처벌을 받는 경우를 보게 되는데, 이는 새로운 불법 사실을 유발하는 행위가 될 수 있다. 판례도 "피고인이 피해자에게 석고를 납품한 대금을 받지 못하고 있던 중 피해자가 화랑을 폐쇄하고 도주하자, 피고인이 야간에 폐쇄된 화랑의 베니어판 문을 미리 준비한 드라이버로 뜯어내고 피해자의 물건을 몰래 가지고 나왔다면, 위와 같은 피고인의 강제적 채권추심 내지 이를 목적으로 하는 물품의 취거행위(取去行爲)를 형법 제23조 소정의 자구 행위라고 볼 수 없다"라고 하였다(대법원 1984. 12. 26. 선고 84도2582, 84감도397 판결). 따라서 사례의 경우 채무자의 재산을 강제로 빼앗아 온 경우 강도죄가 성립될 것으로 보인다.

5) 피해자의 승낙

피해자가 가해자에 대하여 자기의 법익을 침해하여도 좋다고 허락하는 것을 말한다. 예를 들어 상대방의 동의를 얻어 상대방과 성관계를 맺은 경우이다. 승낙과 양해는 보통 구분한다. 양해가 있으면 형법상 구성 요건에조차 해당되지 않는다. 예를 들어 동의를 얻어 다른 사람의 집에 들어가는 경우이다.

6) 정당 행위

법령에 의한 행위 또는 업무로 인한 행위 기타 사회상규에 위배되지 아니하는 행위는 처벌하지 아니한다. 이러한 유형의 행위가 정당 행위이다.

다. 책임

우리 형법에서는 만 14세가 되지 아니한 자는 형사미성년자라 하여 처벌하지 않는다. 또한 심신상실자의 행위나 강요된 행위도 책임이 없다고 보아 범죄가 성립하지 않는다고 규정해 두고 있다.

사례 형사상 미성년자의 법적 책임

Q. 13세인 A의 아들은 동네 아이들과 돌을 던지며 장난을 치던 중 갑의 머리를 맞혀 전치 3주의 상해를 입혔다. A는 아들이 잘못한 일이므로 갑의 부모에게 사과하고 치료비를 부담하려고 하였으나 갑의 부모는 많은 돈을 요구하며 이를 지급하지 않으면

아들을 형사고소 하겠다고 한다. 만일, 갑의 부모가 A의 아들을 고소하면 형사처벌을 받아야 하는가?

A. A의 아들이 한 행위는 형사상 과실치상죄에 해당하는 행위로 보이나 「형법」 제9조는 "14세 되지 아니한 자의 행위는 벌하지 아니한다"라고 하여 형사상 미성년자의 행위에 대하여는 형사처벌을 면제한다는 규정을 두고 있다.

여기에서 '14세 되지 아니한 자'란 만 14세 미만의 자로 가족관계등록부상의 나이가 아닌 실제상의 나이를 말한다. 따라서 A의 아들 나이가 행위 당시 실제 나이로 만 14세 미만이라면 위와 같은 형사상 처벌은 받지 아니할 것이다.

그러나 「소년법」 제4조 제1항은 "형벌법령에 저촉되는 행위를 한 10세 이상 14세 미만의 소년은 소년부의 보호사건으로 심리한다"라고 규정하고 있으므로 만약 A의 아들이 이에 해당된다면 보호처분의 대상은 될 수 있을 것이다.

Ⅰ. 경범죄

1. 의의

경범죄란 비교적 불법의 정도가 가볍고, 형벌도 낮은 정도를 말하며, 이에 대해서는 경범죄처벌법에 규정해 두고 있다. 경범죄처벌법은 2012. 3. 21. 개정되어 2013. 3. 22.부터 시행되어 왔다. 이 당시 개정 경범죄처벌법은 제3조 1항에서 10만 원 이하의 벌금, 구류 또는 과료의 형벌로 41가지에 걸쳐 규정하고 있었다. 그러나 2013. 5. 22. 다시 경범죄처벌법을 개정하여 제3조 제1항 4호(거짓신고)를 삭제하고 거짓신고에 대한 처벌 수준을 현행 10만 원 이하의 벌금, 구류 또는 과료에서 60만 원 이하의 벌금, 구류 또는 과료로 상향조정하여 처벌의 실효성을 확보하고 있다.[98]

2. 종류 및 처벌

가. 10만 원 이하의 벌금, 구류 또는 과료의 형으로 처벌

경범죄 처벌법 제3조 1항 1호 ~ 41호에 규정(아래 표 참고)

98 경범죄처벌법 제3조 3항 다음 각 호의 어느 하나에 해당하는 사람은 60만 원 이하의 벌금, 구류 또는 과료의 형으로 처벌한다. 〈개정 2013.5.22〉
1. (관공서에서의 주취소란) 술에 취한 채로 관공서에서 몹시 거친 말과 행동으로 주정하거나 시끄럽게 한 사람
2. (거짓신고) 있지 아니한 범죄나 재해 사실을 공무원에게 거짓으로 신고한 사람

《통고처분 범칙금》			
범칙 행위	금액	범칙 행위	금액
제3조제1항(10만 원 이하 벌금)			
1. 빈집 등에의 침입	8만 원	20. 음주소란 등	5만 원
2. 흉기의 은닉휴대	8만 원	21. 인근소란 등	3만 원
3. 폭행 등 예비	8만 원	22. 위험한 불씨 사용	8만 원
4. 거짓신고(2013.5.22.삭제)	8만 원	23. 물건 던지기 등 위험 행위	3만 원
5. 시체 현장 변경 등	8만 원	24. 인공구조물 등의 관리 소홀	5만 원
6. 도움이 필요한 사람 신고불이행	8만 원	25. 위험한 동물의 관리 소홀	5만 원
7. 관명 사칭 등	8만 원	26. 동물 등에 의한 행패 등	
8. 물품강매·호객 행위		-소나 말을 달아나게 한 사람	5만 원
-억지로 청하는 행위	8만 원	-동물을 시켜 타인을 위해	8만 원
-떠들썩하게 부른 행위	5만 원	27. 무단소등	5만 원
9. 광고물 무단 부착		28. 공중통로 안전관리 소홀	5만 원
-타인의 간판 등 훼손	8만원	29. 공무원 원조불응	5만 원
-단순 부착, 뿌리는 행위	5만원	30. 거짓 인적사항 사용	8만 원
10. 마시는 물 사용 방해	8만원	31. 미신요법	2만 원
11. 쓰레기 등 투기		32. 야간통행 제한 위반	3만 원
-죽은 짐승, 쓰레기 등 투기	5만원	33. 과다노출	5만 원
-담배꽁초, 껌 등 투기	3만원	34. 지문채취 불응	5만 원
12. 노상방뇨 등		35. 자릿세 징수 등	8만 원
-대소변 행위 등	5만원	36. 행렬 방해	5만 원
-침 뱉는 행위	3만원	37. 무단 출입	2만 원
13. 의식 방해	8만원	38. 총포 등 조작 장난	8만 원
14. 단체가입 강요	5만원	39. 무임승차 및 무전취식	5만 원
15. 자연훼손	5만원	40. 장난 전화 등	8만 원
16. 타인의 가축·기계 등 무단 조작	8만원	41. 지속적 괴롭힘	8만 원
17. 물길의 흐름 방해	2만원	제3조제2항(20만 원 이하 벌금)	
18. 구걸 행위 등		1. 출판물의 부당게재	16만 원
-타인에게 구걸시켜 이익 편취	8만 원	2. 거짓 광고	16만 원
-구걸로 타인에 불편 야기	5만 원	3. 업무 방해	16만 원
19. 불안감 조성	5만 원	4. 암표매매	16만 원

나. 20만 원 이하의 벌금, 구류 또는 과료의 형으로 처벌

1) 출판물의 부당게재 등

올바르지 아니한 이익을 얻을 목적으로 다른 사람 또는 단체의 사업이나 사사로운 일에 관하여 신문, 잡지, 그 밖의 출판물에 어떤 사항을 싣거나 싣지 아니할 것을 약속하고 돈이나 물건을 받은 사람

2) 거짓 광고

여러 사람에게 물품을 팔거나 나누어 주거나 일을 해 주면서 다른 사람을 속이거나 잘못 알게 할 만한 사실을 들어 광고한 사람

3) 업무 방해

못된 장난 등으로 다른 사람, 단체 또는 공무수행 중인 자의 업무를 방해한 사람

4) 암표매매

흥행장, 경기장, 역, 나루터, 정류장, 그 밖에 정하여진 요금을 받고 입장시키거나 승차 또는 승선시키는 곳에서 웃돈을 받고 입장권·승차권 또는 승선권을 다른 사람에게 되판 사람

다. 60만 원 이하의 벌금, 구류 또는 과료의 형으로 처벌

1) 관공서에서의 주취소란

술에 취한 채로 관공서에서 몹시 거친 말과 행동으로 주정하거나 시끄럽게 한 사람

2) 거짓신고

있지 아니한 범죄나 재해 사실을 공무원에게 거짓으로 신고한 사람

3. 범칙금

가. 의의

범칙금이란 질서위반 등 비교적 가벼운 위법 행위에 대하여 경찰서장 등의 통고처분에 따라 부과되는 금전을 말한다. 경범죄처벌법은 제3조 각호에 해당하는 경우 범칙 행위라 하여 범칙금을 부과하고 있다.[99]

나. 통고처분

1) 범칙금 부과 통고

경찰서장, 해양경찰서장, 제주특별자치도지사 또는 철도특별사법경찰대장은 범칙자로 인정되는 사람에 대하여 그 이유를 명백히 나타낸 서면으로 범칙금을 부과하고 이를 납부할 것을 통고할 수 있다.

다만, 다음 각호의 어느 하나에 해당하는 사람에게는 통고하지 아니한다.

① 통고처분서 받기를 거부한 사람

② 주거 또는 신원이 확실하지 아니한 사람

③ 그 밖에 통고처분을 하기가 매우 어려운 사람

2) 통고할 범칙금의 액수는 범칙 행위의 종류에 따라 대통령령으로 정한다.

3) 관할 경찰서장에게 통보

제주특별자치도지사, 철도특별사법경찰대장은 제1항에 따라 통고처분을 한 경우에는 관할 경찰서장에게 그 사실을 통보하여야 한다.

다. 범칙금의 납부

• 통고처분서를 받은 사람은 통고처분서를 받은 날부터 10일 이내에 경찰청장 · 해양경찰청장 또는 철도특별사법경찰대장이 지정한 은행, 그 지점이나 대리점, 우체국 또는 제주특별자치도지사가 지정하는 금융기관이나 그 지점에 범칙금을 납부하여야 한다.

99 개정 전 경범죄처벌법은 제1조에서 정한 경범죄의 종류 가운데서 21개의 행위 유형을 추려 내어 이를 범칙 행위라 부르고 이러한 행위에 대하여 통상의 형벌이 아니라 범칙금을 부과하도록 하였다.

다만, 천재지변이나 그 밖의 부득이한 사유로 말미암아 그 기간 내에 범칙금을 납부할 수 없을 때에는 그 부득이한 사유가 없어지게 된 날부터 5일 이내에 납부하여야 한다.

• 납부 기간에 범칙금을 납부하지 아니한 사람은 납부 기간의 마지막 날의 다음 날부터 20일 이내에 통고받은 범칙금에 그 금액의 100분의 20을 더한 금액을 납부하여야 한다. 범칙금을 납부한 사람은 그 범칙 행위에 대하여 다시 처벌받지 아니한다.

라. 통고처분 불이행자 등의 처리

• 경찰서장 또는 해양경찰서장은 연장된 기간 동안에도 범칙금을 납부하지 않으면 지체 없이 즉결심판을 청구하여야 한다. 다만, 즉결심판이 청구되기 전까지 통고받은 범칙금에 그 금액의 100분의 50을 더한 금액을 납부한 사람에 대하여는 그러하지 아니하다.

• 즉결심판이 청구된 피고인이 통고받은 범칙금에 그 금액의 100분의 50을 더한 금액을 납부하고 그 증명서류를 즉결심판 선고 전까지 제출하였을 때에는 경찰서장 또는 해양경찰서장은 그 피고인에 대한 즉결심판 청구를 취소하여야 한다.

사례 범칙금이란 어떤 것인지

Q. 교통법규를 위반하면 범칙금을 납부하는데, 범칙금이란 무엇이며 이를 납부하지 않을 경우 어떠한 처벌을 받게 되는지요?

A. 「도로교통법」 제156조와 제157조에서는 중대하지 않은 교통법규 위반에 대하여 20만 원 이하의 벌금이나 구류 또는 과료의 형으로 벌한다고 규정하고 있다.

그러나 경미한 교통법규 위반사건 모두에 대하여 정식수사와 재판을 거쳐야 한다면 너무 많은 사람들이 관할기관에 불려 다니며 시간을 보내야 하므로 일상생활에 적지 않은 지장을 주게 될 것이다.

이러한 불합리한 점을 개선하기 위하여 경미한 도로교통법규 위반사범에 대하여는 당해 운전자를 범칙자로 규정하고 이에 대하여 경찰서장이 범칙금 납부통고서로 납부할 것을 통고할 수 있고, 이러한 처분에 의해 납부하는 돈을 범칙금이라고 한다(같은 법 제162조, 제163조).

위와 같은 범칙금납부통고서를 받은 사람은 10일 이내에 경찰청장이 지정하는 국고

은행, 그 지점이나 대리점 또는 우체국에 납부하여야 하고 다만, 천재지변 그 밖의 부득이한 사유로 말미암아 그 기간 내에 범칙금을 납부할 수 없는 때에는 그 부득이한 사유가 없어지게 된 날로부터 5일 이내에 납부하여야 하며, 위 납부 기간 내에 범칙금을 납부하지 아니한 사람은 납부기간이 만료되는 날의 다음 날부터 20일 이내에 통고 받은 범칙금에 그 100분의 20을 더한 금액을 납부하여야 한다(같은 법 제164조 제1항, 제2항). 그리고 범칙금을 납부하면 그 범칙행위에 대하여 다시 벌 받지 아니한다(같은 법 제164조 제3항, 2002. 11. 22. 선고 2001도849 판결).

그러나 범칙금을 납부 기간이 만료되는 날의 다음날부터 20일 이내에 통고 받은 범칙금에 그 100분의 20을 더한 금액을 납부하지도 않을 경우에는 관할경찰서장은 즉결심판에 회부하고, 법원은 도로교통법상의 벌금, 구류, 과료에 처하게 된다. 다만, 범칙금을 납부 기간이 만료되는 날의 다음 날부터 20일 이내에 통고 받은 범칙금에 그 100분의 20을 더한 금액을 납부하지도 않은 사람일지라도 즉결심판이 청구되기 전까지 통고 받은 범칙금에 100분의 50을 더한 금액을 납부한 사람에 대하여는 즉결심판 청구를 하지 아니하고, 즉결심판이 청구된 피고인이 즉결심판의 선고 전까지 통고 받은 범칙금액에 그 100분의 50을 더한 금액을 납부하고 증빙서류를 제출한 때에는 경찰서장은 그 피고인에 대한 즉결심판청구를 취소하게 되며, 이 경우에도 그 범칙 행위에 대하여 다시 처벌받지 아니한다(같은 법 제165조).

즉결심판에 회부되어 즉결심판을 받은 경우 피고인이 즉결심판에 대하여 불복한다면 7일 이내에 관할경찰서장에게 정식재판청구서를 제출하면 정식재판을 받을 수 있을 것이다(즉결심판에관한절차법 제14조).

4. 즉결심판

가. 의의

즉결심판은 범증이 명백하고 죄질이 경미한 범죄사건을 신속·적정한 절차로 심판하기 위한 것으로 20만 원 이하의 벌금 또는 구류나 과료에 처할 경미한 범죄사건에 대하여 관할경찰서장이나 해양경찰서장이 법원에 직접 심판을 청구하여 처리하는 심판을 말한다.

나. 즉결심판청구사건의 처리

경찰서장이 관할 법원에 즉결심판을 청구하면 판사는 이를 심리하여 유죄를 선고하거나 즉결심판에 의하여 심판함이 적당하지 아니하다고 인정될 경우에는 즉결심판청구를 기각한다.

피고인은 즉결심판의 선고·고지가 있었던 날로부터 7일 이내에 정식재판을 청구할 수 있으며, 피고인이 정식재판을 청구한 사건에 대해서는 형사소송법의 불이익변경금지 원칙에 따라 즉결심판에서의 형보다 더 중한 형을 선고하지 못한다.

다. 즉결심판의 효력

즉결심판이 정식재판 청구 기간의 경과 등으로 인하여 확정되면 확정판결과 같은 효력이 생긴다.

Ⅱ. 형벌의 종류와 집행

1. 형벌의 종류

형벌의 종류에는 생명형으로서 사형, 신체의 자유를 제한하는 형벌로서 징역, 금고, 구류, 재산형으로서 벌금, 과료, 몰수, 자격형으로서 자격상실, 자격정지가 있다.

가. 생명형

사형은 수형자의 생명을 박탈하는 것을 내용으로 하는 형벌로서 가장 중한 형벌이다. 그 집행 방법은 교수형이 원칙이나 군인인 경우 총살형에 처할 수도 있다.

나. 자유형(신체형)

1) 징역

수형자를 형무소 내에 구금하여 노동에 복무하게 하는 형벌로서, 수형자의 신체적 자유를 박탈하는 것을 내용으로 하는 자유형의 일종이다. 징역에는 무기와 유기의 2종이 있고,

무기는 종신형을 말하며, 유기는 1월 이상 30년 이하이고, 유기징역에 형을 가중하는 때에는 최고 50년까지도 될 수 있다.

2) 금고

수형자를 형무소에 구금하여 자유를 박탈하는 점에서 징역과 같으나, 노동에 복무하지 않는 점에서 징역과 다르다. 그러나 금고 수형자에게도 신청에 의하여 작업을 시킬 수 있다. 금고에도 무기와 유기가 있으며, 그 기간은 징역형과 같다. 금고는 주로 과실범 및 정치적 확신범과 같은 비파렴치성 범죄자에게 과하고 있다.

3) 구류

금고와 같으나 그 기간이 1일 이상 30일 미만이라는 점이 다르다. 구류는 형법에서는 아주 예외적인 경우에만 적용되며, 주로 경범죄처벌법위반죄 등 경범죄에 과하고 있다. 형무소에 구금하는 것이 원칙이나 실제로는 경찰서의 유치장에 구금하는 경우가 많다.

다. 재산형

1) 벌금

과료 및 몰수와 더불어 재산형의 일종이다. 벌금액은 50,000원 이상이고, 감경하는 경우에는 50,000원 미만으로 할 수도 있다. 벌금은 판결 확정일로부터 30일 이내에 납입하여야 하며, 벌금을 납입하지 아니한 사람은 1일 이상 3년 이하의 기간 동안 노역장에 구금하여 작업에 복무하게 하는데 이를 환형유치라고 한다.

2) 과료

벌금과 같으나 그 금액이 2,000원 이상 50,000원 미만으로, 판결 확정일로부터 30일 이내에 납입하여야 하며, 납입하지 아니한 사람은 1일 이상 30일 미만의 기간 동안 노역장에 구금하여 작업에 복무하게 한다.

3) 몰수

몰수는 원칙적으로 다른 형에 부가하여 과하는 형벌로서, 범죄행위와 관계 있는 일정한 물건을 박탈하는 처분이다. 몰수에는 필요적 몰수와 임의적 몰수가 있는데 임의적 몰수가 원칙이다.

몰수할 수 있는 물건은 범인 이외의 자의 소유에 속하지 아니하거나 범죄 후 범인 이외의 자가 정을 알면서 취득한 다음 기재의 물건의 전부 또는 일부이다.

① 범죄행위에 제공하였거나 제공하려고 한 물건, ② 범죄행위로 인하여 생하였거나 이로 인하여 취득한 물건, ③ ① 또는 ②의 대가로 취득한 물건

라. 자격형

1) 자격상실

수형자에게 일정한 형의 선고가 있으면 그 형의 효력으로서 당연히 일정한 자격이 상실되는 형벌이다. 범죄인의 일정한 자격을 박탈하는 의미에서 자격정지형과 더불어 명예형 또는 자격형이라고 한다.

형법상 자격이 상실되는 경우는 사형, 무기징역 또는 무기금고의 판결을 받은 경우이며, 상실되는 자격은 ① 공무원이 되는 자격, ② 공법상의 선거권과 피선거권, ③ 법률로 요건을 정한 공법상의 업무에 관한 자격, ④ 법인의 이사, 감사 또는 지배인 기타 법인의 업무에 관한 검사역이나 재산관리인이 되는 자격이다.

2) 자격정지

수형자의 일정한 자격을 일정한 기간 정지시키는 경우로 현행 형법상 범죄의 성질에 따라 선택형 또는 병과형으로 하고 있다. 유기징역 또는 유기금고의 판결을 받은 자는 그 형의 집행이 종료하거나 면제될 때까지 자격상실의 내용 중 위 ①, ②, ③의 자격이 당연 정지된다. 판결 신고에 기하여 다른 형과 선택형으로 되어 있을 때 단독으로 과할 수 있고, 다른 형에 병과할 수 있는 경우 병과형으로 과할 수 있다.

자격정지 기간은 1년 이상 15년 이하로 하고, 유기징역 또는 유기금고에 자격정지를 병과하였을 경우에는 징역 또는 금고의 집행을 종료하거나 면제된 날로부터 정지 기간을 기산하고, 자격정지만을 과할 경우에는 판결이 확정된 날로부터 정지 기간을 기산한다.

2. 형의 선고와 유예

가. 형의 선고유예

형의 선고유예는 범정이 경미한 범인에 대하여 일정 기간 형의 선고를 유예하여 주고, 그 기간을 무사히 경과하였을 때에는 그 범죄를 완전히 묻지 않는 것이다. 1년 이하의 징역이나 금고, 자격정지 또는 벌금의 형을 선고할 경우에 개전의 정이 현저함을 요하며, 자격정지 이상의 형을 받은 전과가 없음을 요한다(형법 제59조). 위와 같은 조건을 구비한 자가 형의 선고를 받은 날로부터 무사히 2년을 경과한 때에는 면소된 것으로 간주한다(형법 제60조). 그러나 형의 선고유예를 받은 자가 유예기간 중 자격정지 이상의 형에 처한 판결이 확정되거나 자격정지 이상의 형에 처한 전과가 발견될 때에는 유예한 형을 선고한다(형법 제61조).

나. 형의 집행유예

집행유예는 범인에게 유죄선고는 하나 일정한 조건하에 그 집행을 유예하였다가 그 유예기간이 무사히 지나는 경우에는 그 형의 효력을 소멸시키는 제도이다. 형법은 집행유예의 요건으로서 다음 네 가지를 규정하고 있다.

① 피고인에 대하여 3년 이하의 징역 또는 금고의 형을 선고할 경우이어야 한다.

② 피고인에게 정상에 참작할 만한 사유가 있어야 한다.

③ 피고인이 전에 금고 이상의 형의 선고를 받은 일이 있을 때에는 그 형의 집행을 종료하거나 또는 집행의 면제를 받은 날로부터 5년을 경과하여야 한다.

④ 형의 집행을 유예할 수 있는 기간은 1년 이상 5년 이하이어야 한다(형법 제62조).

집행유예의 선고를 받은 자가 그 선고의 실효 또는 취소됨이 없이 그 유예기간을 지나는 때에는 형의 선고는 그 효력을 상실한다(형법 제65조). 또 집행유예를 선고받은 자가 유예기간 중 금고 이상의 선고를 받아 그 판결이 확정된 때에는 집행유예의 그 효력을 상실한다(형법 제63조).

3. 형의 집행

가. 형의 집행종료와 집행면제

형이 선고된 내용에 따라 현실적으로 집행된 경우를 형의 집행종료라고 하고, 형이 집행되는 도중에 이를 중지하고 더 이상 형의 집행을 하지 않기로 하는 조치를 형의 집행면제라고 한다.

나. 가석방

가석방이란 수형자의 개전의 정상이 인용될 때에 형기 만료 전에 수형자를 조건부로 석방하는 제도를 말한다. 가석방을 하기 위해서는 징역 또는 금고의 집행 중에 있는 자로서 일정한 형기를 지내야 하며, 행상이 양호하여 개선의 정이 현저하여야 한다. 또한 벌금 또는 과료의 병과가 있을 때에는 그 금액을 완납하여야 한다(형법 제72조). 가석방 처분을 받은 후 처분의 실효 또는 취소됨이 없이 무기형은 10년, 유기형은 잔형기를 경과할 때에는 형의 집행을 종료한 것으로 간주한다(형법 제76조 1항). 가석방 중 금고 이상의 형의 선고를 받아 그 판결이 확정된 때에는(과실범으로 인한 때에는 제외) 가석방 처분은 그 효력은 상실되고(형법 제74조), 가석방의 처분을 받은 자가 감시에 관한 규정에 위배한 때에는 가석방 처분이 취소될 수 있다(형법 제75조).

4. 형의 시효와 소멸

가. 형의 시효

형의 시효라 함은 일정한 기간 형벌권이 행사되지 않는 것으로 인하여 확정된 형벌집행권이 소멸하는 것을 말한다. 형의 시효를 인정하는 중요한 이유는 시간이 경과하면서 형의 선고와 그 집행에 대한 일반 사회의식이 감소하기 때문이다. 형의 시효와 기간에 관하여는 형법 제78조에 규정되이 있다. 그리고 시효의 완성은 형의 집행을 면제하게 하는 것이며, 형의 선고 그 자체를 실효하게 하는 것은 아니다.

사형은 30년, 무기징역 또는 금고는 20년, 그리고 10년 이상의 징역 또는 금고는 15년, 3년 이상의 징역이나 금고, 10년 이상의 자격정지는 10년, 3년 미만의 징역이나 금고 또는 5년 이상의 자격정지는 5년, 5년 미만의 자격정지 또는 벌금·몰수·추징은 3년, 구류 또는 과료는 1년이다.

나. 형의 소멸

형의 소멸이라 함은 형벌의 효력이 소멸되어 형을 받기 이전의 상태로 복귀함을 의미한다. 형의 소멸에는 실효와 복권이 있다. 형의 실효는 징역 또는 금고의 집행을 종료하거나 집행이 면제된 자가 피해자의 손해를 보상하고 자격정지 이상의 형을 받음이 없이 7년을 경과한 때에는 본인 또는 검사의 신청에 의하여 그 재판의 실효의 선고를 받는 것을 말한다(형법 제81조). 복권은 자격정지의 선고를 받은 자가 피해자의 손해를 보상하고 자격정지 이상의 형을 받음이 없이 그 정지 기간의 1/3을 경과한 때에는 본인 또는 검사의 신청에 의하여 자격 회복의 선고를 받는 것을 말한다(형법 제82조).

Ⅲ. 형의 실효 등에 관한 법률

1. 목적

전과기록 및 수사경력자료의 관리와 형의 실효에 관한 기준을 정함으로써 전과자의 정상적인 사회복귀를 보장함을 목적으로 한다.

2. 전과기록

가. 수형인명부

자격정지 이상의 형을 선고받은 수형인을 기재한 명부로 검찰청 및 군검찰부에서 관리하고 있다.

나. 수형인명표

자격정지 이상의 형을 선고받은 수형인을 기재한 명표로 수형인의 등록기준지 시·구·읍·면사무소에서 관리하고 있다.

다. 수사자료표

수사자료표는 경찰청이 관리하는 서류 중에서 수사기관이 피의자의 지문을 채취하고 피의자의 인적사항과 죄명 등을 기재한 표를 말한다. 수사자료표에는 법원의 판단을 받은 사건뿐만 아니라, 수사절차에서 종결된 사건도 기록되어 있다.

라. 범죄경력자료

범죄경력자료란 수사자료표 중 벌금 이상의 형의 선고·면제 및 선고유예, 보호감호, 치료감호, 보호관찰, 선고유예의 실효, 집행유예의 취소, 벌금 이상의 형과 함께 몰수·추징·사회봉사명령·수강명령 등의 선고 또는 처분에 관한 자료를 말한다.

벌금·구류·과료·몰수의 형을 선고받은 경우에는 수형인명부나 수형인명표에는 기재되지 않으므로 신원조회 시나 신원증명 시에는 그런 형을 선고 받은 사실이 나타나지 않는다. 비록 수사자료표에는 이런 형을 받은 사실도 기재되어 있지만 수사나 재판과 같이 제한된 경우에만 허용하기 때문에 사회생활을 하는 데 별다른 불이익을 받지 않는다.

사례 형을 집행받은 후 오랜 기간이 지나도 전과가 말소되지 않는지

Q. A는 자동차운전 중 부주의로 사람을 사망케 하여 금고 1년 6월의 형을 선고받고 복역하던 중 가석방되었습니다. 그 후 현재까지 별다른 잘못 없이 지내 오고 있으나 지금도 전과자로 낙인찍혀 취직하기가 어렵습니다. 과연 몇 년이 지나야 전과가 말소되는지, 제가 말소를 신청할 수 있다면 그 절차는 어떻게 되는지요?

A. 한 번의 잘못으로 형을 받았다 하더라도 그 후 일정 기간 동안 죄를 저지르지 않으면 전과를 말소할 수 있는 방법이 법에 규정되어 있다.

즉, 「형법」 제81조는 "징역 또는 금고의 집행을 종료하거나 집행이 면제된 자가 피해자의 손해를 보상하고 자격정지 이상의 형을 받음이 없이 7년을 경과한 때에는 본인 또는 검사의 신청에 의하여 그 재판의 실효를 선고할 수 있다"라고 규정하고 있다.

A의 경우에는 석방된 날로부터 남은 형기를 경과한 시점(즉, 형의 집행을 종료한 때)을 기준으로 하여 7년이 경과된 때에는 그 형사사건기록이 보관되어 있는 검찰청에 대응하는 법원에 그 형의 실효를 선고해 줄 것을 신청할 수 있다(형사소송법 제337조).

또한, 이와 같은 신청이 없다고 하더라도 형이 당연히 실효되도록 「형의 실효 등에 관한 법률」 제7조 제1항에 규정하고 있는바, 수형인이 자격정지 이상의 형을 받음이

없이 형의 집행을 종료하거나 그 집행이 면제된 날부터 ① 3년을 초과하는 징역·금고는 10년, ② 3년 이하의 징역·금고는 5년, ③ 벌금은 2년, ④ 구류·과료는 형의 집행을 종료하거나 그 집행이 면제된 때에 그 형이 자동으로 실효되며 본적지 시·구·읍·면사무소에서 관리하는 수형인명표(자격정지 이상의 형을 받은 수형인을 기재한 명표)를 폐기하고 검찰청 등에서 관리하는 수형인명부(자격정지 이상의 형을 받은 수형인을 기재한 명부)는 해당란을 삭제하게 된다(같은 법 제8조 제1항). 다만 수사기관의 범죄경력조회 시 수사자료표(피의자의 지문을 채취하고 필요 사항을 기재한 경우)에는 기재되어 있을 수 있다.

사례 벌금형을 선고받은 사실이 전과기록에 해당되는지

Q. 저는 취직시험에 응시하여 필기시험에는 매번 합격하였으나 면접에서 여러 차례 탈락하였는데, 그 원인이 아마도 10년 전 폭행죄로 50만 원의 벌금형을 받은 전과가 문제된 것이 아닌가 싶습니다. 철없던 시절의 일시적 잘못이 성실하게 살려고 노력하는 현재까지 이렇게 큰 영향을 미친다는 것이 매우 부당하다고 생각됩니다. 전과를 말소할 수 있는 방법은 없는지요?

A. 전과기록이라 함은 검찰청 및 군검찰부에서 관리하는 수형인명부, 수형인의 등록기준지 시·구·읍·면사무소에서 관리하는 수형인명표 및 경찰청에서 관리하는 수사자료표를 말한다(형의 실효 등에 관한 법률 제2조 제7호).

그리고 벌금형의 전과에 대하여 수형인명표에는 1980. 12. 18.부터, 수형인명부에는 1984. 9. 1.부터 각 기재하지 않게 되었고, 자격정지 이상의 형을 받은 수형인만을 이들에 기재하고 있으므로, 사례의 경우에는 신원조회 시에 벌금형을 받은 사실이 나타나지 않게 되는 것이다. 다만, 수사기관이 피의자의 지문을 채취하고 필요한 사항을 기재한 표로서 경찰청에서 관리하는 수사자료표에는 벌금형을 받은 사실이 기재되어 있을 수가 있다.

그러나 수사자료표에 의한 범죄경력조회 및 그 회보는 범죄수사와 재판 및 대통령령으로 정한 제한된 경우에만 할 수 있으므로, 귀하는 과거 벌금형을 받은 사실에 대해 크게 걱정할 필요가 없을 것이다.

참고로 수사자료표에 즉결심판대상자(20만 원 이하의 벌금, 구류, 과료에 처할 경미한 범죄, 즉결심판에관한절차법 제2조), 사법경찰관이 수리한 고소 또는 고발사건 중 불기소처분사유에 해당하는 사건의 피의자는 기재되지 아니한다(같은 법 제5조 제1항).

Ⅰ. 서설

1. 교통사고의 의의

도로교통법 제54조 제1항에서 차의 교통으로 말미암아 사람이 사망 또는 상해를 입거나 물건이 손괴되는 것을 교통사고라고 말한다. 판례는 교통사고를 도로교통법에서 정하는 도로에서의 교통사고로 제한해야 할 근거가 없다고 판시하고 있어 차의 교통에 의한 사고는 그 장소를 불문하고 교통사고처리 특례법의 적용을 받는다고 보고 있다.

가. 차

'차'란 도로교통법 제2조 제17호 가목에 따른 차(車)와 「건설기계관리법」 제2조 제1항 제1호에 따른 건설기계를 말한다. 즉, 차란 인력이나 가축의 힘 기타 동력으로 도로에서 운행되는 물체를 총칭한다.

자동차·원동기장치자전거·경운기뿐만 아니라 자전거·우마차 등 도로에서 운행하는 물체는 교통사고에서의 차에 해당한다.

1) 자동차

철길 또는 가설된 선에 의하지 아니하고 원동기를 사용하여 운행되는 차로서 승용자동차, 승합자동차, 화물자동차, 특수자동차, 이륜자동차 및 건설기계관리법에 의한 건설기계를 말한다. 도로교통법 제2조 제15호의 규정에 의한 원동기장치자전거를 제외한다.

2) 원동기장치자전거

원동기장치자전거란 자동차관리법 제3조의 규정에 의한 이륜자동차 가운데 배기량 125cc 이하의 이륜자동차 외 50cc 미만의 원동기를 단 차를 말한다.

사례 손수레를 끌고 횡단보도를 건너는 자가 보행자인지

Q. 저는 승용차를 운전하던 중 손수레를 끌고 횡단보도를 건너가는 피해자를 발견하고 급정거하였으나 피하지 못하고 충격하여 전치 4주의 상해를 입혔습니다. 저의 차는 종합보험에 가입되어 있는데 형사처벌을 받게 되는지요?

A. 업무상과실치상죄 또는 중과실치상죄에서 사고 당시 가해 차량이 종합보험 또는 공제조합에 가입되어 있거나, 피해자와 합의가 성립된 경우에는 원칙적으로 형사처벌을 받지 않는다(교통사고처리특례법 제3조 제2항 본문, 제4조).

그러나 피해자가 사망한 경우, 뺑소니 운전, 신호 위반, 중앙선 침범, 제한 시속 20킬로미터 초과, 앞지르기 위반, 건널목 통과 위반, 횡단보도상의 보행자 보호 위반, 무면허·음주 또는 약물 복용 운전, 인도상의 사고, 개문 발차 사고, 어린이 보호구역에서 어린이의 신체를 상해한 사고, 피해자의 중상해 등의 경우에는 가해 운전자의 잘못이 크다고 보이므로 보험가입 여부나 합의에 관계없이 처벌을 받는다(같은 법 제3조 제2항 단서 및 제4조 제1항 단서).

사례의 경우는 손수레를 끌고 횡단보도를 건너가는 사람이 횡단보도상의 보행자에 해당하는지 여부가 문제해결의 열쇠라고 생각된다. 손수레는 사람의 힘에 의하여 도로에서 운전되는 것이므로 「도로교통법」상의 차에는 포함된다(같은 법 제2조 제17호). 그러나 손수레는 자전거나 오토바이와는 달리 끌고 가는 것 외에 다른 이동 방법이 없으므로 자전거나 오토바이를 끌고서 횡단보도를 건너는 사람을 보행자로 보는 것과 마찬가지로 손수레를 끌고 횡단보도를 건너는 사람도 횡단보도상의 보행자로서 보호를 받아야 할 것이다(대법원 1990. 10. 16. 선고 90도761 판결).

따라서 사례의 경우 횡단보도에서의 보행자 보호의무를 위반하였다 할 것이므로 종합보험에 가입되었다 하더라도 「교통사고처리특례법」에 의한 처벌을 면할 수 없을 것이다. 참고로 오토바이나 자전거를 타고 횡단보도를 건너는 사람은 보행자로서 취급하

지 않는다.

나. 교통

교통이란 사람의 왕래 또는 화물의 운반을 위한 차의 운행을 말한다. 운행이란 사람 또는 물건의 운송 여부를 불문하고 자동차를 당해 장치의 용법에 따라 사용하는 것을 말한다.

2. 교통사고의 범위

교통사고에는 차의 운전 및 이에 수반하는 행위로 인한 사고를 모두 포함함으로 차가 달리는 동안은 물론 운전을 위하여 일시적으로 정지하고 있는 중에 사고가 발생한 경우도 포함한다.

Ⅱ. 교통사고의 발생 시 현장 대처

1. 서설

자동차의 보급이 확대되면서 그에 비례하여 교통사고도 빈번하게 발생하고 있다. 교통사고가 발생하면 대부분의 사람들은 당황해서 나중에 본인에게 손해를 입힐 행동들을 하게 된다. 따라서 교통사고가 발생하였을 경우 가해자의 입장에서 또는 피해자의 입장에서 현장에서 대처하는 방법을 살펴보고자 한다.

2. 사고 현장에서의 조치사항

현장을 그대로 유지하거나 그 흔적대로 스프레이를 뿌려 사고 현장을 찍어 두어야 한다(사고 지점과 사고 후 최종 위치). 될 수 있으면 경찰관이나 목격자가 온 후 가해 운전자로부터 사고 경위서를 받고 사고 차량을 옮기는 것이 좋으며, 경찰서에서 사고조서를 받을 때 가해자가 사고 내용과 다르게 진술하였을 경우 즉시 시정을 요구하고, 이때 목격자나 현장에서 받은 가해 운전자의 사고 경위서를 제출한다. 또한 가해 차량이 종합보험 등에 가입되었는지 여부에 따라 보상청구 방법이 달라지므로 잘 파악해야 한다.

가. 사고 차량이 종합보험 등에 가입되어 있는 경우

사고 차량이 자동차 종합보험에 가입되어 있어 피해자의 모든 손해를 보상하게 된다면 가해자로부터는 별도의 보상을 받을 것이 없으므로(가해자가 민사 합의금과는 별도로 단순히 그의 처벌을 가볍게 할 목적으로 형사합의라는 것을 하면서 주는 형사합의금은 법률적으로 보장된 당연한 보상금이 아닌 가해자가 임의로 주는 돈이므로 차후 보험회사가 보상할 금액에서 공제되는 경우도 있다) 가해자의 재산 상태에 대해 알아야 할 이유가 없다.

나. 사고 차량이 무보험인 경우

교통사고 피해자는 사고로 인한 손해배상금을 가해자 등의 손해배상 의무자로부터 보상받아야 하므로 그들의 재산 상태에 대하여 알아두어야 실익이 있다. 만약 가해자 등이 자진해서 피해자에게 보상을 해 주지 않을 때에는 피해자는 우선 자기 돈으로 치료비 등의 지출을 하고 나중에 가해자 등에게 손해배상을 청구하여야 하므로, 추후 가해자가 재산회피 및 무자력이 될 수도 있음을 막기 위함이다.

다. 보험에는 들었으나 보상이 안 되는 경우

이런 경우로는 고의에 의한 사고나 무면허운전사고 등을 들 수 있는데, 이 경우는 보험회사의 보상이 가능하지 않으므로 무보험인 경우와 같이 가해자나 그 외 손해배상 의무자로부터 보상을 받을 수밖에 없다.

라. 책임보험만 가입하였을 경우

책임보험에만 가입한 후 교통사고를 야기한 경우에는 인사사고(사람을 다치게 한 경우)가 있는 경우에만 청구 가능하고 피해물은 해당되지 않음에 유의하여야 한다. 또한 책임보험에만 가입된 상태에서 대인사고를 내면 가해자는 형사처벌의 대상이 된다. 그러나 합의유예기간 동안(14일) 피해자 측에 손해배상금을 지급하고 합의를 하며 형사처벌을 면할 수 있게 되는데 합의 시에는 보험금을 누가(가해자 또는 피해자 측) 수령할 것인지를 결정하여 보험회사에 보험금지급청구 서류를 제출한다.

마. 사고 내용을 확인

피해자는 경찰서 또는 보험회사에 신고된 교통사고 내용을 확인해 볼 필요가 있다. 확인할 때는 경찰서에서 교통사고 사실확인원을 떼어 보거나 보험회사에 접수된 사고 내용을 물어보면 된다. 만약 사고 내용이 사실과 다르게 된 경우 이를 확인하고 시정하는 노력을 기울여야 한다. 왜냐하면 사고 내용에 따라 피해자 과실이 적용되어 경우에 따라서는 보상금을 적게 받거나 치료비조차 본인이 부담하게 되는 경우도 생길 수 있기 때문이다.

만약 사실과 다르게 조사가 되어 있다면, 사고 현장의 교통여건이나 교통상황, 사고의 여러 흔적이 사고경위의 기억과 함께 사고 내용을 조합해 내는데 중요한 역할을 하므로 사고 현장에서의 중요한 사항은 메모를 하고, 필요한 경우에는 사진 촬영도 해 둔다. 또한 사고 장소 주변을 탐문하여 사고 광경이나 사고 후의 광경을 목격한 사람이 있을 경우에는 그의 얘기를 들어보고, 필요하다고 판단될 경우에는 나중을 위해 확인서를 받아 두거나 연락처 및 인적사항을 메모해 둔다. 이렇게 해서 여러 증거와 증인이 확보되면 올바르게 시정되도록 재조사를 의뢰한다.

3. 피해자의 대처 방법

가. 증거의 수집 및 확보

교통사고 발생 시에 민·형사 재판의 증거가 되는 것은 당사자 또는 목격자의 진술 및 현장상황 등이다. 사고 이후의 손해배상 합의나 재판에서 유리하려면 사고 당시의 상황 조사와 증거 수집 및 손해 정도를 정확하게 파악하여야 한다. 실제로 손해배상의 합의나 소송에서 손해배상액을 결정하는 요인은 가해자와 피해자가 주장하는 내용을 뒷받침할 증거에 의해 좌우된다. 따라서 피해자는 사고 현장을 보존하고 목격자를 확보해 두는 것이 좋다.

사고 현장은 교통사고가 누구에 의한 과실로 발생하였는지를 알려 주는 최고의 증거가 된다. 따라서 사고 현장의 보존을 위해서는 사진, 도면 등을 이용하는 것이 바람직하다.

또한 현장 상황만으로는 누구의 과실인지를 파악하기가 어려울 때 피해자는 자신의 기억을 주장할 것이고 이 경우 혼자의 주장은 받아들여지기 어렵기 때문에 2~3인 이상의 목격자를 확보해 두는 것이 유리하다.

나. 병원 후송

사고로 인해 피해자가 부상을 당하였을 경우 신속하게 병원으로 옮기는 것이 중요하다. 따라서 병원으로 빨리 옮겨서 그곳에서 정밀한 검진과 응급조치를 받도록 해야 한다.

다. 가해자의 신원 확보의 가해 차량의 확인

교통사고가 발생하였을 때에 가해자를 형사처벌하기도 하지만 그것보다 중요한 것은 피해를 배상하는 일이다. 따라서 손해배상을 누구에게서 받을 것인가를 명확히 해야 한다. 손해배상의 배상자로는 ① 가해자인 운전자, ② 가해 운전자의 사용인, ③ 사용자를 대신하여 고용인인 운전자를 감독하는 자, ④ 가해 차량의 소유자, ⑤ 운전자가 공무원인 경우 국가 또는 지방자치단체 등을 들 수 있다.

라. 보험증서의 확인

사고 발생 시의 피해자는 가해자에게 보험가입증명서를 제시하도록 요구해야 한다. 보험증명서를 통하여 어떤 사람의 명의로 어떠한 보험에 가입하였는지를 알 수 있기 때문이다. 보험여부를 확인할 때에는 종합보험인지 자가운전보험인지에 따라 치료비 보상 등에 차이가 있기 때문에 보험의 종류와 기간 등을 정확히 파악하여야 한다.

마. 사고 신고

교통사고의 신고는 가해 운전자의 의무이다. 그러나 대부분의 사고 차량의 운전자는 경찰의 개입 없이 사고를 처리하려고 한다. 특히 운전자인 가해자는 피해자에게 손해배상을 해야 하는 민사상의 책임 이외에 형사책임과 운전면허의 정지·취소 등 행정처분을 받을 수 있기 때문에 보통 사고가 발생하며 손해배상을 약속하면서 경찰에 알리지 말 것을 부탁한다. 이때 피해자가 가해자의 요청에 응하면 가해자가 후에 태도를 바꿈으로써 현장 보존 불능 및 증거 인멸 등으로 인하여 불이익을 받게 될 수도 있다. 이럴 경우 피해자 스스로 경찰에 사고 신고를 하는 것이 더 유리할 것이다. 특히 부상을 당하였다면 반드시 경찰에 신고해야 한다. 외상이 없어도 머리에 강한 충격을 받았을 때(뇌진탕)에는 의사의 진단을 받아 두어야 나중에 후유증이 생겼을 때 손해배상을 청구할 수 있다.

경찰은 사고 당사자의 설명과 사고 상황, 그리고 현장의 지형이나 기상 등을 조사하여 정확한 실황 조사서를 작성한다. 이는 후에 재판에서 결정적인 증거가 될 공문서가 된다.

4. 가해자의 현장 대처 방법

가. 응급조치

응급조치란 교통사고 발생 시에 피해자 또는 피해 차량의 상황을 확인하고 부상자 및 피해자에 대한 구호조치를 말한다.

교통사고를 발생시키면 ① 즉시 차를 세우고 피해자 또는 피해 차량의 상황을 확인해야 한다. ② 피해자에 대한 구호조치를 취해야 한다. 예컨대 차량에 깔린 부상자의 구출, 현장에서의 응급치료, 구급차의 요청, 병원으로의 이송 등 부상자를 위한 적절한 조치를 해야 한다. ③ 교통사고로 인하여 당해 도로에서 다른 통행 차량 등에게 미칠 연쇄사고의 위험을 방지해야 한다. 사고로 어지럽혀진 현장을 정리하고 피해 차량을 도로가로 옮기는 등 도로상의 위험방지를 위한 조치를 취해야 한다. 다만, 현장은 누구의 과실인지를 결정해 주는 최고의 증거가 되므로 현장을 정리할 때에는 사고를 목격한 2~3인 이상의 증인을 확보하거나, 인근 경찰관에게 즉각적인 현장조사를 요청하고 스프레이 등으로 사고 현장의 유류품·피해자의 위치·차량 파편 등의 위치를 표시해 두어야 한다. 카메라 등으로 현장을 촬영해 놓으면 가장 좋을 것이다. 이러한 의무를 위반하게 되면 5년 이하의 징역 또는 1,500만 원 이하의 벌금을 물게 된다. 사고를 발생시킨 후에 응급조치도 없이 뺑소니를 치면 특정범죄 가중처벌 등에 관한 법률의 위반으로 엄한 처벌을 받게 된다.

나. 교통사고의 신고

사고를 낸 운전자는 즉시 경찰에 신고를 해야 한다. 교통사고가 발생하였을 때 가해자인 운전자는 자신의 과실유무에 관계없이 부상자 구호 등의 응급조치를 하고 경찰공무원에게 사고를 신고하여야 할 의무가 있다(도로교통법 제54조).

교통사고는 대인사고든 대물사고든, 경미한 접촉사고든 대형사고든 사고의 경중을 불문하고 모두 신고해야 한다. 신고의무를 잊어버리고 신고하지 않았다가 나중에 발각되면 신고불이행에 따른 30만 원 이하의 벌금 또는 구류형에 처해지게 된다(도로교통법 제154조).

한편 가해자는 경찰에게 피의자 조사를 받게 된다. 이때 사고 경위와 상황을 분명하고 정확하게 진술하여 사실과 달리 조사되어 불리한 처벌을 받는 일이 없도록 해야 하고 조사를 하는 경찰관이 자기가 한 말과 다르게 기재하는 경우 즉석에서 지적하고 정정해야 한다. 진술 내용을 나중에 뒤집는 것은 매우 어렵다.

Ⅲ. 유형별 사고

1. 뺑소니 교통사고

가. 뺑소니 사고의 의의

뺑소니 사고란 교통사고로 사람을 다치게 하거나 사망케 한 경우에 운전자가 이를 방치하고 그대로 도주하는 경우를 말한다. 우리나라는 이에 대해 특정범죄 가중처벌 등에 관한 법률(이후 특가법이라 한다) 위반으로 엄하게 처벌하고 있다.

① 피해자를 사망에 이르게 하고 도주하거나, 도주 후에 피해자가 사망한 경우에는 무기 또는 5년 이상의 징역에 처하고, 피해자를 상해에 이르게 한 경우에는 1년 이상의 유기징역 또는 500만 원 이상 3천만 원 이하의 벌금에 처한다.

② 사고운전자가 피해자를 사고 장소로부터 옮겨 유기하고 도주한 경우 피해자를 사망에 이르게 하고 도주하거나, 도주 후에 피해자가 사망한 경우에는 사형, 무기 또는 5년 이상의 징역에 처한다. 피해자를 상해에 이르게 한 경우에는 3년 이상의 유기징역에 처한다.

위반 행위	피해자의 상태	처벌
단순 도주	사망	무기 또는 5년 이상의 징역
	부상	1년 이상의 유기징역 또는 500만 원 이상 3천만 원 이하의 벌금
사고 현장에서 옮겨 유기 후 도주	사망	사형, 무기 또는 5년 이상의 징역
	부상	3년 이상의 유기징역

나. 뺑소니 사고의 요건

1) 뺑소니 사고 차량

뺑소니는 자동차와 오토바이를 타고 가다 사고를 내고 도주한 때 성립하는 범죄이다. 따라서 차가 아닌 자전거·우마차·경운기 등을 타고 가다가 사고를 내고 도망간 경우에는 특가법상의 뺑소니에 해당하지 않는다.

2) 대인사고

뺑소니는 인명 피해사고가 발생하였을 때 한하여 성립한다. 따라서 접촉사고 시 차만 손상되고 운전자나 탑승객은 전혀 다치지 않은 경우에는 사고 운전자가 도주해도 뺑소니가 되지 않는다.

3) 도주한 것이어야 한다. 사고로 인해 사람이 다친 것을 알고 구호조치나 신분을 밝히지 않고 그냥 도주한 경우여야 뺑소니가 된다.

[도주죄가 인정된 사례]

사례 **구호조치 취함 없이 목격자인 양 행동한 때 도주운전죄 여부**

Q. 갑은 교통사고를 야기하여 피해자 을이 출동한 경찰 순찰차에 실려 병원으로 후송되자 현장조사를 하는 경찰관에게 목격자인 것처럼 행세하다가 귀가하였으나, 그 이후 차량의 사고흔적으로 인하여 입건되었는바, 이 경우 갑에게 도주운전죄가 성립되지 않는지요?

A. 「특정범죄가중처벌 등에 관한 법률」 제5조의3 제1항 소정의 '피해자를 구호하는 등 도로교통법 제54조 제1항의 규정에 의한 조치를 취하지 아니하고 도주한 때'의 의미에 관하여 판례는 "특정범죄 가중처벌 등에 관한 법률 제5조의3 제1항 소정의 '피해자를 구호하는 등 도로교통법 제50조 제1항(현행 도로교통법 제54조 제1항)의 규정에 의한 조치를 취하지 아니하고 도주한 때'라 함은 사고 운전자가 사고로 인하여 피해자가 사상을 당한 사실을 인식하였음에도 불구하고, 피해자를 구호하는 등 도로교통법 제50조 제1항(현행 도로교통법 제54조 제1항)에 규정된 의무를 이행하기 전에 사고 장소를 이탈하여 사고 야기자로서 확정될 수 없는 상태를 초래하는 경우를 말한다"라고 하였다(대법원 2001. 1. 5. 선고 2000도2563 판결, 2002. 11. 26. 선고 2002도4986 판결, 2003. 4. 25. 선고 2002도6903 판결).

그리고 사고 야기자가 사고 현장에서 목격자처럼 행세한 경우에 대하여 판례는 "피고인은 교통사고를 일으킨 다음 사고 현장 부근에 정차하였으나, 출동한 경찰관의 요청으로 파출소에 임의 동행하여 사고 야기 여부에 관하여 추궁을 받으면서도 피고인 차량에 충격 흔적이 발견되었다는 지적을 받기까지는 사고 사실을 부인하고, 사고 현장에서도 피해자에 대하여 아무런 구호조치도 취하지 아니한 채 목격자인 양 행동한 사실이 인정되는바, 그렇다면 피고인이 비록 사고 현장을 바로 이탈하지는 아니하였다고 하더라도, 사고 야기 사실 자체를 부인하면서 피해자에 대한 구호조치를 취하지 아니하고 있다가 사고 현장을 떠난 이상, 특정범죄 가중처벌 등에 관한 법률 제5조의3 제1항에서 말하는 '도주'에 해당한다고 보지 않을 수 없다"라고 하였다(대법원 1999. 11. 12. 선고 99도3781 판결, 2003. 3. 25. 선고 2002도5748 판결).

따라서 위 사례에서 갑도 도주운전죄의 책임을 면하기 어려울 것으로 보인다.

사례 차량운행 중 충돌 느낌을 받고도 확인 안 한 경우 도주인지

Q. 갑은 비가 내리는 야간에 규정 속도 이하로 승용차를 운전하던 중 무엇인가 백미러에 부딪히는 듯한 느낌을 받았지만 서행을 하면서 백미러로 확인한바, 아무런 이상이 없는 듯하여 그 현장을 떠났습니다. 목적지에 도달한 후 확인하여 보니 사이드미러에 흠집이 생겼지만 별것 아닐 것으로 생각하였는데, 다음 날 을이 갑의 위 차량 사이드미러에 충격되어 전치 4주의 상해를 입었고 갑이 도주 운전을 하였다고 합의금을 과다하게 요구합니다. 이 경우에도 도주 운전이 되는지요?

A. 위 사안과 관련하여 판례는 "특정범죄 가중처벌 등에 관한 법률 제5조의3 제1항 소정의 '피해자를 구호하는 등 도로교통법 제50조 제1항(현행 도로교통법 제54조 제1항)의 규정에 의한 조치를 취하지 아니하고 도주한 때'라 함은 사고 운전자가 사고로 인하여 피해자가 사상을 당한 사실을 인식하였음에도 불구하고 피해자를 구호하는 등 도로교통법 제50조 제1항(현행 도로교통법 제54조 제1항)에 규정된 의무를 이행하기 이전에 사고 현장을 이탈하여 사고를 낸 자가 누구인지 확정될 수 없는 상태를 초래하는 경우를 말하고, 여기에서 말하는 사고로 인하여 피해자가 사상을 당한 사실에 대한 인식의 정도는 반드시 확정적임을 요하지 아니하고 미필적으로라도 인식하면 족한바, 사고 운전자가 사고 직후 차에서 내려 직접 확인하였더라면 쉽게 사고 사실을 확인할 수 있었는데도 그러한 조치를 취하지 아니한 채 별일 아닌 것으로 알고 그대로 사고 현장을 이탈하였다면 사고 운전자에게는 미필적으로라도 사고의 발생 사실을 알고 도주할 의사가 있었다고 볼 것이다"라고 하면서 "신빙성이 있는 '사고 장소에서 무엇인가 딱딱한 물체를 충돌한 느낌을 받았다'는 피고인의 제1심 법정에서의 진술에 비추어 피고인에게는 미필적으로나마 사고의 발생 사실을 알고 도주할 의사가 있었음

을 인정할 수 있다"라고 한 사례가 있다(대법원 2000. 3. 28. 선고 99도5023 판결).

따라서 위 사례에서 갑도 무엇인가 차량의 사이드미러에 충격 되는 느낌을 받았다면 정차 후 하차하여 사고 피해자가 있는지를 확인하여야 하였음에도 그대로 현장을 떠난 경우이므로 미필적으로라도 사고의 발생 사실을 알고 도주할 의사가 있었다고 볼 수 있어 도주 운전죄에 해당될 것으로 보인다.

[도주죄가 부인된 사례]

사례 피해자와 합의 중 사정상 운전면허증만 주고 간 경우 도주 여부

Q. 갑은 승용차를 운전하다가 과실로 을의 승용차를 충격하였는데, 을에게 다친 곳이 없는지 물었으나 다친 곳은 없다고 하여 차량의 파손에 대하여 합의를 하던 중 경찰관의 사이렌 소리를 듣고서 운전면허증만을 을에게 건넨 후 사고 현장을 떠났으며, 을도 역시 자기의 차량을 운전하여 사고 현장을 떠났습니다. 그런데 을은 전치 2주의 진단서를 발급 받아 수사기관에 제출하고 도주 운전죄라고 주장하면서 합의금을 과다하게 요구하고 있습니다. 이 경우 갑이 도주 운전죄에 해당되는지요?

A. 「특정범죄가중처벌 등에 관한 법률」 제5조의3 제1항 소정의 '피해자를 구호하는 등 도로교통법 제54조 제1항의 규정에 의한 조치를 취하지 아니하고 도주한 때'의 의미에 관하여 판례는 "특정범죄 가중처벌 등에 관한 법률 제5조의3 제1항 소정의 '피해자를 구호하는 등 도로교통법 제50조 제1항(현행 도로교통법 제54조 제1항)의 규정에 의한 조치를 취하지 아니하고 도주한 때'라 함은 사고 운전자가 사고로 인하여 피해자가 사상을 당한 사실을 인식하였음에도 불구하고, 피해자를 구호하는 등 도로교통법 제50조 제1항(현행 도로교통법 제54조 제1항)에 규정된 의무를 이행하기 전에 사고 장소를 이탈하여 사고 야기자로서 확정될 수 없는 상태를 초래하는 경우를 말한다"라고 하였다(대법원 2001. 1. 5. 선고 2000도2563 판결, 2002. 11. 26. 선고 2002도4986 판결, 2003. 3. 25. 선고 2002도5748 판결, 2003. 4. 25. 선고 2002도6903 판결).

그런데 교통사고 운전자가 사고 현장에서 다친 곳이 없다고 말한 피해자와 합의 중 경찰차의 사이렌 소리가 들리자 피해자에게 자신의 운전면허증을 건네주고 가 버린 경우 도주에 해당하는지에 관하여 판례는 "피고인은 교통사고를 낸 뒤 길옆으로 차를

세워 놓고 피해자에게 가서 괜찮으냐고 물으면서 여기는 사람들이 많으니 호텔 밖으로 나가서 변상해 주겠다고 하였고 피해자는 현장에서 해결하자고 하면서 다친 데는 없으니 피해 차량이 부서진 곳을 변상해 달라고 하였는데, 마침 사고 장소인 호텔 밖에서 경찰차의 사이렌 소리가 나는 것 같자 피고인은 음주 사실이 두려워 피해자에게 피해 차량의 견적을 빼 보라고 한 다음 운전면허증을 건네주고 피고인의 차를 운전하여 가 버렸고, 피해자는 피고인의 차량번호도 알고 운전면허증도 교부받았으므로 더 이상 피고인을 따라가지 않고 자신의 택시를 운전하고 간 다음 나중에 전치 2주의 경추 및 요추염좌상을 입었다는 진단서를 수사기관에 제출한 것이라면, 피고인이 피해자를 구호하지 아니하고 사고 현장을 이탈하여 사고 야기자로서 확정될 수 없는 상태를 초래한 경우에 해당한다거나 교통질서의 회복을 위한 어떠한 조치가 필요하였던 것으로 보이지 아니한다고 할 것인바, 이와 같은 취지에서 피고인이 이 사건 사고 후 현장을 이탈하였다는 점만을 들어 피고인의 행위가 사고 야기 후 도주에 관한 특정범죄 가중처벌 등에 관한 법률위반죄나 도로교통법위반죄에 해당하는 것으로 볼 수 없다"라고 한 바 있다(대법원 1997. 7. 11. 선고 97도1024 판결, 2003. 4. 25. 선고 2002도6903 판결).

따라서 위 사례에서 갑이 도주 운전죄에 해당된다고 할 수는 없을 것으로 보인다.

사례 경찰에 의해 피해자와 함께 병원에 후송된 후 말없이 나온 경우

Q. 갑은 친척 소유의 차량을 운전하다가 과실로 교통사고를 야기하여 자기도 부상을 입었고 을과 병에게 상해를 입혔는데, 사고 현장에 출동한 경찰관에 의해 을·병과 함께 병원으로 후송되어 응급치료를 받은 후 병원에서 정밀검사를 받을 것을 요구하므로 병원비가 없어 나중에 치료받을 생각으로 아무런 말도 없이 병원에서 나왔습니다. 경찰에서는 갑이 주민등록증이나 운전면허증을 소지하지 않았으므로 차량등록증만을 건네받고 후송을 하였는바, 갑은 그 후 경찰에도 아무런 연락을 취하지 않았습니다. 이 경우 도주 운전죄가 성립되는지요?

A. 「도로교통법」 제54조 제1항은 "차의 교통으로 인하여 사람을 사상하거나 물건을 손괴한 때에는 그 차의 운전자 그 밖의 승무원은 곧 정차하여 사상자를 구호하는 등

필요한 조치를 하여야 한다"라고 규정하고 있고, 「특정범죄가중처벌 등에 관한 법률」 제5조의3 제1항은 '도로교통법 제2조에 규정된 자동차·원동기장치 자전차 또는 궤도차의 교통으로 인하여 형법 제268조(업무상과실·중과실치상)의 죄를 범한 당해 차량의 운전자가 피해자를 구호하는 등 도로교통법 제54조 제1항의 규정에 의한 조치를 취하지 아니하고 도주한 때'에는 가중 처벌하도록 규정하고 있다.

「특정범죄가중처벌 등에 관한 법률」 제5조의3 제1항 소정의 '피해자를 구호하는 등 도로교통법 제54조 제1항의 규정에 의한 조치를 취하지 아니하고 도주한 때'의 의미에 관하여 판례는 "특정범죄 가중처벌 등에 관한 법률 제5조의3 제1항 소정의 '피해자를 구호하는 등 도로교통법 제50조 제1항(현행 도로교통법 제54조 제1항)의 규정에 의한 조치를 취하지 아니하고 도주한 때'라 함은 사고 운전자가 사고로 인하여 피해자가 사상을 당한 사실을 인식하였음에도 불구하고, 피해자를 구호하는 등 도로교통법 제50조 제1항(현행 도로교통법 제54조 제1항)에 규정된 의무를 이행하기 전에 사고 장소를 이탈하여 사고 야기자로서 확정될 수 없는 상태를 초래하는 경우를 말한다"라고 하였다(대법원 2001. 1. 5. 선고 2000도2563 판결, 2003. 3. 25. 선고 2002도5748 판결).

그런데 위 사례에서와 같이 경찰관에 의해 구호조치가 이루어진 경우에도 도주 운전죄가 성립되는지에 관하여 판례는 "피고인은 그 자신이 부상을 입고 경찰에 의하여 병원으로 후송된 것일 뿐 스스로 사고 장소에서 이탈한 것이 아니고, 피고인이 그 후 병원으로 후송되어 치료를 받던 도중 아무런 말이 없이 병원에서 나와 경찰에 연락을 취하지 아니하였다 하더라도 그 당시에는 이미 경찰에 의하여 피해자를 구호하는 등의 조치가 이루어진 후이므로, 이를 두고 피고인이 피해자를 구호하는 등 도로교통법 제50조 제1항(현행 도로교통법 제54조 제1항)에 규정된 의무를 이행하기 전에 사고 장소를 이탈하여 사고 야기자로서 확정될 수 없는 상태를 초래한 경우에 해당한다고 볼 수도 없다"라고 하였다(대법원 1999. 4. 13. 선고 98도3315 판결, 2002. 11. 26. 선고 2002도4986 판결).

따라서 위 사례에서 갑이 도주 운전죄로 가중 처벌되지는 않을 것으로 보인다.

사례 교통사고 피해자의 상해가 경미하여 구호조치 않은 경우

Q. 갑은 신호를 대기하면서 정차 중인 을의 승용차의 뒷부분을 충격하였으나, 을의 승용차에는 가볍게 흠집만 난 상태이고, 을에게 아픈 곳이 있는지 물었으나 아픈 곳이 없다고 하여 별일이 없는 것으로 알고 연락처도 알려 주지 않고 현장을 떠났습니다. 그 후 을은 허리 부분에 통증이 있어 전치 1주의 상해가 발생하였다고 하면서 뺑소니로 문제 삼겠다고 합니다. 그런데 을의 허리 통증은 특별한 치료를 요하지 않고 시일이 경과되면 나을 수 있는 경우라고 하는바, 이 경우에도 갑이 뺑소니로 문제되는지요?

A. 「도로교통법」 제54조 제1항은 "차의 교통으로 인하여 사람을 사상하거나 물건을 손괴한 때에는 그 차의 운전자 그 밖의 승무원은 곧 정차하여 사상자를 구호하는 등 필요한 조치를 하여야 한다"라고 규정하고 있으며, 도주차량 운전자의 가중처벌에 관하여 「특정범죄가중처벌 등에 관한 법률」 제5조의3 제1항은 "「도로교통법」 제2조에 규정된 자동차·원동기장치 자전거의 교통으로 인하여 「형법」 제268조의 죄를 범한 해당 차량의 운전자(이하 "사고 운전자"라 한다)가 피해자를 구호(救護)하는 등 「도로교통법」 제54조 제1항에 따른 조치를 하지 아니하고 도주한 경우에는 다음 각호의 구분에 따라 가중 처벌한다.

1. 피해자를 사망에 이르게 하고 도주하거나, 도주 후에 피해자가 사망한 경우에는 무기 또는 5년 이상의 징역에 처한다.

2. 피해자를 상해에 이르게 한 경우에는 1년 이상의 유기징역 또는 500만 원 이상 3천만 원 이하의 벌금에 처한다"라고 규정하고 있다.

그런데 「특정범죄가중처벌 등에 관한 법률」 제5조의3 제1항 소정의 도주운전죄가 성립하기 위한 상해의 정도에 관하여 판례는 "특정범죄 가중처벌 등에 관한 법률 제5조의3 제1항이 정하는 '피해자를 구호하는 등 도로교통법 제50조 제1항(현행 도로교통법 제54조 제1항)에 의한 조치를 취하지 아니하고 도주한 때'라고 함은 사고 운전자가 사고로 인하여 피해자가 사상을 당한 사실을 인식하였음에도 불구하고, 피해자를 구호하는 등 도로교통법 제50조 제1항(현행 도로교통법 제54조 제1항)에 규정된 의무를 이행하기 이전에 사고 현장을 이탈하여 사고를 낸 자가 누구인지 확정할 수 없는 상

태를 초래하는 경우를 말하는 것이므로, 위 도주 운전죄가 성립하려면 피해자에게 사상의 결과가 발생하여야 하고, 생명·신체에 대한 단순한 위험에 그치거나 형법 제257조 제1항에 규정된 '상해'로 평가될 수 없을 정도의 극히 하찮은 상처로서 굳이 치료할 필요가 없는 것이어서 그로 인하여 건강 상태를 침해하였다고 보기 어려운 경우에는 위 죄가 성립하지 않는다"라고 하였다(대법원 1997. 12. 12. 선고 97도2396 판결, 2002. 10. 22. 선고 2002도4452 판결, 2003. 4. 25. 선고 2002도6903 판결). 또한 교통사고로 인하여 피해자가 입은 요추부통증이 굳이 치료할 필요 없이 자연적으로 치유될 수 있는 것으로서 '상해'에 해당한다고 볼 수 없다는 이유로 특정범죄 가중처벌 등에 관한 법률 제5조의3 제1항 소정의 도주 운전죄의 성립을 부정한 사례가 있다(대법원 2000. 2. 25. 선고 99도3910 판결, 2008. 10. 9. 선고 2008도3078 판결).

따라서 위 사례의 경우에도 갑에게 도주 운전죄의 책임을 묻기는 어려울 것으로 보인다.

2. 음주운전사고

가. 의의

음주운전이란 음주에서 한 걸음 더 나아가 술에 취해서 하는 운전을 말한다. 주취 기준은 법에 정해져 있으며,[100] 누구든지 술에 취한 상태에서 자동차, 노면전차 또는 자전거를 운전하여서는 안 된다. 또한 경찰공무원은 교통의 안전과 위험방지를 위하여 필요하다고 인정하거나 술에 취한 상태에서 자동차 등, 노면전차 또는 자전거를 운전하였다고 인정할

100 도로교통법 제44조 (술에 취한 상태에서의 운전 금지)
① 누구든지 술에 취한 상태에서 자동차등(「건설기계관리법」 제26조제1항 단서에 따른 건설기계 외의 건설기계를 포함한다. 이하 이 조, 제45조, 제47조, 제93조 제1항 제1호부터 제4호까지 및 제148조의2에서 같다)을 운전하여서는 아니 된다.
② 경찰공무원(자치경찰공무원은 제외한다. 이하 이 항에서 같다)은 교통의 안전과 위험방지를 위하여 필요하다고 인정하거나 제1항을 위반하여 술에 취한 상태에서 자동차등을 운전하였다고 인정할 만한 상당한 이유가 있는 경우에는 운전자가 술에 취하였는지를 호흡조사로 측정할 수 있다. 이 경우 운전자는 경찰공무원의 측정에 응하여야 한다.
③ 제2항에 따른 측정 결과에 불복하는 운전자에 대하여는 그 운전자의 동의를 받아 혈액 채취 등의 방법으로 다시 측정할 수 있다.
④ 제1항에 따라 운전이 금지되는 술에 취한 상태의 기준은 운전자의 혈중알코올 농도가 0.05퍼센트 이상인 경우로 한다.

만한 상당한 이유가 있는 경우에는 운전자가 술에 취하였는지를 호흡조사로 측정할 수 있으며, 이 경우 운전자는 경찰공무원의 측정에 응하여야 한다.

경찰공무원은 측정 결과에 불복하는 운전자에 대하여는 그 운전자의 동의를 받아 혈액 채취 등의 방법으로 다시 측정할 수 있다. 운전자의 혈중알코올 농도가 0.03퍼센트 이상인 경우 운전이 금지된다.

나. 음주운전사고 시 형사 처리

음주운전은 면허정지나 취소 사유만으로 흔히 알고 있으나 이는 잘못이다. 도로교통법상 음주운전으로 2회 이상 위반한 사람(자동차 등 또는 노면전차를 운전한 사람으로 한정한다)은 2년 이상 5년 이하의 징역이나 1천만 원 이상 2천만 원 이하의 벌금에 처하게 되며, 술에 취한 상태에 있다고 인정할 만한 상당한 이유가 있는데도 불구하고 경찰공무원의 측정에 응하지 아니하는 사람은 1년 이상 5년 이하의 징역이나 500만 원 이상 2천만 원 이하의 벌금에 처한다.[101]

음주운전 처벌 기준	
혈중알콜 농도	처벌 내용
0.2퍼센트 이상인 경우	2년 이상 5년 이하의 징역이나 1천만 원 이상 2천만 원 이하의 벌금
0.08퍼센트~0.2페센트 미만인 경우	1년 이상 2년 이하의 징역이나 500만 원 이상 1천만 원 이하의 벌금
0.03퍼센트~0.08퍼센트 미만인 경우	1년 이하의 징역이나 500만 원 이하의 벌금

101 제148조의2 (벌칙)

① 제44조제1항 또는 제2항을 2회 이상 위반한 사람(자동차등 또는 노면전차를 운전한 사람으로 한정한다)은 2년 이상 5년 이하의 징역이나 1천만 원 이상 2천만 원 이하의 벌금에 처한다.

② 술에 취한 상태에 있다고 인정할 만한 상당한 이유가 있는 사람으로서 제44조제2항에 따른 경찰공무원의 측정에 응하지 아니하는 사람(자동차 등 또는 노면전차를 운전하는 사람으로 한정한다)은 1년 이상 5년 이하의 징역이나 500만 원 이상 2천만 원 이하의 벌금에 처한다.

③ 제44조제1항을 위반하여 술에 취한 상태에서 자동차등 또는 노면전차를 운전한 사람은 다음 각 호의 구분에 따라 처벌한다.

1. 혈중알코올 농도가 0.2퍼센트 이상인 사람은 2년 이상 5년 이하의 징역이나 1천만 원 이상 2천만 원 이하의 벌금
2. 혈중알코올 농도가 0.08퍼센트 이상 0.2퍼센트 미만인 사람은 1년 이상 2년 이하의 징역이나 500만 원 이상 1천만 원 이하의 벌금
3. 혈중알코올 농도가 0.03퍼센트 이상 0.08퍼센트 미만인 사람은 1년 이하의 징역이나 500만 원 이하의 벌금

④ 제45조를 위반하여 약물로 인하여 정상적으로 운전하지 못할 우려가 있는 상태에서 자동차등 또는 노면전차를 운전한 사람은 3년 이하의 징역이나 1천만 원 이하의 벌금에 처한다.

[전문 개정 2018. 12. 24.]

다. 특정범죄 가중처벌 등에 관한 법률 개정

음주 또는 약물의 영향으로 정상적인 운전이 곤란한 상태에서 자동차를 운전하여 사람을 상해 또는 사망에 이르게 한 사람의 법정형을 치상의 경우 현행 '10년 이하의 징역 또는 500만 원 이상 3천만 원 이하의 벌금'을 '1년 이상 15년 이하의 징역 또는 1천만 원 이상 3천만 원 이하의 벌금'으로, 치사의 경우 현행 '1년 이상의 유기징역'을 '무기 또는 3년 이상의 징역'으로 상향조정함으로써 실효성을 제고하고, 아울러 음주운전에 대한 경각심을 높이며, 국민의 법감정에 부합하는 제도를 마련하려는 것이다.

제5조의11(위험운전 등 치사상) 제1항 음주 또는 약물의 영향으로 정상적인 운전이 곤란한 상태에서 자동차(원동기장치 자전거를 포함한다)를 운전하여 사람을 상해에 이르게 한 사람은 1년 이상 15년 이하의 징역 또는 1천만 원 이상 3천만 원 이하의 벌금에 처하고, 사망에 이르게 한 사람은 무기 또는 3년 이상의 징역에 처한다.

〈2018. 12. 18.부터〉음주운전 교통사고 처벌 강화「특정범죄 가중처벌 등에 관한 법률」(윤창호 법) 시행	
음주운전 부상사고	10년 이하의 징역 또는 500~3,000만 원 벌금(과거) → 1년~15년 징역 또는 1,000~3,000만 원 벌금(현행)
음주운전 사망사고	1년 이상 징역(과거) → 무기 또는 3년 이상 징역(현행)

사례 대학 구내에서 음주운전한 것이 도로교통법상 음주운전인지

Q. 저는 개강파티에서 약간의 음주를 한 후 귀가하기 위해 자동차를 운전하던 중 대학구내에서 접촉사고를 일으켜 피해자에게 전치 3주의 상해를 입혔습니다. 종합보험에 가입한 상태인데, 이 경우 형사처벌을 받게 되는지요?

A.「교통사고처리특례법」제4조 제1항 본문은 종합보험에 가입한 경우에는 차량의 운전으로 인한 교통사고로 업무상과실치상죄를 범하였어도 공소를 제기할 수 없도록 규정하고 있다. 그러나 단서 및 같은 법 제3조 제2항 제8호는 "도로교통법 제44조 제1항(술에 취한 상태에서의 운전금지)의 규정에 위반하여 주취 중에 운전을 한 경우에는 예외로 한다"라고 규정하고 있다. 그러므로 위 사안의 경우에「교통사고처리특례법」상의 음주운전에 해당되는지에 따라서 형사처벌 여부가 결정될 것이다.

구도로교통법(2010. 7. 23. 법률 제10382호로 개정되기 전의 것) 제2조 제24호는

'운전'의 의미를 '도로에서 차마를 그 본래의 사용 방법에 따라 사용하는 것(조종을 포함한다)'으로 규정하여 도로교통법상 도로가 아닌 곳에서의 주취운전은 도로교통법 제44조 제1항의 음주운전에 해당하지 아니하고 결국 교통사고처리특례법 제3조 제2항 단서에도 해당하지 않게 되어 사안과 같은 경우 형사처벌을 받지 아니하였다. 그러나 현행 도로교통법 제2조 제24호는 '운전'의 의미를 '도로(제44조·제45조·제54조제1항·제148조 및 제148조의2에 한하여 도로 외의 곳을 포함한다)에서 차마를 그 본래의 사용 방법에 따라 사용하는 것(조종을 포함한다)'라고 규정함으로써 도로가 아닌 곳에서의 음주운전, 음주측정 거부, 사고 후 미조치 등에 대해서도 처벌할 수 있는 근거를 마련함으로써 사례와 같은 경우 교통사고처리특례법 제3조 제2항 단서 제8호에 해당하여 종합보험에 가입되어 있더라도 교통사고처리특례법위반죄가 성립될 수 있을 것으로 보인다.

사례 주차장에서의 음주운전이 도로교통법상 음주운전인지

Q. 저의 남편은 친구의 초청으로 가족동반 저녁식사를 하러 승용차를 가지고 근교 음식점에 갔다가 그 음식점 주차장으로 사용하는 공터에 주차한 후 음주를 겸한 식사를 하였습니다. 그런데 종업원이 남편에게 다른 차의 주차가 어렵다며 비스듬히 세워 놓은 남편 차량을 바로 해달라고 요청하였고 남편은 다시 주차를 하였습니다. 그러나 때마침 지나가던 경찰관에게 적발되어 음주운전으로 인한 「도로교통법」 위반으로 벌금형의 약식명령을 받았는데, 이것이 정당한지요?

A. 주취 중 운전금지에 관하여 「도로교통법」 제44조 제1항은 "누구든지 술에 취한 상태에서 자동차 등(건설기계관리법 제26조 제1항 단서의 규정에 의한 건설기계외의 건설기계를 포함)을 운전하여서는 아니 된다"라고 규정하고 있다. 그리고 같은 법 제148조의2 제1항 제1호는 "제44조 제1항의 규정에 위반하여 술에 취한 상태에서 자동차 등을 운전한 사람은 1년 이상 3년 이하의 징역이나 500만 원 이상 1천만 원 이하의 벌금에 처한다"라고 규정하고 있습니다.

또한, 「도로교통법」 제2조 제1호는 도로교통법에서 사용되는 '도로'라 함은 "도로법에 의한 도로", "유료도로법에 의한 유료도로", "농어촌도로 정비법에 따른 농어촌도

로", "그 밖에 현실적으로 불특정 다수의 사람 또는 차마의 통행을 위하여 공개된 장소로서 안전하고 원활한 교통을 확보할 필요가 있는 장소"로 규정하고 있는데, 같은 법 제148조 제1항 제1호 소정의 처벌 대상자에 해당하기 위해서는 운전한 장소가 같은 법 제2조 제1호 소정의 도로이어야 하며, 종전 판례는 "도로교통법 제2조 제1호에서 도로의 개념으로 정한 '일반교통에 사용되는 모든 곳'(현행 "그 밖에 현실적으로 불특정 다수의 사람 또는 차마의 통행을 위하여 공개된 장소로서 안전하고 원활한 교통을 확보할 필요가 있는 장소")이라 함은 현실적으로 불특정 다수의 사람 또는 차량의 통행을 위하여 공개된 장소로서 교통질서 유지 등을 목적으로 하는 일반 교통경찰권이 미치는 공공성이 있는 곳을 의미하는 것이므로, 특정인들 또는 그들과 관련된 특정한 용건이 있는 자들만이 사용할 수 있고 자주적으로 관리되는 장소는 이에 포함된다고 볼 수 없다"라고 하였다(대법원 1999. 12. 10. 선고 99도2127 판결). 그런데 최근의 판례는 "아파트 단지가 상당히 넓은 구역으로서 비록 여러 곳에 경비실이 설치되어 있고 경비원들이 아파트 주민 이외의 차량에 스티커를 발부해 왔다 하더라도 이는 주민들의 차량이 우선 주차할 수 있도록 하기 위한 주차공간 확보 차원에서 이루어진 것으로 보일 뿐이고, 그것만으로 아파트 단지 내의 통행로가 특정인들 또는 그들과 관련된 특별한 용건이 있는 자들만이 사용할 수 있는 장소로서 자주적으로 관리되는 장소라고 볼 수는 없고, 현실적으로 볼 때 불특정 다수의 사람이나 차량의 통행을 위하여 공개된 장소라면 교통질서 유지 등을 목적으로 하는 일반교통경찰권이 미치는 공공성이 있는 곳으로 도로교통법 제2조 제1호 소정의 '도로'에 해당한다"라고 한 사례(2002. 9. 24. 선고 2002도3190 판결)도 있는 것으로 볼 때 아파트 단지 내의 도로라 해서 무조건 도로교통법 제2조 제1호 소정의 '도로'에서 제외되는 것은 아니며 아파트 단지의 규모와 단지 내 도로의 형태, 불특정 다수의 사람이나 차량의 통행을 위하여 공개된 장소인지 여부, 운전의 목적과 불가피성, 그리고 운행거리 등을 종합적으로 보고 판단해야 할 것이다.

그리고 주차장에서의 음주운전이 도로교통법상의 처벌 대상이 되는지에 관련하여 판례는 ① 시청 내의 광장주차장 또는 도로의 노면의 일정 구역에 설치된 노상주차장 등에서 운전한 것을 도로에서 차를 그 본래의 사용 방법에 따라 사용하는 것에 해당한다고 한 판례가 있는 반면(대법원 1992. 9. 22. 선고 92도1777 판결), ② 주차장으로 사용되는 주점 옆 공터가 일반 공중이나 차량들이 자유로이 통행할 수 있는 통행 장소가 아니라면 도로법이나 유료도로법 소정의 도로에 해당한다고 할 수 없고 일반교통에 사용되는 곳이라고 보기도 어려워 도로교통법상의 도로라고 할 수 없다는 사례(대법원 1992. 10. 9. 선고 92도448 판결) 및 나이트클럽 주차장이 도로교통법상의 도로라고 할 수 없다는 사례(대법원 1992. 10. 9. 선고 92도1330 판결), 아파트의 구내 노상주차장에 주차된 차량을 아파트 구내 지하주차장으로 옮기기 위하여 운전한 경우 도로교통법위반 행위에 해당하지 않는다고 한 사례(대법원 1999. 12. 10. 선고 99도2127 판결), 호텔 및 가든을 경영하는 자의 사유지로서 5대 정도의 차가 주차할 수 있도록 주차 선을 구획해 놓아 그 호텔 등을 찾는 손님들의 주차 장소로만 사용되는 곳을 도로교통법상의 도로라고 할 수 없다고 한 사례(대법원 2001. 1. 19. 선고 2000도2763 판결)가 있다.

따라서 사례의 경우는 위 두 번째 대법원 판례의 사례에 해당되는 것으로 볼 수도 있어 약식명령을 받은 후 1주일 내에 법원에 정식 재판청구를 하여 다투어 볼 수 있다고 하겠다.

구「도로교통법」에 따르면,「도로교통법」제2조제1호의 '도로'에서 차를 운전한 경우가 아니라면「도로교통법」제44조에 따른 음주운전에 해당하지 않았으나, 2011. 1. 1.부터는 개정된「도로교통법」에 따라 술에 취한 상태에서 '도로 외의 곳'에서 차를 운전한 경우에도「도로교통법」상의 '운전'에 해당하게 되어 음주운전으로 처벌받게 된다.

3. 무면허운전 사고

무면허운전이란 운전자가 운전면허 없이 운전하는 것을 말한다. 무면허란 처음부터 면허를 취득하지 못하는 경우뿐만 아니라 면허효력이 일시적으로 정지 중이거나 취소된 경우도 포함한다.

사례 **운전면허가 취소된 줄 모르고 운전한 경우 무면허운전에 해당되는지**

Q. 저는 1종 보통 운전면허를 소지하고 있었는데, 정해진 기간 안에 정기적성검사를 받지 않아 운전면허가 취소된 사실을 알지 못하고 승용차를 운전하다가 경찰에 단속

되었습니다. 저는 그동안 정기적성검사를 받지 못하여 면허취소를 당한 적이 없고 아무런 귀책사유도 없이 면허취소처분 통지를 받지 못하였으며, 면허취소 후 보름 정도 되었는데, 이런 경우도 무면허운전으로 형사처벌을 받게 되는지요?

A. 「도로교통법」 제43조, 제152조는 운전면허를 받지 아니하거나 운전면허의 효력이 정지된 자의 운전 즉 무면허운전을 처벌하고 있고, 같은 법 제87조[시행일: 2011.12. 9.]는 제1종 운전면허를 받은 사람은 최초의 운전면허 갱신 기간은 운전면허시험을 합격한 날로부터 기산하여 10년(운전면허시험 합격일에 65세 이상인 사람은 5년)이 되는 날이 속하는 해의 1월 1일부터 12월 31일까지, 이후 운전면허증 갱신 기간은 직전의 운전면허증 갱신일부터 기산하여 매 10년(직전의 운전면허증 갱신일에 65세 이상인 사람은 5년)이 되는 날이 속하는 해의 1월 1일부터 12월 31일까지 갱신하여 발급받아야 하며 위 갱신 기간에 정기적성검사를 받도록 하고 있고, 적성검사 기간 만료일 다음 날부터 적성검사를 받지 아니하고 1년을 초과한때는 같은 법 제93조에 의해 운전면허가 취소된다.

그런데 「형법」 제13조 본문은 "죄의 성립 요소인 사실을 인식하지 못한 행위는 벌하지 아니한다"라고 규정하여 범죄의 성립에 주관적 요소로서 범의(고의)가 있을 것을 요구하고 있으므로, 귀하의 경우 무면허운전의 고의가 있었는지가 문제된다.

이러한 범죄의 성립에 필요한 주관적 요소로서의 범의에 관하여 판례는 "도로교통법 제109조 제1호, 제40조 제1항 위반의 죄는 유효한 운전면허가 없음을 알면서도 자동차를 운전하는 경우에만 성립하는, 이른바 고의범이므로, 기존의 운전면허가 취소된 상태에서 자동차를 운전하였더라도 운전자가 면허취소 사실을 인식하지 못한 이상 도로교통법위반(무면허운전)죄에 해당한다고 볼 수 없고, 관할 경찰당국이 운전면허취소 통지에 갈음하여 적법한 공고를 거쳤다고 하더라도 공고만으로 운전면허가 취소된 사실을 알게 되었다고 단정할 수 없으며, 이 경우 운전자가 그러한 사정을 알았는지는 각각의 사안에서 면허취소의 사유와 취소사유가 된 위법행위의 경중, 같은 사유로 면허취소를 당한 전력의 유무, 면허취소처분 통지를 받지 못한 이유, 면허취소 후 문제된 운전 행위까지의 기간의 장단, 운전자가 면허를 보유하는 동안 관련 법령이나 제도가 어떻게 변동하였는지 등을 두루 참작하여 구체적·개별적으로 판단하여야 한다"라고 하였다(대법원 1993. 3. 23. 선고 92도3045 판결, 2004. 12. 10. 선고 2004도

6480 판결).

귀하는 그 동안 정기적성검사를 받지 못하여 면허취소를 당한 적이 없을 뿐만 아니라 아무런 귀책사유도 없이 면허취소처분 통지를 받지 못하였고 면허가 취소된 날로부터 보름이 갓 지나서 차량을 운전하였으며, 「도로교통법」의 순차 개정으로 정기적성검사 기간이 연장되었고, 정기적성검사에 관하여 사전에 대상자에게 통보하는 제도가 마련되어 있지 아니한 점 등을 고려하여 볼 때, 비록 귀하가 소지하고 있던 운전면허증 앞면에 적성검사 기간이 기재되어 있고, 뒷면 하단에는 "적성검사 또는 면허증 갱신기간 내에 적성검사 또는 면허증을 갱신하지 아니하면 범칙금이 부과되며 1년이 지나면 운전면허가 취소됩니다"라는 경고 문구가 있다고 하더라도 정기적성검사 미필로 면허가 취소된 사실을 미필적으로나마 인식하였다고 추단하기 어렵다고 할 것이다.

따라서 귀하는 정기적성검사를 받지 않아 면허가 취소된 사실을 미필적으로도 인식하지 못하였다고 인정되어, 비록 운전면허가 취소된 상태에서 승용차를 운전하였지만 고의가 부정되어 무면허운전으로 형사처벌을 받지 아니할 것으로 보인다.

Ⅳ. 교통사고처리특례법

1. 의의

「교통사고처리특례법」이란 업무상과실 또는 중대한 과실로 교통사고를 일으킨 운전자에 관한 형사처벌 등의 특례를 정함으로써 교통사고로 인한 피해의 신속한 회복을 촉진하고 국민생활의 편익을 증진함을 목적으로 제정된 법률이다.

이에 의하면 교통사고 피해자가 사망하지 않고, 피해자가 운전자의 처벌을 원치 않을 때에는 검사가 공소를 제기하지 못하도록 되어 있다. 피해자가 운전자의 처벌을 원치 않을 경우란 통상 피해자와 합의를 함으로써 인정되고, 또한 가해 차량이 자동차종합보험이나 공제조합에 가입되어 있을 경우에도 마찬가지이다(같은 법 제4조).

그러나 피해자가 사망한 경우와 차의 운전자가 피해자를 구호조치하지 않고 도주하거나 피해자를 사고 장소로부터 옮겨 유기하고 도주한 경우의 뺑소니 운전자 및 같은 법 제3조

제2항 단서 규정의 12가지 사유에 해당되는 경우에는 피해자와의 합의나 종합보험가입 여부에 상관없이 처벌을 받게 된다.

2. 12대 중과실 교통사고

가. 신호위반

「도로교통법」 제5조에 따른 신호기가 표시하는 신호 또는 교통정리를 하는 경찰공무원 등의 신호를 위반하거나 통행금지 또는 일시정지를 내용으로 하는 안전표지가 표시하는 지시를 위반하여 운전한 경우

나. 중앙선 침범

「도로교통법」 제13조 제3항을 위반하여 중앙선을 침범하거나 같은 법 제62조를 위반하여 횡단, 유턴 또는 후진한 경우

다. 속도위반(과속)

「도로교통법」 제17조 제1항 또는 제2항에 따른 제한 속도를 시속 20킬로미터 초과하여 운전한 경우

라. 앞지르기 방법 또는 금지 위반의 경우

「도로교통법」 제21조 제1항, 제22조, 제23조에 따른 앞지르기의 방법·금지 시기·금지 장소 또는 끼어들기의 금지를 위반하거나 같은 법 제60조 제2항에 따른 고속도로에서의 앞지르기 방법을 위반하여 운전한 경우

마. 건널목 통과 방법 위반의 경우

「도로교통법」 제24조에 따른 철길건널목 통과 방법을 위반하여 운전한 경우

바. 보행자보호 위반과 횡단보도상의 사고

「도로교통법」 제27조 제1항에 따른 횡단보도에서의 보행자 보호의무를 위반하여 운전한 경우

사. 무면허운전

「도로교통법」 제43조, 「건설기계관리법」 제26조 또는 「도로교통법」 제96조를 위반하여 운전면허 또는 건설기계조종사면허를 받지 아니하거나 국제운전면허증을 소지하지 아니하고 운전한 경우. 이 경우 운전면허 또는 건설기계조종사면허의 효력이 정지 중이거나 운전의 금지 중인 때에는 운전면허 또는 건설기계조종사면허를 받지 아니하거나 국제운전면허증을 소지하지 아니한 것으로 본다.

아. 음주운전

「도로교통법」 제44조 제1항을 위반하여 술에 취한 상태에서 운전을 하거나 같은 법 제45조를 위반하여 약물의 영향으로 정상적으로 운전하지 못할 우려가 있는 상태에서 운전한 경우

자. 보도 설치된 도로의 보도를 침범하거나, 보도횡단 방법에 위반한 경우

「도로교통법」 제13조 제1항을 위반하여 보도(步道)가 설치된 도로의 보도를 침범하거나 같은 법 제13조 제2항에 따른 보도횡단 방법을 위반하여 운전한 경우

차. 승객의 추락방지의무를 위반하여 운전한 경우

「도로교통법」 제39조 제3항에 따른 승객의 추락 방지의무를 위반하여 운전한 경우

카. 어린이보호구역 안전의무 위반

「도로교통법」 제12조 제3항에 따른 어린이 보호구역에서 같은 조 제1항에 따른 조치를 준수하고 어린이의 안전에 유의하면서 운전하여야 할 의무를 위반하여 어린이의 신체를 상해(傷害)에 이르게 한 경우

타. 화물고정장치 위반

「도로교통법」 제39조 제4항을 위반하여 자동차의 화물이 떨어지지 아니하도록 필요한 조치를 하지 아니하고 운전한 경우

3. 도로교통법 개정 주요 내용(일명 민식이법)

교통사고의 위험으로부터 어린이를 보호하기 위하여 어린이 보호구역을 지정·관리하고 있으나, 어린이 보호구역 내에서 교통사고가 지속적으로 발생하고 있는바, 어린이 보호구역 지정 제도가 실효성을 가질 수 있도록 어린이 보호구역 내에 무인 교통단속용 장비, 횡단보도 신호기 등을 우선적으로 설치하도록 하는 법적 근거를 마련하는 한편, 갓길 통행 허용 대상 확대, 대한민국 국적을 가지지 아니한 사람 중 외국인등록이나 국내 거소 신고를 하지 아니한 사람에 대한 운전면허 취득 제한, 원동기장치 자전거 운전면허의 효력이 정지된 사람이 원동기장치 자전거를 운전한 경우 등에 대한 벌칙 신설 등 현행 제도의 운영상 나타난 일부 미비점을 개선·보완하기 위해 (일명 민식이법)을 2019. 12. 24.개정하여 2020. 3. 25.부터 시행

가. 주요 내용

어린이 보호구역의 도로 중에서 행정안전부령으로 정하는 곳에 지방경찰청장, 경찰서장, 특별시장·광역시장·제주특별자치도지사 또는 시장·군수에게 우선적으로 무인 교통단속용 장비를 설치하도록 하고, 특별시장·광역시장·제주특별자치도지사 또는 시장·군수에게 횡단보도의 신호기 등의 시설 또는 장비를 우선적으로 설치하거나 관할 도로관리청에 설치를 요청하도록 함.

1) 도로교통법 제12조 제4항 및 제5항 신설

① 지방경찰청장, 경찰서장 또는 시장 등은 제3항을 위반하는 행위 등의 단속을 위하여 어린이 보호구역의 도로 중에서 행정안전부령으로 정하는 곳에 우선적으로 제4조의2에 따른 무인 교통단속용 장비를 설치하여야 한다.

② 시장 등은 제1항에 따라 지정한 어린이 보호구역에 어린이의 안전을 위하여 다음 각 호에 따른 시설 또는 장비를 우선적으로 설치하거나 관할 도로관리청에 해당 시설 또는 장비의 설치를 요청하여야 한다.

• 어린이 보호구역으로 지정한 시설의 주 출입문과 가장 가까운 거리에 있는 간선도로상 횡단보도의 신호기

• 속도 제한 및 횡단보도에 관한 안전표지

•「도로법」 제2조 제2호에 따른 도로의 부속물 중 과속방지시설 및 차마의 미끄럼을 방지하기 위한 시설

•그 밖에 교육부, 행정안전부 및 국토교통부의 공동부령으로 정하는 시설 또는 장비

4. 특정범죄 가중처벌 등에 관한 법률 개정

가. 개정 주요 내용

자동차의 운전자가 어린이 보호구역에서 어린이 안전에 유의하면서 운전하도록 함으로써 교통사고의 위험으로부터 어린이를 보호하기 위하여 자동차의 운전자가 어린이 보호구역에서 「도로교통법」 제12조 제3항을 위반하여 어린이에게 「교통사고처리 특례법」 제3조 제1항의 죄를 범한 경우 가중 처벌할 수 있는 근거를 마련하려는 것임.

나. 특정범죄 가중처벌 등에 관한 법률 제5조의13 신설

제5조의13(어린이 보호구역에서 어린이 치사상의 가중처벌) 자동차(원동기장치자전거를 포함한다)의 운전자가 「도로교통법」 제12조 제3항에 따른 어린이 보호구역에서 같은 조 제1항에 따른 조치를 준수하고 어린이의 안전에 유의하면서 운전하여야 할 의무를 위반하여 어린이(13세 미만인 사람을 말한다. 이하 같다)에게 「교통사고처리 특례법」 제3조 제1항의 죄를 범한 경우에는 다음 각 호의 구분에 따라 가중 처벌한다.

•어린이를 사망에 이르게 한 경우에는 무기 또는 3년 이상의 징역에 처한다.

•어린이를 상해에 이르게 한 경우에는 1년 이상 15년 이하의 징역 또는 500만 원 이상 3천만 원 이하의 벌금에 처한다.

제6편

민·형사소송 절차

제1장 민사소송 절차

제2장 간편소송 절차

제3장 형사소송 절차

민사소송 절차

Ⅰ. 서설

우선 소장이 접수되면 간단한 심사를 하여 특별한 형식적 하자가 없는 한 그 부본을 즉시 상대방에게 송달하고 30일 이내에 답변서를 제출하도록 최고한다. 이 단계에서 소장이 송달불능이 되면 주소보정명령을 하고 결국 공시송달로 처리될 사건은 공시송달 신청, 공시송달의 실행 및 관련 증거 신청을 기일 전에 모두 마치도록 한 다음 곧바로 제1회 변론기일을 지정하여 변론종결이 되도록 운영한다.

피고에게 소장이 송달된 경우에는 답변서 제출 기한이 만료된 직후 재판장이 사건 기록을 검토하여 처리 방향을 결정하게 되는데 그때까지 답변서가 제출되었는지 여부에 따라 절차 진행은 달라진다.

먼저 기한 내에 답변서가 제출되지 않았거나 자백 취지의 답변서가 제출된 경우에는 일단 무변론판결 대상 사건으로 분류하고, 피고가 기한 내에 부인하는 취지의 답변서를 제출하여 원고청구를 다투는 경우에는 재판장은 바로 기록을 검토하고 사건을 분류하여 심리방향을 결정한다.

원칙적으로 재판장은 가능한 최단 기간 안의 날로 제1회 변론기일을 지정하여 양쪽 당사자가 법관을 조기에 대면할 수 있도록 한다. 제1회 변론기일은 쌍방 당사자 본인이 법관면전에서 사건의 쟁점을 확인하고 상호 반박하는 기회를 가짐으로써 구술주의의 정신을 구현하는 절차이다. 이를 통하여 양쪽 당사자 본인의 주장과 호소를 할 만큼 하게 하고, 재판부도 공개된 법정에서의 구술심리 과정을 통하여 투명하게 심증을 형성함으로써, 재판에 대한 신뢰와 만족도를 높이는 방향으로 운영하고자 하는 것이다. 이처럼 제1회 변론기일을 통하여 양쪽 당사자가 서로 다투는 점이 무엇인지 미리 분명하게 밝혀지면, 그 이후의 증거 신청과 조사는 그와 같이 확인된 쟁점에 한정하여 집중적으로 이루어질 수 있게

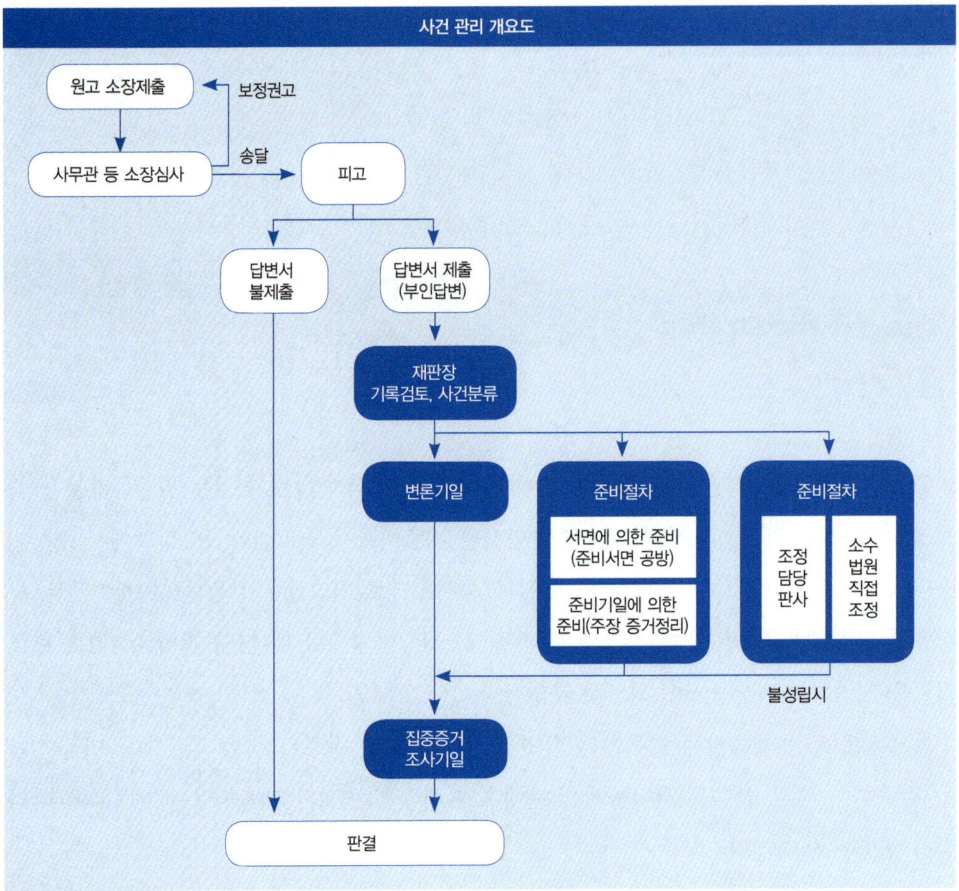

된다.

한편 재판장은 사건 분류의 단계 또는 제1회 변론기일 이후의 단계에서, 당해 사건을 준비절차에 회부할 수 있다. 이는 양쪽 당사자의 주장 내용이나 증거 관계가 매우 복잡하여, 별도의 준비 절차를 통하여 주장과 증거를 정리하고 앞으로의 심리 계획을 수립하는 것이 필요하다고 판단하는 경우에 이루어진다. 준비 절차는 양쪽 당사자가 서로 준비서면을 주고받거나(서면에 의한 준비 절차), 법원에서 만나 주장과 증거를 정리하는 방법(준비기일에 의한 준비 절차)으로 진행된다.

앞서 본 변론기일 등의 절차가 진행되는 과정에서 쌍방 당사자는 준비서면에 의한 주장의 제출과 더불어 그 주장을 뒷받침하는 증거 신청 및 증거의 현출을 모두 마쳐야 한다. 따라서 관련 서증은 원칙적으로 준비서면에 첨부하여 제출하여야 하고, 문서송부촉탁, 사실조회, 검증·감정 신청과 그 촉탁은 물론 증인 신청까지도 모두 이 단계에서 마치는 것을 원칙으로 한다.

증거조사기일에는 원칙적으로 사건에 관련된 쌍방의 증인 및 당사자 신문 대상자 전원을 한꺼번에 집중적으로 신문하고, 신문을 마친 사건은 그로부터 단기간 내에 판결을 선고하는 구조로 운영한다.

그리고 당사자 쌍방이 다투는 사건에 대해서는 위와 같은 절차 진행의 과정 중 어느 단계에서든 화해권고결정이나 조정 제도를 활용하여 분쟁의 화해적 해결을 시도하는 것을 지향한다. 위와 같은 사건을 개요도로 나타내면 아래와 같다.

Ⅱ. 판결 절차

1. 소장 제출

가. 소장 작성 및 접수

법원에 소를 제기하려면 우선 소장을 작성하여 제출하여야 한다. 법원에 소장을 제출하려면 그 사건과 관련된 법원에 제출하여야 하는데 일반적으로 이를 관할이라고 한다. 관할에는 일반적인 경우와 특별한 경우가 있다.

1) 일반적으로 인정되는 소장 제출 법원

자연인	피고의 주소지 관할 법원, 주소가 없거나, 주소를 알 수 없는 때에는 거소, 거소가 없거나 알 수 없는 때에는 최후의 주소지 관할 법원에 제출하여야 한다.
법인 기타 단체	주된 사무소 또는 영업소 소재지, 주된 영업소가 없는 때에는 주된 영업담당자의 주소지 관할 법원에 제출하여야 한다.

2) 특별히 인정되는 소장 제출 법원

근무지 법원	사무소 또는 영업소에 계속하여 근무하는 자에 대한 소
거소지 또는 의무이행지 법원	재산권에 관한 소
어음·수표의 지급지 법원	어음 수표에 관한 소, 단 이득 상환청구나 소구통지의 해태로 인한 손해 배상청구와 같은 어음·수표법상의 권리에 관한 소는 이에 해당하지 않는다.
불법 행위자	불법 행위에 관한 소는 행위지의 법원
부동산 소재지	부동산에 관한 소
등기 등록지	등기 등록에 관한 소는 등기 또는 등록할 공무소 소재지 법원

나. 소장의 기재 사항

1) 원·피고 당사자의 성명, 명칭 또는 상호와 주소, 주민등록번호

2) 대리인이 있는 경우 대리인의 성명과 주소

3) 일과 중 연락 가능한 전화번호, 팩스번호, E-Mail 주소

4) 청구 취지(청구를 구하는 내용·범위 등을 간결하게 표시)

5) 청구 원인(권리 또는 법률관계의 성립 원인 사실을 기재)

6) 부속 서류의 표시(소장에 첨부하는 증거 서류 등)

7) 작성 연월일

8) 법원의 표시

9) 작성자의 기명날인 및 간인

다. 사무관 등의 소장 심사

우선 소장이 접수되면 간단한 심사를 하여 특별한 형식적 하자가 없는 경우 피고에게 소장부본을 송달하여야 하고, 하자가 있는 경우에는 원고에게 보정을 권고한다.

라. 소장부본 송달

송달을 실시한 결과 수취인 부재, 폐문 부재, 수취인 불명, 주소 불명, 이사 불명 등의 사유로 송달불능이 된 경우에는 송달불능의 사유에 따라 재송달, 공시송달 등 적절한 방법을 택하여 송달을 실시하여야 한다.

1) 송달불능인 경우

수취인 부재 폐문 부재	송달받을 자가 군 입대, 교도소 수감 등의 사유로 현재 부재 중인 경우에는 군부대의 소속 및 구치소 또는 교도소명을 기재하여 주소보정을 하면 법원에서는 그 장소로 다시 재송달을 실시하며, 장기여행이나 직장생활 등으로 폐문 부재인 경우에는 재송달 신청을 하거나 집행관에게 송달할 수 있도록 하는 특별송달신청을 하여 휴일이나 야간에도 송달을 할 수 있다.
주소 불명 이사 불명	번지를 기재하지 않았거나, 같은 번지에 호수가 많아서 주소를 찾을 수 없는 경우 및 이사를 한 경우에는 새 주소를 정확하게 파악하여 주소보정을 신청하고, 당사자의 주소, 거소 기타 송달할 주소를 알 수 없는 경우에는 소명자료를 갖추어 공시송달신청을 할 수 있다.
수취인 불명	수취인의 주소나 성명의 표기가 정확하지 않아 송달이 불능된 때에는 정확한 주소 및 성명을 적은 보정서를 제출해야 한다.

2) 공시송달 신청 방법

일반적인 통상의 조사를 다하였으나 당사자의 주소, 거소, 영업소, 사무소와 근무 장소 기타 법정의 송달 장소 중 어느 한 곳도 알지 못한 경우에 송달받을 사람의 최후 주소지를 확인할 수 있는 자료(주민등록 등·초본)와 신청인이 송달받을 사람의 주거 발견에 상당한 노력을 한 사실 및 그럼에도 불구하고 이를 찾아낼 수 없었던 사실에 관하여 신빙할 만한 소명자료(집행관에 의한 특별송달 결과 등)를 첨부하여 신청하면 된다.

마. 답변서 제출

피고가 본안의 신청을 기재하여 최초로 제출하는 서면을 답변서라고 한다.

법원으로부터 소장부본을 받은 피고가 원고의 청구를 다투어 응소할 의사가 있으면 소장부본을 받은 날로부터 30일 이내에 답변서를 제출하여야 한다. 피고가 제출할 답변서에는 사건번호와 당사자, 원고의 주장 사실에 대한 답변을 기재하여야 하며, 주장에 대한 답변은 원고 소장 중 청구 원인을 사항별로 인정할 것인가, 부인할 것인가를 구체적·개별적으로 기재하여야 하며 상대방 수에 상응하는 부본을 첨부하고 증거 서류는 등본 또는 사본을 상대방 수에 1부를 추가하여 제출하여야 한다.

1) 답변서가 제출되지 않은 경우

피고가 원고의 청구를 다투는 때에는 소장부본을 송달받은 날로부터 30일 안에 답변서를 제출하여야 한다. 그러나 피고가 답변서 제출 기간 내에 답변서를 제출하지 않는 경우에는 변론 없이 원고 승소판결을 선고한다. 다만, 공시송달에 의한 사건이나 공유물분할, 경계확정 등과 같은 소송은 무변론 판결 대상이 사건이 아니다.

2) 부인하는 취지의 답변서가 제출 된 경우

피고가 기한 내에 부인하는 취지의 답변서를 제출하여 원고청구를 다투는 경우에는 재판장은 바로 기록을 검토하고 사건을 분류하여 심리 방향을 결정한다.

2. 재판

가. 변론기일 지정 및 통지

재판장은 당사자의 주장과 증거의 정리가 완료되면 변론기일을 정하고 원고와 피고에게 통지한다. 제1회 변론기일은 쌍방 당사자 본인이 법관 면전에서 사건의 쟁점을 확인하고 상호 반박하는 기회를 가짐으로써 구술주의의 정신을 구현하는 절차이다. 따라서 변론기일에 불출석한 경우 불이익을 받을 수 있다.

1) 원고가 불출석한 경우

변론기일에 원고는 불출석하고 피고만 출석한 경우 피고가 아무런 진술도 하지 않으면 재판장은 다음 기일을 정하여 새로 지정된 기일에도 원·피고 쌍방이 불출석하거나, 피고만이 출석하여 그때도 아무런 진술을 하지 않을 때에는 법원은 아무런 기일을 정하지 않고 두었다가 1개월 이내에 원고로부터 기일지정 신청이 없으면 소가 취하된 것으로 처리한다.

그러나 원고가 불출석하더라도 피고가 원고청구에 대하여 진술한 경우에는 원고의 소장 진술을 간주하여 재판을 진행할 수 있다.

2) 피고가 불출석한 경우

변론기일에 원고와 피고가 모두 불출석한 경우에는 다시 기일을 정하여 재소환하고, 원고가 출석하여 소장을 진술한 경우, 피고가 답변서 기타 준비서면을 제출하지 않았을 때에는 원고 주장 사실이 전부 진실하다고 인정할 수 있고 피고가 답변서 기타 준비서면을 제출하였을 때에는 그 서면을 진술한 것으로 간주하여 재판을 진행할 수 있다.

나. 원고와 피고의 주장 및 답변

원고와 피고의 주장과 답변 등은 변론기일에 출석하여 구두로 하는 것이 원칙이나 서면으로 제출할 수도 있는데 이를 준비서면 또는 답변서라고 한다.

다. 증거조사 및 변론의 집중

피고의 답변서를 받은 원고는 이를 반박하는 내용의 준비서면 등을 제출하는 변론기일 이전에 미리 서면 공방을 벌여 쟁점이 정리되면 변론기일이 지정된다. 이러한 서면 공방 과정에서는 자신의 주장을 정리한 준비서면뿐만 아니라 주장을 뒷받침하는 증거들을 미리 제출하거나 증거 신청을 하여야 한다. 변론기일에는 증인신문을 위주로 진행되며, 가능한 모든 증인을 일괄하여 신문하고 변론을 종결하게 된다.

라. 증인신문

1) 증인신청서 제출

증인신문 신청을 하기 위해서는 기일 전에 미리 증인 신청을 하여야 하며, 각 증인별로 입증취지 및 당사자와의 관계를 미리 명확히 밝히고, 증인의 출석 여부 확인 및 연락 가능한 전화번호 등을 함께 기재하여야 한다.

법원에서 증인을 채택한 때에는 법원에서 정한 바에 따라 증인진술서를 제출하거나 또는 증인신문 사항을 제출하여야 하는데, 법원에서 정한 기간 안에 이를 제출하여야 한다. 증인진술서는 상대방 당사자의 수에 2를 더한 통수의 사본을 원본과 함께 제출하여야 하며, 증인신문 사항은 상대방 당사자의 수에 3을 더한 통수를 제출하여야 한다. 법원이 증인채택결정을 하였을 경우에 신청인은 증거조사비용(일당, 여비, 숙박료)을 증거조사기일 전에 법원보관금 취급담당자에게 예납하여야 한다.

2) 증인의 구인 방법

증인이 정당한 이유 없이 출석하지 아니한 경우에는 법원은 구인장을 발부하여 법정 또는 그 밖의 신문 장소로 구인할 것을 명할 수 있다. 구인장은 통상 사법경찰관이 집행하나 집행관에게 구인장의 집행을 명할 수도 있다. 이 경우에는 집행관의 여비 등을 예납하여야 한다.

3) 증인에 대한 반대신문

증인은 신청한 당사자가 먼저 신문하고 그 다음 상대방이 신문하는 방식으로 이루어진다. 이를 주신문과 반대신문이라고 하는데, 반대신문은 주신문에 의한 증언의 진실성을 알아보려는 것이므로 주신문에 나타난 사항과 이에 관련되는 사항 및 증언의 신빙성에 관한 사항이 아니면 신문할 수 없다. 따라서 신청한 당사자가 먼저 신문할 때 상대방 당사자가 너무 흥분하여 증언을 제대로 듣지 못하면 반대신문을 정확히 못하게 되니 조용히 경청하면서 반대신문 할 때 물어볼 사항을 메모한 후 반대신문 시 차근차근 물어보아야 한다.

4) 불출석 증인에 대한 과태료와 감치 제도

정당한 사유 없이 증인신문기일에 출석하지 아니한 증인에 대하여는 500만 원 이하의 과태료의 제재를 부과할 수 있다. 증인이 1회 과태료 재판을 받고도 다시 출석하지 아니할 경우 7일 이내의 감치에 처할 수 있도록 하고 있다.

마. 증거 서류의 제출

증거조사는 원칙적으로 당사자의 신청으로 이루어지며, 당사자로부터 증거 신청이 있으면 법원은 이에 대하여 결정하여야 한다. 증거 신청의 구체적인 내용은 서류나 물건을 증거로 제출하거나 증인, 감정인, 통역인 또는 번역인의 신문을 신청하는 것이다. 그리고 민사소송에서는 변론주의가 지배하기 때문에 당사자가 신청하지 않은 증거에 대하여는 법원이 조사하지 않는다.

3. 판결

가. 판결의 선고

일반 민사사건의 경우에는 변론이 종결된 날로부터 2~3주 후에 판결을 선고하는 것이 보통이다.

나. 판결서의 송달

판결은 선고되었지만 판결서는 판결이 선고된 날로부터 10일 정도 지난 후에 도착하는 것이 보통이다. 판결서를 송달받으면 승소한 원고는 통상 붙이는 가집행 선고에 근거하여 가집행을 할 수 있으며, 가집행을 하려면 법원에서 판결송달 증명원과 집행문을 발급받아 집행신청을 하면 된다.

4. 판결 선고 후의 절차

가. 항소

제1심 판결에 불이익을 받은 당사자는 항소를 할 수 있다. 항소는 판결문을 송달받기 전에도 할 수 있고, 송달받은 날로부터 2주일 이내에 원심법원에 항소장을 제출하여야 한다.

항소장에는 항소인과 피항소인, 제1심 판결의 표시와 그 판결에 대한 항소의 취지를 기재하여야 하며, 제1심 판결의 표시는 보통 제1심 법원명, 사건번호, 사건명, 선고일자, 주문 등을 기재하고 있다.

나. 판결의 확정

우선 제1심 판결이 내려졌는데 패소한 당사자가 항소 기간 내에 항소를 하지 않으면 판결이 확정이 된다. 그리고 패소한 당사자가 항소를 하고 또 상고까지 한 경우에는 대법원에서 판결을 선고할 때 확정이 되며, 항소나 상고하였다가 취하하거나, 항소권이나 상고권을 포기한 때에도 판결이 확정된다.

제2장 # 간편소송 절차

Ⅰ. 소액사건 심판 제도

1. 의의

일반 민사소송은 절차가 번거롭고 복잡하여 변호사 등의 도움 없이 스스로 하기 어렵고 비용이 많이 들고 시일도 오래 걸리기 때문에 분쟁 당사자가 재판을 꺼리는 경우가 많다. 이런 문제를 해결하기 위해 소송 목적의 값이 3,000만 원을 초과하지 아니하는 금전, 기타 대체물, 유가증권의 일정한 수량의 지급을 청구하는 사건에 대하여 보통 재판보다 훨씬 신속, 간편하게 경제적으로 재판을 받을 수 있도록 만든 것이 소액사건 심판 제도이다.

2. 소액사건의 재판 절차의 특징

가. 신속한 재판

소액사건의 신속한 처리를 위하여 소장이 접수되면 즉시 변론기일을 지정하여 1회의 변론기일로 심리를 마치고 즉시 선고할 수 있도록 하고 있다. 다만, 법원이 이행권고결정을 하는 경우에는 즉시 변론기일을 지정하지 않고, 일단 피고에게 이행권고결정등본을 송달한 후 이의가 있을 경우에만 변론기일을 즉시 지정하여 재판을 진행하게 된다.

나. 소송대리의 특칙

당사자의 배우자, 직계혈족, 형제자매는 법원의 허가 없이도 소송대리인이 될 수 있으며, 이 경우 신분 관계를 증명할 수 있는 가족관계기록사항에 관한 증명서 또는 주민등록등본 등으로 신분 관계를 증명하고, 소송위임장으로 수권 관계를 증명하여야 한다.

법원은 소장, 준비서면 기타 소송기록에 의하여 청구가 이유 없음이 명백한 때에는 변론 없이도 청구를 기각할 수 있다. 증인은 판사가 신문하고, 상당하다고 인정한 때에는 증인 또는 감정인의 신문에 갈음하여 진술을 기재한 서면을 제출케 할 수 있다. 판결의 선고는 변론종결 후 즉시 할 수 있고, 판결서에는 이유를 기재하지 아니할 수 있다.

3. 이행권고결정 제도

이행권고결정이라 함은 소액사건의 소가 제기된 때에 법원이 결정으로 소장부본이나 제소조서등본을 첨부하여 피고에게 청구 취지대로 이행할 것을 권고하는 결정을 말한다. 즉, 간이한 소액사건에 대하여 직권으로 이행권고결정을 한 후 이에 대하여 피고가 이의하지 않으면 곧바로 변론 없이 원고에게 집행권원을 부여하자는 것이 이 제도의 골자라고 할 수 있다.

이행권고결정이 피고에게 송달되어 확정되면 그 정본을 원고에게 송달하게 되고, 피고는 이행권고결정등본을 송달받은 날부터 2주일 안에 서면으로 이의신청을 할 수 있다. 한편, 이행권고결정이 확정된 때에는 확정판결과 같은 효력을 부여받게 된다.

Ⅱ. 지급명령 독촉 절차

1. 지급명령의 의의

지급명령이란 금전, 기타 대체물 또는 유가증권의 일정 수량의 지급을 목적으로 하는 청구에 관하여 채권자 일방의 신청이 있으면 채무자를 심문하지 않고 채무자에게 지급을 명하는 재판을 말한다.

2. 지급명령 독촉 절차의 장점

가. 서류심리만으로 지급명령을 발령

독촉 절차에서는 법원이 분쟁 당사자를 심문함이 없이 지급명령을 신청한 채권자가 제출한 서류만을 심사하고 지급명령을 발령하므로 채권자는 통상의 소송 절차처럼 법원의 법정에 출석할 필요가 없고, 그 결과 법정에 출석하는 데에 따른 시간과 노력을 절약할 수 있다.

나. 신속한 분쟁해결

독촉 절차는 채무자가 주로 대여금, 물품대금, 임대료 등 금전 지급 채무를 변제하지 않는 경우에 채권자의 지급 명령 신청에 의하여 이루어지는 약식의 분쟁 해결 절차이다. 따라서 채무자가 이의신청을 하면 통상의 소송 절차로 이행되지만, 만일 이의신청을 하지 아니하여 지급명령이 확정되면 채권자는 확정된 지급명령에 기하여 강제집행을 신청하여 신속하게 자신의 채권을 만족 받을 수 있으므로 신속한 분쟁 해결이 가능하다.

다. 저렴한 비용

채권자는 지급명령을 신청할 때에 소송의 10분의 1에 해당하는 수수료와 당사자 1인당 4회분의 송달료만 납부하면 되므로, 소송 절차에 비하여 소요되는 각종 비용이 저렴하다.

라. 확정판결과 동일한 효력

또한 지급명령이 확정될 때에는 원칙적으로 별도의 집행문 부여 없이 강제집행 할 수 있도록 강제집행상의 특례를 규정하고 있다.

3. 지급명령의 송달불능과 이에 대한 조치

지급명령이 발령되면 먼저 채무자에게 지급명령 정본을 송달한다. 그런데 채권자가 지급명령신청서에 기재한 주소에 채무자가 실제로 거주하지 않는 등의 이유로 지급명령 정본이 송달되지 아니하면 법원에서는 채권자에게 일정한 보정 기한 내에 송달 가능한 채무자의 주소를 보정하거나 주소 보정이 어려울 때에는 민사소송법 제466조 1항에 의거 소제기 신청을 할 수 있다.

그리고 채권자가 주소보정을 하면 보정된 주소로 재송달을 하고, 소제기 신청을 하면 통상의 소송 절차로 이행되어 처음부터 소를 제기한 경우와 같이 재판 절차가 진행된다. 그러나 채권자가 만일 위와 같은 조치를 취하지 아니한 채 보정 기한을 도과시킨 경우에는 지급명령신청서가 각하된다.

한편 채무자가 지급명령 정본을 송달받고도 이의신청을 하지 아니한 채 2주일이 경과한 때에는 지급명령이 확정되고 채권자는 채무를 이행하지 않는 채무자의 재산에 대하여 확정된 지급명령에 기한 강제집행을 신청할 수 있으며, 이러한 경우 채무자로서 강제집행을 정지시키기 위하여는 청구이의의 소를 제기함과 동시에 강제집행정지 신청을 제기하는 절차적 부담을 안게 되므로 채무자도 이점을 주의할 필요가 있다. 따라서 채무자는 지급명령 정본을 송달받으면 신속하게 그 내용을 충분히 검토한 후 불복 여부에 관한 의사를 결정하여 불복이 있으면 2주일이 경과하기 전에 지체 없이 이의신청을 하여야 한다. 채무자의 이의신청은 이의신청서에 지급명령에 응할 수 없다는 취지만 명백히 하면 충분하고, 불복하는 이유를 특별히 기재할 필요가 없다.

4. 지급명령에 대한 이의

채무자는 지급명령 정본을 송달받은 후 2주일이 경과하기 전에는 언제든지 지급명령에 대한 이의신청을 할 수 있다.

그리고 이의신청을 하면 지급명령은 그 효력을 상실하고 통상의 소송 절차로 옮겨져서, 그 이후에는 청구 금액에 따라 3000만 원 이하의 경우에는 소액사건, 1억 원 이하인 경우에는 단독사건, 1억 원을 초과하는 경우에는 합의사건으로서 소송 절차가 진행되어 채무자는 일반 소송 절차에서처럼 피고의 지위에서 자신의 주장을 법원에 충분히 진술할 수 있는 기회를 보장받게 된다.

제3장

형사소송 절차

Ⅰ. 서설

형사소송 절차는 검사의 공소제기를 기준으로 기소 전 단계와 기소 후 단계로 나눌 수 있다. 기소 전 단계란 검사의 구속영장 청구부터 공소제기까지의 단계로서 검사의 구속영장 청구, 청구된 구속영장에 대한 실질심사, 체포 또는 구속의 적법여부에 대한 체포·구속적부심사청구가 있다.

기소 후 단계는 검사의 청구에 따라 구공판과 구약식으로 나누어지고, 임의 절차로서 공판준비 절차가 마련되어 있으며, 이사의 절차를 마친 후 변론종결과 판결 선고까지를 포함하고 있다. 변론종결 시까지 배상명령청구와 보석청구가 각각 가능하다.

검사가 약식명령을 청구하면 판사는 약식명령을 발령하거나 통상의 공판 절차에 회부하여 재판을 할 수도 있다. 약식명령에 불복이 있는 사람은 약식명령의 고지를 받은 날로부터 7일 이내에 약식명령을 한 법원에 서면으로 정식재판청구를 할 수 있으며, 이 경우 통상의 공판 절차에 의하여 다시 심판하게 된다. 공판준비 절차는 공판준비명령, 검사의 공판준비서면 제출, 피고인, 변호인의 반박, 검사의 재반박, 공판준비기일 진행, 공판준비 절차 종결의 단계를 거치며 공판 절차가 종결되면 공판 절차가 개시되게 된다.

공판 절차는 재판장이 진술거부권 고지 및 인정신문, 모두진술, 쟁점 및 증거 관계 등 정리, 피고인의 공소사실을 부인할 경우에는 증거조사 실시, 공소사실을 인정할 경우에는 간이공판절차회부, 피고인 신문, 최종변론, 변론종결, 선고의 단계를 거치게 된다.

기소 전 단계와 기소 후의 절차를 마치고 선고된 판결에 대하여 불복이 있는 사람은 판결의 선고일부터 7일 이내에 상소를 제기할 수 있다.

형사소송 절차도

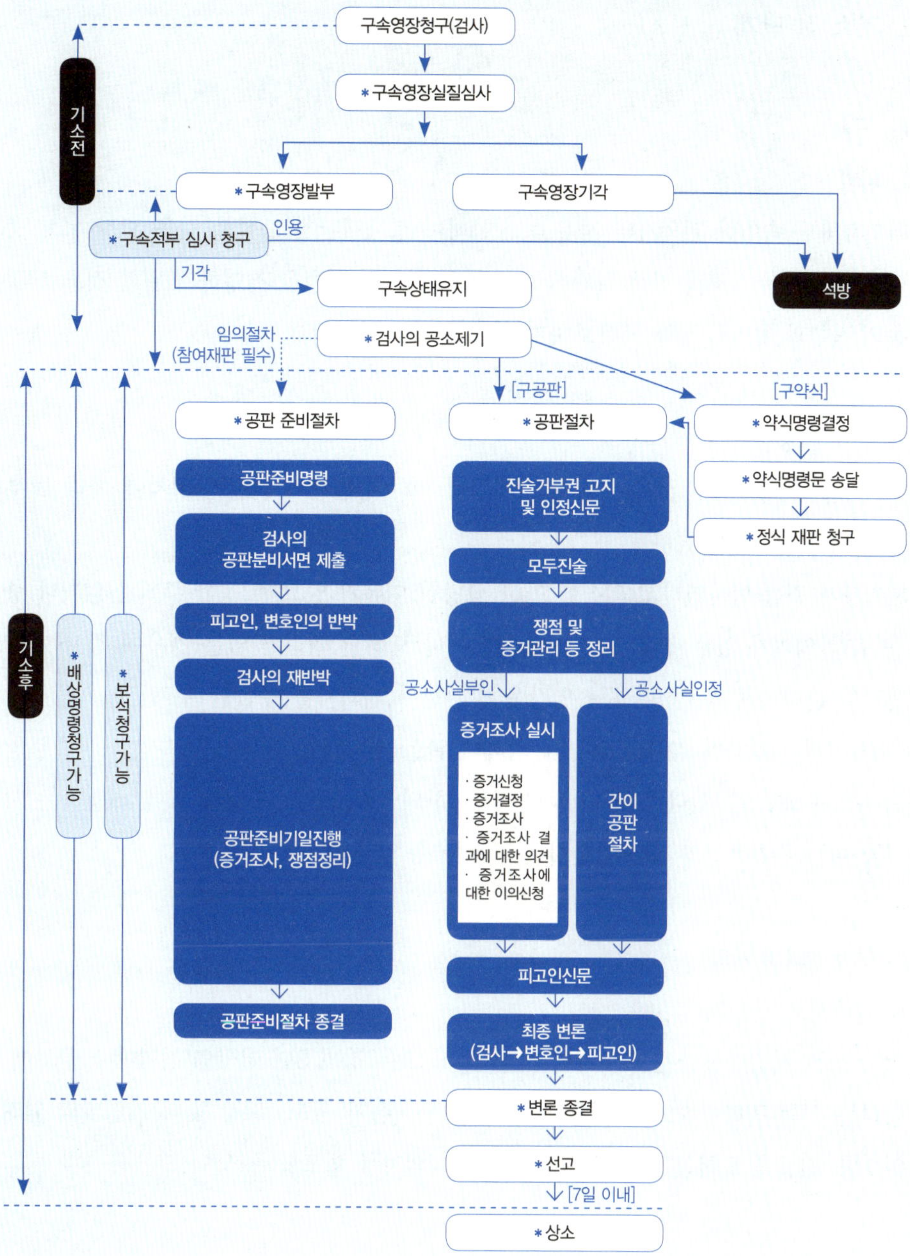

*표시는 해당자료와 링크된 부분임

Ⅱ 소송절차

1. 기소 전 단계

가. 구속

1) 의의

피의자의 구속이란 피의자의 자유를 제한하여 형사재판에 출석할 것을 보장하고, 증거인멸을 방지하여 실체적 진실 발견에 기여하며, 확정된 형벌을 집행하기 위한 것으로 형사소송의 진행과 형벌의 집행을 확보하기 위한 제도를 말한다.

2) 구속과 영장주의

피의자를 구속하기 위하여는 검사의 청구에 의하여 법관이 적법한 절차에 따라 발부한 영장을 제시하여야 한다.

피의자가 죄를 범하였다고 의심할 만한 상당한 이유가 있고, 일정한 주거가 없거나 증거를 인멸할 염려가 있는 경우 또는 도망하였거나 도망할 염려가 있는 경우에 검사는 관할 지방법원 판사에게 청구하여 구속영장을 발부받아 피의자를 구속할 수 있고, 사법경찰관은 검사에게 신청하여 검사의 청구에 의하여 관할 지방법원 판사의 구속영장을 발부받아 피의자를 구속할 수 있다. 그러나 50만 원 이하의 벌금·구류 또는 과료에 해당하는 사건에 관하여는 주거부정의 경우에 한하여 구속할 수 있다.

3) 영장주의의 예외

① 긴급체포

검사 또는 사법경찰관은 피의자가 사형·무기 또는 장기 3년 이상의 징역이나 금고에 해당하는 죄를 범하였다고 의심할 만한 상당한 이유가 있고, 도망 및 증거인멸의 염려가 있으며, 긴급을 요하는 경우에는 영장 없이 피의자를 체포할 수 있다.

② 현행범체포

범죄를 실행 중이거나 실행한 직후인 사람을 현행범인이라고 하고, 현행범인은 수사기관뿐만 아니라 누구든지 영장 없이 체포할 수 있다. 다만, 일반인이 현행범인을 체포한 경우에는 즉시 수사기관에 인도하여야 한다.

③ 체포 후의 조치

수사기관이 긴급체포하거나 현행범인으로 체포한 피의자를 구속하고자 할 때에는 체포한 때로부터 48시간 이내에 판사에게 구속영장을 청구하여야 하고, 그 시간 내에 영장을 청구하지 아니하거나 발부받지 못한 때에는 피의자를 즉시 석방하여야 한다.

다만, 긴급체포 된 피의자에 대한 구속영장청구는 지체 없이 이루어져야 하고, 48시간 이내에 영장이 청구되었다고 하여 당연히 '지체 없이'라는 요건이 충족되는 것은 아니다.

4) 구속영장의 집행

① 집행기관

구속영장은 검사의 지휘에 의하여 사법경찰관리가 집행하며, 교도소 또는 구치소에 있는 피의자에 대하여 발부된 구속영장은 검사의 지휘에 의하여 교도관리가 집행한다.

② 집행의 절차

구속영장을 집행하는 데 피의자에게 범죄사실의 요지, 구속의 이유와 변호인을 선임할 수 있음을 말하고 변명할 기회를 주어야 하며 피의자에게 구속영장을 제시하여야 한다. 구속영장을 소지하지 아니한 경우에 급속을 요하는 때에는 영장을 제시하지 않고 집행할 수 있으나 집행을 종료한 후에는 신속히 구속영장을 제시하여야 한다.

③ 구속의 통지

피의자를 구속한 때에는 구속 후 지체 없이 서면으로 변호인이 있는 경우에는 변호인에게, 변호인이 없는 경우에는 피의자의 법정대리인, 배우자, 직계친족, 형제자매 중 피의자가 지정한 자에게 피의사건명, 구속일시·장소, 범죄사실의 요지, 구속의 이유와 변호인을 선임할 수 있다는 취지를 알려 주어야 한다.

5) 구속 기간

① 수사기관

사법경찰관에 의한 구속의 경우 그 구속 기간은 10일 이내이며, 연장은 허용되지 않는다. 검사의 경우도 피의자를 구속할 수 있는 기간은 사법경찰관으로부터 피의자의 신병을 인도받은 때로부터 10일이지만, 검사의 신청에 의하여 수사를 계속하는 것이 상당한 이유가 있다고 판사가 인정한 때에는 10일을 초과하지 아니하는 한도에서 구속 기간이 1차에 한하여 연장될 수 있다.

② 법원

법원의 구속 기간은 2개월이며 공소제기 전의 체포·구인·구금 기간은 구속 기간에 산입하지 않는다. 구속 기간의 초일은 시간을 계산함이 없이 1일로 산정하며, 말일이 토요일, 공휴일이더라도 구속 기간에 산입한다. 구속 기간은 2개월이나 특히 구속을 계속할 필요가 있는 경우에는 심급마다 2차에 한하여 결정으로 갱신할 수 있고 갱신한 기간도 2개월이다. 다만, 상소심은 피고인 또는 변호인이 신청한 증거의 조사, 상소이유를 보충한 서면의 제출 등으로 추가 심리가 필요한 부득이한 경우에는 3차에 한하여 갱신할 수 있다. 따라서 재판을 위하여 구속할 수 있는 기간은 1심에서 6개월, 2심과 3심에서 각각 4개월부터 6개월까지 등 합계 1년 2개월부터 1년 6개월까지이다.

6) 재구속의 제한

검사 또는 사법경찰관에 의하여 구속되었다가 석방된 사람은 다른 중요한 증거를 발견한 경우를 제외하고는 동일한 범죄사실에 관하여 재차 구속하지 못한다.

나. 구속영장실질심사

구속영장실질심사는 구속영장이 청구된 피의자에 대하여 법관이 수사기록에만 의지하지 아니하고 구속 여부를 판단하기 위하여 필요한 사항에 대하여 직접 피의자를 심문하고, 필요한 때에는 심문 장소에 출석한 피해자, 고소인 등 제3자를 심문하거나 그 의견을 듣고 이를 종합하여 구속 여부를 결정하는 제도이다.

1) 피의자심문

① 체포된 피의자의 경우

이미 체포영장에 의하여 체포되거나, 현행범으로 체포되거나 긴급체포된 피의자에 대하여 구속영장을 청구받은 판사는 지체 없이 심문을 하여야 한다. 이 경우 특별한 사정이 없는 한 구속영장이 청구된 날의 다음날까지 심문하여야 한다.

② 미체포된 피의자의 경우

미체포된 피의자에 대하여 구속영장을 청구 받은 판사는 피의자가 죄를 범하였다고 의심할 만한 이유가 있는 경우에 구인을 위한 구속영장을 발부하여 피의자를 구인한 후 심문하여야 한다. 다만, 피의자가 도망하는 등의 사유로 심문할 수 없는 경우에는 심문 없이 영장 발부 여부를 결정할 수 있다.

2) 심문 장소 및 기일 통지

체포된 피의자에 대하여는 구속영장의 청구를 받은 즉시, 그 외의 피의자에 대하여는 피의자를 인치한 후 즉시 심문기일과 장소를 검사, 피의자 및 변호인에게 각각 통지한다.

3) 국선변호인 선정

판사는 심문할 피의자에게 변호인이 없는 때에는 직권으로 국선변호인을 선정한다.

4) 심문 절차

① 진술거부권 고지

피의자에게 일체의 진술을 하지 아니하거나 개개의 질문에 대하여 진술을 거부할 수 있으며 이익되는 사실을 진술할 수 있음을 고지한다.

② 인정심문

피의자의 성명, 주민등록번호(외국인등록번호 등), 주거, 직업을 확인하여 피의자의 동일성을 확인한다.

③ 범죄사실 및 구속사유의 고지

구속영장청구서에 기재된 범죄사실 및 구속사유를 고지한다.

④ 피의자 심문

판사는 구속 여부를 판단하기 위하여 필요한 사항에 관하여 피의자를 심문하고, 이 경우 피의자는 판사의 심문 도중에도 변호인의 조력을 구할 수 있으며, 판사는 필요한 경우에 법원에 출석한 피해자 또는 제3자에 대하여 심문할 수 있다.

⑤ 관계인의 의견진술

검사와 변호인은 판사의 심문이 끝난 후 의견을 진술할 수 있으며, 필요한 경우에는 판사의 심문 도중에도 판사의 허가를 얻어 의견을 진술할 수 있다. 피의자의 법정대리인·배우자·직계친족·형제자매나 가족·동거인 또는 고용주, 판사가 방청을 허가한 피해자나 고소인도 판사의 허가를 얻어 사건에 관한 의견을 진술할 수 있다.

5) 구속 여부의 결정

판사는 심문이 끝나면 구속 여부를 결정하게 된다. 이 경우 판사가 구속사유가 없다고 판단하여 구속영장청구를 기각하면 체포된 피의자는 구금 상태에서 벗어나게 되고, 구속영장이 발부되면 미체포 피의자도 그때부터 구금되게 된다.

6) 재구속의 제한 등

검사 또는 사법경찰관에 의하여 구속되었다가 석방된 사람에 대하여는 다른 중요한 증거를 발견한 경우를 제외하고는 동일한 범죄사실에 관하여 재차 구속하지 못한다.

다. 구속적부심사

구속영장에 의하여 구속된 피의자에 대하여 일정한 사람의 청구가 있을 때에 법원이 그 구속이 적법한지 여부와 구속을 계속할 필요가 있는지 여부를 심사하여 구속이 부적법 또는 부당하다고 판단되는 경우에는 피의자를 석방하는 제도를 말한다.

1) 청구권자 및 청구의 방식

① 청구권자

구속된 피의자 본인은 물론 피의자의 변호인, 법정대리인, 배우자, 직계친족, 형제자매나 동거인 또는 고용주도 청구할 수 있으며, 다만 피의자가 아닌 사람이 청구하는 경우에는 피의자와의 관계를 소명하는 자료를 신청서에 첨부하여야 한다.

② 청구의 방식

청구서에 ㉮ 구속된 피의자의 성명, 주민등록번호(주민등록번호가 없거나 이를 알 수 없는 경우에는 생년월일, 성별), 주거, ㉯ 구속영장의 발부일자, ㉰ 청구의 취지 및 이유, ㉱ 청구인의 성명 및 구속된 피의자와의 관계 등을 기재하여 청구하면 된다.

2) 심문기일의 지정과 통지

구속적부심사 청구를 받은 법원은 지체 없이 청구한 때부터 3일 이내로 심문기일을 지정하고, 즉시 청구인, 변호인, 검사 및 피의자를 구금하고 있는 경찰서, 교도소 또는 구치소의 장에게 심문기일과 장소를 통지한다.

3) 국선변호인의 선정

피의자에게 사선변호인이 없고 ① 피의자가 미성년자이거나, 70세 이상인 때, 농아자인 때, 심신장애의 의심이 있는 때, ② 당해 사건이 사형, 무기, 단기 3년 이상의 징역이나 금고에 해당할 때, ③ 구속적부심사를 청구한 사람이 빈곤 기타의 사유로 변호인을 선임할 수 없어 국선변호인의 선정을 청구한 때에는 법원이 국선변호인을 선정하여 준다.

4) 심문

대체로 전담재판부의 합의부원 중 1인이 재판부의 명을 받아 피의자에 대한 심문을 하게 되고, 심문기일에 출석한 검사, 변호인, 청구인은 법원의 심문이 끝난 후에 피의자를 심문하거나 의견을 진술할 수 있으며, 피의자, 변호인, 청구인은 피의자에게 유리한 자료를 제출할 수 있다.

5) 결정

① 석방 여부의 결정

심문 절차가 종료된 때로부터 24시간 이내에 청구에 대한 결정을 하며, 결정을 할 때에는 구속 당시의 사정뿐만 아니라, 적부심 심사 시까지 변경된 사정도 고려하여 판단한다.

② 보증금

법원은 구속된 피의자의 석방을 명할 경우 피의자의 출석을 담보할 만한 보증금을 납입할 것을 조건으로 정할 수 있다(기소 전 보석).

보증금은 피의자의 출석을 담보하는 효과를 갖기 때문에 현금으로 납입하게 하는 것이 원칙이나, 사안에 따라서는 보증금의 일부 또는 전부에 대하여 보석보증보험증권을 첨부한 보증서로 대신하는 것을 허가할 수도 있다. 보증금은 피의자가 수사기관 또는 법원에 잘 출석하여 사건이 종국적으로 끝나게 되면 되찾아갈 수 있다.

6) 재구속의 제한 등 기타 사항

① 구속기간에의 불산입

법원이 구속적부심 청구에 따라 수사 관계 서류와 증거물을 접수한 때부터 결정 후 검찰청에 반환할 때까지의 기간은 사법경찰관 또는 검사의 구속 기간(사법경찰관 10일, 검사 10일, 단 검사의 경우 1차에 한하여 10일 연장 가능)에 산입되지 않는다. 그러나 이는 피의자의 미결구금일수에 산입되지 않는다는 의미는 아니다.

② 재구속의 제한

적부심사 결과 석방된 피의자에 대하여는 도망하거나 죄증을 인멸하지 않는 한 동일한 범죄사실에 관하여 재차 구속하지 못한다.

라 공소제기

공소제기란 검사가 법원에 특정 피고인의 형사사건에 관하여 유죄판결을 요구하는 것으로서 '기소'라 약칭하기도 한다. 검사가 수사를 행한 결과 범죄의 혐의가 있고 처벌할 필요가 있다고 판단하면 공소를 제기한다. 공소가 제기되면, 피의사건이 피고사건으로 변하여(피의자 역시 '피고인'으로 지위가 변한다) 법원은 그 사건에 관하여 심판할 권한과 의무를 갖게 되고, 검사와 피고인은 당사자로서 법원의 심판을 받아야 한다.

2. 기소 후 단계

가. 재판의 진행

1) 공판준비 절차

① 공판의 준비

법원은 검사의 공소제기가 있는 때에 피고인(변호인)에 대한 공소장부본의 송달, 공판기일의 지정·변경 등 공판의 준비를 하고, 필요한 때에는 사건을 공판준비 절차에 회부할 수 있다. 법원은 공판준비 절차에서 검사나 피고인·변호인의 주장 및 입증 계획 등을 서면으로 준비하게 할 수 있고, 쟁점의 정리와 검사나 피고인·변호인의 주장 및 입증 계획의 협의 등을 위해 검사·피고인 또는 변호인의 의견을 들어 공판준비기일을 열 수 있다.

② 의견서 제출 제도

피고인 또는 변호인은 공소장부본을 송달받은 날부터 7일 이내에 공소사실에 대한 인정 여부, 공판준비절차에 관한 의견 등을 기재한 의견서를 법원에 제출하여야 한다. 다만, 피고인이 진술을 거부하는 경우에는 그 취지를 기재한 의견서를 제출할 수 있다.

③ 증거의 열람·등사 제도

소송당사자는 증거의 열람·등사 제도를 통하여 제1회 공판기일 전에 서로 상대방이 보관하고 있는 증거자료를 취득할 수 있다. 소송당사자는 상대방이 서류 등의 열람·등사 또는 서면의 교부를 거부하거나 그 범위를 제한하거나 또는 검사가 신청을 받은 때부터 48시간 내에 거부 통지를 하지 아니하는 때에는 법원에 그 서류 등의 열람·등사 또는 서면의 교부를 허용하도록 할 것을 신청할 수 있고, 법원은 심리 결과 이유가 있다고 인정되면 열람·등사를 허용할 수 있다. 소송당사자가 열람·등사 또는 서면의 교부에 관한 법원의 결정을 지체 없이 이행하지 아니하는 때에는 해당 증인 및 서류 등에 대한 증거신청을 할 수 없다.

2) 공판기일 절차

공판준비 절차 등이 완료되면 재판장은 공판기일을 정하여 이를 검사와 피고인 측에게 알려 주게 되며, 공판기일에 법원은 피고인에게 출석할 것을 명하게 된다.

① 피고인의 진술거부권 고지와 인정신문

피고인은 진술하지 아니하거나 개개의 질문에 대하여 진술을 거부할 수 있고, 재판장은 인정신문에 앞서 피고인에게 진술을 거부할 수 있음을 고지하여야 한다.

진술거부권 고지 이후 재판장은 피고인의 「성명, 주민등록번호, 직업, 주거, 등록기준지」를 물어서 출석한 사람이 피고인이 틀림이 없는지를 확인하게 된다.

② 모두진술

인정신문이 끝나면 검사는 공소장에 의하여 공소사실·죄명 및 적용법조를 낭독하게 되는데 이를 모두진술이라 한다. 검사의 모두진술이 끝나면 재판장은 피고인에게 공소사실을 인정하는지 여부에 관하여 묻고, 피고인은 진술거부권을 행사하지 않는 이상 공소사실의 인정 여부를 진술하게 된다. 이를 피고인의 모두진술이라 한다.

③ 재판장의 쟁점 정리 등

피고인의 모두진술 후 재판장은 피고인 또는 변호인에게 쟁점의 정리를 위하여 필요한 질문을 할 수 있고, 증거조사에 앞서 검사 및 변호인으로 하여금 공소사실 등의 증명과 관련된 주장 및 입증계획 등을 진술하게 할 수 있다.

④ 증거조사

법원은 사건의 사실인정과 양형에 관한 심증을 얻기 위하여 각종의 증거 방법(증인, 물증, 서류증거)을 조사한다. 증거조사는 재판장의 쟁점 정리 및 검사·변호인의 증거 관계 등에 대한 진술이 끝난 후에 한다.

피고인이 자백한 때에는 간이공판 절차에 의하여 간이하게 증거조사를 하고, 피고인이 부인할 경우에도 검사가 제출한 증거에 대하여 동의하면 그 증거들을 토대로 판결을 하게 되며, 동의하지 않으면 그 진술을 한 사람을 법정에 불러 증인신문을 하는 방법 등으로 그 증거의 진실성 여부를 다시 조사하게 된다.

⑤ 피고인신문

피고인신문은 증거조사 종료 후 피고인에게 공소사실과 그 정상에 관하여 필요한 사항을 물을 수 있는 절차이다. 피고인신문의 순서는 검사와 변호인이 차례로 피고인에게 직접 신문하고 재판장은 검사와 변호인의 신문이 끝난 뒤에 신문한다.

⑥ 최종변론

피고인신문과 증거조사를 마친 때에는 검사는 사실과 법률 적용에 관하여 의견을 진술하여야 한다. 즉, 검사의 구형이 있게 된다. 검시의 의견진술이 끝나면 피고인과 변호인에게 최종 의견을 진술할 기회를 주게 된다.

⑦ 판결 선고

최종변론을 마지막으로 사건에 대한 심리가 종료된다. 이후 정해진 기일에 판결을 선고하게 되며 판결의 선고는 재판장이 하며 주문을 낭독하고 이유의 요지를 설명한다.

• 유죄판결

심리 결과 피고인의 죄가 인정되면 유죄의 판결을 하게 된다. 유죄인 경우 정상에 따라 실형을 선고할 수도 있고, 집행유예, 선고유예의 판결을 할 수도 있다.

• 무죄판결

검사가 기소한 사건에 대하여 유죄로 인정할 만한 증거가 없거나 공소사실이 범죄로 되지 아니한 때에는 법원은 무죄를 선고한다.

나. 재판결과를 수긍할 수 없을 때

법원의 판결에 대하여 수긍할 수 없는 경우 판결 선고일로부터 7일 이내에 상소장을 원심법원에 제출하여야 한다. 상소는 제1심판결에 대한 불복인 항소와 제2심판결에 대한 불복인 상고가 있다.

상소는 검사 또는 피고인이 제기할 수 있으며, 피고인의 배우자, 직계친족, 형제자매 또는 원심의 대리인이나 변호인도 피고인을 위하여 제기할 수 있다.

원칙적으로 피고인 측이 제기한 상소의 경우 불이익변경금지의 원칙에 따라 상소심에서 원심판결보다 무거운 형을 선고하지 못한다. 이는 피고인이 중한 형으로 바뀔 위험 때문에 자신의 상소권을 제대로 행사하지 못하는 것을 방지하기 위한 것이다. 그러나 검사가 피고인에게 부과한 형이 부당하다는 이유로 제기한 상소의 경우 항소심에서 원심보다 무거운 형이 선고될 수 있다.

Ⅲ. 약식명령 절차

1. 약식명령 의의

공판 절차를 거치지 아니하고 원칙적으로 서면심리만으로 피고인에게 벌금·과료를 부과하는 간이한 형사 절차를 약식 절차라고 하는데, 약식 절차는 형사재판의 신속을 기하는 동시에 공개재판에 따르는 피고인의 심리적·사회적 부담을 덜어 준다는 점에 그 존재 의의가 있다.

2. 약식명령의 청구

약식명령의 대상이 되는 사건은 벌금·과료 또는 몰수에 처할 수 있는 사건이고, 약식명령은 검사가 공소제기와 동시에 서면으로 청구한다.

3. 약식사건의 처리

검사가 약식명령을 청구하면 판사는 그 기록을 검토하여 약식명령을 발령하는데, 사건이 중하거나 공판 절차에 의한 신중한 심리를 요하여 약식명령을 하는 것이 적당하지 아니하다고 인정되는 때에는 판사는 통상의 공판 절차에 회부하여 재판할 수도 있다.

판사가 약식명령을 발령하면 약식명령등본을 검사와 피고인에게 송달하고 약식명령이 확정되면(송달받은 날로부터 7일이 경과) 그 약식명령은 확정판결과 동일한 효력이 있다.

4. 정식재판청구

정식재판청구란 약식명령에 불복이 있는 사람이 법원에 대하여 통상의 공판 절차에 의하여 다시 심판하여 줄 것을 청구하는 것이다. 정식재판을 청구할 수 있는 사람은 검사, 피고인, 피고인을 대리하여 상소할 수 있도록 법에 정해진 사람(배우자, 직계친족, 형제자매 원심의 대리인 또는 변호인)이다.

청구는 약식명령의 고지를 받은 날로부터 7일 이내에 약식명령을 한 법원에 서면으로 하여야 한다. 피고인이 정식재판을 청구한 사건에 대하여는 약식명령보다 중한 형을 선고하지 못한다.

5. 정식재판청구권회복청구

약식명령이 고지된 날로부터 7일 이내에 정식재판의 청구가 없어 형식적으로는 약식명령이 확정된 경우에도, 정식재판을 청구할 수 있는 사람이 자기 또는 대리인의 책임질 수 없는 사유로 말미암아 정식재판청구를 할 수 없었던 때에는 정식재판청구권회복청구를 할 수 있다. 회복청구를 할 때에는 정식재판청구권회복청구서와 함께 정식재판청구서를 작성하여 사유를 기재한 후 약식명령을 발령한 법원에 제출하면 된다. 정식재판청구권이 회복되면 새로이 사건번호가 부여되고 담당재판부에서 정식재판 절차에 따라 재판을 하게 된다.

부록

법률 서식 모음

혼인신고서 / 협의서 / 이혼신고서 / 협의이혼의사철회서 / 재산분할 심판청구 / 상속한정승인 심판청구 / 상속재산포기 심판청구 / 임대차계약서 / 내용증명 예시 / 표준근로계약서 / 연소근로자(18세 미만인 자)표준근로계약서 / 친권자(후견인)동의서

법률 용어 정리

사례 찾아보기

참고문헌

[양식 제10호]

혼 인 신 고 서
(년 월 일)

※ 뒷면의 작성방법을 읽고 기재하시되, 선택항목은 해당번호에 "○"으로 표시하여 주시기 바랍니다.

구 분			남 편(부)			아 내(처)		
① 혼인당사자(신고인)	성명	한글	(성) /(명)		㉑ 또는 서명	(성) /(명)		㉑ 또는 서명
		한자	(성) /(명)			(성) /(명)		
	본(한자)			전화		본(한자)	전화	
	출생연월일							
	주민등록번호		−			−		
	등록기준지							
	주소							
② 부모(양부모)	부 성명							
	주민등록번호		−			−		
	등록기준지							
	모 성명							
	주민등록번호		−			−		
	등록기준지							
③직전혼인해소일자			년 월 일			년 월 일		

④외국방식에 의한 혼인성립일자	년 월 일			
⑤성 본의 협의	자녀의 성·본을 모의 성·본으로 하는 협의를 하였습니까? 예☐ 아니오☐			
⑥근친혼 여부	혼인당사자들이 8촌이내의 혈족사이에 해당됩니까? 예☐ 아니오☐			
⑦기타사항				
⑧ 증인 성명	㉑ 또는 서명	주민등록번호	−	
주소				
성명	㉑ 또는 서명	주민등록번호	−	
주소				

⑨ 동의자				후견인		
남편	부	성명	㉑ 또는 서명		성명	㉑ 또는 서명
	모	성명	㉑ 또는 서명		주민등록번호	
아내	부	성명	㉑ 또는 서명		성명	㉑ 또는 서명
	모	성명	㉑ 또는 서명		주민등록번호	
⑩제출인		성명			주민등록번호	−

※타인의 서명 또는 인장을 도용하여 허위의 신고서를 제출하거나, 허위신고를 하여 가족관계등록부에 부실의 사실을 기록하게 하는 경우에는 형법에 의하여 5년 이하의 징역 또는 1천만원 이하의 벌금에 처해집니다.

※다음은 국가의 인구정책 수립에 필요한 자료로「통계법」제32조 및 제33조에 따라 성실응답 의무가 있으며 개인의 비밀사항이 철저히 보호되므로 사실대로 기입하여 주시기 바랍니다.

⑪실제결혼생활시작일		년 월 일부터 동거		
⑫국적	남편	1 대한민국(출생 시 국적취득) 2 대한민국(귀화(수반포함)·인지 국적취득, 이전국적 :) 3 외국(국적)	처	1 대한민국(출생 시 국적취득) 2 대한민국(귀화(수반포함)·인지 국적취득, 이전국적 :) 3 외국(국적)
⑬혼인 종류	남편	1 초혼 2 사별 후 재혼 3 이혼 후 재혼	처	1 초혼 2 사별 후 재혼 3 이혼 후 재혼
⑭최종 졸업학교	남편	1 무학 2 초등학교 3 중학교 4 고등학교 대학(교) 대학원 이상	처	1 무학 2 초등학교 3 중학교 4 고등학교 대학(교) 대학원 이상
⑮직 업	남편	1 관리자 2 전문가 및 관련종사자 3 사무종사자 4 서비스종사자 5 판매종사자 6 농림어업 숙련 종사자 7 기능원 및 관련 기능 종사자 8 장치·기계조작 및 조립 종사자 9 단순노무 종사자 10 학생 11 가사 12 군인 13 무직	처	1 관리자 2 전문가 및 관련종사자 3 사무종사자 4 서비스종사자 5 판매종사자 6 농림어업 숙련 종사자 7 기능원 및 관련 기능 종사자 8 장치·기계조작 및 조립 종사자 9 단순노무 종사자 10 학생 11 가사 12 군인 13 무직

[별지 1]

협 의 서

부의 성명
등록기준지
주 소
주민등록번호

모의 성명
등록기준지
주 소
주민등록번호

위의 부와 모 사이에서 태어날 모든 자녀의 성과 본을 모의 성과 본으로 정하기로 협의합니다.

20 . . .

부 ㊞ (서명)

모 ㊞ (서명)

덧붙임: 1. 제출인의 신분을 확인할 수 있는 주민등록증(운전면허증, 여권, 공무원증 등) 사본 1부.

2. 출석하지 않은 혼인당사자 일방 또는 쌍방의 인감증명서, 서명에 대한 공증서 1부. 끝.

※유의사항

1. 혼인당사자 중 일방 또는 쌍방이 불출석한 경우, 불출석한 당사자의 인감증명서 또는 서명에 대한 공증서를 반드시 첨부하여야 합니다.
2. 타인의 서명 또는 인장의 도용 등으로 허위의 협의서를 작성하여 제출하는 경우에는「형법」제231조부터 제237조의2까지의 규정에 따라 5년 이하의 징역 또는 1천만원 이하의 벌금형에 처해집니다.

[양식 제11호]

이혼(친권자 지정)신고서

(년 월 일)

※ 뒷면의 작성방법을 읽고 기재하시되, 선택항목은 해당번호에 "O"으로 표시하여 주시기 바랍니다.

구 분			남 편(부)			아 내(처)		
① 이혼당사자 (신고인)	성명	한글	(성) /(명)		㊞ 또는 서명	(성) /(명)		㊞ 또는 서명
		한자	(성) /(명)			(성) /(명)		
	본(한자)			전화		본(한자)	전화	
	주민등록번호							
	출생연월일		–			–		
	등록기준지							
	주소							
② 부모 (양부모)	부(양부) 성명							
	주민등록번호		–			–		
	모(양모) 성명							
	주민등록번호		–			–		
③기 타 사 항								
④재판확정일자 ( )			년 월 일			법원명		법원

아래 친권자란은 협의이혼 시에는 법원의 협의이혼의사확인 후에 기재합니다.

⑤ 친권자 지 정							
	미성년인 자의 성명						
	주민등록번호						
	친권자	1 부 2 모 3 부모	효력발생일 년 월 일 / 원인 1 협의 2 재판		1 부 2 모 3 부모	효력발생일 년 월 일 / 원인 1 협의 2 재판	
	미성년인 자의 성명						
	주민등록번호						
	친권자	1 부 2 모 3 부모	효력발생일 년 월 일 / 원인 1 협의 2 재판		1 부 2 모 3 부모	효력발생일 년 월 일 / 원인 1 협의 2 재판	

⑥신고인출석여부		1 남편(夫)	2 아내(婦)
⑦제출인	성명		주민등록번호

※타인의 서명 또는 인장을 도용하여 허위의 신고서를 제출하거나, 허위신고를 하여 가족관계등록부에 부실의 사실을 기록하게 하는 경우에는 형법에 의하여 5년 이하의 징역 또는 1천만원 이하의 벌금에 처해집니다.

※다음은 국가의 인구정책 수립에 필요한 자료로「통계법」제32조 및 제33조에 따라 성실응답의무가 있으며 개인의 비밀사항이 철저히 보호되므로 사실대로 기입하여 주시기 바랍니다.

⑧실제결혼(동거) 생활 시작일	년 월 일부터	⑨실제이혼 연월일	년 월 일부터
⑩20세 미만자녀 수	명	⑪이혼의 종류	1 협의이혼 2 재판에 의한 이혼
⑫이 혼 사 유(택일)	1 배우자 부정 2 정신적 · 육체적 학대 3 가족간 불화 4 경제문제 5 성격차이 6 건강문제 7 기타		

⑬국적	남편	1 대한민국(출생 시 국적취득) 2 대한민국[귀화(수반포함) · 인지 국적취득, 이전 국적 :] 3 외국(국적)	처	1 대한민국(출생 시 국적취득) 2 대한민국[귀화(수반포함) · 인지 국적취득, 이전 국적 :] 3 외국(국적)
⑭최 종 졸업학교	남편	1 무학 2 초등학교 3 중학교 4 고등학교 5 대학(교) 6 대학원 이상	처	1 무학 2 초등학교 3 중학교 4 고등학교 5 대학(교) 6 대학원 이상
⑮직 업	남편	1 관리자 2 전문가 및 관련종사자 3 사무종사자 4 서비스종사자 5 판매종사자 6 농림어업 숙련 종사자 7 기능원 및 관련 기능 종사자 8 장치 · 기계조작 및 조립 종사자 9 단순노무 종사자 10 학생 11 가사 12 군인 13 무직	처	1 관리자 2 전문가 및 관련종사자 3 사무종사자 4 서비스종사자 5 판매종사자 6 농림어업 숙련 종사자 7 기능원 및 관련 기능 종사자 8 장치 · 기계조작 및 조립 종사자 9 단순노무 종사자 10 학생 11 가사 12 군인 13 무직

[제18호 서식]

<table>
<tr><th colspan="4">협의이혼의사철회서</th></tr>
<tr><td rowspan="8">당사자</td><td rowspan="4">남편</td><td>성 명</td><td></td></tr>
<tr><td>주민등록번호</td><td></td></tr>
<tr><td>등록기준지</td><td></td></tr>
<tr><td>주 소</td><td></td></tr>
<tr><td rowspan="4">아내</td><td>성 명</td><td></td></tr>
<tr><td>주민등록번호</td><td></td></tr>
<tr><td>등록기준지</td><td></td></tr>
<tr><td>주 소</td><td></td></tr>
<tr><td colspan="3">확인법원</td><td>법원</td></tr>
<tr><td colspan="3">확인년월일</td><td>20 년 월 일</td></tr>
<tr><td colspan="4">위와 같이 이혼의사 확인을 받았으나,
본인은 이혼할 의사가 없으므로 이혼의사를 철회합니다.

20 년 월 일

위 철회인 성 명 : (서명 또는 날인)
연락처 :

장귀하</td></tr>
</table>

재산분할 심판청구

청 구 인 성 명 주민등록번호 : ☎
등록기준지
주 소

상 대 방 성 명 주민등록번호 : ☎
등록기준지
주 소

청 구 취 지
※기재 방법을 잘 모르실 경우 뒷장 예시문을 참고하십시오.

청 구 원 인
※재산분할을 청구하는 사유를 자세히 기재하십시오.(뒷장 예시문 참고)

첨 부 서 류
1. 청구인의가족관계증명서, 혼인관계증명서, 주민등록등본 각 1통
1. 상대방의 가족관계증명서, 주민등록등본 각 1통
1. 기 타(위자료 합의서, 전세계약서 등)

201 년 월 일

청구인 (인)

00가정법원 귀중

☞ 유의사항

1. **관할법원은 상대방의 주소지** 가정(지방, 지원)법원입니다.
2. ☎ 란에는 언제든지 연락 가능한 **전화번호**나 **휴대전화번호**를 기재하시면 재판 진행이 원활하오니 꼭 기재하시기 바랍니다.

◎ 청구취지 작성 예시 1

1. 상대방은 청구인에게 금 원 및 위 금원에 대하여 청구가 송달된 날부터 다 갚는 날까지 연 %의 비율에 의한 금원을 지급하라.
2. 심판비용은 상대방의 부담으로 한다.
3. 위 1항에 한하여 가집행할 수 있다.

   라는 심판을 구합니다.

◎ 청구취지 작성 예시 2

1. 상대방은 청구인에게 재산분할로써 금 원 및 이에 대한 이 판결 확정일부터 다 갚는 날까지 연 %의 비율에 의한 금원을 지급하라.
2. 상대방은 청구인에게 별지목록기재 각 부동산 중 1/2지분에 관하여 이 심판확정일자 재산분할을 원인으로 한 소유권이전등기 절차를 이행하라.
3. 심판비용은 상대방의 부담으로 한다.
4. 위 제 1항은 가집행 할 수 있다.

   라는 심판을 구합니다.

◎ 청구원인 작성 예시

1. 협의 이혼 경위

   청구인과 상대방은 중매로 만나.......

2. 재산분할 청구

   가. 재산분할 대상

   청구인과 상대방의 혼인 중 취득한 재산으로 상대방 명의로 된 ○○시 ○○구 ○○동 ◎◎아파트에 대한 전세보증금 ○○○원의 반환 채권이 있습니다.

   나. 재산형성경위 및 청구인의 기여도

   (1)

   (2)

   .

   .

   (5) 위와 같은 사실을 종합해 보면 청구인의 재산형성에 대한 기여도는 상대방보다 높아 60% 정도로 봄이 상당하므로 청구인은 상대방에게 재산분할로서 ○○○원을 청구하고자 합니다.

☞ 유책배우자라도 재산분할을 청구할 수 있습니다. 이미 이루어진 재산분할에 관한 약정의 이행을 구하는 것은 민사사건입니다. 혼인이 해소되기 전에 미리 재산분할청구권을 포기할 수는 없으며, 재산분할청구권은 이혼한 날로부터 **2년**이 경과하면 소멸합니다(제척기간).

상속한정승인 심판청구

청 구 인(상속인)

1. 성　　명　　　　　　　　주민등록번호 :　　　　☎
   주　　소
   송달장소
2. 성　　명　　　　　　　　주민등록번호 :　　　　☎
   주　　소
   송달장소
3. 성　　명　　　　　　　　주민등록번호 :　　　　☎
   주　　소
   송달장소

청구인　은(는) 미성년자이므로 법정대리인 부
모

사건본인(사망자)

성　　명 :　　　　　　　　주민등록번호 :
사 망 일 자 :
등록기준지 :
최 후 주 소 :

청 구 취 지

청구인들이 피상속인 망　　　의 재산상속을 함에 있어 별지 재산목록을 첨부하여 한 한정승인신고는 이를 수리한다. 라는 심판을 구함.

청 구 원 인

◎

첨 부 서 류

1. 청구인들의 가족관계증명서, 주민등록등본 각 1통
1. 청구인들의 인감증명서 각 1통 (청구인이 미성년자인 경우 법정대리인(부모)의 인감증명서)
1. 피상속인(망인)의 폐쇄가족관계등록부에 따른 기본증명서 1통 (2008. 1. 1. 전에 피상속인이 사망한 경우에는 가족관계등록부가 작성되어 있지 않으므로 제적등본을 제출하여 주시기 바랍니다.)
1. 상속관계를 확인할 수 있는 피상속인(망인)의 가족관계증명서(기타 가족관계등록사항별 증명서) 또는 제적등본 1통
1. 피상속인(망인)의 말소된 주민등록등본 1통　1. 가계도(직계비속이 아닌 경우)　1. 상속재산목록

2012 .　　.　　.

위 청구인 1.　　　　㊞
2.　　　　㊞
3.　　　　㊞

청구인　　　은(는) 미성년자이므로
법정대리인 부　　　　㊞
모　　　　㊞

(청구인의 날인은 반드시 인감도장을 찍을 것)

가정법원 귀중
지방법원(지원) 귀중

상속재산포기 심판청구

청 구 인(상속인) ☎

1. 성　　명 :　　　　　　　　주민등록번호 :
   주　　소 :
   송달장소 :
2. 성　　명 :　　　　　　　　주민등록번호 :
   주　　소 :
   송달장소 :
3. 성　　명 :　　　　　　　　주민등록번호 :
   주　　소 :
   송달장소 :
4. 성　　명 :　　　　　　　　주민등록번호 :
   주　　소 :
   송달장소 :
5. 성　　명 :　　　　　　　　주민등록번호 :
   주　　소 :
   송달장소 :

청구인　　은(는) 미성년자이므로 법정대리인 부
모

사건본인(사망자)

성　　명 :　　　　　주민등록번호 :
사 망 일 자 :
등록기준지 :
최 후 주 소 :

청 구 취 지

청구인들의 망　　　에 대한 재산상속포기신고는 이를 수리한다. 라는 심판을 구합니다.

청 구 원 인

청구인들은 피상속인 망　　　의 재산상속인으로서　　.　　.　　. 상속개시가 있음을 알았는바, 민법 1019조에 의하여 재산상속을 포기하고자 이 심판청구에 이른 것입니다.

첨 부 서 류

1. 청구인들의 가족관계증명서, 주민등록등본 각 1통
1. 청구인들의 인감증명서각 1통(청구인이 미성년자인 경우 법정대리인(부모)의 인감증명서)
1. 피상속인(사건본인)의 폐쇄가족관계등록부에 따른 기본증명서, 가족관계증명서 각 1통(2008. 1. 1. 전에 피상속인이 사망한 경우에는 가족관계등록부가 작성되어 있지 않으므로 제적등본을 제출하여 주시기 바랍니다)
1. 피상속인(사건본인)의 말소된 주민등록등본 1통　　1. 가계도(직계비속이 아닌 경우) 피상속인이라 함은 사망자를 뜻합니다.

201　.　.　.

위 청구인 1.　　　　㉤
2.　　　　㉤
3.　　　　㉤
4.　　　　㉤
5.　　　　㉤
청구인　은(는) 미성년자이므로
법정대리인 부　　　　㉤
모　　　　㉤
(청구인의 날인은 반드시 인감도장을 찍을 것)

가정법원 귀중
지방법원(지원) 귀중

임 대 차 계 약 서

부동산의 표시

소재지 :

건물의 표시 구조 및 용도 : 면적 : ㎡

임대할 부분 :

(임대할 부분이 건물의 일부인 경우에는 도면을 작성하여 붙인다)

당사자의 표시

임대인 이름(회사이름과 대표자) :

주소(회사본점이 있는 곳) :

주민등록번호(사업자등록번호) :

전화번호 :

임차인 이름(회사이름과 대표자) :

주소(회사본점이 있는 곳) :

주민등록번호(사업자등록번호) :

전화번호 :

임대인과 임차인은 다음과 같이 임대차계약을 맺는다.

제1조(보증금 및 그 지급시기) 임대차부동산에 대한 임대차보증금 및 그 지급시기를 아래와 같이 한다.

임대차보증금 원( )

계약금 원은 계약시에 지급하고,

[받은 사람의 확인: (서명 또는 인)]

중도금 원은 200 년 월 일에 지급하며,

잔 금 원은 200 년 월 일에 지급하기로 한다.

제2조(월세)

① 임차인은 월세 (부가가치세 포함) 원(\ )을 매월 일에 (선불, 후불)로 지급하기로 한다.

② 임차인은 보증금이 남아 있다는 이유로 월세의 지급을 거절하지 못한다.

제3조(관리비 등) 임차인이 월세 이외에 부담하는 부분은 다음과 같다.

① 관리비 :

② 관리비 외 다음 항목 :

제4조(부동산의 인도 및 임대차기간 등)

① 임대인은 임대차부동산을 임대차의 목적대로 사용 또는 수익할 수 있는 상태로 년 월 일에 임차인에게 인도하여야 하며, 임대차기간은 인도된 날로부터 년 월 일까지로 한다.

② 임차인은 임대차부동산을 용도로 사용하여야 하며, 다른 용도로 사용하여서는 안 된다.

제5조(구조 또는 용도의 변경, 양도 등의 금지)

① 임차인은 임대인의 동의 없이 임대차부동산의 구조나 용도를 변경할 수 없다.

② 임차인은 임대인의 동의 없이 임대차부동산의 전부나 일부를 자신이 임대인의 자격으로 타인에게 다시 임대(전대)하거나, 임차권을 양도할 수 없고, 임대차보증금 반환채권을 타인에

게 양도하거나 질권, 기타 담보로 제공할 수 없다.

제6조(계약해지권)

① 임대인은 임차인이 월세(제2조)를 2회 이상 연체할 때(반드시 연속적인 연체가 아니라도 해당된다)는 이 계약을 해지할 수 있다.

② 임대인 또는 임차인이 이 계약에서 정한 의무를 이행하지 아니하는 경우 그 상대방은 이 계약을 해지할 수 있다.

제7조(계약의 자동연장)

① 임대인 또는 임차인이 이 계약에서 정한 임대차기간이 끝나기 전 6월에서 1월까지 사이에 상대방에게 '임대차계약을 더 이상 연장하지 아니하겠다' 또는 '계약조건을 변경하는 조건으로 다시 임대차계약을 체결하겠다' 는 뜻을 통지하지 아니할 때에는 이 계약과 동일한 조건으로 다시 임대차한 것으로 본다.

② 위 ①의 경우 임차인은 언제든지 임대인에 대하여 계약해지를 통지할 수 있고, 그 계약해지의 효력은 임대인이 그 통지를 받은 날부터 3월이 경과함으로써 발생한다.

제8조(계약 종료시 의무)

① 임차인은 자신의 비용으로 임대차부동산을 원래의 상태로 복구하여 임대인에게 반환한다.

② 임대인은 임대차보증금을 임차인에게 반환하되, 그 금액은 연체된 월세 등 임대차에 따른 임차인의 모든 채무를 공제한 금액으로 한다.

제9조(불가항력) 화재, 도난, 천재지변, 지진 등 불가항력으로 인하여 임차인에게 손해가 발생한 경우 임대인은 책임을 지지 아니한다.

제10조(특별히 정하는 사항)

①

②

③

20　　년　　월　　일

임대인　　　　　(서명 또는 인)
대리인　　　　　(서명 또는 인)
(대리인의 주민등록번호:　　　　)

임차인　　　　　(서명 또는 인)
대리인　　　　　(서명 또는 인)
(대리인의 주민등록번호:　　　　)

내용증명 예시

화장품 반품 통지서

▶수 신
O업체명 : ○○화장품(전화번호 080-000-0000)
O주 소 : 경남 창원시 소답동

▶발 신
O계약자 : 홍길순(전화번호 016-000-0000)
O주 소 : 충북 진천군 초평면

▶물품 구입 내역
O계약일자 : 20　. 7월말
O구입물품 : 기초 화장품 세트
O구입금액 : 410,000원(자사 10개월 할부, 계약금 1만원 지급)

▶사유

2013. 7월 중순 귀사의 영업사원이 방문, 화장품 세트 구입을 권유하며 트러블 발생될 경우 언제라도 반품 처리된다는 설명을 하여 본인은 위와 같은 조건으로 화장품을 구입하였음.

이건 화장품을 사용한 직후 트러블이 발생되어 사용을 중단하고 위 영업사원에게 이를 통보하였으나 별다른 조치를 취해 주지 않아 지내고 있던 중 8.20경 대금을 납부하라는 지로용지를 받음.

귀사의 연락처를 알게 되어 본인은 이건 화장품 사용 후 부작용이 발생된 점을 설명하고 반품의사를 통보하였으나 반품기한(구입후 14일)이 경과되있고 부작용 발생 사실을 입증할 수 없으므로 반품 처리가 불가하다는 답변을 들음.

본인은 이건 화장품을 사용한 직후 부작용이 발생되어 영업사원에게 연락하였으나 어떠한 조치를 하라는 통보를 받은 적이 없고, 동 화장품 구입당시 계약서를 받지 못하여 사업자의 연락처를 알 수 없어 반품 요구가 지연된 것이므로 귀사에서는 동 화장품을 조속히 회수해 갈 것을 요구함.

20××년 8월 30일

발신자 : 홍길순

표준근로계약서

_______________ (이하 "사업주"라 함)과(와) _______________ (이하 "근로자"라 함)은 다음과 같이 근로계약을 체결한다.

1. 근로계약기간 : 년 월 일부터 년 월 일까지
   근로계약기간을 정하지 않는 경우에는 "근로개시일"만 기재

2. 근 무 장 소 :

3. 업무의 내용 :

4. 소정근로시간 : ____시 ____분부터 ____시 ____분까지(휴게시간 : 시 분 ~ 시 분)

5. 근무일/휴일 : 매주 ____일(또는 매일단위)근무, 주휴일 매주 ____요일

6. 임 금
   - 월(일, 시간)급 : ______________________원
   - 상여금 : 있음 ( ) ______________________원, 없음 ( )
   - 기타급여(제수당 등) : 있음 ( ), 없음 ( )
     · ______________________원, ______________________원
     · ______________________원, ______________________원
   - 임금지급일 : 매월(매주 또는 매일) ____일(휴일의 경우는 전일 지급)
   - 지급방법 : 근로자에게 직접지급 ( ), 근로자 명의 예금통장에 입금 ( )

7. 연차유급휴가
   - 연차유급휴가는 근로기준법에서 정하는 바에 따라 부여함

8. 근로계약서 교부
   - 사업주는 근로계약을 체결함과 동시에 본 계약서를 사본하여 근로자의 교부요구와 관계없이 근로자에게 교부함(근로기준법 제17조 이행)

9. 기 타
   - 이 계약에 정함이 없는 사항은 근로기준법령에 의함

년 월 일

(사업주) 사업체명 : (전화 :)
주 소 :
대 표 자 : (서명)
(근로자) 주 소 :
연 락 처 :
성 명 : (서명)

연소근로자(18세 미만인 자)표준근로계약서

_____________ (이하 "사업주"라 함)과(와) _____________ (이하 "근로자"라 함)은 다음과 같이 근로계약을 체결한다.

1. 근로계약기간 :　　년　　월　　일부터　　년　　월　　일까지
   근로계약기간을 정하지 않는 경우에는 "근로개시일"만 기재
2. 근 무 장 소 :
3. 업무의 내용 :
4. 소정근로시간 : ____시 ____분부터 ____시 ____분까지(휴게시간 :　시　분 ~　시　분)
5. 근무일/휴일 : 매주 ___일(또는 매일단위)근무, 주휴일 매주 ___요일
6. 임　금
   - 월(일, 시간)급 : _______________________원
   - 상여금 : 있음 (　) _______________________원, 없음 (　)
   - 기타급여(제수당 등) : 있음 (　), 없음 (　)
     · _______________________원, _______________________원
     · _______________________원, _______________________원
   - 임금지급일 : 매월(매주 또는 매일) ___일(휴일의 경우는 전일 지급)
   - 지급방법 : 근로자에게 직접지급 (　), 근로자 명의 예금통장에 입금 (　)
7. 연차유급휴가
   - 연차유급휴가는 근로기준법에서 정하는 바에 따라 부여함
8. 가족관계증명서 및 동의서
   - 가족관계기록사항에 관한 증명서 제출 여부:
   - 친권자 또는 후견인의 동의서 구비 여부 :
9. 근로계약서 교부
   - 사업주는 근로계약을 체결함과 동시에 본 계약서를 사본하여 근로자의 교부요구와 관계없이 근로자에게 교부함(근로기준법 제17조, 제67조 이행)
10. 기타
   - 13세 이상 15세 미만인 자에 대해서는 고용노동부장관으로부터 취직인허증을 교부받아야 하며, 이 계약에 정함이 없는 사항은 근로기준법령에 의함

년　　월　　일

(사업주) 사업체명 :　　　　(전화 :　　　　)
　　　　주　　소 :
　　　　대 표 자 :　　　　(서명)
(근로자) 주　　소 :
　　　　연 락 처 :
　　　　성　　명 :　　　　(서명)

친권자(후견인)동의서

○ **친권자(후견인) 인적사항**

성　명 :

주민등록번호 :

주　소 :

연 락 처 :

연소근로자와의 관계 :

○ **연소근로자 인적사항**

성　명 :　　　　　　(만　　세)

주민등록번호 :

주　소 :

연 락 처 :

○ **사업장 개요**

회 사 명 :

회사주소 :

대 표 자 :

회사전화 :

본인은 위 연소근로자 ___________가 위 사업장에서 근로를 하는 것에 대하여 동의합니다.

년　　월　　일

친권자(후견인)　　　　　(인)

첨 부 : 가족관계증명서 1부

[법률용어 정리]

법률용어	용어 설명
가등기	부동산물권 및 이에 준할 권리의 설정·이전·변경 또는 소멸의 청구권을 보전하는 등기를 말한다.
가석방	자유형을 집행받고 있는 자가 개전(改悛)의 정이 현저하다고 인정되는 때에는 형기간 만료 전에 조건부로 수형자를 석방하고 일정한 기간을 경과한 때에는 형의 집행을 종료한 것으로 간주하는 제도를 말한다.
가압류	금전채권이나 금전으로 환산할 수 있는 채권의 집행을 보전할 목적으로 미리 채무자의 재산을 동결시켜 채무자로부터 그 재산에 대한 처분권을 잠정적으로 빼앗는 집행보전 제도를 말한다.
가족	혼인·혈연·입양으로 이루어진 사회의 기본 단위를 말한다.
가족관계 등록부	전산정보처리조직에 의하여 입력·처리된 가족관계 등록사항에 관한 전산정보자료를 등록기준지에 따라 개인별로 구분하여 작성한 장부를 말한다.
강제집행	채권자의 신청에 의하여 국가의 집행기관이 채권자를 위하여 집행권원에 표시된 사법상의 이행청구권을 국가권력에 기하여 강제적으로 실현하는 법적 절차를 말한다.
계약	두 개의 대립되는 의사표시, 즉 청약과 승낙의 합치에 의하여 성립하는 법률행위를 말한다.
계약금	계약체결 시 또는 계약 성립 후 채무의 이행기까지 계약의 징표로서 당사자의 일방이 상대방에 대하여 교부하는 금전 또는 기타의 유가물을 말한다.
계약해제	유효하게 성립한 계약 관계를 당사자의 일방적 의사표시에 의하여 해소시키는 것을 말한다.
고발	고소권자와 범인 이외의 사람이 수사기관에 대하여 범죄사실을 신고하여 그 소추를 구하는 의사표시를 말한다.
고소	범죄의 피해자 또는 그와 일정한 관계가 있는 고소권자가 수사기관에 대하여 범죄사실을 신고하여 범인의 처벌을 구하는 의사표시를 말한다.
고용	당사자 일방이 상대방에 대하여 노무를 제공할 것을 약정하고 상대방이 이에 대하여 보수를 지급할 것을 약정함으로써 그 효력이 생기는 낙성·쌍무·불요식계약을 말한다.
고용보험	전통적인 의미의 실업보험사업을 비롯하여 고용안정사업과 직업능력사업 등의 노동시장정책을 적극적으로 연계하여 통합적으로 실시하는 사회보장보험을 말한다.
고의	객관적 행위상황을 인식하고 구성 요건을 실현하려는 의사 또는 간단히 구성 요건 실현의 인식과 의사라고 정의할 수 있다
공소	특정한 형사사건에 관하여 법원의 심판을 구하는 의사표시를 말한다.

법률용어	용어 설명
공소기각	공소기각의 재판은 피고사건에 대하여 관할권 이외의 형식적 소송 조건이 결여된 경우에 절차상의 하자를 이유로 공소를 부적법하다고 인정하여 사건의 실체에 대한 심리를 하지 않고 소송을 종결시키는 형식재판을 말한다.
공소시효	범죄 행위가 종료된 후 일정한 기간이 경과함에 따라 공소권이 소멸하는 제도를 말한다.
공시송달	당사자의 주소 등 또는 근무 장소를 알 수 없는 경우 또는 외국에서 하여야 할 송달에 관하여 민사소송법 제191조의 규정에 따를 수 없거나 이에 따라도 효력이 없을 것으로 인정되는 경우에는 재판장은 직권으로 또는 당사자의 신청에 따라 재판장의 명에 의하여 실시되는 송달을 말한다.
공시의 원칙	구체적 물권의 존재를 일정한 징표에 의하여 외부에 알려야 한다는 원칙을 말한다.
공신의 원칙	공시 방법에 의하여 공시된 물권을 신뢰하여 양수한 자는 그에 부응하는 물권이 실제로는 존재하지 않는다 하더라도 신뢰한 대로 보호하여야 한다는 원칙을 말한다.
공연	저작물 또는 실연·음반·방송을 상연·연주·가창·구연·낭독·상영·재생 그 밖의 방법으로 공중에게 공개하는 것을 말하며, 동일인의 점유에 속하는 연결된 장소 안에서 이루어지는 송신(전송을 제외한다)을 포함한다.
공유	물건이 지분에 의하여 수인의 소유로 되는 형태를 말한다.
공판기일	판사, 검사, 피고인, 기타 소송관계인이 공판정에 모여서 소송 행위를 하기 위하여 정하는 시간을 말한다.
공판 절차	공소제기부터 판결이 확정되어 사건이 법원의 손을 떠날 때까지의 전(全) 과정을 말한다. 이러한 공판 절차 가운데에 그 중심이 되는 것은 공개법정에서 행하여지는 공판기일 절차이며, 이를 협의의 공판 절차라고 부른다. (수사 → 공소 → “공판” → 재판)
과료	2천 원 이상 5만 원 미만으로 범죄인에게 강제적으로 지불의무를 부담하게 하는 형벌을 말한다.
과실	손해배상책임에서의 과실(過失)이라 함은, 통상적인 사람을 기준으로 하여 마땅히 하여야 할 의무를 태만히 하였거나, 또는 반드시 하여야 할 의미를 이행하지 않은 경우를 말하고, 그와 같이 하지 않은 것이 불가항력적이었다면, 과실이 있다고 볼 수 없다.
과실	형법상 과실(過失)이란 정상의 주의를 태만함으로 인하여 죄의 성립요소인 사실을 인식하지 못하는 것을 말한다.
관습법	사회의 거듭된 관행으로 생성한 사회생활규범이 사회의 법적 확신과 인식에 의하여 법적 규범으로 승인 강행되기에 이른 것을 말한다.
관할	여러 다른 종류의 법원 및 같은 종류의 다수의 법원 간에 재판권 행사의 분장을 정하는 것을 말한다.

법률용어	용어 설명
교통사고	차의 교통으로 인하여 사람을 사상하거나 물건을 손괴하는 것을 말한다.
교환	당사자 쌍방이 금전 이외의 재산권을 상호 이전할 것을 약정함으로써 그 효력이 생기는 계약을 말한다.
구금	피고인 또는 피의자를 교도소 또는 구치소에 감금하는 강제처분을 말한다.
구류	1일 이상 30일 미만의 기간으로 형무소에 구치하는 형벌을 말한다.
구성 요건	형벌을 과하는 근거가 되는 행위 유형을 추상적으로 기술한 것을 말한다.
구성요건 해당성	구체적인 사실이 범죄의 구성 요건에 해당하는 성질을 말한다.
구속	피의자 또는 피고인의 신체의 자유를 체포에 비하여 장기간에 걸쳐 제한하는 강제처분으로 구인과 구금을 포함한다.
구인	피고인 또는 피의자를 법원 기타 일정한 장소에 인치하는 강제처분을 말한다.
국민참여 재판	배심원이 참여하는 형사재판을 말한다(국민의 형사재판 참여에 관한 법률 제2조제2호). 사법의 민주적 정당성을 강화하고 투명성을 높임으로써 국민으로부터 신뢰받는 사법제도를 확립하기 위하여 국민이 배심원으로서 형사재판에 참여하는 국민참여재판 제도를 도입하도록 함에 따라 국민참여재판 제도가 적용되는 사건의 범위, 참여하는 배심원의 자격 및 선정 절차, 공판준비 및 공판 절차, 평의·평결·토의 및 판결 선고와 배심원 보호 등에 관한 사항을 정하려는 것이다.
권능	권리의 내용을 이루는 각각의 법률상의 힘을 의미한다.
권리	법적인 보호의 대상이 되는 생활이익 또는 법적으로 보호받아야 할 이익을 말한다.
권리능력	권리의 주체가 될 수 있는 추상적·잠재적인 법률상의 지위를 말한다.
권리의 객체	권리의 대상을 말한다.
권리의 충돌	수개의 권리가 동일한 객체에 존재하게 되는 경우를 말한다.
권한	타인에게 법률효과를 발생하게 하는 행위를 할 수 있는 법률상의 지위를 말한다.
근로계약	근로자가 사용자에게 근로를 제공하고 사용자는 이에 대하여 임금을 지급하는 것을 목적으로 체결된 계약을 말한다.
근로자	직업의 종류와 관계없이 임금을 목적으로 사업이나 사업장에 근로를 제공하는 자를 말한다.
근저당권	계속적인 거래관계로부터 발생하고 소멸하는 불특정다수의 장래채권을 결산기에 계산하여 잔존하는 채무를 일정한 한도액의 범위 내에서 담보하는 저당권을 말한다.
금고	형무소에 구치하게 하는 형벌을 말한다(형법 제68조). 다만 정역에 복부하지 않는다는 점에서는 '징역'과 구별된다.

법률용어	용어 설명
기간	어느 시점에서 어느 시점까지 사이의 시간을 말한다.
낙성계약	계약당사자 간의 합의만으로 성립하는 계약을 말한다.
내사	범죄의 혐의유무를 확인하기 위하여 입건 전의 단계에서 수행하는 수사기관의 수사활동을 말한다.
내용증명	등기취급을 전제로 우체국창구 또는 정보통신망을 통하여 발송인이 수취인에게 어떤 내용의 문서를 언제 발송하였다는 사실을 우체국이 증명하는 특수취급 제도를 말한다.
뇌사	뇌 전체의 기능이 되살아 날 수 없는 상태로 정지된 때, 즉 뇌기능의 종국적인 훼멸(毁滅)에 이른 때를 말한다.
다가구주택	다가구주택이란 다음의 요건 모두를 갖춘 주택으로서 공동주택에 해당하지 아니하는 것을 말한다. (1) 주택으로 쓰이는 층수(지하층을 제외한다)가 3개 층 이하일 것. 다만, 1층 바닥면적의 2분의 1 이상을 필로티 구조로 하여 주차장으로 사용하고 나머지 부분을 주택 외의 용도로 사용하는 경우에는 해당 층을 주택의 층수에서 제외한다. (2) 1개동의 주택으로 쓰이는 바닥 면적(지하주차장 면적을 제외한다)의 합계가 660제곱미터 이하일 것 (3) 19세대 이하가 거주할 수 있을 것
다세대주택	다세대주택: 주택으로 쓰이는 1개 동의 바닥 면적(지하주차장 면적을 제외한다)의 합계가 660제곱미터 이하이고, 층수가 4개 층 이하인 주택 *아파트: 주택으로 쓰이는 층수가 5개 층 이상인 주택[용도별 건축물의 종류(건축법 시행령 제3조의4관련, 별표 1)] *연립주택: 주택으로 쓰이는 1개 동의 연면적(지하주차장 면적을 제외)이 660제곱미터를 초과하고, 층수가 4개 층 이하인 주택 *기숙사: 학교 또는 공장 등의 학생 또는 종업원 등을 위하여 사용되는 것으로 공동취사 등을 할 수 있는 구조이되, 독립된 주거의 형태를 갖추지 아니한 것
단순승인	피상속인의 권리 의무를 무제한·무조건으로 승계하는 상속형태 또는 이를 승인하는 상속 방법을 말한다.
단시간 근로자	1주 동안의 소정 근로 시간이 그 사업장에서 같은 종류의 업무에 종사하는 통상 근로자의 1주 동안의 소정 근로 시간에 비하여 짧은 근로자를 말한다.
담보가등기	채권담보의 목적으로 경료된 가등기를 말한다.
당해세	담보물권을 취득하는 사람이 장래 그 재산에 대하여 부과될 것으로 상당한 정도로 예측할 수 있는 것으로서 오로지 당해 재산을 소유하고 있는 것 자체에 담세력을 인정하여 부과되는 국세만을 의미한다.
대리	대리인이 본인을 위하여 본인의 이름으로 상대방과 법률행위를 한 경우 그 법률행위의 효과가 직접 본인에게 생기게 하는 제도를 말한다.

법률용어	용어 설명
대습상속	상속권을 잃은 상속인의 직계비속과 배우자, 즉 대습상속인이 피대습자의 권리를 승계하는 것이 아니고 자기 고유의 권리로서 직접 피상속인의 재산적 지위를 승계하는 것을 말한다.
대지사용권	구분소유자가 전유부분을 소유하기 위하여 건물의 대지에 대하여 가지는 권리를 말한다.
대항력	양수인에게 임차권의 내용을 주장할 수 있는 권리를 말한다.
독촉절차	금전 그 밖의 대체물이나 유가증권의 일정한 수량의 지급을 목적으로 하는 청구에 대하여 채권자로 하여금 간이·신속하게 집행권원을 얻을 수 있도록 하기 위한 특별 소송절차를 말한다.
동산	부동산 이외의 물건은 동산(動産)이다.
등기	실체법적으로는 부동산물권변동의 공시방법으로서 등기관이 등기부의 사항란에 권리 관계를 기재하는 것을 말하고, 절차법적으로는 사항란의 기재뿐만 아니라 부동산의 위치·면적 등의 등기, 즉 등기부의 표시란의 기재 모두를 포함하는 것이다.
등기부	부동산에 관한 권리 관계를 기재하는 공적 장부 또는 부동산에 관한 권리 관계를 기재하는 등기용지를 말한다.
등록기준지	출생 또는 그 밖의 사유로 등록하는 기준지를 말한다.
매매	당사자 일방이 재산권을 상대방에게 이전할 것을 약정하고 상대방이 그 대금을 지급할 것을 약정함으로써 그 효력이 생기는 계약을 말한다.
면접교섭권	자(子)를 직접 양육하지 아니하는 부모의 일방과 자(子)는 상호 면접교섭할 수 있는 권리를 말한다.
명인방법	입목을 제외한 기타의 수목의 집단과 입도, 미분리의 과실, 엽연초, 인삼, 농작물 등의 소유자가 누구라고 하는 것을 외부로부터 인식가능하게 하기에 적합한 일체의 방법을 총칭하여 부르는 것이다.
몰수	범죄반복의 방지나 범죄에 의한 이득의 금지를 목적으로 범죄 행위와 관련된 재산을 박탈하는 것을 내용으로 하는 재산형을 말한다.
무상계약	일방 당사자의 출연에 대하여 상대방의 대가적 출연이 없는 계약을 말한다.
무체물	형체가 없는 물질을 말한다. 전기, 열, 음향, 향기, 에너지 등
무효	법률행위가 효력을 갖지 못하는 것을 말한다.
물건	유체물 및 전기 기타 관리할 수 있는 자연력을 말한다.
반소	피고가 소송 절차를 현저히 지연시키지 아니하는 범위에서 변론을 종결할 때까지 본소가 계속된 법원에 원고를 상대로 제기하는 소를 말한다.

법률용어	용어 설명
배심원	형사재판에 참여하도록 선정된 사람을 말한다.
배우자	혼인으로 결합한 남녀의 일방을 말한다.
범죄경력 조회	신원 및 범죄경력에 관하여 수형인명부 또는 전산입력된 범죄경력자료를 열람·대조확인(정보통신망에 의한 열람·대조확인을 포함한다)하는 방법으로 하는 조회를 말한다.
법률행위	의사표시를 요소로 하는 법률요건을 말한다.
법률관계	법에 의하여 규율되는 생활관계(生活關係說) 또는 사람간의 법적 연계(連繫說)를 말한다.
법원	법의 연원을 의미하는 것으로서 법의 존재 형식, 법의 현상 상태 또는 재판의 기준이 되는 법(헌법 제103조)을 말한다.
법인	법률에 의하여 권리능력이 인정된 단체 또는 재산을 말한다.
법정추인	법률상 당연히 추인한 것으로 간주하는 것을 말한다.
법정혈족	자연적인 혈연관계는 없으나 법률에 의하여 자연혈족과 같은 관계가 인정되는 사람을 말한다.
변론	기일에 수소법원의 공개법정에서 양쪽 당사자가 말로 판결의 기초가 될 소송자료, 즉 사실과 증거를 제출하는 방법으로 소송을 심리하는 절차를 말한다.
변론주의	당사자의 변론, 즉 당사자의 주장·입증·의견진술 등에 기하여 심판을 하여야 한다는 주의를 말한다.
부기등기	기존의 등기와 동일·연장등기이거나 또는 기존의 등기와 동일한 순위를 갖는 등기로서 기존의 주등기의 등기번호를 그대로 사용하는 등기를 말한다.
부부별산제	부부의 일방이 혼인 전부터 가진 고유재산과 혼인 중 자기의 명의로 취득한 재산은 그 특유재산으로 하며, 부부는 그 특유재산을 각자관리, 사용, 수익하는 제도를 말한다.
부부재산 계약	부부가 혼인성립 전에 그 재산에 관하여 따로 약정하는 것을 말한다.
분묘기지권	분묘를 수호하고 봉제사하는 목적을 달성하는 데 필요한 범위 내에서 타인의 토지를 사용할 수 있는 권리를 의미한다.
사실혼	사실상 부부로서 혼인생활을 하고 있으면서 단지 혼인신고를 하지 않았기 때문에 법률혼으로 인정되지 않는 부부 관계를 말한다.
사용대차	당사자 일방이 상대방에게 무상으로 사용, 수익하게 하기 위하여 목적물을 인도할 것을 약정하고 상대방은 이를 사용, 수익한 후 그 물건을 반환할 것을 약정함으로써 그 효력이 생기는 낙성·무상·편무계약을 말한다.

법률용어	용어 설명
사인증여	증여자의 사망에 의하여 효력이 발생하는 증여를 말한다.
압류	점유취득과정 자체에 강제력이 가하여지는 경우, 즉 물리적 강제력을 사용하여 유체물의 점유를 점유자 또는 소유자의 의사에 반하여 수사기관에 이전하는 강제처분을 말한다.
위법성	구성 요건에 해당하는 행위가 법률상 허용되지 않는 성질을 말한다.
위법성조각사유	구성 요건에 해당하는 행위의 위법성을 배제하는 사유를 말한다.
위자료	피해자가 불법 행위 또는 채무불이행으로 인한 입은 고통, 충격 등 정신적 손해의 배상을 말한다.
유증	유언에 의한 재산의 무상증여를 말한다.
인지	혼인 외의 출생자(포태 중에 있는 자)의 생부나 생모가 이를 자기의 자로 승인하고 법률상의 친자 관계를 발생시키는 단독의 요식 행위를 말한다.
인척	혈족의 배우자(형의 처, 누나의 남편 등), 배우자의 혈족(배우자의 부모·형제자매), 배우자의 혈족의 배우자(남편의 동생의 처, 부인의 언니의 남편)를 인척으로 한다.
저당권	채무자 또는 제3자가 점유를 이전하지 아니하고 채무의 담보로 제공한 부동산에 대하여 다른 채권자보다 자기채권의 우선변제를 받을 권리를 말한다.
저작권	저작자가 가지는 저작권법 제11조 내지 제13조의 규정에 따른 권리(이하 "저작인격권"이라 한다)와 저작권법 제16조 내지 제22조의 규정에 따른 권리(이하 "저작재산권"이라 한다)를 말한다.
저작물	인간의 사상 또는 감정을 표현한 창작물을 말한다.
저작자	저작물을 창작한 자를 말한다.
전과기록	수형인명부·수형인명표 및 범죄경력자료를 말한다.
전세권	전세권자가 전세금을 지급하고 타인의 부동산을 점유하여 그 부동산의 용도에 좇아 사용·수익하며, 그 부동산 전부에 대하여 후순위권리자 기타 채권자보다 전세금의 우선변제를 받을 권리를 말한다.
전자거래	재화나 용역을 거래하는 데 그 전부 또는 일부가 전자문서에 의하여 처리되는 거래를 말한다.
제조물	다른 동산이나 부동산의 일부를 구성하는 경우를 포함한 제조 또는 가공된 동산을 말한다.
주등기	독립한 번호를 붙여서 하는 독립등기를 말한다.
증여	당사자 일방이 무상으로 재산을 상대방에 수여하는 의사를 표시하고 상대방이 이를 승낙함으로써 그 효력이 생기는 계약을 말한다.

법률용어	용어 설명
채권	채권 관계의 당사자 일방이 상대방에 대하여 가지는 급부청구권을 말한다.
청약	상대방의 승낙과 결합하여 일정한 내용의 계약을 성립시키는 의사를 말한다.
체포	사람의 신체에 대하여 직접적·현실적인 구속을 가하여 행동의 자유를 빼앗는 것을 말한다.
최저임금	근로자의 생활안정과 노동력의 질적 향상을 위하여 임금의 최저수준을 정한 것을 말한다.
취소	흠이 있어도 법률행위가 일단 유효하게 성립하고 후에 특정인이 그 흠을 주장하면서 비로소 소급하여 법률행위의 효력이 제거되는 것을 말한다.
추인	법률행위가 성립은 하였으나 어떤 흠으로 인하여 효력이 발생하지 않거나 또는 효력 발생은 하였으나 부확정한 상태에 있는 것을 사후에 보충하여 완전하게 하는 의사표시를 말한다.
친권	자녀의 복리실현을 위하여 부모에게 인정된 부모의 의무인 동시에 권리를 말한다.
통상임금	선원에게 정기적·일률적으로 소정의 근로 또는 총근로에 대하여 지급하기로 정하여진 시간급금액·일급금액·주급금액·월급금액 또는 도급금액을 말한다.
통화	국가 또는 국가에 의하여 발행권한이 부여된 기관에 의하여 금액이 표시된 지불수단으로서 강제통용력이 인정된 것을 말한다.
파양	양친자 관계를 해소하는 것을 말한다.
평균임금	산정하여야 할 사유가 발생한 날 이전 3개월 동안에 그 근로자에게 지급된 임금의 총액을 그 기간의 총일수로 나눈 금액을 말한다. 근로자가 취업한 후 3개월 미만인 경우도 이에 준한다.
포괄승계	하나의 취득원인에 의하여 다수의 권리가 일괄적으로 취득되는 경우를 말한다.
항변	상대방의 주장과 모순되지 않고 양립할 수 있는 다른 사실을 주장하여 결국은 상대방 주장에 의한 법률효과를 배제하는 방법을 말한다.
항소	지방법원의 제1심 종국판결에 대한 불복신청을 말한다.

사례 찾아보기

1 군 복무 가산점 제도의 위헌성 여부 ··· 23
2 주택소유자의 퇴거청구가 권리남용이 되는 경우 ··· 25
3 호의동승에 의한 불법 행위 책임 ··· 38
4 동시사망자 사이의 상속 ··· 43
5 증여와 태아의 권리능력 ··· 45
6 상속과 태아의 권리능력 ··· 46
7 미성년자의 행위능력 ··· 48
8 미성년자가 법정대리인의 동의 없이 책을 할부구입한 때 이를 취소할 수 있는 지 ··· 50
9 친권자와 미성년인 자 사이의 이해상반행위 ··· 52
10 가족의 범위 ··· 72
11 아내가 혼인 중 인공수정으로 임신하여 출산한 자녀의 친자 관계 ··· 76
12 약혼자가 사기죄로 징역형을 선고받은 경우 약혼해제 사유에 해당하는지 ··· 87
13 약혼자가 학력·직장·경력을 속인 경우 약혼해제 사유인지 ··· 88
14 약혼예물수수(授受)의 법적 성질 및 그 소유권의 귀속 관계 ··· 90
15 성전환자가 혼인 중에 있거나 미성년자인 자녀가 있는 경우 성별 정정을 허가할 것인지 여부 ··· 92
16 당사자 쌍방의 자유의사에 의하지 아니한 혼인신고의 효력 ··· 93
17 형부와 처제 간에 혼인할 수 있는지 ··· 95
18 겹사돈이 가능한지 ··· 95
19 부부 일방의 명의로 된 재산의 처분 행위를 다른 일방이 막을 수 있는지 ··· 101
20 아내가 남편 병원비를 위해 돈을 빌린 경우 남편의 책임 ··· 102
21 가장 이혼의 효력 ··· 105
22 유책배우자의 이혼청구허용 여부 ··· 111
23 과거 양육비청구권 ··· 115
24 조부모가 사망한 자(子)에 갈음하여 손자에 대한 면접교섭권을 가지는지 ··· 117
25 퇴직금이 재산분할 청구의 대상이 될 수 있는지 ··· 120
26 퇴직연금이 재산분할대상에 해당하는지 ··· 121
27 동 순위의 상속인이 태아를 낙태한 경우 상속결격 사유인지 ··· 130
28 불륜 행위를 한 처가 남편의 유산을 상속할 수 있는지 ··· 131
29 적모와 혼인 외의 출생자, 계모자 간에 상속권이 있는지 ··· 132
30 이성동복(異姓同腹)의 형제자매도 상속인의 범위에 포함되는지 ··· 133

31 장인과 처가 동시에 사망한 경우 사위가 장인의 재산을 상속받을 수 있는지 135
32 법정상속분 137
33 대습상속인의 상속분 138
34 특별수익자가 있는 경우의 구체적인 상속분 139
35 기여상속인의 상속분 140
36 사망자의 생명보험금이 상속포기의 대상이 되는지 여부 143
37 제1순위 상속인이 상속을 포기한 경우 상속 순위 144
38 상속개시 전 상속포기의 효력 146
39 조부의 재산을 사망한 부(父)를 대신하여 상속할 수 있는지 149
40 유증으로 유류분이 침해된 경우 상속인의 구제 154
41 공동상속인 중 특별수익자가 있는 경우 유류분청구권 155
42 자필증서에 의한 유언의 효력 157
43 구수증서에 의한 유언의 효력 160
44 계약의 성립에 계약서의 작성이 필요한지 176
45 미등기주택을 임차한 경우 주택임대차보호법이 적용되는지 198
46 옥탑을 주거용으로 임차한 경우 주택임대차보호법이 적용되는지 199
47 다세대주택의 임대차에서 동·호수 표시 없는 주민등록의 공시력 202
48 임차인이 주민등록을 일시 옮겼다가 재전입한 경우 대항력 205
49 주택을 매도하면서 임차인으로 변경된 매도인의 대항력 취득 시점 207
50 대항력 있는 주택임차인이 임대인의 동의하에 임차권 양도한 경우 208
51 근저당권 설정 후 증액된 주택임차보증금의 대항력 210
52 전입신고와 확정일자를 갖춘 다음 날 설정된 저당권과의 우선순위 212
53 대항 요건은 갖추었으나 제3자의 가압류 후 확정일자를 받은 경우 213
54 '주택임차권등기'가 된 집을 임차한 소액임차인의 보호 여부 219
55 동창회 사무실도 상가건물 임대차보호법이 적용되는지 222
56 상가임차인의 대항력 구비요건 223
57 계약기간 만료이전 상가임대차 계약의 해지 226
58 상가임대차계약의 종료 226
59 상가임대인이 임대차 기간이 만료된 3개월 후 보증금증액 요구한 경우 230
60 출판사 영업사원이 방문판매한 책을 반품할 수 있는지 236
61 할부거래에 있어서 계약철회가 가능한 경우 239
62 전자상거래로 구입한 주문 제작 구두에 대한 환급 요구 241
63 수영복 및 속옷에 대한 청약철회 가능 여부 242
64 할부 구입한 상품 훼손 시 철회 가능 여부 243
65 미성년자가 노상에서 유인되어 체결한 다이어트 식품 구입 계약 취소 요구 244

66 담배소송 사건 247
67 영어학원 수강 중 중도해지 시 수강료 환급 가능 여부 252
68 지방 이전으로 수강 불가에 따른 잔여기간에 대한 수강료 환급 252
69 고시원 이용 계약 해지 시 잔여금 산정 기준 253
70 식당에서 신발이 분실되었을 때 배상받을 수 있는지 254
71 펜션 취소 시 취소수수료 발생 여부 255
72 교환받은 스마트폰의 품질 보증 기간 기산점 문의 255
73 신문기사 등을 정리한 자료가 저작권의 보호를 받는 저작물에 해당하는지 258
74 인터넷 사이트에 게제 된 사진을 복제한 경우 저작권 침해 여부 261
75 성명표시권과 동일성유지권 267
76 생활한복이 저작권법의 보호 대상이 되는 저작물인지 271
77 유명 가수의 가창을 흉내 낸 동영상이 저작권 침해에 해당하는지 여부 274
78 무료 영화 상영 276
79 교육목적과 저작물의 이용 278
80 대학병원의 전공의가 근로기준법상의 근로자에 해당하는지 291
81 사용자와 근로자 사이에 약정한 위약금예정의 효력 296
82 미성년자의 근로계약 298
83 현물로 제공한 식권이 근로의 대가인 임금에 해당하는지 308
84 현물로 제공한 식사의 가액 등이 통상임금에 포함되는지 311
85 근속수당이 통상임금에 포함되는지 311
86 부도 3개월 이전에 퇴직한 자의 최종 3개월분 임금의 우선변제 여부 314
87 이력서에 허위경력을 기재한 경우 징계사유에 해당되는지 322
88 업무수행 중 감염원에 노출되어 감염된 경우 업무상 질병 인정 여부 328
89 통상의 출퇴근 재해 보상 적용 331
90 정례회식 후 개별모임 중 당한 재해도 산재보험이 적용되는지 332
91 직장 내 성희롱 339
92 스스로 범죄를 범한 자가 긴급피난을 할 수 있는지 346
93 돈을 갚지 않을 때 채무자의 물건을 빼앗아 올 수 있는지 348
94 형사상 미성년자의 법적 책임 349
95 범칙금이란 어떤 것인지 355
96 형을 집행받은 후 오랜 기간이 지나도 전과가 말소되지 않는지 363
97 벌금형을 선고받은 사실이 전과기록에 해당하는지 364
98 손수레를 끌고 횡단보도를 건너는 자가 보행자인지 367
99 구호조치 취함 없이 목격자인 양 행동한 때 도주운전죄 여부 374
100 차량운행 중 충돌 느낌을 받고도 확인 안 한 경우 도주인지 375

101 피해자와 합의 중 사정상 운전면허증만 주고 간 경우 도주 여부 ······ *376*
102 경찰에 의해 피해자와 함께 병원에 후송된 후 말없이 나온 경우 ······ *377*
103 교통사고 피해자의 상해가 경미하여 구호조치 않은 경우 ······ *379*
104 대학 구내에서 음주운전한 것이 도로교통법상 음주운전인지 ······ *382*
105 주차장에서의 음주운전이 도로교통법상 음주운전인지 ······ *383*
106 운전면허가 취소된 줄 모르고 운전한 경우 무면허운전에 해당되는지 ······ *385*

참고문헌

강대성, 『새 법과 생활』, 탑북스, 2010.
김수복, 『근로기준법』, 중앙경제, 2020.
김기진, 『법의 이해』, 한국학술정보, 2009.
김엘림 외, 『생활법률』, 한국방송통신대학교출판부, 2020.
김정선외, 『생활법률Ⅰ, Ⅱ, Ⅲ』, 대한법률구조공단, 2007.
김주수, 『친족상속법(제6전정 증보판)』, 2005.
김준호, 『민법강의 제25판』, 법문사, 2019.
박동섭, 『친족상속법』, 박영사, 2009.
박동섭·양경승, 『친족상속법』, 박영사, 2020.
양형우, 『민법의 세계』, 진원사, 2013.
오승환, 『과학기술과 법』, 기한재, 2011.
임원선, 『저작권법』, 한국저작권위원회, 2012.
조승현, 『친족·상속법』, 신조사, 2012.
하갑례, 『근로기준법』, 중앙경제사, 2012.
현창종, 『근로기준법실무』, 중앙경제사, 2012.

고용노동부(www.moel.go.kr)
근로복지공단(www.kcomwel.or.kr)
대법원(www.scourt.go.kr)
대한법률구조관리공단(www.klac.or.kr)
법제처(www.moleg.go.kr)
중앙노동위원회(www.nlrc.go.kr)
한국소비자보호원(www.kcl.go.kr)

아는 만큼 누릴 수 있는

현대인의 생활과 법률 개정판

2013년 8월 30일 초판 1쇄 발행
2021년 2월 26일 개정판 1쇄 발행

지은이 배명이
펴낸이 권순기
부장 박현곤
행정팀장 김성균
디자인 이희은
편집보조 이희성

펴낸곳 경상국립대학교출판부 | 출판등록 1989년 1월 7일 제16호
주소 경남 진주시 진주대로 501
전화번호 055) 772-0801(편집), 0802(디자인), 0803(도서 주문)
팩스 055) 772-0809
전자우편 gspress@gnu.ac.kr
홈페이지 http://gspress.gnu.ac.kr
페이스북 https://www.facebook.com/gnupub
블로그 https://gnubooks.tistory.com

책값은 뒤표지에 있습니다.